T0274550

SAN FERNANDO:
ÚLTIMA PARADA

SAN FERNANDO: ÚLTIMA PARADA

Viaje al crimen autorizado en Tamaulipas

MARCELA TURATI

AGUILAR

El papel utilizado para la impresión de este libro ha sido fabricado a partir de madera procedente de bosques y plantaciones gestionadas con los más altos estándares ambientales, garantizando una explotación de los recursos sostenible con el medio ambiente y beneficiosa para las personas.

San Fernando: última parada
Viaje al crimen autorizado en Tamaulipas

Primera edición: agosto, 2023

D. R. © 2023, Marcela Turati

D. R. © 2023, derechos de edición mundiales en lengua castellana:
Penguin Random House Grupo Editorial, S. A. de C. V.
Blvd. Miguel de Cervantes Saavedra núm. 301, 1er piso,
colonia Granada, alcaldía Miguel Hidalgo, C. P. 11520,
Ciudad de México

penguinlibros.com

lustraciones de interiores y de portada: Queso Rayones

ISBN: 978-607-381-205-4

Impreso en México – *Printed in Mexico*

Para todas las personas que hablan
"desde el fondo del mar", donde nadie las escucha.

Para quienes buscan a sus tesoros y desentierran verdades.

Y para quienes les acompañan.

La memoria no debería preguntar qué pasó,
sino cómo fue posible.

Héctor Schmucler

Les juro por lo que fui
que me iría de aquí.
Pero los muertos están en cautiverio
y no nos dejan salir del cementerio.

"Pueblo blanco", Joan Manuel Serrat

Índice

PRIMERA PARTE

SEGUNDA PARTE

Prólogo

El alma se me desprendió en Matamoros, en esa esquina noreste de México, en los límites con Texas. Estoy casi segura de que se quedó detenida en un retén del estado de Tamaulipas, después de que me asomé a unas fosas clandestinas recién descubiertas.

Los días siguientes a esa cobertura, en abril de 2011, tuve una sensación de ingravidez. Lo noté en la redacción de la revista *Proceso*, donde entonces trabajaba; un colega me preguntó cómo me había ido en aquel viaje a la frontera documentando una nueva tragedia propiciada por la "guerra contra las drogas", y me recuerdo caminando de prisa como sin hallarme, la mirada en ninguna parte; luego, a la sombra del árbol del patio, intentando poner sentido a lo que había visto. Despalabrada.

Solté entonces mi incomprensible respuesta:

—Mi alma se quedó en un retén. No ha llegado.

En el teclado de la computadora volqué algo de lo que tenía atorado, quería exorcizar eso que había tocado en aquella cobertura, la más difícil de todas: en la morgue de Matamoros acababa de ver una pila de cuerpos desenterrados provenientes de las decenas de fosas recién descubiertas. Los cadáveres descompuestos estaban en el suelo, dentro de bolsas negras de plástico como las que se usan para sacar basura, selladas con cinta color canela. El tufo a muerte era insoportable.

Cuando me fui de ahí el conteo iba en 145 personas muertas; la suma final admitida por el gobierno sería de 193. Esos eran los cuerpos que no pudo ocultar.

A la sala de redacción en Ciudad de México me siguieron las imágenes de la inacabable procesión de familias dolientes llegadas de todo el país, movidas por la noticia del hallazgo. Notaba en ellas un forcejeo interior en el ruego a los funcionarios para que les permitieran ver si alguno de esos cadáveres era el hijo que no llegó a casa, la hermana por la que pagaron un rescate pero no regresó, el padre del que no tienen noticias, los hermanos que no responden el celular, la madre que fue *levantada*… Y, al mismo tiempo, suplicaban a Dios para que ninguno de esos bultos amontonados fuera la persona amada que buscan.

Las noticias fluían a cuentagotas, una más cruel que la otra.

La administración de la información hacía más tortuosa la espera.

Presencié el momento en que los peritos desempacaron el montón de muertos y los metieron en un tráiler que los llevó a la capital del país. Porque la orden del gobierno era borrar esos cuerpos de la escena pública. Para que no se le amontonaran más familias. Para que no llegara más prensa. Para no espantar al turismo de Semana Santa.

Supe después, pasado un tiempo, que en su nuevo destino el gobierno federal los enterró en otra fosa; esta vez en un panteón municipal de CDMX. El mismo patrón siguió el gobierno estatal con los cadáveres que se quedó.

Con el tiempo constaté que las decisiones políticas tomadas ese día sobre el destino de esos cuerpos, y las que siguieron, condenaron a muchas familias a una tortura que continúa 12 años después.

Esa atrocidad que fui a cubrir a Tamaulipas fue conocida en México como "el hallazgo de las *narcofosas* de San Fernando", la "masacre de los autobuses" o, en jerga forense y ministerial, "San Fernando 2".

El número "2" es un recordatorio de que estas fosas fueron halladas en el mismo municipio donde ocho meses antes, a fines de agosto de 2010, 72 migrantes (de los que 14 eran mujeres) habían sido masacrados. San Fernando quedó vinculado para siempre a la brutal imagen de los 72 cadáveres que yacían inertes, recargados unos contra otros, caídos en el piso de tierra de una bodega abandonada, arrinconados junto a las paredes de concreto; sus cuerpos maniatados, los ojos vendados, el tiro en la cabeza. A esa atrocidad ocurrida también en el sexenio de Felipe Calderón las autoridades la denominaron "San Fernando 1".

Pero, aunque el municipio era el mismo, el horror destapado con las fosas de abril de 2011 era distinto. Esta vez no se habían encontrado cuerpos tendidos a ras del suelo, como era común en esos años violentos, sino decenas de montículos de tierra que ocultaban personas muertas en distintos momentos y —después supe— en diferentes masacres ocurridas durante meses. O años.

En cuanto el hallazgo se convirtió en escándalo nacional comenzamos a enterarnos de que la abrumadora mayoría de los asesinados eran varones, eran jóvenes, eran pobres. Pronto supimos que entre las víctimas no solo había personas mexicanas, también centroamericanas, y que muchas de ellas transitaban por las carreteras que conectan a México con la frontera de Estados Unidos, hasta el momento fatal en que fueron forzadas a bajar del vehículo que las transportaba. Siempre en San Fernando, justo en ese municipio bisagra que es paso obligado para llegar a Reynosa o Matamoros.

Que los autobuses en que viajaban llegaban a las terminales de la frontera sin pasajeros, solo con maletas. Que los equipajes sin dueño se iban amontonando en depósitos. Que sus propietarios no volvieron de San Fernando para reclamarlos. Que las compañías de autobuses guardaron silencio.

Cuando la indignación por estas noticias creció, las autoridades se apuraron a aclarar que esas muertes ocurrieron solo durante tres o cuatro días, y solo a unos cuantos pasajeros de unos poquitos autobuses. Y que los perpetradores eran integrantes del grupo criminal de Los Zetas.

Los cuerpos exhumados, sin embargo, comenzaron a arrojar otras realidades.

*

Me pregunto en qué momento permití que esa historia me habitara.

Pudo ser cuando me topé a una mujer en Matamoros que, bajo un toldo blanco donde los fieles de una iglesia ofrecían comida, agua y descanso a los dolientes recién llegados, me reclamó enojada en cuanto supo que yo era reportera: "Periodistas, ¿ya para qué vienen? Si decíamos que en esa carretera desaparecía gente pero nadie nos hacía caso. Parecía que hablábamos desde el fondo del mar".

Desde el fondo del mar.

Del mar.

La imagen me dio escalofríos.

No sé si quedé atrapada entonces o si fue cuando un desconocido puso en mis manos un USB después de que escuchó una charla que di sobre mi trabajo como periodista.

Cuando abrí por primera vez el archivo, en 2013, encontré registros de dentaduras y siluetas humanas con tachaduras, informes médicos con resultados de necropsias, actas de defunción en las que la causa de muerte parecía calcada. A cada cuerpo le acompañaba información: la edad probable, la estatura, el listado de la ropa que vestía y las pertenencias que llevaba.

Eran imágenes en blanco y negro fotocopiadas de algún expediente que pudo haber sido fotocopiado a su vez hasta diluir al máximo los detalles.

Eran 120 fichas forenses, una por cada cadáver trasladado de Tamaulipas a la Ciudad de México. Eran a aquellos muertos envueltos como paquetes que habían sido desalojados de la morgue.

Quien manejó la cámara fotográfica dentro de la morgue se enfocó en tomas concretas de la cabeza. En varias de las víctimas se notaba el rictus de dolor impreso en el rostro, el grito de angustia previo a la muerte. La crueldad estaba traducida al vocabulario forense en la descripción de la causa de defunción: "traumatismo craneoencefálico".

El cráneo roto era su sello.

…

Por mucho tiempo no pude escribir sobre esos cuerpos, tenía la sensación de haber profanado un secreto, no podía digerir la crueldad, no encontré palabras. Y cada tanto los soñaba con ese grito congelado, la expresión desgarrada, la soledad que transmitían, y me acordaba de sus presentidos deudos penando afuera del pestilente anfiteatro.

En algún momento, no sé en cuál, decidí adoptarlos.

*

En mi intento por descubrir sus historias y seguir sus pisadas, esos cadáveres me llevaron a conocer a sus familias en rancherías o ciudades de Guanajuato, Querétaro, Estado de México y Michoacán, o en casas oscuras, de cortinas cerradas, en Tamaulipas; en aldeas ovejeras en las montañas de Guatemala, en cantones de El Salvador a donde no se recomienda ir sola, y también a caminar por distintos pueblos y ciudades mexicanas de la ruta migrante.

Me guiaron también para que descubriera el desamparo en que vivían quienes habitaban San Fernando; el abandono, el silenciamiento y la soledad "del fondo del mar" a la que se refería la mujer que encontré afuera de la morgue.

Al visitar los lugares por los que habían pasado llegué a sitios donde se administra la muerte —fiscalías, funerarias, anfiteatros, panteones— y me adentré en los laberintos llenos de puertas falsas que recorren en este país las familias que buscan a "sus desaparecidos". Así, sin sustantivo, como vergonzosamente acostumbramos llamarlos en México, desde que normalizamos las desapariciones.[1]

Con el paso del tiempo, esos cuerpos también me fueron mostrando que no eran los únicos, y que tampoco estaban solos. A su alrededor se gestaban dignas luchas de colectivos de madres y esposas buscadoras, quienes se acompañaban de mujeres valientes que, contradiciendo las leyes de lo permitido, y siguiendo las leyes del corazón, se empeñaron en devolverles la identidad y regresarlos a sus hogares. Aunque hacerlo les significara riesgos.

Esos hechos que me habitaron desde abril de 2011 se transformaron en obsesión por saber más, y me empujaron a iniciar este viaje sin plazos que realicé en diferentes etapas y años, por muy diversas rutas, para conseguir pistas que me permitieran entender no solo "qué les pasó sino cómo fue posible"[2] y, sobre todo, quiénes eran esas víctimas y quiénes les esperaban en casa.

Este libro contiene los apuntes de ese recorrido de 12 años buscando información sobre lo ocurrido y pidiendo su testimonio a quienes tuvieron la desgracia de pasar por San Fernando cuando ese municipio se convirtió en un embudo de muerte, o de vivir en ese sitio y en esa temporada en la que el gobierno no previno los asesinatos aunque pudo haberlo hecho, pero no quiso, y tampoco investigó esta tragedia para que no se repitiera.

---

[1] Así los llamamos desde que nos acostumbramos a que desaparecer sea un verbo cotidiano, una acción, una actividad de uso normalizado, y a que las personas, así como tienen un hijo, una casa, un empleo, "tienen un desaparecido", o varios.

[2] Frase del intelectual argentino Héctor Schmucler. Sus escritos fueron compilados en el libro *La memoria, entre la política y la ética*, Consejo Latinoamericano de Ciencias Sociales, 2019.

Entrevisté a personas víctimas, testigos, sobrevivientes o presuntas culpables, y a varias que, cuando tuvieron cargos públicos, tuvieron algún vínculo con estas matanzas, como diputados, ministerios públicos, peritos, presidentes municipales, diplomáticos, policías, investigadores. También busqué a cualquier persona que tuviera una historia que contar sobre estas masacres —en este libro hablan médicos, maestros, militares, religiosos, policías, estudiantes, amas de casa, panteoneros, periodistas, empresarios, choferes, comerciantes— y a quienes se involucraron después, por su labor de defensa de derechos humanos, acompañamiento a las víctimas o búsqueda de personas desaparecidas.

La recopilación y el reporteo no siempre lo hice sola. En 2013 encabecé un grupo de investigación sobre la masacre de los 72 migrantes en Periodistas de a Pie, el colectivo que había fundado con varias colegas. Continué con la investigación de las fosas de 2011 en un taller que los sábados impartía en mi casa para jóvenes periodistas (a quienes sospecho que traumé con mi obsesión de rastrear todo dato salido de ese misterio llamado San Fernando), y acompañada de amigas periodistas, diseñadoras y fotógrafas, quienes estuvieron durante la primera etapa de aquel proyecto que denominamos #Másde72 y que seguimos manteniendo vivo.[3]

Todos esos años la revista *Proceso* también apoyó mis propuestas de reportajes y entrevistas para documentar los hechos.

*

Ingresé físicamente a San Fernando hasta 2016. Antes no me atreví. A partir de esa fecha hice tres viajes: el primero, con colegas amigos que desde Monterrey cubren el noreste de México; después llegué por mi cuenta, aprovechando los memoriales *in situ* que un grupo de sacerdotes y de activistas en temas de migración hicieron en distintos aniversarios de la masacre de los 72. Terminada la ceremonia me quedaba unos pocos días más, siempre arropada y guiada por sanfernandenses a quienes preferí no nombrar en este libro para no ponerlos en riesgo. Me ayudaron porque quieren que se sepa lo ocurrido y para quitarle al municipio el funesto estigma que lo rodea.

---

[3] https://adondevanlosdesaparecidos.org/masde72/

En esos viajes hubo gente que me aconsejó que no siguiera preguntando y personas con las palabras atragantadas por el susto, quienes me decían que no era momento de hablar de lo ocurrido.

"Váyase de aquí antes de que la maten", me dijo en el municipio un panteonero aterrado, con lágrimas en los ojos. "Aquí matan a quien busca desaparecidos".

"Si le cuento, ¿no me va a pasar nada?", era una pregunta repetida.

"No se fíe de nadie, esos que le dieron mi contacto también están comprados; tampoco les diga que habló conmigo", escuché la advertencia de una mujer nerviosa.

"Llámeme después", me dijo una madre activista que tenía un mapa de entierros clandestinos y una larga lista de nombres de personas desaparecidas en el municipio. Antes de que concretáramos nuestro encuentro, la mataron. Se llamaba Miriam Rodríguez Martínez.

En cada viaje que hice llevaba el tiempo cronometrado. No quería permanecer dentro de la comunidad más de lo debido. Dormía poco en las noches pues trataba de descifrar cada ruido.

"Seguir escarbando es echarle energía buena a la mala", escuché decir a un curandero anciano en el estado de Michoacán cuando terminamos una ceremonia de temazcal e iniciaba con unas queridas colegas un recorrido por sitios de fosas clandestinas. Me asustaba que su advertencia se convirtiera en profecía.

La constante de esta investigación a lo largo de los años ha sido el miedo: de quien es testigo y sobrevivió y alberga en el cuerpo el terror, el pánico de las personas en búsqueda que temen que le hagan daño a sus familiares si hablan de más, el miedo de la gente que vivió esos años en esa comunidad durante el día mastica pesadillas; y mis propios miedos, reales o fantasiosos, que me paralizaron por largas temporadas.

Cuando decidí escribir este libro me topé con mis libretas llenas de frases que había tachado al inicio de muchas entrevistas, con otras como: "Mejor quite mi nombre porque me matan", "no publique porque si se dan cuenta y lo tienen vivo lo torturan", "OFF NO MENCIONAR".

El borrador de este libro en sus distintas versiones estuvo repleto de marcas amarillas, una por cada duda que debía resolver sobre los peligros que podrían correr las personas que me brindaron sus testimonios, sobre los derechos de las víctimas y de los presuntos victimarios, y sobre los detalles del horror que pueden soportar las personas que lo leerán.

Desde que estuve en la morgue de Matamores me pregunté muchas veces si hay cosas que no deben escribirse, si la gente está preparada para verdades tan dolorosas, si existen palabras que alcancen para describir el horror, las atrocidades, la barbarie, la crueldad, y otras formas para definir lo innombrable.

Esas dudas me llevaban a otras: ¿Es posible encontrarle sentido a la sinrazón? ¿Qué tanto puedo asomarme a la oscuridad sin quedar atrapada o ser succionada por ella? Me daba miedo imaginarme como una palomilla nocturna que, por acercarse tanto a la luz, cuando excede los límites se quema y cae fulminada.

Mis preguntas más básicas, las que me movían para seguir adelante con el reporteo, eran: ¿Dónde estaba el Estado cuando estas personas eran asesinadas? ¿Por qué desde ninguna oficina se alertó a los viajeros de que peligraban al recorrer esos caminos? ¿Por qué todas las instancias de gobierno que sabían lo que pasaba permitieron que esto ocurriera? ¿No les importaban porque la mayoría de las víctimas eran pobres, y muchas de ellas migrantes? ¿Por qué el trato desalmado a los cuerpos de las personas asesinadas y el ocultamiento de las fosas? ¿Por qué la tortura a sus familias? ¿Por qué la prisa para enterrar de nuevo a las víctimas y con ellas lo ocurrido?

Y entre más respuestas obtuve, más me hundí en senderos pantanosos de los que luego me costó trabajo salir; al igual que a otras personas que investigaron estas masacres, todas pagamos un costo. Esa fue una de las enseñanzas que me dejó este recorrido: que toda persona que busca información sobre los muertos que intentan ser borrados es castigada.

No pocas veces, cuando encontraba esbozos de respuestas sobre lo ocurrido esos años en San Fernando, me sentí asqueada, enojada, furiosa, indignada, triste, como si hubiera perdido la última inocencia o buceado por canales de aguas negras con las que me atragantaba. Procesar tanta impunidad me llevó bastante tiempo.

Durante este tiempo también acumulé un costal de remordimientos que me pesa porque algunos de mis reportajes de esos años fueron brutales en sus descripciones de los cuerpos y quizás su lectura hizo daño a alguien que amaba a esas personas asesinadas. No sé. O porque mis notas no llegaron a tiempo para impedir la cremación de una decena de cadáveres. O porque no supe cómo comunicar a una madre que había evidencias de que el cuerpo del hijo que esperaba con vida estaba en una fosa y asumí que con mi aviso a las autoridades a cargo ella sabría la verdad, pero no fue así.

Ofrezco una disculpa por ello.

Cada una de las historias que involucran sufrimiento obligan siempre a sostener debates éticos internos sobre qué escribir, cómo hacerlo, y cuánto decir, los cuales resolví en su momento con las decisiones que pensé que eran las correctas. Vistas al paso del tiempo no puedo asegurar que siempre lo fueron. Hoy también sé que los mecanismos de la impunidad se sirven de esas culpas y miedos paralizantes para impedir que sigas buscando verdades.

*

Escribir sobre un sitio de exterminio siempre representa un desafío.

Secciones del libro están narradas por voces hilvanadas, las voces de las personas que fui entrevistando, muchas de las cuales miraban a los lados antes de hablar para ver si nadie nos oía o hacían esfuerzos grandes porque no podían dejar de llorar. Decidí respetar la manera en que se expresaron, como la registré en mis apuntes o la transcribí de la grabadora. Eso es lo primero que salta en la lectura, las formas de expresarse.

Intervine algunas frases, cambié el orden de algunas líneas y sumé palabras cuando sentí que se necesitaba facilitar la comprensión o la fluidez del relato. Edité testimonios a manera de monólogos en los que borré mis preguntas, omití partes que se desviaban del tema central, reordené párrafos para darle más fuerza a la narrativa, corté líneas enteras para reducir páginas.

Unos testimonios están compuestos por fragmentos de entrevistas que hice en diferentes circunstancias y años a una misma persona. A veces elegí únicamente las partes que me permitían iluminar algún pasaje.

A la mayoría de la gente que encontré en Tamaulipas la dejé bajo el anonimato para que pueda dormir en paz. En una primera versión describí la profesión de la persona, pero temí que la gente atribuyera una mención a una fuente equivocada o que diera con la persona con la que hablé, así que borré todo tipo de detalle. En algunos casos alteré u omití datos de los testimonios para evitar que fuera identificada.

Salvo en los pasajes donde las personas que me dieron sus testimonios quedaron plenamente identificadas, a quienes entrevisté en mis viajes recorriendo el Bajío mexicano y buscando a familiares de las víctimas de las masacres de los autobuses, las dejé como un coro de voces anónimo. Lo hice así porque ellas me contaron sus historias cuando estaban desesperadas por localizar a sus parientes, y sé de algunas que ya los recuperaron pero cargan el pesado estigma de que su familiar fue encontrado en las que la gente mal denomina "narcofosas de los Zetas", y aunque hayan sido sacados a la fuerza de un autobús son tratados como culpables. En algunas casas me contaron que tenían miedo de una venganza de los perpetradores. También sé que cuando alguien no ha aparecido, los detalles atraen a los extorsionistas.

Mantuve los datos de las personas que me permitieron grabarlas, sea porque tenían un cargo público, porque pidieron que no se los quitara, o porque no están en Tamaulipas o ni siquiera en México, y de quienes aceptaron salir en un libro. Dejé los nombres de las personas desaparecidas, o encontradas en las fosas, porque deben ser conocidos. Para no borrarlas de nuevo al sacarlas de nuestra memoria colectiva. Solo los retiré cuando sus familias me lo pidieron.

No identifiqué en cada declaración ministerial la autoría del relato para no entorpecer algún proceso legal y respetar derechos, también porque sospecho que algunas fueron utilizadas para construir el relato oficial de lo que las autoridades quieren que creamos. Dejé la identidad de aquellos a quienes el propio gobierno señaló como mandos del grupo armado de Los Zetas y responsables directos de las fosas, y de quienes pagan injustamente una condena.

En este relato coral incluyo información de archivos que obtuvimos en equipo: los reportes de prensa coleccionados, los documentos públicos desclasificados (muchos gracias al valioso trabajo de Juanito Solís),[4] las declaraciones judiciales de víctimas o de presuntos verdugos, la base de datos con nombres de personas desaparecidas (que Gabriela de la Rosa ha alimentado por años con amor y paciencia), así como la

---

[4] Juan Carlos Solís, defensor de derechos humanos chihuahuense dedicado a investigar desapariciones de personas, y siempre volcado en ayudar a periodistas a obtener información pública, crear bases de datos y capacitarlos en seguridad digital. Él fue cómplice fundamental de este proyecto. Falleció el 28 de septiembre de 2018.

información que publicamos en *Proceso* o en diversos medios bajo la firma de #Másde72. Para dar mayor claridad y ritmo narrativo no dejé textuales los documentos y eliminé repeticiones, aunque mantuve su esencia.

Para investigar seguí mi estilo de reportería muy de a pie: tomar autobuses o manejar mi auto para buscar testigos en recorridos de casa en casa, llamar a casetas telefónicas de pueblos en el olvido para preguntar por alguien que no tiene teléfono, hacer decenas de combinaciones hasta encontrar nombres en redes sociales o a través de esa misma vía contactar a toda persona que lleve un apellido que busco hasta dar con la indicada, hablar con mucha gente que me conecta con otra gente y esta con otra, pedir a periodistas, a funcionarios o exfuncionarios que me permitan ver la información que tienen, crear alertas en internet con palabras clave para coleccionar noticias durante años, rastrear documentos o pedirlos mediante los recursos legales de transparencia y localizar a las personas mencionadas, buscar lo que se publica en otros países o aparece en archivos oficiales de Estados Unidos, aprovechar cada viaje de reporteo para indagar sobre este tema, mantener contacto con colectivos de familiares que buscan a personas desaparecidas, crear y cultivar contactos en los lugares donde pudiera existir alguna pista, solicitar información al público abierto usando redes sociales o publicar cada tanto algo de lo que tengo para ver si alguien pica el anzuelo y me proporciona más datos (aunque a veces esa estrategia me ha costado algunos sustos).

Mi interés se posa siempre en lo capilar, en lo ocurrido en el lugar de los hechos, lejos de las oficinas donde se construyen los comunicados de prensa y la información gubernamental, y siempre movida por saber cómo experimentó esos sucesos la gente común, la gente de la que no se habla; "los extras de la película" que para mí son los protagonistas, la gente silenciada.

*

En este país, la política de Estado es la impunidad, la simulación, el ocultamiento.

Partes del libro se basan en lo que el gobierno dejó escrito, en papeles que tardé años en conseguir. Los documentos que publico los obtuve, en gran medida, a través de la plataforma de transparencia de información pública; los cables diplomáticos estadounidenses fueron desclasificados por la organización National Security Archive o revelados por WikiLeaks. Algunos provinieron de filtraciones que recibí de informes creados en instituciones gubernamentales —cuya fuente cito—, y que intenté contrastar con entrevistas para no caer en trampas. Sé bien que algunos documentos oficiales han sido producidos para ocultar, para desviar investigaciones, para exculpar, para imputar o para inventar "verdades históricas" basadas en mentiras.

Las familias de decenas de víctimas me permitieron ver sus expedientes, con la información fragmentada (y a veces errónea) que les daban en las procuradurías estatal o federal. También los presuntos culpables me mostraron sus carpetas de investigación. Otras veces fueron colegas periodistas quienes me compartieron escritos que sus fuentes les confiaron. Pero fue hasta los últimos años cuando pude hilvanar mejor la trama gracias a la información contenida en los dictámenes que recibieron las familias de las personas exhumadas en las fosas, y cuyos cadáveres fueron identificados por la Comisión Forense en la que participaron peritos oficiales e independientes, y quienes contrastaron la información. Llegué hasta esas personas con la ayuda de colectivos de familiares, religiosas y activistas que me guiaron para ubicar familias que hubieran recibido el cuerpo de su familiar.

A pesar de la vasta documentación oral y escrita que obtuve quiero advertir a quien me lee lo siguiente: hay que tener cuidado con lo que aquí se dice de manera literal y con   sacar conclusiones apresuradas sobre la identidad de las personas que entrevisté acerca de lo ocurrido en San Fernando.

Esta es la razón: coleccioné todo tipo de voces, algunas sobre el terreno y otras a miles de kilómetros de distancia; unas vivieron los hechos en carne propia o tuvieron contacto con alguien que poseía información, otras basaron su información en rumores. Algunas personas me dieron datos confusos por miedo o porque, como mecanismo para sobrevivir al horror padecido y sobrellevarlo, la gente edita sus propios recuerdos. También el tiempo transcurrido desde esos hechos es implacable en los estragos que causa a la memoria.

En este libro respeto esas verdades individuales que ayudan a sumar piezas, aunque no siempre sean certeras y a veces den por muertas a personas vivas, señalen como perpetradores a quienes intuyo fueron reclutados a la fuerza, o aseguren que nunca pisó la cárcel una persona que en el reporteo descubrí que continúa presa. Entiendo esas imprecisiones como normales en una comunidad en la que el trauma es propiedad colectiva y dejó huellas.

Los silencios, por expresivos, por lo que revelan, también quedaron registrados. Algunas veces aparecen en los testimonios, cuando hago evidente, en palabras testadas con una pleca negra, lo que tuve que borrar. Se notan también cuando las personas entrevistadas tienen que referirse a lo impronunciable —como cuando los nombran a *Ellos, Aquellos, Los Malos, Los Malitos, Esos Desgraciados, Esos Ingratos, Los Fulanos, Los de La Letra, Los del Sur, La Maña, Esos Pelados, Esos Malditos,* u omiten mencionarlos como sujetos de la acción—, porque siguen sin hablar de lo que tenían prohibido.

Me tomé todas esas licencias que he descrito porque fueron los recursos que encontré para mostrar este equipaje pesado lleno de confesiones con las que mucha gente se juega la vida. Y porque aunque ya pasó más de una década desde el hallazgo de esas fosas, que son el punto de partida de esta investigación, en el libro se revelan secretos de una comunidad habitada por gente a la que los recuerdos aún le atenazan la garganta, que sigue expuesta a la violencia, y donde muchos de los protagonistas de esta trama del terror todavía son vecinos.

Todavía ahora, más de una década después de que empecé mi investigación, cuando escribo sobre los hechos ocurridos en San Fernando enfrento el mismo dilema: ¿Qué puedo publicar y qué debo quitar? ¿Cuánta dosis de mentira tiene cada documento que conseguí? ¿De qué forma se puede mencionar algo o a alguien sin ponerlo en riesgo?

La respuesta a esas dudas está volcada en la siguiente advertencia a quien me lee: en este libro encontrará un relato fragmentado porque esta historia está incompleta, le faltan piezas, porque mucha gente no tiene permiso para hablar y porque existe una intención de las autoridades de ocultar la verdad. ¿Por qué no quieren que se sepa? Al teclear la pregunta me viene a la mente lo que escuché decir a una mamá abrumada porque el gobierno no busca a su hijo desaparecido: "No hacen más porque saben que si buscan ellos mismos se encuentran". Porque la verdad los inculpa.

*

Me hubiera gustado contar una historia completa, lógica, acabada, concluyente, pero la opacidad en la que se desarrollaron los hechos y la impunidad en que permanecen no me lo permite. Aún nadie ha sido condenado por estas atrocidades —las sentencias solo han sido por uso de armas ilícitas, pertenencia a grupos criminales, involucramiento en el negocio de las drogas; no por los asesinatos— y se mantienen como secretos de Estado las investigaciones judiciales. Aún los poderes políticos y económicos que habilitaron las masacres y las desapariciones aquí relatadas siguen intactos, y "ellos", los perpetradores de estos crímenes autorizados no se han ido, "siguen ahí" —como dice en San Fernando mucha gente— entre las sombras, o cambiaron de rol y hoy son más visibles e influyentes.

Las personas que fueron testigos de estos hechos todavía corren riesgos porque tienen piezas importantes de lo que ocurrió.

En el camino me encontré con personas que tenían información privilegiada para armar mejor el rompecabezas sobre estas matanzas y no quisieron hablar. Otras me hicieron entrar al perverso juego del "te lo muestro pero no puedes tomar apuntes ni grabar, es solo para que lo veas", "te lo cuento pero nunca lo escribas", "te lo doy solo si me pagas". Nunca pagué. Solo les importó que yo supiera lo que tenían, y no que esa información se publicara para dar pistas a alguna familia buscadora.

Al igual que las familias de las víctimas a las que se les niega su derecho a saber, me enfrenté a la reserva de información que impone el Estado mexicano cada vez que quiere ocultar secretos, aunque sean masacres catalogadas como "violación grave a los derechos humanos", que en todo el mundo deberían conocerse porque son delitos que lesionan a la humanidad entera.

Cuando escribía este libro y estaba a punto de obtener la información que la ley de transparencia les obligaba a proporcionar, descubrí que la Procuraduría General de la República (PGR)[5] intentó castigarme por investigar y que no eran paranoia mía los extraños comportamientos que había notado en mis celulares y computadoras, y los ataques a las páginas web en las que publiqué sobre estas matanzas o sobre la crisis forense en

---

[5] Desde diciembre de 2018, Fiscalía General de la República.

el país. Y no solo me espiaron: por exhibir sus crímenes me metieron en una causa judicial.[6]

Y no solo se ensañó contra mí.

*

¿Es necesario otro libro sobre la violencia? ¿Por qué escribir de temas de los que mucha gente ya no quiere enterarse o prefiere olvidar? ¿Para qué escarbar más en estas tragedias? Esas preguntas me han rondado durante los 14 años que he dedicado mi trabajo periodístico a documentar los impactos de la violencia en México en la vida de las personas.

La respuesta me la han dado siempre las madres o los padres de las personas asesinadas en estas masacres cada vez que me preguntan qué más puedo contarles sobre lo que pasó con sus hijos o cuando las escucho decir: "Quiero saber la verdad; aunque duela".

El dolor del que hablan no es una metáfora. Un campesino guatemalteco me contó que mirar las fotos del hijo torturado hasta la muerte, con el cráneo trozado, y leer las confesiones de los asesinos golpea al corazón como un infarto interminable. Por una madre salvadoreña que peleó durante ocho años para obtener la información de esas masacres supe que ese es el último gesto de amor que ella siente que puede hacer por su hijo asesinado.

Estoy convencida de que no solo las víctimas tienen que conocer sobre estos hechos, que ese sufrimiento suyo no debe ser vivido en privado, porque a todos nos incumbe, nos tiene que incomodar, indignar, atragantar, punzar, empujar a actuar.

Sé también que cuando la verdad sale a la luz se hace incontenible la demanda de justicia. Que cuando la gente se apropia de esa memoria nacen caminos hacia esa añorada justicia.

Por eso escribí este libro.

*

---

[6] El último apartado de este libro lo dedico a ese episodio, del que me enteré en 2020.

San Fernando: última parada es mi bitácora de viaje a través de los mecanismos del horror y de la impunidad que hicieron posibles matanzas como las de San Fernando.

El punto de partida de este recorrido son las fosas que escondían los cuerpos con el cráneo roto y la expresión del desamparo encontradas en 2011. Esa primera parte, advierto, es difícil de leer. La impunidad a la que están expuestas las personas protagonistas de estas historias no es de fácil digestión: cala, encabrona, arde, duele, cuesta asimilarla.

Pero esta no es solo la historia de una tragedia. No se queda en la destrucción, los cadáveres y los sufrimientos de la gente. Si la primera parte permite entender cómo opera el sistema que tortura y revictimiza a las víctimas, la segunda muestra los lazos de amor y de solidaridad que se tejieron alrededor de esas muertes.

Entre las cenizas del horror y la catástrofe se alzan grupos de mujeres y colectivos de familiares de víctimas, liderados también por mujeres, que se organizaron para reescribir estos sucesos, humanizarlos con ternura, valentía y dignidad, y darles otro final que no fuera el de la paralizante fatalidad.

En esos caminos pantanosos conocí a la abogada Ana Lorena Delgadillo y el trabajo de la Fundación para la Justicia y de su equipo. Con el tiempo, al ver que compartíamos las mismas inquietudes, nos hicimos amigas. Ella, a la vez, me presentó a la antropóloga Mimi Doretti. Poco a poco fui conociendo a integrantes del Equipo Argentino de Antropología Forense. Ellas han dedicado años a investigar las matanzas aquí relatadas para lograr cambios que impidan que estas atrocidades se repitan en México.

Ambas son protagonistas de la segunda parte de este libro, con otras mujeres, y un puñado de hombres, padres de familia, con quienes se arriesgan para arrancar verdades que permiten entender cómo opera el sistema que hace posible estas masacres y que mata lentamente a quienes buscan justicia. Ellas siguen investigando, en un intento por prevenir que nunca más se repitan, que nadie más sufra lo que ellas. Ellas muestran caminos hacia "lo posible", rutas hacia lo que consideran que es la verdad, resignifican las palabras reparación y justicia.

Las voces recopiladas en todo este libro se convierten entonces en una mirilla caleidoscópica que permite observar a México a través de una zona de silencio y muerte, un espacio gobernado por una franquicia criminal que sometió a la población para controlar el territorio y magnificar sus ganancias económicas, en una región cedida por los políticos a las mafias de las que forman parte, en un país donde las instituciones de prevención ciudadana y procuración de justicia están podridas, traicionaron a la gente que debían de cuidar, y donde se libra una importada y fallida "guerra contra las drogas" —que es una guerra por dominar el territorio y contra la gente— en la que las víctimas intentan cambiar esta historia.

No es un libro fácil de leer porque no se pueden absorber de un jalón tantas dosis de impunidad. Pero necesitamos asomarnos a los San Fernando actuales, a los sitios de exterminio, a las fosas y las morgues, a los métodos de matar y de morir, y escuchar lo que dicen las víctimas, lo que les hicieron, lo que no debe de repetirse, para entender en qué momento se jodió el país, y por qué en México cada día tenemos que sumar más gente a la lista de 115,000 personas desaparecidas y de 55,000 cuerpos sin identificar en las morgues y fosas comunes. Solo excavando en lugares prohibidos junto a las víctimas, desenterrando con ellas verdades, peleando a diario por devolver la dignidad de quienes fueron borrados y exigiendo que les regresen con los suyos, solo enfrentándonos a este sistema que produce muerte y sustituyéndolo por otro más humano, haremos posible otro futuro.

Este es, pues, el recorrido que hice para entender dónde se quedó secuestrada mi alma en este México doliente, donde muchas personas se quedan secuestradas para siempre.

Escribí bajo el faro de Javier Valdez, periodista, referencia, guía y compa que me introdujo a andar por estos caminos minados que son los lugares tomados por intereses necropolítico-económicos. Este libro lo hizo posible el premio que lleva su nombre, creado tras su asesinato el 15 de mayo de 2017, para dar continuidad a su trabajo dedicado a las víctimas a través de la pluma de otros periodistas que intentamos seguir sus pasos.

Última parada

23 de marzo de 2011, 19:00 horas, Terminal de Autobuses de Uruapan, Michoacán

El recién lavado autobús Volvo número 3550, con las tonalidades azul con gris características de la compañía Ómnibus de México (ODM), salió en dirección a la frontera. Llevaba cuatro pasajeros.

Al volante iba un experimentado chofer que era apoyado por un conductor suplente, con escasos diez meses de antigüedad, ambos asignados a cubrir la corrida noreste que sale de Tierra Caliente y desemboca en Reynosa, Tamaulipas, a un pasito del Río Bravo que divide a México y Estados Unidos.

21:00 horas, tramo Michoacán-Guanajuato

En la parada de Morelia subieron 17 personas, entre las que había una pareja joven de recién casados y sus acompañantes; de parte de la novia iban el hermano menor, que acababa de pasar la adolescencia y nunca había salido del pueblo, el cuñado —esposo de una hermana— y un primo, mientras que al novio lo acompañaba un amigo y vecino de la pareja. Todos eran originarios del pueblo michoacano El Limón e iban a probar fortuna en Estados Unidos. Uno de ellos reintentaría el cruce, pues había sido deportado un año atrás.

A media hora de camino, ya en el estado de Guanajuato, el autobús hizo paradas en Moroleón, en Yuridia y en Salvatierra. En ese trayecto subieron cinco personas.

22:30 horas, central camionera de Guanajuato

En Salvatierra, el conductor auxiliar bajó al camarote a descansar.

23:30 horas, trayecto Guanajuato-San Luis Potosí

En Celaya, la última parada en Guanajuato, punto que corresponde al ombligo de México si es visto en un mapa, una docena de asientos se ocuparon. Uno de los pasajeros llevaba boleto a San Fernando, la última estación en Tamaulipas antes de llegar a la frontera, en Reynosa. Otro era un mecánico necesitado de piezas para arreglar un auto.

El 3550 había recogido ya todo su pasaje, siguió de frente.

La ruta noreste es pesada, en 72 horas se completa el trayecto desde la Tierra Caliente michoacana hasta el linde con Estados Unidos, de ida y vuelta dos veces. El chofer y su posturero ya habían manejado por turnos, y este día 23 comenzaba la segunda vuelta, volviendo a cruzar los paisajes verdes y sembrados del Bajío, siguiendo por la Huasteca potosina y abriéndose paso entre la sierra de Tamaulipas, cerca de una reserva ecológica, donde deben tomar una carretera federal, la 101, que parece que busca alcanzar el Golfo de México, y seguir por la 97, hasta estacionarse en la ciudad de Reynosa.

Los pasajeros que compran boletos de esta ruta son personas con distintos intereses. Es un viaje muy solicitado entre mecánicos en busca de refacciones y por *carreros* que compran autos usados para revenderlos en ferias. La usan también campesinos mexicanos que, como los recién casados, desean probar suerte, trabajar y hacerse de ahorros en Estados Unidos, y migrantes centroamericanos en busca de una vida mejor o que huyen de la violencia y la pobreza en sus países. Viajan además personas que quieren visitar a familiares del otro lado de la frontera o comprar en los *shopping malls* algún encargo especial.

Todos esos sueños y planes se interconectaban al interior de ese Volvo de 15 metros de longitud y 48 asientos.

24 de marzo, 3:30 horas, carretera federal 101, San Luis Potosí-Tamaulipas

El autobús se detuvo en la caseta de Cerritos en San Luis Potosí. Al chofer veterano le correspondía ser relevado: llevaba ocho horas y media al volante.

Antes de bajar a descansar en el camarote localizado en la primera cajuela del autobús, debajo de los asientos 5 y 6, avisó a su suplente que tenía el encargo de informarle al último pasajero la llegada a San Fernando.

—Maneja con cuidado, están pasando muchos incidentes en esta ruta, están asaltando autobuses —le previno antes de despedirse.

El novato quedó a cargo del volante. Ya entre choferes se rumoraba que otra línea de autobuses había suspendido esa misma ruta nocturna y se hablaba de retenes y de robos en la carretera.

El ómnibus siguió por la carretera federal 101 y al entrar a Tamaulipas se enfiló a Ciudad Victoria, la capital, en la punta sur, donde descendieron tres personas. Nadie subió.

Tocaba seguir de frente por esa carretera que es columna vertebral del estado y que conecta con la fronteriza Matamoros, o por donde se toma una ramificación, la carretera número 97, que desemboca en Reynosa. El destino final estaba cerca: a dos horas y media. El día ya clareaba.

7:00 horas, Terminal de Autobuses de San Fernando

El Volvo 3550 abandonó la carretera, el chofer viró hacia la comunidad de San Fernando, pasó una glorieta con la estatua del Padre Mier, entró por la avenida comercial Adolfo Ruiz Cortines y comenzó a orillarse sobre esa calle principal hasta detenerse en la terminal de autobuses de fachada angosta, incrustada a la mitad de una cuadra, con un ventanal que deja ver la sala de espera y la boletería.

Había gente en la calle, algunos adolescentes correteados por sus padres para llegar a tiempo a la secundaria.

En esa avenida, donde distintas líneas de transporte tienen oficinas, el conductor vio un autobús ADO (Autobuses de Oriente) detenido frente a la taquilla de ODM. Encontró un sitio para aparcar el camión, abrió la puerta, avisó a los pasajeros la llegada, vio descender al tripulante que había abordado la unidad en Celaya. Bajó y cerró la puerta. Quería asegurarse de que nadie sin boleto subiera y de que ningún pasajero bajara. No deseaba dar oportunidad a nadie de caminar hacia el Oxxo para hacer alguna compra y perder tiempo en la espera.

En la banqueta se topó con un hombre robusto con radios y un arma de fuego larga. Recuerda que era de estatura media, tez morena clara, que vestía un pantalón *beige* con camuflaje estilo militar, y playera oscura tipo polo.

—¿Para qué le cerraste? Ni que se te fueran a ir —escuchó el reclamo.

El chofer, que se topó con el fusil, esbozó una tímida sonrisa sin saber qué contestar.

—Abre.

Y siguió la orden.

El sujeto hizo señas a dos jóvenes flacos vestidos con bermudas: uno con estampado de camuflaje, el otro con ropa oscura; este último tenía tatuada una pirámide debajo del ojo izquierdo. Ambos estaban armados, y subieron al camión. El chofer intentó seguirlos, pero el hombre que le había reclamado no lo dejó:

—¿A dónde crees que vas?

El desconocido se puso a merodear alrededor del autobús hasta que encontró el número identificador que llevaba pintado. Al verlo dijo:

—A ti te estábamos esperando.

Exigió que le diera la lista de pasajeros, el chofer se la entregó. El hombre la vio por encima, no la leyó.

—¿De dónde vienes?

—De Uruapan.

—¿Cuánta gente traes?

—Casi el cupo.

El desconocido señaló al chofer la taquilla, para que ahí esperara. Antes de meterse a la oficina alcanzó a ver en la calle un taxi Tsuru gris y una camioneta *pick up* nueva en la que estaban recargadas cinco o seis personas vestidas de civiles, y cuatro con uniforme de camuflaje. Todas con armas, radios y teléfonos.

En la taquilla, el boletero, nervioso, le selló la tarjeta. Un hombre que estaba en la sala de espera preguntó al chofer si había cupo para Reynosa; él contestó que no sabía si quedaban lugares. El boletero checó en la computadora, dijo que sí y le vendió un billete. Mientras la persona pagaba, el chofer regresó al autobús. Notó que los dos flacos que habían abordado el vehículo estaban bajando gente.

Tras ir de asiento en asiento preguntando a cada pasajero de dónde venía y a dónde iba, habían ordenado a 12 que se bajaran. Todos eran hombres, caminaban en fila. En la calle los hicieron dirigirse hacia la camioneta blanca. Ahí iban el esposo, el hermano, el primo, el cuñado y el amigo de la veinteañera recién casada.

—¡Estos son contras! —escuchó la joven que decían sobre ellos—. ¡Son contras!

El sujeto al mando ordenó al chofer que abriera la cajuela para que los detenidos bajaran sus cosas. Habló por radio y de la calle lateral, paralela al Oxxo, salieron dos Ram *pick up* blancas con logotipos de la Policía Municipal de San Fernando seguidas de un Jeep Patriot blanco.

Esos vehículos se detuvieron a un lado de la camioneta y del taxi en los que se aglutinaban los hombres armados. Los flacos de bermudas arrearon a los pasajeros para que montaran en las bateas de las patrullas. Después, uno pidió al chofer que le abriera la cajuela para sacar una televisión de plasma y una maleta verde tipo militar; este le respondió que necesitaba los comprobantes del equipaje para entregarlas. El flaco caminó hacia donde estaban los detenidos, regresó con los talones, se los dio y sacó las cosas. Nadie volvió por su equipaje.

La novia miraba preocupada por la ventana.

—¿Qué estás mirando? —escuchó el violento reclamo.

Uno de los hombres de camuflaje subió por ella; la empujó a una camioneta cargada de gente, en la que había algunas mujeres. Ella vio que los captores seguían interrogando a sus familiares y a los otros seleccionados.

El chofer alcanzó a observar de reojo que los pasajeros del 3550 no eran los únicos detenidos. También estaba siendo inspeccionado otro autobús de su misma compañía y el ADO que había visto. De esos también eran bajados pasajeros varones y subidos en taxis.

Regresó entonces a la oficina por su tablero. Encontró al operador del autobús ADO e intercambiaron un gesto de desconcierto: aquel le dirigió una mirada como de "qué hacemos", él contestó con la mueca de quien no sabe. Era normal que esos interrogatorios y detenciones se enfocaran en los centroamericanos, pero no en los mexicanos.

Ya de regreso, a la puerta del autobús, el chofer cortó los boletos a cinco personas que acababan de comprar su viaje a Reynosa. Esperó unos minutos a los pasajeros que habían sido bajados hasta que vio que las patrullas arrancaron, llevándoselos. Detrás iban otros autos cargados de gente.

Agresivo, el hombre robusto le tronó los dedos y los apuró, a él y al chofer del ADO, para que siguieran su camino.

7:30 horas

El 3550 continuó su ruta hasta Reynosa. Al alejarse de la terminal, por el espejo lateral el chofer vio cómo las camionetas que llevaban a sus pasajeros se perdían en el horizonte.

9:00 horas, carretera 97

Un oficial de migración —el chofer lo recuerda cuarentón, gordo, de estatura media, uniforme azul o gris azulado con el logotipo del instituto— le hizo señas en la carretera para que detuviera el autobús y subió a inspeccionarlo. Recorrió los quince metros del pasillo y se paró al lado de una señora que viajaba en el asiento 23 o 25. Se dijeron algo rápido. Al regresar a la puerta, el oficial preguntó al chofer:

—¿Que te bajaron pasaje?

—Sí.

No hubo más conversación. El autobús siguió su marcha.

10:00 horas, entrada a la ciudad de Reynosa

El chofer encontró un retén de la Policía Municipal, "o de gente vestida de negro". Los uniformados le indicaron que se orillara a la banqueta. Al hacerlo, le preguntaron quiénes eran los cinco pasajeros que habían subido en San Fernando; el chofer dijo que no se había fijado. Uno de los agentes entró al vehículo y a medio pasillo preguntó, alzando la voz:

—¿Quién subió en San Fernando?

Nadie contestó.

—¿Quién subió en San Fernando? —repitió la pregunta.

Tres personas alzaron el brazo.

Les ordenó bajar; tras ellos se sumaron los otros dos pasajeros que se habían quedado callados. Un uniformado se dirigió a la señora con la que antes había hablado el agente de migración, pidió al chofer que los esperara, se bajó con ella, iba a tomarle unos datos. Diez minutos después, los seis abordaron y regresaron a sus asientos.

El 3550 obtuvo el permiso para seguir hacia la terminal. Uno de los sanfernandenses recién interrogados se acercó al conductor y le pidió que lo dejara bajar. Este respondió que no estaba autorizado a orillarse, que lo haría solo si les tocaba un semáforo en rojo. En el primer alto bajaron rápido los cinco que habían subido en San Fernando. Al descender, alguno comentó: "Está bien caliente este pedo".

10:30 horas, Terminal de Autobuses de Reynosa

El ómnibus 3550 recién estacionado en el andén abrió la puerta para que bajara el pasaje. Fue rápido: llegó con tres personas.

—¿Cómo te fue? —preguntó el chofer titular recién salido del camarote.

—Valió madre, compadre. Nos bajaron a 12 o diez pasajeros en San Fernando.

El titular se había percatado entre sueños de que el camión se había detenido más tiempo de lo previsto. Calculó que la parada llevaba diez minutos, pero se volvió a dormir.

En lo que hablaban, el equipajero pidió a los choferes que se acercaran para mostrarles algo: había sobrado una maleta. Era color rojo, de mano.

Los dos responsables del 3550 entraron a la oficina en busca del jefe. No lo encontraron, en su lugar estaba el encargado de las taquillas, a quien relataron lo sucedido y entregaron la maleta huérfana.

El operador de otra corrida que partió desde Zamora, también en Michoacán, se acercó y les contó que a él también le acababan de bajar pasajeros: "Me dejaron solo niños y mujeres".

Los choferes del 3550 llevaron el autobús al taller de lavado y cargado de diésel. El responsable en turno revisó con ellos el interior del vehículo que estaban por entregarle y entre los tres descubrieron que en los asientos y en los portaequipajes había mochilas. Eran cinco bultos y tres chamarras.

Los juntaron y los entregaron en la taquilla.

17:00 horas, recorrido bordeando la frontera y hacia el sur-occidente del país

El autobús 3550 otra vez encendió motores. Pasaría a recoger el pasaje que esperaba en la terminal de Río Bravo y desde ahí haría la ruta de regreso hacia el occidente, cruzando el país de vuelta.

19:00-21:00 horas, terminales de autobuses de Michoacán

Cuatro autobuses de ODM cargados de pasajeros salieron: dos desde Zamora, dos desde Uruapan, unos hacia Reynosa, otros a Matamoros. Cruzarían de nuevo Tamaulipas por la carretera federal 101 y harían una escala programada en San Fernando.

Nadie les previno sobre lo sucedido.

Relato hilvanado con declaraciones de los choferes, y oficios de la empresa ante el Ministerio Público y la Comisión Nacional de los Derechos Humanos, y entrevistas propias a pasajeros y sus familiares.

Anotaciones para entender una temporada de masacres

Tamaulipas, estado norteño favorecido por su riqueza petrolera, y el gas natural y *shale* de su subsuelo, se ubica junto al Golfo de México y comparte 370 kilómetros de frontera con Estados Unidos y 17 cruces fronterizos donde cada día se comercian billones de pesos. Es un lugar de tradición para el contrabando, en donde un popular traficante, Juan N. Guerra, construyó un emporio con el comercio ilegal de *whisky*. Era todo un cacique: benefactor del pueblo y compadre de políticos encumbrados.

En la década de los 80 lo sucedió un sobrino, Juan García Ábrego, quien usó las redes heredadas para traficar cocaína colombiana, y consolidar sus dominios y a su grupo, antes conocido como el Cártel de Matamoros y renombrado como el Cártel del Golfo. Operó con el apoyo de gobernantes, que eran socios y protectores del negocio, hasta 1996, cuando fue capturado y extraditado a Estados Unidos. En su lugar quedó Osiel Cárdenas Guillén.

En esos mismos años, una confederación de cárteles de la droga se empoderaba del lado del Pacífico mexicano. El nuevo capo reclutó un ejército propio formado por militares de élite (del Grupo Aeromóvil de Fuerzas Especiales, conocido como GAFE) que habían sido entrenados en las temidas escuelas de contrainsurgencia del gobierno estadounidense y por la milicia israelí.

Este grupo de desertores al servicio del Golfo, encabezado por Arturo Guzmán Decena y Heriberto Lazcano Lazcano, surgió en 1997 y se hizo llamar Los Zetas. Pronto se distinguió por sus métodos de organización y disciplina castrense, su acceso a armas poderosas y un *modus operandi* basado en el control del territorio y de la población, a la que trataba como mercancía y que castigaba de formas despiadadas. Un dominio basado en el terror.

En diciembre de 2006 llegó a la Presidencia de México Felipe Calderón Hinojosa, un político panista acusado de fraude electoral que en cuanto se estrenó en el cargo declaró una "guerra contra las drogas". Para librarla sacó al Ejército a las calles a pelear contra "el narco" con una estrategia improvisada.

Estados Unidos, principal impulsor de la política de *war on drugs* en América Latina desde 1971, el mayor consumidor de drogas y proveedor de armas, inventó la Iniciativa Mérida[7] con la que financió y armó esa desastrosa cruzada.

El despliegue territorial de miembros del Ejército, la Marina y la Policía Federal en regiones disputadas por organizaciones criminales, para enfrentar a "los narcos" y desarmar a las policías municipales a su servicio y eliminar líderes de los llamados "cárteles de la droga", rompió equilibrios que permitían la gobernanza. Los grupos rivales comenzaron a disputarse "las plazas" y a demostrar quién podía ser más cabrón en una destructiva carrera por superarse en los niveles de crueldad contra sus enemigos. La violencia llegó a los límites de lo *gore*, lo abominable, y golpeó a toda la población.

Mientras los métodos de eliminación y de castigo se hicieron más brutales, se sofisticaron y masificaron, México se llenó de fosas clandestinas, las morgues se saturaron de cuerpos sin identificar, los panteones se poblaron de jóvenes a velocidad récord. Se normalizaron las masacres, las torturas, el desplazamiento forzado, los asesinatos, la eliminación de políticos, periodistas y defensores de derechos humanos, la desaparición de personas...

La presión para costear una guerra armada empujó a las organizaciones criminales a buscar fuentes de recursos locales que les permitieran acumular rápido dinero en efectivo para financiarse. En Tamaulipas, ese estado norteño en la punta noreste de México, el grupo del Golfo con su ejército de élite no se desmarcó de esa tendencia, y para afianzar su poder usó su rostro más brutal: Los Zetas. Mas no actuaron solos; empresarios,

---

[7] El también llamado Plan Mérida entró en vigor a partir de 2008 y terminó en 2021. Consistió en un paquete millonario de 3,500 millones de dólares, de apoyo para equipamiento, entrenamiento, tecnología, asistencia militar y "fortalecimiento institucional" durante la "lucha contra los cárteles".

funcionarios y políticos de todos los niveles, incluidos gobernadores y secretarios de Estado, formaban parte de su cadena de socios o protectores.

Controlar los territorios y las rutas era el objetivo, y exprimir a los
habitantes y la economía local. A su catálogo de delitos solo le ponía límites la imaginación: extorsionar a negocios de cualquier tamaño, "vender" protección, despojar de propiedades y bienes, secuestrar personas,
traficar todo lo comerciable (migrantes, recursos naturales, petróleo y
gas, piratería, fayuca), reclutar gente a la fuerza o de manera voluntaria,
ya fuera para explotación sexual, para engrosar sus ejércitos, para su
venta o para el trabajo esclavo de todo tipo.

Los Zetas innovaron el mundo criminal. Lo explica bien esta cita de
Aaron Daugherty y Steven Dudley: "No son solo violentos debido a que
sus líderes tienen una afición por la agresión, sino que siguen un modelo
económico que se basa en controlar territorios de una manera violenta.
Dentro de ese territorio obtienen rentas de otros actores criminales y
mueven solo una cantidad limitada de bienes ilegales a través de algunas
de sus propias redes [...]. Sin ese territorio, no tienen ninguna renta (conocida en México como 'piso'). Los Zetas son, en esencia, parásitos".[8]

La codiciada ruta migratoria formó parte de sus fuentes de financiamiento. Para 2009 "[El Golfo] había absorbido al menos a 14 de las
organizaciones que solían traficar con migrantes [...] y dominaba las
rutas económicas hacia la parte sureste de Texas".[9]

"Ya no están solo operando como brazo armado del Cártel del
Golfo. La fuerza de los Zetas es su habilidad para corromper, matar e
intimidar, y esos factores le han dado el poder para llevar a cabo actividades por todo México, y además ha establecido una metodología para
moverse hacia nuevos territorios y asegurarse el control sobre su geogra-
fía. Sus actividades han evolucionado desde el tráfico de drogas hasta
actividades tradicionales del crimen organizado",[10] reseñaba en 2009 un
cable diplomático estadounidense.

---

[8] Cita del libro *Los Zetas Inc.*, de Guadalupe Correa-Cabrera (Temas de Hoy, 2018).

[9] Cita del mismo libro en referencia a una nota de Blanche Petrich.

[10] Cable de julio de 2009 (20090700) "zetas evolution", enviado al Departamento de
Estado de Estados Unidos desde México. Desclasificado por la organización National
Security Archive.

Ese mismo año, Osiel Cárdenas Guillén, el líder del grupo del Golfo —quien había sido capturado en 2003—, fue extraditado a Estados Unidos a petición de ese gobierno. Lo esperaban con un ofrecimiento secreto: entregar dinero e información a cambio de beneficios en su condena.

El pacto que aceptó Cárdenas Guillén derivó en una guerra a muerte con los Zetas, tras saberse traicionados.

La estrategia de delaciones de testigos protegidos en Estados Unidos[11] y un asesinato en enero de 2010 entre los antiguos socios,[12] en el que rompieron la regla de no tocar a las familias, provocó una de las guerras fratricidas de peor memoria en la historia reciente de México, que pagaron miles de personas completamente ajenas a la industria de las drogas.

En ese terrible y cruel periodo (2010-2012) en el que peleaban por mostrar qué bando era propietario del territorio que habían compartido, exterminar a todo aliado del grupo contrario y a sus posibles futuros cómplices, y boicotear los negocios de los rivales o "calentarles la plaza", sus métodos de exterminio se propagaron por toda la región noreste.

Arrasaron con miles de vidas humanas, con pueblos enteros, con formas de vida. Las estrategias para mostrar su señorío fueron brutales: en 2010 masacraron a 72 migrantes en Tamaulipas; asesinaron y calcinaron o desaparecieron a no menos de 60 personas en el norte de Coahuila —especialmente en Allende, Piedras Negras y la región de Cinco Manantiales—;[13] establecieron zonas de exterminio —una dentro de la cárcel de Piedras Negras, donde se deshicieron de gente en hornos crematorios—. En ese marco fue asesinado el futuro gobernador de Tamaulipas: el priista Rodolfo Torre Cantú. En 2011 mataron en un incendio a 52 personas que jugaban o trabajaban en un casino de Monterrey;

---

[11] Alfredo Corchado y Kevin Krause, "*Deadly deal* (Acuerdo mortal)", *The Dallas Morning News*, 14 de abril de 2016: https://interactives.dallasnews.com/2016/cartels/.

[12] "Un jefe zeta de finanzas, Sergio Peña Mendoza (alias el Concord 3), fue secuestrado y asesinado, supuestamente por otros miembros del CDG [Cártel del Golfo] dirigidos por Samuel Flores Borrego (alias el Metro 3). Este evento llevó a una batalla extremadamente brutal por el control del territorio": Juan Alberto Cedillo, *Las guerras ocultas del narco* (Grijalbo, 2018).

[13] Jacobo Dayán, "Somos. Varias precisiones", Animal Político, 7 de julio de 2021. El autor señala: "El saldo en desaparecidos y asesinados durante ese fin de semana [de marzo de 2011 en Allende, Tres Manantiales y Piedras Negras] es incierto […], testimonios en juicios en los Estados Unidos reportan más de 300".

asesinaron a más de 200 pasajeros de autobuses o automovilistas que pasaban por el tamaulipeco municipio de San Fernando, a quienes enterraron en fosas. En 2012 mataron y mutilaron a 49 migrantes, cuyos torsos dejaron tirados en una carretera de Cadereyta, Nuevo León. Secuestraron, torturaron y asesinaron a toda persona que les pareciera sospechosa por cruzar su territorio, de tener más información de la debida, de pertenecer a *la contra* —o la posibilidad de ser reclutado por ella—, o en castigo por no querer entrarle al negocio. Muchas de sus víctimas permanecen desaparecidas.

Hoy en México no existe duda de que mandos militares y policiacos, y obviamente políticos, fiscales, alcaldes, gobernadores y secretarios de Estado, pertenecieron a los grupos del narcotráfico que decían combatir. Que permitieron (o participaron en) el exterminio de un grupo criminal para abrir paso a otro. Y que, en nombre de la "guerra contra el narco", cometieron atrocidades contra la población que debían cuidar. Hoy sabemos que la nuestra no fue una "guerra contra las drogas" sino por el control de estas y del territorio, y por el sometimiento de la población.

Lo ocurrido en San Fernando es una muestra de ello. En los años 2010 y 2011 ese poblado se convirtió en el escenario principal del combate entre grupos enemigos con la complicidad criminal de todos los niveles de gobierno y la participación directa de policías municipales, lo que llevó a extremos de locura, crueldad y barbarie.

La población se convirtió en rehén del grupo ganador, sufrió su modelo de control territorial, y vivió su propio holocausto. Por ser una ruta obligada para decenas de miles de migrantes, la manifestación de fuerza criminal golpeó en el corazón de familias de todo México y de otros países, especialmente de Centroamérica.

Aun cuando la estrategia de seguridad basada en la militarización fue cuestionada durante el sexenio calderonista y por las administraciones que le sucedieron porque se alimenta de la vida de muchas personas y arrasa con las comunidades que encuentra a su paso, esta no se ha modificado, y Estados Unidos la financió hasta el año 2021[14].

---

[14] En octubre de 2021 se anunció Entendimiento Bicentenario, un plan de cooperación bilateral México-EU en materia de seguridad que busca disminuir las adicciones y los homicidios, y el tráfico de armas, personas y drogas; sustituyó al Plan Mérida.

En 2010, el antepenúltimo año del sexenio de Calderón, comenzó en San Fernando la historia que se relata en este libro. Sus pobladores recuerdan que fue en Semana Santa cuando se soltó el demonio.

¿POR QUÉ SAN FERNANDO?

¿Cómo y por qué San Fernando se convirtió en la "zona cero" de la disputa territorial en los años 2010 y 2011, durante la "guerra contra las drogas"? Un rompecabezas de explicaciones posibles contempla datos históricos, geográficos, geológicos, territoriales y un entramado de intereses políticos y económicos empresariales y disputas criminales. Los factores que hacen del municipio un punto estratégico dan pistas para entender los episodios que más adelante se cuentan en este libro. Estos datos son, pues, una carta de navegación para este viaje:

San Fernando (Tamaulipas)

El oficialmente llamado Municipio Libre de San Fernando es uno de los 43 municipios que conforman el estado mexicano de Tamaulipas y el más grande en extensión territorial. Limita al norte con los municipios de Río Bravo y Matamoros, que colinda con la ciudad de Brownsville, Texas. Tiene una enorme costa (casi 100 kilómetros) al este, que baña el Golfo de México. Posee la Laguna Madre, el lago hipersalino más extenso del mundo, la laguna costera más grande del país.

Datos generales del municipio:

Antaño era conocido como "la bodega sorguera de México"; en tiempos de cosecha, el rojo del sorgo tapizaba los campos. También se cultiva maíz y frijol, y destaca la cría de ganado. Parece un pueblo vaquero: cada año los hombres pasean en cabalgatas; son famosas sus carnes asadas, la barbacoa de res y de cabra, el queso y los dulces. Un paseo típico entre las familias sanfernandenses contempla asar pescados o comer mariscos en la playa Carbonera. No por nada en 2014 el municipio fue distinguido con el récord Guinness al coctel de camarón más grande del mundo.

Su variada fauna —como la paloma, el ganso canadiense y el venado cola blanca— atrae cada año a visitantes con permiso para cazar en ranchos cinegéticos o para avistar aves.

En su nombre se han compuesto diversos corridos con "acordeón, tololoche y bajo sexto", como el que lleva por nombre "Mi pueblo", que subraya que esta es "tierra de hombres" y se enorgullece de sus ricos quesos asaderos, sus chulas mujeres, el río Conchos, la belleza de sus paisajes y las carreras de caballos porque "famoso hicieron a mi pueblo los que venían a apostar".

Por sus tierras pasa todo. Es un municipio bisagra: hace frontera con el sur de México, el mar y la tierra continental. La carretera federal 101 cruza, vertebra y conecta, y la carretera troncal 97 se desprende hacia Reynosa, a un lado de McAllen.

Entre broma y veraz se le conoce como "San Fernando de las Mil Brechas" porque los campos de cultivo y la orografía natural hace que en cada dirección se abran caminos. Estas veredas rurales han dado también otra vocación al territorio: el contrabando.

Una antigua canción, grabada en los años 70, narraba la historia de un sanfernandense que, como muchos tamaulipecos de su época, vivía de ese negocio, es el corrido "Armando Martínez", recogido en el libro *El viejo Paulino: Poética popular de Julián Garza* (Guillermo Berrones, compilador, Fondo Editorial de Nuevo León, 2010):

> *De McAllen procedían aquellas armas de fuego,*
> *Del contrabando vivía, no supo lo que era el miedo,*
> *Lo mató la policía, un día 7 de febrero [...]*
> *Su mero nombre era Armando, Martínez fue su apellido,*
> *Nativo de San Fernando, su Tamaulipas querido,*
> *Andaba en el contrabando, casi desde que era niño.*

Datos poblacionales:

Pese a su extensión este territorio está poco poblado. En 2010 tenía 57,220 habitantes. Ese año bajó la población. En la capital se concentraban 29,665 personas.

La escolaridad de la gente es baja y de mala calidad los servicios públicos básicos, como el drenaje y la salud. El agua no está limpia y algunos habitantes, incluso, se quejan de que la industria petroquímica la está contaminando.

Antes de convertirse en escenario de guerra, San Fernando fue destino de un retén del ejército que pudo ser la causa de la desgracia. Ahí fueron enviados los militares que después desertarían para formar Los Zetas.

Su desgracia posiblemente provenga de su fundación como Villa (en 1749), cuando la comarca fue encomendada a San Fernando, un santo con espada, un rey en guerra contra los invasores (los musulmanes) y que, al final, unificó a dos reinos: Castilla y León.

Existen leyendas recientes sobre la violencia: como la de la muerte vestida de novia que recorrió las calles principales, el autobús que está enterrado en alguna fosa (con todo y pasajeros), o los más de 600 cuerpos aún sepultados en tumbas clandestinas.

Historia (criminal) reciente:

"Desde los años 90 eran evidentes los posibles contubernios [de los criminales] con autoridades locales y funcionarios de Pemex porque se vendía gasolina robada, el huachicol, y era un secreto a voces que, en la ciudad, circulaba droga o había personajes específicos que se dedicaban al tráfico. Hay redes de poder de las familias dominantes a nivel local, pero también vínculos a nivel estatal, una historia política de Tamaulipas que hizo de San Fernando un bastión del PRI. Pemex de alguna manera guardó silencio en un contubernio forzado con estos grupos.

Pienso que la primera vez que se utilizó la violencia, como un recurso para amedrentar a la población en general y también a funcionarios menores o locales de distintas instituciones del Estado o de paraestatales como Pemex, fue para despejar el terreno, o se empezó a emplear como una forma de escarmiento contra aquellos que se estaban resistiendo".

Óscar Misael Hernández Hernández, antropólogo.

Personajes históricos:

Décadas antes de ser un escenario de guerra fue un retén del ejército que auguró quizá, la desgracia. "En el año 96, 97, cuando se militarizo la judicial federal, llegaron militares a La Noria, al retén que había en San Fernando, ahí estaban el [Heriberto] Lazcano, [Arturo] Guzmán Decena. Era un punto de revisión de la carretera San Fernando-Victoria, revisaban si llevabas algo de contrabando. Creo que en esos años ya estaban saltándose [a Los Zetas]".

Sanfernandense anónimo.

"El joven Rafael Cárdenas Vela, el Junior, [...] se había desempeñado como efectivo de la Policía Federal. En agosto de 2001 recibió la encomienda de su tío Osiel [Cárdenas Guillén] para que 'sentara plaza en San Fernando', ya que en ese tiempo nadie controlaba esa región [...]. Llegó a San Fernando con 10,000 dólares para ofrecer pagos a policías, militares y oficiales de la Marina y proponerles que trabajaran para ellos. Los sobornos incluyeron a gente de la prensa y la radio. También reclutó como informantes a bailarinas de centros nocturnos. Para consolidar la plaza, el cártel entregó 20,000 dólares a los jefes de la Policía Federal Preventiva en la región. 'Al alcalde no necesitaba pagarle ya que habíamos financiado su campaña', declaró.

Lograron que cotidianamente se enviara desde Guatemala media tonelada de cocaína vía terrestre. El Junior y sus hombres la recibían, la almacenaban y posteriormente la trasladaban a la frontera por carreteras y brechas. La eficiente logística se debilitó cuando el Ejército colocó un retén al sur de San Fernando, sobre la carretera por donde pasaba la cocaína que venía desde Tampico. Cárdenas Vela tuvo que incrementar su nómina de miembros del Ejército; sin embargo, los sobornos dejaron de funcionar después de que la Sedena [Secretaría de la Defensa Nacional] comenzó a rotar cada mes a los mandos en el punto de revisión, [...] el CDG [Cártel del Golfo] construyó una discreta pista de aterrizaje en una zona aledaña a San Fernando [....]. Gracias a la protección que les brindó el gobierno de Tomás Yarrington y su sucesor, Eugenio Hernández Flores, el CDG se expandió en toda la región".

Juan Alberto Cedillo, *Las guerras ocultas del narco.*

Contexto político-criminal estatal:

"En un juicio de 2013, Tomás Yarrington fue acusado de aceptar millones de dólares para permitir que el Cártel del Golfo y los Zetas enviaran toneladas de cocaína a través de Tamaulipas mientras él fue gobernador, entre 1999 y 2005.

Eugenio Hernández, gobernador de Tamaulipas de 2005 a 2010, fue acusado de sobornos relacionados con lavado de dinero que supuestamente fueron pagados por los Zetas, y de haber operado un negocio ilícito de envío de dinero. Los fiscales estadounidenses han acusado a diversos exfuncionarios de Tamaulipas y líderes empresariales y han incautado cuentas bancarias y propiedades en Texas, sobre todo en San Antonio y en el Valle del Río Grande, supuestamente utilizadas para lavar dinero".

Guadalupe Correa-Cabrera, *Los Zetas Inc.*

Vías de comunicación:

"[En 2009, el municipio] ya estaba convertido en una pista de aterrizaje clandestina y punto de descargas de hasta 500 kilos de cocaína".

Milenio.[15]

"Las veredas, los caminos, las carreteras o las rancherías que te pueden conectar a municipios como Burgos o Cadereyta te permiten ir hasta Reynosa o hacia el interior. Si viajas por la carretera llegas al punto que se conoce como la Y Griega, vas a Matamoros o a Reynosa, pero si quieres evitarlo, te puedes ir a Monterrey y llegar rapidísimo.

Es cruce obligado en el camino a la frontera; geográficamente, es la distancia más corta desde Centroamérica o desde el interior de México hacia la costa este de Estados Unidos. En la frontera, Nuevo Laredo es la capital aduanera de América Latina, solo en el 2020 hubo más de 800 billones de dólares de cruce de mercancías hacia Estados Unidos. ¿Cómo

---

[15] Laura Sánchez Ley, "La traición que puso fin al clan de Osiel Cárdenas", *Milenio*, 24 de noviembre de 2022: https://www.milenio.com/policia/cardenas-guillen-convirtieron-san-fernando-aeropuerto-clandestino.

no van a cruzar las drogas a ese país si ya tenemos la infraestructura y los acuerdos con las aduanas?".

Óscar Misael Hernández Hernández, antropólogo.

"Es un nudo donde confluyen varias carreteras. Hay una carretera que proviene por el Golfo [...] desde Chiapas, Veracruz, pasa por Tampico y Soto la Marina. Es una ruta muy importante hacia la frontera de Tamaulipas con Estados Unidos. Son casi 400 kilómetros de una porosa línea fronteriza [de la] que *ellos* quieren tener el control para el trasiego de la droga, el tráfico de personas y, a la inversa, el contrabando de armas hacia México, así como una gran cantidad de mercancías".

General Miguel Gustavo González Cruz,
excomandante de la Octava Zona Militar
con sede en Reynosa, *Proceso*.[16]

Características económicas:
"Localizado en una región estratégica de la Cuenca de Burgos, una de las reservas de gas natural más importantes del continente. Estamos hablando de la reserva de gas natural —no asociada directamente al petróleo— más importante de todo el país".

Guadalupe Correa-Cabrera, *SinEmbargo*.[17]

"El ducto [de gas natural] pasa precisamente por allí: de la laguna atraviesa San Fernando, sube por Méndez, pasa por Cadereyta, Nuevo León, y sigue hasta Coahuila [...], estamos hablando de billones de dólares. Sobrepón dos mapas, uno en el que estén marcados los acontecimientos de violencia desde el Golfo de México, en San Fernando, y luego otro por donde pasa la Cuenca de Burgos y vas a ver que coinciden [...]. También

---

[16] Juan Alberto Cedillo, "La rapiña del corruptazo exalcalde de San Fernando, en tiempos de Los Zetas", *Proceso*, 21 de junio de 2016: https://www.proceso.com.mx/reportajes/2016/6/21/la-rapina-del-corruptazo-exalcalde-de-san-fernando-en-tiempos-de-los-zetas-166147.html.

[17] Guadalupe Correa-Cabrera, "La verdadera guerra por Tamaulipas", *SinEmbargo*, 19 de diciembre de 2018: https://www.sinembargo.mx/19-12-2018/3512662.

la Laguna Madre es una ruta clave para el tráfico de drogas, y por eso se da la disputa entre varios grupos, unos por la cabecera de San Fernando, otros por la Laguna Madre, otros más por las rancherías".

Óscar Misael Hernández Hernández, antropólogo.

Fechas importantes:
"San Fernando fue reconocido por ser el municipio más grande de la entidad, por ser de los primeros territorios ganaderos, agrícolas, pesqueros, por la riqueza de petróleo y gas. Toda la historia buena fue enterrada el 21 de agosto de 2010, noche de la masacre de los 72 migrantes, cinco meses después del aniversario 261 de la Octava Villa del Nuevo Santander".

elefanteblanco.mx.

Recursos codiciables:
"[Un funcionario] habló de los 18 millones de metros cúbicos de gas natural que salen de aquí a Reynosa y van a Estados Unidos, y con voz baja […] me dijo que [en la Cuenca de Burgos] habían encontrado ya otros dos grandes yacimientos: el Trión 1 y el Trión 2 […], [Petróleos Mexicanos y otras] 28 empresas energéticas […] tienen algún tipo de presencia en la región".

Vice.[18]

"[...] al fin se intenta explotar el potencial de energía del viento y solar después de depender casi exclusivamente del petróleo [...]. El Parque Eólico en San Fernando estará ubicado en las inmediaciones del rancho San Clemente, en el ejido Los Vergeles. Las filiales mexicanas de las firmas Iberdrola de España y Siemens de Alemania invertirán unos 4 mil 400 millones de pesos (354 millones de dólares) para construirlo".

Contralínea.[19]

---

[18] Diego Enrique Osorno, "Venga a comer el coctel de camarones más grande del mundo a la tierra de las masacres más terribles de México", *Vice*, 2 de mayo de 2014: https://www.vice.com/es/article/bneg33/venga-a-comer-el-coctel-de-camarones-mas-grande-del-mundo-a-la-tierra-de-las-masacres-mas-terribles-de-mexico.

[19] "La fuerza eólica de San Fernando", *Contralínea*, 1 de enero de 2011: https://contralinea.com.mx/tamaulipas/la-fuerza-eolica-de-san-fernando/.

"Somos líderes en producción de hidrocarburos, de crudo y gas natural condensado. En la Cuenca de Burgos, principalmente en el municipio de San Fernando, son más de 300 pozos de los viejos que operan en el municipio, IHSA [Iberoamericana de Hidrocarburos][20] no ha dado a conocer la cantidad de metros cúbicos que se extraen diariamente del subsuelo, aunque el 1% debe ir a obra pública. Tenemos el mejor camarón del mundo en la Laguna Madre, somos líderes también en producción de jaiba, tenemos la mejor asadera [queso] y cabrito. También somos privilegiados en actividades de cacería cinegética. Hasta antes de 2010 aquí florecían campos turísticos, un putazo de gringos venían de cacería. Aparte de las especies o aves o animales, hay bellos parajes aún inexplorados, vírgenes, de la Laguna Madre, donde todavía existen islotes de animales en peligro de extinción. Pero nos partieron el hocico cuando encontraron a los 72 migrantes, luego las fosas, o nos dicen que somos Zetas. Todavía vivimos bajo el estigma, la sombra del miedo. Aunque digan que estamos en recuperación, es vil mentira; los efectos siguen vigentes".

Sanfernandense anónimo.

---

[20] Empresa enfocada en la exploración, desarrollo, operación y mantenimiento de campos de gas y condensado.

PRIMERA PARTE

Capítulo 1:
La guerra

Entrada a San Fernando por la carretera federal 101, que atraviesa el estado de Tamaulipas, conocida también como la "carretera de la muerte".

Los inicios

El recorrido por San Fernando comienza aquí. Testimonios anónimos de pobladores nos guiarán a través de la historia de la guerra y de la dictadura de terror que los tuvo cautivos a partir de la primavera de 2010. Esas voces-guía provienen de los apuntes que tomé durante los viajes que hice al municipio entre 2016 y 2019, cuando la historia completa de lo que ahí había ocurrido aún no podía ser pronunciada y la gente me pedía no mencionar su nombre o que nos encontráramos fuera de Tamaulipas.

Mi sorpresa al entrar por primera vez al municipio fue descubrir que San Fernando era un sitio donde no solo habían masacrado migrantes o pasajeros de autobuses; las matanzas cotidianas alcanzaron también, y desde antes, a la población local, pero su tragedia permanecía silenciada. Y así la recordaban:

"¿De verdad quiere saber qué es caminar dentro del valle de restos de sangre, de lamento y horror? En enero de 2010 se oyó el tronido fuerte, entraba un grupo armado. A partir de ahí empezaron las matanzas, secuestros, *levantones*… Hubo muchas vidas que se perdieron".

"Los del Golfo eran los narcotraficantes, tenían mucho poder, pero no eran los que mataban, para eso contrataban a los Zetas. Hace 15, 16 años, los maras empezaron a llegar empleados por los del Golfo y los denominaron los Zetas: la mayoría tatuados, de Honduras, Guatemala, Chiapas… Revueltos, comenzaron a crecer, a traer más, se oía hablar de que abrían escuelas, campos de entrenamiento. Los maras entrenaban acá, era gente que enseña a matar, a sacrificar personas. Eran muy sanguinarios. Ya estaban al tú por tú los Zetas con los Golfos. Ya le teníamos más miedo a los Zetas, y ya les cobraban muy caro los servicios a los del Golfo. Ya no podían sostener eso. Así empezaron a extenderse: cobro de piso, cierre de negocios. Hasta que los Zetas se rebelan y tienen una separación total. En 2010, la inseguridad ya estaba un poco subida de tono".

"En cada esquina veíamos gente armada, enchalecada. En ese tiempo hacían fiestas, daban regalos, respetaban a la gente. En 2010 fue la lucha entre los del Golfo y su brazo armado, Los Zetas. En ese lapso comenzaron los enfrentamientos, las extorsiones a los negocios. Comenzaron a rotular las camionetas con las siglas CDG; iban marcando en los postes de luz dónde era territorio de unos, y dónde era de los otros".

"En octubre de 2009 me dijo mi ahijado: 'Se va a poner feo, van a quemar casas, volar cabezas, se viene una guerra'. Los que estaban metidos en *esas cosas* sabían. En enero, mi comadre ya se había ido a Matamoros, ahí se atrincheraron".

"A fines de 2009 se vinieron más de 50 camionetas de Victoria y Matamoros, las trocas se juntaron en la Unidad Deportiva Andrés García

Vázquez; representando a los Zetas vino la Ardilla,[21] por el Cártel del Golfo el Tony Tormenta, el Doble T, hermano de Osiel. Ahí ambos pidieron que se dejaran de mamar: 'La *plaza* es mía o te rompo tu madre'. Cada uno decía que la *plaza* era suya y amenazaba al otro. Los de la Zeta tenían trocas color negro, las del Golfo eran blancas. Eso era al inicio, después usaban las trocas que se robaban. No fueron capaces de romperse su madre ahí, *ellos* también son cabrones mortales, con miedo a morirse. Luego se vino la guerra".

"Se habla de una mortandad muy grande, como 200 personas en Loma Prieta en 2010. Ese fue el fin del enfrentamiento entre *ellos*. Gente que pasó en autobuses decía que eran impresionantes las pilas de muertos, amontonados en la carretera, que estaban subiendo a las camionetas. En ese tiempo fue mucha la gente muerta, de uno y otro [grupo], más aparte el *gential* que era del pueblo y los que pasaban por aquí. Nosotros llegamos a vender tantas cajas [ataúdes] como si fuera un restaurante. Teníamos problemas para enterrar después de las dos de la tarde porque eran órdenes de *ellos*. Se ponían afuera del panteón. Eran dueños de todo: tenían mujeres, niños, ancianos; todos eran sus ojos".

"Recuerdo la primera vez que se pelearon en el 2010, fue en marzo, días antes de la Semana Santa,[22] un lunes a las seis, siete de la mañana que, gracias a Dios, no hubo clases. Empezaron a entrar camionetotas con los vidrios marcados de quién era quién. Fue una matanza tremenda: granadazos, balazos, gente corriendo...

En otra época decían que respetaban a niños, a mujeres, pero ahí no. Se llevaron a las esposas: los Zetas a las del Golfo, los del Golfo a las de los Zetas. Y todos los Golfos se empezaron a ir de aquí.

El jueves para amanecer viernes, el segundo enfrentamiento: un pelado colgando, gente muerta, camiones abiertos. Era como una película

---

[21] Salvador Alfonso Martínez Escobedo, identificado como jefe regional de Los Zetas en Tamaulipas.

[22] La gente recuerda que fue en la Semana Santa de 2010 (del 28 de marzo al 3 de abril) cuando se dieron las batallas en plena cabecera municipal; antes ocurrieron en la periferia.

de terror. No lo podías creer. Después vinieron muchas cosas terribles porque en San Fernando nos invadieron los Zetas".

"La noche de ese 30 de marzo yo mandé a la niña por un queso a la tienda de la esquina. Regresa y me dice: 'Vi 30 camionetas para abajo, todas con puros hombres armados con pistolas grandes'.

Metí mi camioneta. Apenas acabábamos de cenar cuando empezó el despapaye. Había camionetas balaceadas, quemadas, con letreros del CDG o la Zeta. En el Pollo Loco mataron y desaparecieron gente. Veo las 30 camionetas, apagadas las luces. Ese fue el inicio de la guerra".

"El 30 de marzo de 2010 en la noche fue cuando en el mercado empezaron a pasar jóvenes dando indicaciones de cerrar puertas, que nadie saliera. El Sábado de Gloria llegaron personas ordenando que cerráramos las puertas, que escucháramos lo que escucháramos no saliera nadie. Así empezó el infierno en San Fernando. Llegaron *las estacas* [comandos], traían 15 vehículos secuestrados. La guerra empezó un Sábado de Gloria, la gente estaba en la iglesia".

"Mi tía en la misa ve que sacan al padre. Era Sábado de Gloria, iban a bendecir el agua. Regresa y les avisa a todos que no salgan, ya no los dejaron salir. Ahí estaban las balaceras, los estruendos. Pudieron irse hasta las dos, tres de la mañana.

De la calle ancha frente a la [farmacia] Benavides, en la esquina de [la tienda de] Don Rogelio, se llevaron a la hija de la familia y a un monaguillo que la quiso defender lo mataron. Se acabó la tienda. También se fue toda la familia a Estados Unidos".

"Antes que comenzara el borlote me habían hablado que tenían 300 y pico de gente rodeando todo, que les diéramos dinero para protección. Al otro día, a las seis de la mañana entraron y se oyó el taz-taz-taz. Balacearon El Pentágono. Fue lo primero que hicieron aquí. Cuando estuvo [Alejandro] Franklin como presidente municipal fue cuando empezó la guerra".

"El 31 de marzo de 2010, a las seis de la mañana, entran los Zetas a sangre y fuego a San Fernando. La gente vio pasar como 20 camionetas que fueron al complejo de seguridad pública, le decimos El Pentágono, y lo balacearon. Hicieron correr a ministeriales y policías del retén del CETIS[23] 129. Dispararon más de 30,000 tiros, lo dejaron como coladera… Todos corrieron…

Pasaron por mi casa. La *boutique* de un jefe del Cártel del Golfo la estaban saqueando, quebrando vidrios, llevándose la ropa, bailando con los maniquíes; drogados. Los dueños ya se habían ido. Cuando vieron a unas vecinas que los miraban, uno dice: 'Mátalas'. En eso alguien da la orden de irse. Por eso se salvaron. De ahí salieron del pueblo, pero ya lo tenían sometido".

El recorrido

La carretera federal vertebra la vida de este municipio de climas extremos en invierno y en verano. A lo largo de esa recta nacen caminos que se pierden entre la maleza hasta llegar a una laguna en la que por un tiempo dejó de pescarse, a unos campos que dejaron de cosecharse y unos ranchos en donde se criaba ganado y que antaño atraían a personas aficionadas a la cacería.

Desde la periferia, donde se anuncian moteles y restaurantes, tomamos una avenida que cruza la cabecera municipal, poblada de negocios y de gente, por la que recorremos la ciudad de no más de 30,000 habitantes. A bordo del automóvil, el conductor y sus amigos me dan un recorrido por los nuevos sitios de interés histórico, mientras —como guías de turistas— van narrando las "batallas" que ahí se libraron.

Las cicatrices que dejó la guerra son palpables. No solo resultan evidentes en los negocios que no volvieron a abrir sus puertas, en las casas abandonadas, en los sitios que quedaron baleados en la memoria, también en las reacciones de la gente, como callar cuando alguien extraño se acerca.

"En ese entronque se divide [la carretera] a Reynosa y Matamoros. Está abandonado el retén de la Policía Federal. Aquí antes todo estaba bien lleno de puestos de venta de pescados, mariscos y comida".

---

[23] Centro de Estudios Tecnológicos, Industrial y de Servicios.

"Ahí donde está el semáforo quedaron camionetas tiroteadas de la primera balacera, la gente se tomaba *selfies*. Mire ese Elektra: de ahí se llevaron a ▊▊▊▊, una joven guapa, se la llevaron de su casa, delante de sus hijos, que porque andaba con un golfo; la decapitaron… mira cómo quedó la agencia de la Ford, quemada".

"Esta era una casa de seguridad del Golfo… A esa papelería de la izquierda la saquearon, jugaron bingos con la mercancía… Esta casa fue abandonada, por lo mismo: eran del Golfo…".

"De la esquina de enfrente sacaron arrastrando de los cabellos a ▊▊▊▊▊▊, que pedía ayuda; decían que *ponía el dedo*.[24] No se supo si la encontraron, o qué se haría, o dónde la dejarían. No la volvimos a ver. Después de eso su mamá se fue".

"En La Cucaracha, por no querer pagar la cuota, aventaron gasolina y prendieron fuego y quemaron a una mamá, su hijo y un empleado. No los dejaron salir. El comandante Goyo Villafranca [de los Zetas], que era de aquí de San Fernando, dio la orden. Creo que fue porque no quisieron pagar *la cuota*".

"Por este hospital ocurrió el primer enfrentamiento: balacearon, ahí quedaron camionetas y en una Nissan Armada negra quedaron tiradas botanas, unas salchichas, gansitos, sopitas Maruchan y una cachucha de piedritas.

Cuando terminó el alboroto, muchas chavas se subían a esas camionetas y se tomaban fotos: se ponían la gorra y posaban como si la estuvieran manejando. Era la novedad. Todo mundo estuvo grabándose. Pero no sabían que *ellos* entre la gente tenían a personas vigilando quién tomaba algo. A la vuelta quedó una camioneta roja, y se decía que una señora güera tomó un maletín con dinero y después se dijo mucho que la andaban buscando".

"En ese semáforo vi camionetas con banderas blancas y hombres armados. Se enfrentaron en Loma Prieta. Dicen que cada quien cargaba sus

---

[24] Delataba.

propios muertos en las camionetas y se los llevaban. Ese fue el triunfo de los Zetas. Estamos hablando de marzo, abril, mayo, los meses más caóticos [de 2010]".

"A mi hermana se la llevan del Oxxo, le tocaron el vidrio frente a mi mamá y mi sobrina, le dijeron que se bajara. Se pararon camionetas con hombres armados que la rodearon. En los Oxxo había banquitos, y ahí donde se sentaban para comer estaban esperando, sabían tus movimientos. Si pensaban que tenías información, o un familiar cercano a *los contrarios*, te llevaban. A ella se la llevaron. Era una guerra y cuando ganaron *los otros* fue ese día, pero ahí no fue el triunfo. Todavía faltaban más cosas".

Los secuestros

Estamos en un cuarto de hotel de la Ciudad de México. En la penumbra veo a una mujer en piyama y a su esposo —un hombre mayor con gafas de armazón pesado—. Los acompaña una amiga que busca a una hija secuestrada en 2012. La historia que cuenta el matrimonio es de cuando el secuestro comenzaba a ser una industria en San Fernando y toda persona era vista —por uno u otro bando de los que disputaban la plaza— como mercancía.

Ella: A él lo secuestraron 49 días, en septiembre de 2010. Me pedían 5 millones de pesos. No sabemos quién; el crimen organizado. Él salía de San Fernando rumbo a Reynosa, se le atravesó una camioneta que le dijo: "Párese". Eran las 11:15 de la mañana. Él estaba en una llamada.

Él: En ese tiempo había retenes. Prendí las intermitentes, como me dijeron. Se desprendieron de ahí, junto de donde estaba la policía. Ya ni me quiero acordar… Era un Ford 4 puertas color ni blanco ni cremita, 4 x 4, alto, todos con las metralletas apuntando. Eran muchachos de entre 18 y 24 años. Ellos preguntaban que a quién le estaba llamando. Me piden que me identifique, les doy una credencial que me acreditaba como técnico en mi trabajo, y uno me dice: "A ti te estamos buscando". Me pasan al asiento de atrás, sube otro que no sabe manejar estándar y ahí van batallando. Me metieron por una brecha, me vendaron, me taparon los ojos, no supe dónde estuve.

Ella: A él lo trajeron en una camioneta. Al trabajador con el que iba, en otra.

Él: Nos vendaron todo ese tiempo. Me pusieron unas esposas, todavía tengo las marcas, eran metálicas. Y solo estaban en el monte, entre brechas, escondiéndose de los helicópteros. Cuando se acercaban los helicópteros me bajaban, sacaban unas mallas para tapar el auto. Ellos vigilaban que no pasaran *los contras*. Traían un montón de chalecos antibalas, cargadores.
A veces, en las noches iban a ranchos *cerquitas* a comprarse cervezas.
—¿No quieres un pase, viejo? ¿Un cigarro de mota? ¿No fumas?
—No, yo soy cristiano.
Me veían orando. Al mes me tomaron confianza.
—Oye, viejo, ¿de qué trabajas?
—Arreglo refrigeradorcitos, lavadoras.
—¿Cuánto ganas?
—800, hasta 1,000 cuando me va bien.
—Es que sabemos que tú tienes unos ranchos, que eres dueño de muchas tiendas, que tienes unos hijos, que uno es de Los Zetas.

Ella: Los primeros ocho días no supe de él. Yo estuve recorriendo las carreteras, buscando en el monte. Un día contesté una llamada de un número privado; era él:
—¿Cómo estás?
—No sé dónde estoy. Las personas que me tienen quieren hablar contigo.
—Le quitaron el teléfono.
—No quiero hablar con viejas, páseme con sus hijos. ¿El hijo que tiene es jefe de Los Zetas en Nuevo Laredo?

Él: Yo nunca sabía de qué hablaban.

Ella: Insistían en que le pidiera dinero al tal hijo. A veces pasaban cinco, seis días que no me hablaban, y cuando los contradecía echaban maldiciones.

Él: A mí me decían:
—Oye, viejo, ¿como cuánto crees que vale tu vida? ¿5 millones? Si aprecias tu vida, dile a tu hijo que te dé 5 millones.
—No tengo, soy asalariado.
—No te hagas.
El primer mes me llegaron a dar de comer hasta seis, siete veces al día: milanesa, bistec ranchero, comida de restorán. Con ellos había un desertor del ejército de Victoria. Me esposaba de la pierna con las manos atadas atrás y una cadena, yo no podía bajar la cabeza; él preguntaba: "¿A este pinche viejo a qué hora lo vamos a destazar?"
Una vez me tuvieron tres días sin tomar agua, qué horrible, eso a nadie se lo deseo. Una semana me tuvieron sin comer, por una parte me convenía porque no tenía que ir al baño. Como estás sentado todo el día, pierdes la noción del tiempo; no sentías, te hacías del baño encima.
—Pinche viejo apestoso… Báñate, pinche viejo…
Me pude bañar dos veces en dos meses. Me puse un mecate para que no se me cayeran los pantalones, estaba descalzo porque me quitaron las botas, llevaba una playera. Días atrás habían tenido a un empresario que congelaba mariscos, de ese dijeron: "Se nos peló en un enfrentamiento con los soldados". Ese tiempo allá encima de la camioneta nos tocaron dos enfrentamientos con el ejército. Al que los mandaba le decían comandante, porque era comandante en jefe de la *estaca*, así le decían a cada camioneta. Un día llegó el tal comandante, era un [policía] ministerial de Río Bravo, y me dijo:
—Viejo, ¿cómo te han tratado estos cabrones?
—Bien.
—¿Estás seguro? Quiero decirles a todos delante del viejo: si algún *jijo* de su tal por cual lo llega a golpear, me lo voy a fumar… Viejo, ¿por qué no nos habías dicho que tienes tan buen padrino?
Como al mes me llevaron a Reynosa, alcancé a reconocer. Me iban a entregar en San Fernando, pero no se pudo, porque decían que habían entrado 120 *contras* y *estacas*, y que si nos arrimábamos nos iban a matar.

Ella: Yo en ese tiempo pensaba: "Ya no me hablan porque se les ha de haber muerto". Hasta un día que me hablaron para que saliera para amanecer el 23, pero les dije: "No puedo salir porque el pueblo está lleno de marinos". Fue cuando incendiaron la Ford. Y me dijeron que sí, que era cierto, que después llamaban. Luego lo liberaron.

Él: Cuando me iban a entregar, me quitaron la venda y las esposas; llevaba dos meses sin ver. Entramos por una brecha, encontramos unas 20 camionetas, todos vestidos de marinos, con armas y botas. Unos traían tenis, eso ya no me gustó, no eran marinos; pero sí me soltaron… Y a pesar de que han pasado siete años, todo esto lo tenía aquí en carne viva *[se toca la muñeca]* porque a veces me amarraron con alambres de púas. Me pegaban con la punta del pie, con el tacón, como animal.

Ella: Aquí en las orejas no se le nota mucho, de ahí se le fue la piel. Cuando me lo entregaron no tenía nada de piel en la nariz, la tenía muy al [rojo] vivo. La de los ojos se la quitaron *ellos*, pero las otras se las quité yo. *[Muestra fotos de las marcas que le dejó la cinta adhesiva].* Para rescatarlo, mucha gente se acercó a dar dinero, gente bien humilde nos llevaba de 50 pesos, de 100. Estuvimos pagando los préstamos y los intereses que nos cobró la gente. Sigo pagando.

Él: Fueron los días más largos de mi vida: 49 días sin tomar una sola pastilla para el corazón, y tengo alta la presión. Perdí 13 kilos. Yo ya no sabía nada. A los tres días de que me habían soltado, aunque me bañaba y me bañaba, todavía olía.

Ella: La azúcar se le desarrolló desde ese problema.

Él: El trabajador hasta diciembre fue rescatado. Lo tuvieron en ranchos abriendo brechas, hasta que lo rescataron los de la Marina. A él lo dejaron vivo los marinos porque lo vieron todo herido de las muñecas; a todos los que lo llevaban [capturado] los fusilaron por el Río Bravo. Los marinos le dijeron: "Si te llevamos con los otros te van a someter a una investigación, mejor píntate tú solo". Tardó tres días en regresar caminando. Se fue a vivir lejos, se fue de Tamaulipas. Sus hijos decían que despertaba gritando: "Vámonos, vámonos que nos están matando". No quedó bien. Nosotros ya hemos dado vuelta a la página.

Entrevista de 2017.

El control

La vida cotidiana se trastocó cuando *ellos* se adueñaron de *la plaza*, que era el municipio entero: sus carreteras, sus caminos, sus negocios, su naturaleza, su laguna, su economía, sus habitantes, sus días y sus noches, sus pesadillas, e impusieron una lógica de guerra a la dinámica cotidiana. Establecieron una disciplina militar en la que romper los códigos de conducta se castigaba. Cada persona que conocí —siempre referida por quien después de darme una entrevista me presentó con alguien más— tenía una historia que contar.

"San Fernando se dividió en cuatro partes. Cada *comandante*, porque a los jefes los llamaban comandantes, manejaba un área. Tenían un jefe superior y cada uno respetaba el territorio que le correspondía".

"Tenían más de 100 gentes patrullando. *Ellos* llaman *halcones* a los que vigilan y tienen que llamar todo el día para reportar quién pasa y quién no. Esos estaban en las colonias y en los accesos del pueblo".

"Ya estábamos impuestos con el Golfo que cuando castigaba no pasaba de dar *tablazos*, pero con los Zetas de repente ya eran mazazos a las casas que querían saquear. Cuando *ellos* pasaban, no queríamos ni que la perra ladrara. Si los encontrábamos, nos pasábamos recto. No decíamos nada, ni siquiera lo hicimos el día en que a la casa le cayó una esquirla de bala".

"Desde que empezó la guerra comenzaron a bajar gente. Si te robaban un vehículo o te bajaban del carro, ibas a poner la denuncia al MP [Ministerio Público] y no te la tomaban. Te decían: '¿Vas a denunciar? ¿No tienes miedo?'. La misma gente del MP tenía miedo. En las calles había gente muy mala: maras salvatruchas, incluso mujeres que estaban con *ellos*".

"San Fernando es próspero en ganado, en pescado, en comercio, en agricultura. Y todo se acabó. *Ellos* trillaban los ranchos en la noche, y para cuando llegaba el dueño ya habían robado vacas, ganado, cosechas; todo era igual. Todo hurtaban y nadie decía nada".

"Todos pagaban cuota. A todos nos tocaba pagar: a ferreteras, comercios, a todos. Eran cuotas muy altas; si veían empresas grandes, hasta de un millón de pesos. La gente estaba cansada".

"Teníamos que andar muy despacito, siempre a 20 kilómetros por hora para que tuvieras tiempo de ver a toda su *estaca* cuando te rebasaban. Era como ir en un desfile. Tenías que cerrar los ojos".

"Estuvimos presos en las casas muchos meses. Nada más salíamos a lo indispensable para buscar qué comer. Te advertían: 'Si a las cinco de la tarde estás fuera, te matan'. No había alternativa. Siempre estaban moviendo armas, drogas, todo; tenían sus horarios, por eso no querían que nadie estuviera en la calle".

"A las seis de la tarde era el toque de queda. Entrabas a la colonia y ya no podías salir salvo por algo necesario. Yo llevé a la farmacia a mi sobrina que tenía calentura; a mi hermano le daba miedo.
    —Yo me arriesgo, vamos todos.
    Los *halcones* que estaban en la entrada de la colonia eran conocidos, reportaban todo en la radio, [escuché que] les ordenaban que siguiéramos. En la farmacia había un chingo de gente. A una señora de la [localidad] Pancho Villa le faltaba dinero para medicinas, tenía al hijo malo. Esa noche llega el Kilo,[25] ella le dice:
    —Mire, ocupo comprar este medicamento.
    —Présteme la receta.
    Voltea y nos dice: '¿Y ustedes qué?'. Éramos como siete con recetas y con miedo, no queríamos hablar. Le dice a uno de sus chavos que llevaba una cangurera: del dinero que traes, súrteme estas recetas. Las pagó, nos dio nuestras bolsitas y la recomendación de siempre: luces interiores prendidas, vidrios abajo, no recio, no con música, no escandalizando. Vivíamos sometidos".

"Tenías que poner las intermitentes y prender el foco de adentro del vehículo. Esa era la señal de que llevabas un enfermo. Te paraban y

---

[25] Martín Omar Estrada Luna, uno de los "comandantes" de Los Zetas en San Fernando.

te preguntaban. Todo estaba controlado por *ellos*: la Policía Federal, la Estatal, la Municipal. Hasta mucho después de que la Marina entró, se empezó a aplacar un poquito. Pero antes de eso estaban *ellos* todos juntos, todos armados, con las armas de fuera. Fue una masacre total".

"Nos los topamos en el Oxxo, llegaron por croquetas para un perro que llevaban. Se bajó de un carro un *pelado* y haz de cuenta que también otros seis apuntándonos. Y me bajaron:
—¿Nombre? ¿Cómo se llama?
Se los dije.
—Checa a ver si está en la lista —pregunta el *bato* por radio.
Nos tuvieron de cinco a diez minutos que se me hicieron horas. Cuando nos dejó ir, el *bato* nos dio un aviso al final:
—Aquí nosotros somos la autoridad, somos Los Zetas. Les informamos: hace días hicimos un evento del Día del Niño, estamos programando uno para las mamás. No falten".

"Creo que la mayoría del tiempo estaban en su mundo, drogados. Pasaban diez o quince camionetas, sus *estacas*, por allá otras... y si ya era tarde te gritaban obscenidades, que si hija de tu tal por cual, y todas las cosas horribles que te iban a hacer. Y como llevaban a gente secuestrada —exhibiéndola en las camionetas, amarrada, parada—, nadie denunciaba por temor. Además, siempre había gente infiltrada que observaba cada uno de tus pasos. Reportaban por radios y teléfonos celulares todo lo que hacías".

"Todo el mundo estaba infiltrado: los estudiantes, los ministerios, los periodistas. Tal vez por miedo o porque les llegaron al precio. Estuvo muy, muy, muy feo. La gente ni siquiera sabe lo que es caminar entre los valles de la oscuridad, los ríos de sangre, los gritos de los muertos, más que el que lo vivió. Te quedas preguntándote: ¿en qué momento vienen por mí? Si algo no les gusta, no sabes".

"Si alguien pasaba recio y quemando llantas, [*ellos*] decían: '¡Párenme a ese porque hay niños aquí jugando!', y lo *tableaban*. Y si no era de aquí, lo desaparecían".

"Una vez venía caminando y que me paran. 'No', les avisa alguien. 'Es la señora que trabaja en la farmacia'. Y me dijeron: 'Cada vez que salga de su trabajo, la queremos con su bata; si no, le va a ir muy mal'. Todos los que salíamos de alguna tienda teníamos que traer el uniforme, y a los menores de edad los identificaban por su chalequito verde del Aurrerá".

"Vivimos muchas situaciones. Cuando ibas al Oxxo tenían filtro, revisión ahí. Un día que no me fijé y me estacioné donde estaban marcando las zetas en las puertas de las camionetas, me cercaron.
—¿Nombre?
Te detienen, te preguntan. Decías tu nombre y por radio pedían que checaran la lista. Un día mi nombre estaba en esa lista".

La compañía

(La letra, Ellos, Aquellos, Los malos, Los pelados, Los fulanos, La maña, Esos desgraciados...)

La organización de Los Zetas, a la que se conoce por operar como una franquicia criminal,[26] tenía una estructura vertical, jerarquizada y con nomenclatura propia, herencia de su raíz castrense. Las declaraciones que rindieron sus integrantes ante la justicia, contenidas en la averiguación previa AP/PGR/SEIDO/UEIS/197/201127[27] en la que se basa este libro, aportan datos sobre su forma de organización, sus métodos de control territorial y de sometimiento de la población, las escuelas donde recibieron entrenamiento para convertirse en asesinos, y sus estrategias de reclutamiento y de negocio.

---

[26] Libros como *Los Zetas Inc.* de Guadalupe Correa-Cabrera, y *Zetas, la franquicia criminal* de Ricardo Ravelo (Ediciones B, 2013) explican bien este modelo.

[27] Esta averiguación previa contiene las distintas averiguaciones que se abrieron a partir del hallazgo de las fosas, así como las denuncias por las desapariciones ocurridas en San Fernando que podrían estar relacionadas con los cuerpos hallados en abril de 2011. Tiene más de 270 tomos con más de mil fojas cada uno. En adelante me referiré a esta carpeta de investigación como la 197/2011.

Como todo ejército, tenían reglas. Las cinco básicas eran: respetar a las familias de los compañeros; no quitarse a las mujeres; no secuestrar "si la persona no tiene delito"; matar "solo por órdenes", y no robarle a la compañía. El incumplimiento se pagaba con pena de muerte.

En San Fernando, a cada *comandante* se le dio libertad para decidir quién debía morir y quién sobrevivía. Los mandamases locales, encargados de implementar la dictadura zeta, no eran mayores a los 32 años de edad y eran conocidos por sus apodos: el Guache (o Wache), el Kilo, el Perro, el Coyote. Tenían como jefe regional en Tamaulipas a La Ardilla que, a su vez, recibía órdenes superiores.

"La ORGANIZACIÓN se encuentra estructurada por PLAZAS, siendo así llamadas las entidades federativas en las que están asentados. El caso que nos ocupa es referido como la PLAZA DE TAMAULIPAS. Sigue una célula que lleva regularmente el nombre de la ciudad en que está asentada, en este caso es la CÉLULA DE SAN FERNANDO. Una célula se forma por cinco subgrupos llamados ESTACA, que se integran de cuatro elementos, de los cuales se encuentra un jefe como encargado".

"Los rangos son de abajo hacia arriba: el más bajo es HALCÓN, que son los que vigilan en la calle e informan de los movimientos del gobierno o de LA CONTRA, ganan 8,000 pesos quincenales y no andan armados, andan en bicicletas o coche, o como sea, de manera que disimulen su función; le siguen LA CENTRAL, que son quienes recaban la información que envían LOS HALCONES, ganan lo mismo; siguen los SICARIOS, que son escoltas de los COMANDANTES DE ESTACA, ellos ganan 12,000 pesos; siguen los COMANDANTES DE ESTACA, que ganan 12,000 pesos mensuales y están a cargo de una ESTACA, que es un grupo de cuatro personas incluyendo al COMANDANTE, y además reciben 20,000 pesos a la quincena para gastos; a continuación el COMANDANTE DE MUNICIPIO, que como su nombre lo dice está a cargo de un municipio, gana 12,000 pesos y gastos; el

COMANDANTE DE PLAZA, que cubre una región que se puede componer de varios municipios, gana lo mismo; luego el COMANDANTE DEL ESTADO, que es jefe de un estado, que en el caso de Tamaulipas lo es EL 40 y gana también 12,000 pesos más gastos; de ahí, los COMANDANTES REGIONALES, que son jefes de varios estados [...], y EL ARDILLA, que tenía la región norte, comandando Tamaulipas, Coahuila, Chihuahua, Durango, Sonora, Sinaloa y San Luis Potosí. Ellos deben ganar más, pero ignoro cuánto. De ahí sigue EL 42, que es hermano de EL 10, y arriba de ellos EL LAZCANO o LAZCA, que es el jefe máximo de LOS ZETAS".

"Inicialmente pensé que iba a ser HALCÓN, pero no fue así, se me asignó como ESTACA, pero no llevaba las funciones de uno de ellos, debido al poco tiempo que estuve en Poza Rica, pues me mandaron a combatir a LA GUERRA, ya que regularmente un ESTACA tiene como funciones el secuestrar, buscar puntos de venta de droga que sean de LOS CONTRAS, los *levantones* de integrantes de otras organizaciones y, en su caso, como COMANDANTES de un pueblo".

"Quienes realizan los secuestros son los operativos, o ESTACAS, ya que son células de cuatro personas y una de ellas está al mando del grupo".

"Pasé por LA DIESTRA, que es un centro de adiestramiento donde te enseñan lo básico, que es tiro, y había unas siluetas de cabeza y les tirábamos a la cabeza, nomás. Con R-15 y cuerno. Practicamos a diario, duró como dos meses".

"Quiero mencionar que en LA ORGANIZACIÓN de LOS ZETAS se realizan reuniones para tratar diversos temas, uno era la asignación de personal en lugares en donde no había gente, llámese el caso de Valle Hermoso, en donde se luchaba con LA CONTRA y el COMANDANTE convocó a una reunión para saber el personal con el que se contaba, así como el faltante [...], también se tocaron los temas de entrega de radios para cambios de frecuencia, y esa reunión fue en PUNTA BASURA".

"Me percaté de que LA ORGANIZACIÓN está distribuida de la siguiente forma: el encargado de LA PLAZA [de San Fernando] es una persona a la cual no conozco que apodan EL ARDILLA, después siguen los jefes de sicarios que son: EL PERRO, EL KILO, CACHARPA y GUACHE, este último tiene a su vez al JEFE DE GUARDIA o JEFE DE HALCONES [...], después siguen LOS PUNTOS, que se identifican con la letra E seguida de un número, mismos que están distribuidos en todo San Fernando: E1 reporta a alias LA SEÑORA, E2, E3, E4, E16 [...], 81 reportaba a ▮▮▮▮ y el relevo de la noche era ▮▮▮▮, PUNTO PISO que reportaba a EL GORDO y su relevo de la noche era LA NIÑA, así le dicen al chavo".

"San Fernando es un lugar pequeño, en el que todo se sabe y ni la autoridad se mete con nosotros ni nosotros con ellos, y los policías de San Fernando reciben de vez en cuando 3,000 o 5,000 pesos de parte de LA ARDILLA, aunque no están en nómina; así no hacen su labor y podemos trabajar, aunque hay algunos que sí nos protegen más, incluso tenemos su número telefónico. Caso similar es con los agentes de tránsito, así cuando necesitamos algo les hablamos y están a la orden; por ejemplo, si LA GUARDIA, o sea LOS HALCONES, pierden de vista a un patrullaje de soldados, le hablamos a algún policía y ellos en la patrulla los buscan y ya nos informan de su ubicación".

"Tengo conocimiento de que toda la POLICÍA de San Fernando, sin excepción, trabaja para los Zetas, ya que incluso cuando íbamos a cargar gasolina los policías nos saludaban".

"Fui enviado a otro entrenamiento sobre lo mismo en San Fernando [...]. Era lo mismo que en el otro campamento, donde nos entrenaron en cómo usar armas, cómo armarlas y desarmarlas, también cómo entrar a una casa y reventarla. En el entrenamiento solían enseñar a los nuevos cómo matar. A los que no podían asesinar los mandaban como HALCONES. Ese entrenamiento fue como de mes y medio.

Al final del campamento en San Fernando tuvimos una fiesta, una posada, donde TONY TORMENTA (el hermano de OSIEL CÁRDENAS) y EL 40 empezaron a regalar cosas. Ellos hacían una rifa y a los nombres que sacaban les daban una troca o dinero o relojes. Después ellos tuvieron una reunión: estuvo EL 14 y 40, 42, 50, 02, MAMITO y COMANDANTE LUCKY. Ahí EL 14 les dijo que abrirían nuevas plazas. Después de eso me mandaron a Michoacán".[28]

"[...] A finales del 2010 la DIESTRA fue en Veracruz, por Cardel, ahí se nos instruyó en tiro y acondicionamiento, el instructor fue EL GAFE, conocido así por haber sido GAFE[29] [...], después de ahí a San Fernando, vivíamos a las orillas en el monte, a la intemperie, bajo los árboles, el que estaba encargado de LA PLAZA de San Fernando era el XL [...], pero no funcionó y pusieron en su lugar a EL TURCO, esto fue a finales del 2009 [...]. En junio de 2010 los marinos mataron a EL TURCO [...], me mandaron a San Fernando como encargado, junto con EL COYOTE, y estuvimos los dos. Yo traía como diez ESTACAS a mi mando [...]. Mi jefe inmediato era LA ARDILLA, y el jefe

---

[28] Caso 5:08-CR-00244, documento 1163, página 174 de 282. Juicio por homicidio contra Gerardo Castillo Chávez, realizado el 18 y 19 de enero de 2012 en la Corte de Laredo, Texas. Compartido por el periodista Jason Buch.

[29] El Grupo Aeromóvil de Fuerzas Especiales (GAFE) era una unidad de élite del Ejército Mexicano destinada a operaciones especiales y encubiertas. A ese grupo pertenecían los desertores que formaron Los Zetas.

de él, EL 40, y ya inmediatamente EL LAZCANO. Tenía
yo como siete vehículos para operar, que eran Chevrolet Cheyenne, Ford Lobo, Chevrolet Blazer, King Ranch y
una Yukon; EL KILO traía un Mercedes Benz color gris.
Las armas que manejábamos son AK-47, R-15, M-16, Pie-
tro Beretta, pistolas Smith & Wesson, granadas de mano,
estas armas nos las proporcionaba LA ARDILLA. Los vehículos eran todos robados [...]. Nos encargábamos de
cuidar que no se metiera LA CONTRA, o sea la gente del
otro cártel, que es el CÁRTEL DEL GOLFO, cuidábamos
esa PLAZA, ya que es importante porque es el paso de
todo, es decir, es el paso de la frontera entre Matamoros
y Reynosa, que forma una 'Y', es importante y peleado,
ya que ahí transita la droga (coca y marihuana), armas,
fayuca (consistente en ropa de marca americana), tanto
de ida como de venida, aunque es más de ida en cuanto a
la droga, y de venida, armas y fayuca [...]. Poníamos un
filtro o retén vestidos con uniformes militares que nos
daban, se detenía el coche, se le decía al dueño que se
iba a revisar, se le bajaba y otros se llevaban el coche y
ya levantábamos el retén; así nos robamos como unos 20
coches, esto delante de la Yanqui o 'Y'".

Las muchachas

Los nuevos dueños del municipio tomaron mujeres por la fuerza, y reclu-
taron a otras. En San Fernando ocurrió un fenómeno antes poco visto:
muchas jóvenes se unieron a los Zetas como soldaderas, cuidaban a los
comandantes, eran sus parejas, llegaron a ser jefas. Cuando las capturaron les encontraron fotografías en las que posaban armadas, con miradas
fieras, o con posturas sexis modelando ropa interior para ellos. Se les veía
el rostro de niñas.

El tema de las "colaboradoras" de los secuestradores de la comunidad es todavía incómodo y polémico, un hecho que a la gente le ha
costado procesar. No todas tenían privilegios: a otras mujeres las escla-
vizaron para que trabajaran gratis para *ellos*, o las raptaron para sacarle
dinero a sus familias, o las asesinaron motivos que nunca faltaban.

"En San Fernando había muchas niñas bien, de buenas familias, de moral, pero llegaron esos Golfos y Zetas y las conquistaron. Se envolvieron con esas personas y se quedaron con *ellos* cuando se dividen".

"A mí me tocó ver cuando el Kilo golpeó a su unidad de mujeres porque no reportaron el ingreso a San Fernando de unidades de la Sedena. En la calle Francisco I. Madero con Porfirio Díaz, era domingo en la mañana, yo iba caminando a Seguridad Pública. Al dar vuelta, caí donde el Kilo las estaba golpeando con la mano. Cuando me vio, él solo me indicó: 'Por allá'. Me hizo seña para que me siguiera. Caminar esa cuadra se me hizo eterno. Nada más pasé y empecé a correr".

"Por acá pasaban mucho. A veces el Perro traía a su mando como cuatro, cinco huerquillas bien arregladillas que eran de San Fernando, eran interesadas. Ellas le decían 'papi', le hablaban con mucho amor. No vi que las tratara mal: les compraba papitas en mi tienda o lo que quisieran".

"Si a ellas te las quedabas viendo, te acusaban con *ellos*; de castigo te quitaban todo lo que tenías: la casa, el rancho, los autos".

"El Perro le pagó la Quinceañera a la hija de la vecina. Yo no fui a la fiesta, dicen que estuvo en grande, bien bonita, que todos *ellos* fueron. Más tarde, a ella la atraparon con él: en las fotos estaba con las demás… Hasta un muchachito joven se ahorcó viendo a sus hermanas y a su mamá andando con el Kilo".

"Esas muchachitas, pobrecitas, yo las conocía. A dos las mataron. A otras las enamoraron. Mire su Facebook, aquí dice: 'Preparándome para ver al amor de mi vida', y es una de las detenidas con el Kilo. Todas eran menores de edad y salieron. Antes de que las agarraran, e*llos* les hicieron sus quinceaños".

"¿Qué puedes hacer? Si un chavo del crimen llega y te dice: 'me quiero casar con tu hija', ¿cómo le dices que no?".

"En el centro de salud de La Carreta fueron a tirar a una de las mujeres de un zeta y a la hija de ▇▇▇▇▇; las habían mutilado, las torturaron".

"El 27 de diciembre de 2010 en San Fernando se llevaron a mi hermana Luz Elena, tiene dos hijos y 30 años. Trabajaba en una tienda de ropa, estaba afuera, le hablaron de un carro gris dos tipos, la tomaron del hombro, se la llevaron y ya no supimos. Ella no tenía nada que ver. Se llevaron a mujeres también, para tenerlas con *ellos*. La abuelita, su suegra, cuida a sus hijos".

"A la señora ▮▮▮▮▮▮▮▮▮ se la llevaron con un niño y su marido. Era muy buena cocinera, les gustó, y la traían en un camión preparando comida. Dicen que el camión nunca se paraba, solo para echar víveres. Solo estaba ella con uno de los *pelados* y el marido ayudando. Así, dos meses".

"A mi hija la tuvieron secuestrada, conozco al que se la llevó, sus hijas se criaron conmigo. La gente vio que la traían en una de las camionetas con una camiseta sobre la cabeza, nomás la bajaban en las gasolineras para ir al baño. En otras camionetas traían a otros [secuestrados]. Querían saber de las nóminas de su trabajo. Al cuarto día, cuando la llevaban para dejarla muerta o soltarla, estos se desvían y se topan con los marinos y entre todos se rafaguean. Ella gritaba: 'No me maten, no me maten, soy secuestrada'. Como no la traían amarrada no le creyeron. 'Pues levanta las manos', le decía un marino. De la misma marina soltaron una granada. El de la Cruz Roja que la recogió dijo que si la internaba en el hospital la podían matar, así que se la llevó a Monterrey. Le tuvieron que hacer cuatro operaciones por las esquirlas. Los de la marina tenían miedo de una denuncia en su contra porque la hirieron aunque les gritaba que estaba secuestrada. En Monterrey la investigaban a ella, también a nosotros; al día siguiente nos invaden la casa. Como no había nadie porque estábamos en el hospital, dijeron que ella estaba huyendo, que era gente de *ellos*".

Los *benefactores*

Cuando tomaron el control y sometieron a la gente, los nuevos dueños del municipio suplieron de *facto* a las autoridades. Impartían sus leyes, hacían justicia, disciplinaban a los malportados y llevaban "apoyos sociales". En uno de mis recorridos llegué a La Ribereña, una colonia periférica de la cabecera municipal, con calles sin asfaltar, que conserva la fama de "consentida" de *aquellos*. En una tienda de abarrotes me reuní con varias mujeres, quienes contaron —en los momentos en que sabían que nadie podía escucharnos— los "beneficios" que recibían — por propia voluntad o por la fuerza—, lo que explica en parte la ruptura del tejido social. Como me dijo alguien: "Ya nadie nos saludábamos, aunque nos conocíamos".

"A los de las colonias Ribereña y Tamaulipas no nos hacían nada, nos tenían bien apapachados y contentos. Nos hicieron una fiesta para el Día del Niño y otra para el Día de las Madres. Trajeron a la Triple A [la lucha libre] acá a la Ribereña. Una vecina les hacía de comer, le pagaban. De todos modos no le puedes decir que no a esa *gente*. Ella les siguió la corriente".

"Ahí donde vendían hamburguesas hacían el bingo y rifaban lo que traían: blocks [de construcción], cuadros, varillas, ropa, cobijas, de todo lo que hubiera. Yo fui en dos ocasiones. Nunca gané nada. Rifaban bastantes cosas. ¿De dónde las sacarían? No sé. Y si no íbamos al bingo, venían por nosotros".

"Cuando mataron a los choferes de SuKarne repartieron la carne en todo el pueblo. Aparecían afuera de tu casa y tenías que agarrar la comida a *güevo*; si no, caías en desgracia. A un señor de aquí también le quitaron su mercancía: fruta, mangos, mariscos. Organizaban bingos y regalaban lo que saqueaban de casas conquistadas. O te vendían barato lo que sacaban. Por los premios que daban mucha gente los protegía; de hecho, muchos trabajaban con *ellos*".

"Teníamos un carro viejo que se calentaba. Un día que llegó el Perro a esta colonia, lo vio y nos dijo:
—Disculpe, ¿ocupan mecánico?
—No, gracias.
—Sí, mándenme un mecánico —pidió por radio.
Le insisto en que no y, en eso, por suerte, que prende el carro.
—Cancelen el mecánico —dijo por radio".

"Mi primo tenía un equipo deportivo. Cuando llegó a la colonia, el Perro les dio uniformes, bates y cualquier cosa que utilizaran para los partidos. Él los patrocinaba. Si pasaba alguien quemando llanta lo paraba y se lo prohibía. Así se dio a respetar. Por eso cuando lo buscaban [los soldados] todo el mundo lo negaba, en sí lo protegían".

"En una página de Facebook, 'Frontera al rojo vivo', las personas *ponían* a otras: 'Hey, zetas, llévense a tal persona'. Mucha gente se fue de aquí cuando leyó su nombre publicado. Sus casas se las saqueaban todas".

"A las familias de unos chavos de las colonias Ribereña y Loma Alta que emboscaron, como ocho, allá por la 'Y', el Perro y el Kilo les pagaron todo lo del sepelio".

"En San Fernando, en el tiempo más feo ocurrió que todos los pastores [evangélicos] huyeron. A algunos de la iglesia sí los golpearon. Les tocó muy difícil. Un día dijeron que me iban a bajar de donde estaba oficiando la misa para que fuera con *ellos*. Buscaron a mi vicario y lo llevaron al hospital a ver un enfermo para que le diera los óleos… porque, eso sí, *ellos* muy católicos".

La sobreviviente

Cuando la conocí en Guanajuato era una joven de 25 años, guapa, con una peculiar historia: había estado secuestrada en San Fernando, en una casa habitada por jovencitas –"muy chiquillas"- al servicio del Kilo. Los amigos con los que fue capturada habían sido asesinados. Aunque, antes de entrevistarla, la gente que me contó su caso me advirtió que no iba a aceptar hablar, en cuanto la joven me vio en el umbral de su casa y le expliqué por qué quería conocer su historia, me pasó a la entrada del domicilio, como quien evita ser vista por los vecinos, y detrás de la puerta, de pie, dio rápidamente su versión de lo ocurrido y me despidió. Ella, como otras mujeres que conocí, lo que quería era olvidar.

"Mi amiga y yo fuimos porque ████ y ████ nos invitaron a ir de compras de ropa hasta Camargo [Tamaulipas] y regresarnos. Fuimos con los dos en el auto, vimos un letrero en la carretera que decía San Fernando. Avanzamos y, como a la una de la mañana, salieron unas camionetas, nos detuvieron. Estaba oscuro, había niebla. Nos bloquearon el paso, traían armas; nos cercaron, nos bajaron y nos separaron a nosotras y a ellos. Primero nos quitaron las credenciales y celulares. Al que nos invitó le dijeron que lo andaban buscando y de ahí no los volvimos a ver más, se llevaron a los dos.

A nosotras nos amarraron con trapos, nos taparon la boca. Me metieron en la parte de atrás de una camioneta, a mi amiga en otra, y nos llevaron con *ellos*.

Me acuerdo poco del pueblo. Había una carretera y tenía tres salidas. No me acuerdo ni de qué tiendas había ni nada. Nos bajaron en una casa normal, era un ranchito de cercas en el pueblo. No se veía nada raro, solo que había muchas armas. Y muchachas del pueblo. No era como que ellas vivieran [ahí] a escondidas, lo que hacían todos lo sabían. Había mucha gente normal. Nos soltaron adentro y ya. Yo estaba nerviosa y me repetía: 'Si ya me tocó, ya qué'.

Cuando llegué me enteré de que los [amigos] que nos invitaron a Camargo estaban metidos en *esas cosas*. Un señor nos dijo que tenían una deuda con *ellos* y para saldarla llevarían a una muchacha a cambio de dinero, y que seguro era yo. Aunque nos dijeron que íbamos a Camargo, hoy pienso que quien nos llevó sí sabía a lo que iba, porque él se dedicaba a pasar gente [al otro lado].

En la casa esa donde nos tuvieron había todo el tiempo radios prendidos y siempre se escuchaba que les informaban 'por acá viene una camioneta', 'por acá pasa alguien', 'por acá esto'. Todo el tiempo les avisaban quién pasaba. Nunca oí nada de 'acá viene la policía'.

Había mujeres chicas y grandes. Unas estaban bien chiquillas. Las muchachas hablaban mucho del Kilo, hablaban muy bien de él, decían que era muy guapo, les fascinaba.

Al Kilo lo conocí después en esa casa: era alto, fuerte, tenía muchos tatuajes. Cuando llegó me dijeron que me agachara, que no lo mirara, pero alcancé a verlo; ellas comenzaron a hablar con él. Sobre el amigo que me había llevado, escuché que dijeron: 'Ese *güey* ya no la va a contar', y otro comentario de una muchacha que trajeron y se había muerto del susto. Yo estaba asustada; escuchaba y ya.

En esa casa vivían como tres chicas, estaban como celosas de que me hubieran llevado ahí con ellas. No les gustaba tenerme. Una me ordenó que subiera otra vez a la camioneta, y vi que tenía mucha sangre en el piso. Después nos llevaron a mi amiga y a mí; hasta el último nos juntaron.

'Ténganse por seguro que nos vamos a volver a ver'. Eso nos dijeron cuando nos soltaron. Nos regresamos en camión a Guanajuato.

Como medio año después, al Kilo lo vi en las noticias. Me sorprendió, no me imaginaba volver a verlo. Lo reconocí por los tatuajes. En persona se ve más blanco y mucho más arreglado; en la tele se veía viejo, moreno. Pensaba que eso que pasa allá nunca iban a mostrarlo en las noticias, que querían esconderlo y nadie lo iba a hacer público".

Entrevista de 2015.

Los niños y las niñas

Niños, niñas y adolescentes no fueron respetados en esta guerra. Una diputada[30] calculaba que mil infantes quedaron en la orfandad. Pero ese dato resultó polémico entre la población; nunca pude confirmarlo. A la gente que entrevisté en busca de esos huérfanos le pareció que la estimación era una treta para conseguir recursos públicos, otros la desacreditaban ofendidos: como si el dato hiriera el honor del municipio, donde —decían— "nadie queda en el desamparo". Hasta ahora no se sabe el número de infantes que perdieron a sus padres o madres, ni los traumas que albergaron quienes se supieron reclutables, ni cuántos más, a falta de futuro, vieron como una alternativa sumarse a *la compañía*.

"Se llevaban a niños de 11 y 12 años a ver si aguantaban lo que *ellos* hacían y, si aguantaban, los conducían a El Arenal para que vieran cómo mataban, violaban, hacían muchas cosas. Para varios que la pasaban mal en sus casas irse con *ellos* era natural: querían escapar de la desintegración

---

[30] Marta Alicia Jiménez Salinas, del PRI. Entrevistada por Cedillo, Frutos y yo en 2016. Parte de esta conversación fue incluida en mi reportaje "San Fernando: el terror que jamás se ha ido", *Proceso*, 31 de agosto de 2016: https://www.proceso.com.mx/reportajes/2016/8/31/san-fernando-el-terror-que-jamas-se-ha-ido-169847.html.

familiar. Uno de los que conocí, porque es pariente, vio cuando cortaban cabezas".

"Muchos niños querían tener armas, novias, ser como *ellos*. Incluso había estudiantes que amenazaban a sus maestros con *levantarlos* si no los pasaban de año. Hasta se llevaron a unos niños grandes de la secundaria técnica que amenazaron a los maestros, que se creyeron como *ellos*. En castigo los mataron porque empezaron a sentirse importantes; después salieron sus cuerpos en las fosas".

"Yo era diputada en ese tiempo y empezamos a atender niños. En el ejido Francisco Villa me encontré al primero: se llamaba ███████, su papá vendía discos piratas en la plaza. Estaban juntos cuando llegaron cinco, seis camionetas; lo mataron frente a él, a golpes en la cabeza con un bate, como un martillo, un mazo. Le dijeron: 'Si hablas te va a pasar lo mismo'. Y no volvió a hablar. Tenía 6, 7 años. Le dimos terapia, y ahora platica a escondidas, solo con la psicóloga.

Está otro niño: ████████████, nos lo trajeron porque tenía urticaria, alergias, y no alcanzaba a respirar bien, estaba desnutrido. Él vio cómo se llevaron a su papá, que gritaba; había tanta gente armada que quedó con un problema psicológico.

A las familias que tenían dinero las dejaron en la calle. De un caso que conozco, la mamá ahora es sirvienta, otras se prostituyen. A una señora que tenía tres hijos le desaparecieron al marido. La señora no sabía hacer nada. Era del ejido Francisco Villa. Luego, cuando también se la llevaron, a su hija, ████████████, que era una bebé, la dejaron tirada en una caja de tomates. [Investigando] nos dimos cuenta de que hay mil niños huérfanos; muchas familias no hablaban, solo sufrían en silencio. Ahora sabemos que son mil huérfanos".

"Mi cuñado lloraba porque ya quería renunciar como policía estatal. Cada vez que había muertos en las carreteras tenían que ir con un carro de bomberos a limpiar; le dolía mucho enterrar tantos niños muertos con su camiseta de zetitas".

"En el caso de ████████ se llevaron al papá y al tío. Ese niño presenta una alergia herpetiforme a raíz de la situación que vivió, por lo que vio. Sufrió una alteración de estrés severo, tenía llaguitas en el cuerpo y en la boca, que llegaba hasta a cerrársele. Él no hablaba de la situación de su papá, apenas empezaba a enfrentarlo. A mí me tocó darle terapia".

"Se decía que había un lugar donde *aquellos* tenían muchos niños pequeños porque habían ejecutado a sus padres. En las fosas nunca se encontró un niño asesinado, ¡jamás! Otros dicen que sí se llevaban niños y tenían gente cuidándolos. Pero son decires. No consta".

"Agarran a niños de familias disfuncionales. Conocemos uno con un padrastro maltratador y una madre que tuvo hijos de tres matrimonios. En su familia, en lugar de acogerlo lo hacían trabajar y mejor agarró camino, se fue a la calle, conoció *gente* y se metió a trabajar. Tiene 17 años y ya trae radios, es guardia; ya tuvo dos enfrentamientos y quién sabe cuántos asesinatos".

"De la secundaria a cada rato se llevaban a uno o a otro. Yo andaba apurada por mi hijo, porque supe de una señora que le sacaron al suyo de la cama. Le pedí a mi esposo que se llevara a nuestro hijo con él en el tráiler, y aprendió a manejar. Pero su papá luego ya no quiso llevárselo por lo que pasó en las carreteras. Se sabe que los agarran a la fuerza, los traen con *ellos* obligados".

"En el ejido [Francisco Villa] teníamos contempladas como 20 familias en las que se habían llevado al papá o la mamá; de San Fernando se acercaron otras 20 en una reunión, y de La Joya. Cuando empiezan a visitarnos las familias, no falta quien te diga de alguien más, y hubo gente que se arrimó porque le dejaron al hijo o la hija de alguien para que lo cuidara, o a la nieta o el nieto".

"Yo estaba de maestra y un día llegó un niño y me dijo:
—No hice tarea.
—¿Y por qué?
—¿No sabes que a mi mamá y a mi papá les cortaron las manos?".

"A ███████████████████████, mamá de tres hijos (como de 10, 9 y 6 años), se la llevaron de su casa el 10 de noviembre de 2010. Sus niños lo vieron. La sacaron cuatro hombres, entre ellos un extranjero, un chino. A su niña chiquita se la llevaron con ella. A la señora la golpearon, le cortaron el pelo con navaja. Pensamos que una [mujer] de las que estaban con los Zetas se quiso desquitar porque andaba con su novio. *Ellos* le ordenaron a la familia que no siguiera averiguando, que a lo mejor en 15 días regresaban. Por eso nadie denunció. Otro día avisaron a la familia que fuera al motel a las doce de la noche, que ahí la rescatarían. Pero nomás hallaron a la niña en un cobertor envuelta en sangre. Pero era sangre de la mamá. A la semana fueron y quemaron su casa, no salvaron nada. Desapareció mucha gente".

"[El presidente municipal priista] Mario de la Garza dijo al gobierno [estatal] que teníamos 750 niños damnificados por la matanza que se quedaron sin papás. Abrieron un local, supuestamente le metieron millones de pesos: pusieron camas, dieron presupuesto; cuando vinieron a inaugurarlo, anduvieron reuniendo a niños de la calle. Pero ¿cómo hicieron ese gasto si el hospital que tenemos ni gasas ni medicamentos tiene? Y ese orfanato, me acaban de decir, ya lo usan de jardín de niños".

Los empleados

Las declaraciones ministeriales[31] de las personas detenidas desde 2011 tienen tramas de vida similares. La mayoría son jóvenes, pobres, sin expectativa de futuro, que aceptaron una oferta de empleo (o se les obligó a hacerlo) de alguien a quien conocían por su apodo. La paga inicial por ingresar a *la compañía* variaba. La mínima: 3,000 pesos quincenales más gastos; el teléfono celular era la primera herramienta de trabajo e incluía el saldo para comunicarse. Tenían como misión ser los carceleros de la población y los vigilantes del territorio, del negocio y del respeto a sus reglas. En el organigrama laboral se escalaba por méritos.

---

[31] En la averiguación previa 197/2011 están contenidas las declaraciones ministeriales. En este libro no se mencionan los números de tomo ni de página debido a que, en el curso de la investigación, primero solo obtuve fragmentos de distintos expedientes.

"Como a cinco cuadras de mi casa, en Ciudad Acuña, Coahuila, escucho que me gritan, por lo que volteo y me doy cuenta de que era un amigo de la infancia, le dicen Neto. Me llamó la atención porque lo vi bien vestido, con joyas y hasta con coche Malibú de color verde, aunque él era humilde al igual que yo; también vi que tenía un radio como de policía, un *walkin talking* [sic] marca Kenwood y se comunicaba con claves: 'AQUÍ, NOGAL, SIN NOVEDAD', 'PENDIENTE', y cuando veía un vehículo pasando por el punto donde se encontraba él decía la marca, y el del otro punto a veces preguntaba cuántos sujetos iban a bordo [...], siempre estaba en esta cancha de fútbol parado, dando vueltas ahí mismo o se subía a su carro a escuchar música, siempre solo, y como a las siete de la noche llegaba en bicicleta un chavo a relevarlo. Y fue cuando me invitó a trabajar".

"Mi horario era de lunes a sábado, de siete de la mañana a las siete de la noche, y los domingos de siete de la mañana a las siete de la mañana del otro día; una semana me tocaba de día y otra semana de noche, así estuve tres meses, siempre hacía lo mismo: checar si los militares pasaban, a dónde se dirigían y ver si llegaban autos extraños, ostentosos o con varios sujetos. EL GÜERO iba de una a dos veces a los puntos a cambiarnos las pilas de los radios Kenwood; cada 15 días me pagaba la cantidad de 3,000 pesos".

"Cerca de mi casa vivía LA ██████████, que conozco desde la primaria, y conocía también a LA ██████████ y LA ██████████, que trabajan como *halconas*. Yo empecé a salir con ellas, en 2010 limpiábamos la casa del COMANDANTE PERRO, me pagaban 3,000 pesos a la quincena. Ahí me presentaron a EL LOBO, que era originario de El Salvador, y empecé a conocer a los demás estacas, es decir, a otros sicarios. Empecé a salir con él y tuvimos una relación sentimental, después terminamos. En enero ingresaron dos chicas nuevas para ayudar en la limpieza".

"Salí de Honduras con rumbo a los Estados Unidos [...]. En San Fernando me puse a caminar con rumbo a la frontera, se acerca por detrás de mí una camioneta azul, en el interior iban cuatro sujetos encapuchados, traían armas [...], me sentaron en la parte de atrás [...]; llegó un sujeto encapuchado, el cual me dio una pistola 9 milímetros diciéndome que era el arma que iba a traer, que desde ese momento pertenecía a Los Zetas, dándome además 1,500 pesos, diciéndome que me tenía que quedar en la casa a cuidar. El arma que me dieron me la puse en la bolsa y me puse a ver la tele".

"Por la noche checábamos las casas que estuvieran ostentosas, verificábamos vehículos, también quiénes vivían ahí y sus actividades".

"En el año 2009 yo me encontraba en Ciudad Cuauhtémoc, Chihuahua, y un amigo que conozco como Chido me invitó a sembrar marihuana, pero se echó a perder la cosecha por el granizo. Una persona nos dio el dinero para ir a San Fernando, diciéndonos que nos pagarían 1,000 dólares mensuales por ingresar a Los Zetas. La *diestra* fue en San Fernando, donde a un grupo de 18 personas nos enseñaron a armar y desarmar el fusil R-15, posiciones para tirar, que son de pie, pecho a tierra y cuclillas, y cómo reventar [viviendas]. Mi función: vigilar los inmuebles y las trocas que estaban dentro, también ponía filtros en la ciudad, que consisten en checar que los miembros de la *organización* no anden tomando o haciendo escándalo en el pueblo, ya que la desprestigian. Me asignaron para mi actividad un fusil R-15 y un cargador abastecido [...], me depositaban en la cuenta bancaria de mi esposa en el banco HSBC, ella ignora el origen del dinero ya que supone que es lo que gano en la construcción".

"Llegando a San Fernando le dije al conductor que me quería regresar y me dijo: 'Si te vas tú, vamos a ir por tu familia

y hasta el perro la va a pagar', dejándonos en una casa en
el poblado [...]; se nos asignaban vehículos, algunos eran
de nuestra propiedad y otros debían de ser robados".
"Patrullábamos en las brechas que identificamos como
PUNTO GARRAPATA y, cuando nos avisaba el halcón del
PUNTO 19 que se encontraban en ese lugar vehículos que
al parecer llevaban personas de *la contra*, salíamos de inmediato para cerciorarnos y, en caso de que así fuera, teníamos la orden de enfrentarlos y matarlos".

"Mi amiga me dijo que le entrara y me fui a presentar [...]
en una cancha me dio trabajo explicándome que iba a estar en un punto reportando todo lo que entrara y saliera
de San Fernando, que la paga iba a ser de 8,000 pesos a
la semana, más 3,000 pesos de gastos, que iba a reportar
todo lo sucedido en el PUNTO 238, que si me interesaba dar
seguimiento me iban a dar un carro, explicándome que se
trataba de ir siguiendo a *los verdes* o a la marina hasta que
salieran de San Fernando y comunicar todo por radio, y le
dije que no porque me daba miedo, y ya empecé a trabajar
como *halcona*".

"Me dicen 'súbete o te lleva la chingada', me vendan los
ojos y de ahí me trasladan sin saber hacia qué lugar, pero
me interrogaron: '¿para quién trabajas?', les contesto que
para nadie [...], que busco trabajo en Estados Unidos, me
dicen que con quién voy y les digo que voy solo. El viernes
en la mañana me dan de comer y me llevan de paseo [a
excavar]".

"Yo vivía en Orizaba, Veracruz, vendía pollos asados y
dos clientes en el mes de marzo de 2010 me preguntaron
cuánto me pagaban en la pollería, y les dije que de 800 a
1,000 pesos a la semana, me dijeron que cómo era posible
que ganara tan poco, que trabajara con ellos, que me pagarían 12,000 pesos mensualmente, tendría camioneta y
andaría *pa'rriba* y *pa'bajo*. Les dije que no, que ahí estaba

bien, pero me insistieron mucho, hasta que, como a la semana, acepté. Me dijeron que se trataba de ser sicario, yo ya sabía quiénes eran Los Zetas, sabía que eran unos *güeyes* de la delincuencia organizada, consistiendo el trabajo en llegar y buscar a los que venden droga o *doblan*[32] carros para *levantarlos* y cobrarles, o para exigirles que trabajen para la organización".

El doctor

Lo encontré en una ciudad de Tamaulipas, un conocido suyo le pidió que me diera la entrevista. En la sala de su casa, este médico me relató algunos de los casos que atendió el tiempo que estuvo de servicio en San Fernando, un recuento que a veces sonaba extrañamente gracioso, como el de alguien que se acostumbró a la muerte y bromeaba sobre ella para quitarle peso a la tragedia. Las fotos que tenía en la computadora, sin embargo, no permitían fugarse de la cruda realidad. Cada día que pasó ahí era una oportunidad para salvar una vida, empezando por la suya.

"Éramos como 30 doctores y el triple de enfermeras. A todos alguna vez nos llevaron. A los que siempre agarraban era a los médicos de urgencias, porque los *pelados* llegan y dicen: 'Tú y tú, vámonos'.

Una vez llegó uno bien idiota, bien intoxicado, llore y llore y risa y risa, que le dolía mucho la cabeza. Tocó con la pistola en la puerta del consultorio, el doctor estaba checando a una embarazada sin ropa; este compañero se escondió detrás de ella y a los enfermeros que quisieron correr les tiró. Ahí están los agujeros en el consultorio 2. Ese tipo iba seguido. El pelado me pedía: 'Inyécteme', y me ponía la pistola al lado. Otro decía: 'No aguanto la cabeza'.

—Te voy a inyectar.

Y me apunta:

—Si me inyectas te mato.

—*Okey*, te doy algo tomado.

---

[32] Clonan.

Yo acostumbraba tener medicamentos en mi bolsa para sedar, eso los duerme. Tenemos bolsas de basura en urgencias con todo: vendaje compresivo, analgésicos, sueros, solución Hartmann, inyecciones... Muchos eran huercos de 20, 30 años, unos de 14 o 15. A veces traen encima medio kilo de coca, eso les produce taquicardia.

De unas diez veces que me llevaron, me pagaron una o dos. Cuando todavía no se divorciaban Los Zetas y Golfos, en una ocasión uno me llama:

—Necesito que me cheques la herida, ¿vienes o voy por ti?

—Voy.

—Dale al gimnasio, sigues a una Cherokee blanca.

Era una casa que no dabas un cinco por ella, pero dentro había billar y todo. Se estaban echando un partido zetas y golfos, estos con pantalón bien, buenos tenis y camisetas aeropostales. El golfo era el patrón de la empresa, con nivel económico alto, uno podía hablar con él; el zeta era el sicario, no entendía palabras. En esa ocasión eran un golfo y un zeta enfermos. El golfo me dio 100 dólares de un maletín, el otro me dio 500 pesos mexicanos.

Otra vez llegué a un lugar y había cuatro o cinco heridos con proyectiles de arma de fuego en abdomen, brazos, piernas. Llevaban horas, eran heridas de muerte. Me dicen: 'Tenemos cinco minutos para salvarlos; si no, los matamos'. Porque *ellos* no dejan testigos. Treinta segundos después de que salimos llegaron los soldados.

Otro día me apuntaban y me decían: 'Este sí la hace[33] y, si no, a usted lo mato'. Yo contesté: 'Si te lo llevas a Victoria ahorita, se salva'. Esa vez me pusieron una pistola, el herido era un instructor, un kaibil musculoso, tipo Gafe, con una herida de granada. Se protegió, pero en una parte de la cabeza parecía que había recibido un sopletazo, le quitó todo.

Cogimos la ambulancia, lo llevaron escoltado con tres camionetas de la CFE nuevas, de cuatro puertas, quizás clonadas. Un policía federal de camino abriendo paso. En El Olivo, las camionetas se regresan y, como de película, salen tres jettas negros. Me dicen que paremos, me dan un radio donde un médico quería darme instrucciones. Llegan luego dos

---

[33] Sí puede sobrevivir.

doctores con batas del IMSS,[34] uno quería darme órdenes. Mariconeó cuando le dije: 'Si le mueves algo, tú te haces cargo y yo me bajo'.

Y no lo vas a creer: todo el mundo estaba esperándolo en el Hospital Civil: anestesiólogos, cirujanos, en urgencias… Y se salvó. Esa vez me dijeron: 'No te vayas, te vamos a dar 1,000 dólares'. Me dio miedo, si agarras del morral y metes el pico ya eres de *ellos*. Mejor nos pelamos, nos vinimos en la ambulancia, lo que traíamos nos alcanzó para un *hot dog* para mí y para los paramédicos.

Tengo mil historias de médicos como aquel que se llevaron al monte y empezó la balacera y se tumbó para arriba; también de pacientes que he atendido. ¿Cuáles quieres que te cuente? A uno, porque se equivocaron —iban por otro que vendía drogas—, le mataron a un hijo, se llevaron a su hija, la violaron entre ocho o diez, la dejaron como muerta ahí nada más. Ella, con el sereno de la mañana, como pudo despertó, se agarraba de las plantas de sorgo; la Policía Federal la encontró y la trajo. Tenía costillas rotas, patadas con marcas de botas tipo militar, la vagina hecha garras, con un sangrerío, la vía rectal también.

La metimos a bañar. Me decían las enfermeras de turno: 'Va a borrar evidencias'. 'No importa, hay que revivirla, mantenerla viva'.

Por pura delincuencia mataron al [médico] legista de 60 puñaladas, el doctor Arnoldo, y ya nadie quería ocuparse de los cuerpos. Prometían 16,000 pesos a la quincena, salieron con 3,000 al mes. Varios estuvimos, a mí me tocó un tiempo, pero hacer el trabajo uno solo era imposible. Mi primer día hubo seis *malos* muertos y un soldado, cinco quemados en un autobús por un choque y una niña violada. Bastante jale, y te dan ocho, doce horas para hacer los informes que te exigen. *Despuecito* nueve muertos, y casi siempre con múltiples proyectiles de armas de fuego o balazo en la cabeza; o una cartulina, si era para dejar un mensaje.

Yo tengo un montón de fotos, ¿quiere verlas? De mujeres a quienes les quemaban los pezones con cigarros. O de los muchachos que escapaban, que pudieron romper los cinchos, a los que tenían colgados de los pies con mecate, enconchados, y para reventar uno de esos cinchos primero se rompe la carne. Traían los tobillos con golpes de palos de béisbol para que no caminaran, no se podían parar. Imagine el sufrimiento

---

[34] Instituto Mexicano del Seguro Social.

físico, psicológico, la tortura. Tengo como mil fotos: vehículos, heridos, muertos, todo.

Me tocó una prostituta a la que… mejor no le digo. Y gente con el mazo en la cara. Anduvo un psicópata matando chamacos con un mazo. De esa forma tan sádica me imagino que solo un psicópata. Los mataban porque pensaban que eran *halcones* del otro bando.

Todos queremos olvidar esto, pero no podemos. Nos metimos un candado en la cabeza para olvidar lo que pasó. De alguna manera todos somos sobrevivientes. Estamos vivos gracias a Dios".

Entrevista de 2016.

Los intentos

Aunque los recuerdos sobre aquellos tiempos brutales están marcados por el pánico y el sometimiento, cada tanto, en las entrevistas, algunas personas mencionaban valientes intentos suyos, o de alguien conocido, por romper el silencio o solicitar a las autoridades o a los medios de comunicación que los rescataran de esa prisión a campo abierto.

Parecía que suplicaban "desde el fondo del mar" porque nadie —ningún poder municipal, estatal o federal— acudió en su ayuda.

"Aquí se ponía bien feo, donde quiera estaba *esa gente*. Un día descubrí que tenían una casa llena de personas [capturadas], escribí todo eso en un papel, me lo puse aquí *[me señala el brasier]*, y salí a la calle; pasé en medio de camionetas del ejército, y ahí aventé el papel. Me seguí asustada. Les escribí que ahí andaba *esa gente* que buscaban".

"En cuanto comenzaron a sacar tantos muertos [de las fosas] le hablé a la televisión al arquitecto Benavides, de Multimedios en Monterrey,[35] le dije que viniera y viera lo que estaba ocurriendo, porque pasaban las camionetas cargadas de muertos. Le dije: 'Tenemos un gobernador que vale madres, venga a ver'. Yo iba a escribir a Gobernación para que

---

[35] Se refiere al conductor Héctor Benavides.

nos hicieran caso. Me sentía desesperada porque nadie decía nada. Ni Egidio [Torre Cantú, gobernador priista de Tamaulipas] hacía nada. Gracias a que llamé al arquitecto, los medios llegaron a [la morgue de] Matamoros".

"Yo inventé una cuenta de correo falsa para avisar al presidente de la República, a la CNDH,[36] a muchos políticos conocidos. Les decía que San Fernando estaba tomado, que nos ayudaran, pero nunca volví a revisar el correo. Me dio miedo. Si [ellos] te descubren, te matan".

"La gente [que tenía retroexcavadoras] cuando llegaban a pedírselas [los Zetas o el Ejército] les decían que no servían y que no podían ayudarles. Lo que hicieron fue quitarle uno de los pistones a la máquina y decirles que estaba inservible. Y empezaron a buscar alternativas, cerraron negocios".[37]

"Mi niño empezaba a llorar cuando veía lo que pasaba. Fui a ver a Tomás [Gloria Requena, presidente municipal por el PRI], le dije que necesitábamos ayuda y me respondió: 'Todo esto ya lo sabe el gobernador, ¿y sabes qué más me dijo?: «Ten cuidado, Tomás, no te metas en mamadas, es trabajo de la Federación». Entonces, si yo no me meto, tú tampoco'".

"Yo le fui a pedir ayuda al presidente municipal, pero me dijo: 'Con lo único con que te puedo ayudar es con mis oraciones, porque los pelados me tienen con la pata en el pescuezo'".

"Un día llegaron los marinos y le preguntaron a una familia por las casas de seguridad de los Zetas; un hombre se atrevió, habló y les dijo. Pensó que eran marinos reales y los denunció. Pero como cayó en la trampa se lo llevaron. A estos [los marinos falsos], los distinguíamos

---

[36] Comisión Nacional de los Derechos Humanos.

[37] Anécdota referida por el antropólogo Óscar Misael Hernández Hernández, de El Colegio de la Frontera Norte, quien ha estudiado la violencia en San Fernando.

siempre porque con el uniforme llevaban tenis. Desde entonces, nadie habló".

"A mí, el mentado Kilo me visitó en mi negocio. Me tocó la puerta, eran las nueve de la noche, una hora en la que no podíamos salir porque no te permitían estar en la calle en la noche.

—Si a mí me ve el ejército atendiéndolos me van a matar —le dije.

—Vieja, si fueran los Golfos, ya nos hubiera atendido —me reclamó.

—No sé quiénes son los Golfos ni los Zetas. La gente que conozco son las madres que buscan a sus hijos perdidos, con chanclas y sin un centavo.

Y no aguantaron, se enojaron y se fueron".

"Años después, la señora Miriam [Rodríguez Martínez][38] vino a ser como un ángel guardián de San Fernando. Buscando a su hija y a sus asesinos daba pruebas de lo que pasaba, indagaba, exigía, e iba más arriba y arriba y arriba. Ella hizo que corrieran a muchos [agentes del] MP porque estaban coludidos, vendidos, y daban mucha lata. Yo creo que su familia más cercana tiene la información, pero también sienten miedo. Incluso se cree que la mató el gobierno".

La madre

Anoté en mi libreta: "Laura Margarita Cepeda Alcalá, quien busca a tres desaparecidos que considera sus hijos: uno que parió, otro que crió y al esposo de su hija". Entrevisté a esta mujer en una casa de San Fernando casi desnuda de muebles. En el comedor destacaba un cuadro enorme de la Virgen de Guadalupe. Una sobrina suya nos contactó tras leer un mensaje que puse en Twitter en el que solicitaba que me contaran casos de personas desaparecidas en San Fernando. Meses después, cuando por fin nos vimos, Margarita me narró cómo buscó en silencio a sus hijos,

---

[38] El episodio titulado "La valiente" trata sobre Miriam Rodríguez Martínez, la madre activista que fue asesinada en 2017 por investigar a quienes, en 2014, secuestraron y asesinaron a su hija, y por organizar a otras familias de víctimas.

pues no tenía permitido preguntar. Ya entonces comenzaba a organizarse con otras mujeres buscadoras. Cuando terminamos de hablar, y yo salía de la ciudad, comencé a recibir llamadas de conocidas suyas: querían dar su testimonio.

"Este es un pueblo fantasma que no han tomado en cuenta. Se llevaron a mucha gente, incluyendo a mis muchachos. En mi expediente está. Tengo desaparecido un chamaco, Juan, que es hijo de crianza. Él venía de Estados Unidos, vivió allá como entre 12 o 15 años, llegó deportado el 21 o 22 de diciembre de 2010, y mi yerno y mi hijo lo fueron a recoger a la terminal.

Yo digo que desde ese momento los estuvieron vigilando. Estaban en la colonia Tamaulipas, en casa de mi yerno, yo me encontraba en Estados Unidos; mi hermana llegó a visitarlos y, entrando, le dijo a mi yerno:

—Óscar, acá están unas camionetotas de *las gentes*.

—Sí —dijo él—, desde ayer andan pasando.

Mi yerno era el mecánico de la única fábrica de aquí, y Juan venía deportado, no creció en San Fernando.

Ella me contó que, entrando nomás, cuando saludó, detrás se metieron *las gentes*, así, con puños, camionetas al frente de la casa y hasta adentro del solar. Mi hijo Junior corrió espantado, pero lo agarraron a golpes, lo sacaron bien sangrado. A Juan le pusieron un golpe en la panza, él les decía: '¿A mí por qué?'; a mi hermana la tenían encañonada con una metralleta.

—¿Quiénes son ellos? —le preguntaron.

—Mis sobrinos, ¿por qué se los llevan?

—Cállate, perra. Nos dijeron que te llevemos a ti también, pero te vamos a dejar. Si hablas vengo yo por ti y te corto la lengua. Y mírame bien, perra. Si hablas o dices algo, vengo y te corto la lengua.

Ella dice que su forma de hablar no era la de un mexicano. Iban encapuchados y vestidos de soldados.

La suegra de mi hijo estuvo marcando al celular de mi yerno. '¿Con quién quieres hablar?', le contestaron. 'Acá los tenemos, si salen limpios los soltamos'.

No pidieron rescate. No los botaron muertos. No se los tragó la tierra. Ya pasaron seis años, quiero saber dónde están.

Fui a Matamoros a buscarlos entre los de las fosas, he ido a Victoria a preguntar, acá fui con el de la funeraria y vi fotos, pero no estaban. Fui a muchas partes. Ellos se llaman Leonel Villarreal Cepeda, de 22 años, es mi hijo, le decimos Junior, fue tránsito municipal. Cuando empezó la guerra, como la mayoría de los tránsitos estaban metidos en *eso*, él se dio de baja y se fue a un rancho. Dejó huérfano a un niño de dos meses.

Mi yerno Óscar Martín Ochoa Herrera tenía 34 años, dejó dos hijos, de 10 y 4 años. Y Juan Pablo Cepeda Alcalá, mi hijo de crianza, sobrino, tenía como 34, algo así, ya con familia.

Desde que volví vendo empanadas, junto fierros y tengo un hijo en Estados Unidos que se fue después de la masacre de los migrantes y, con el dinero que me manda, le doy [de comer] al niño.

Ya ni me peino, *¿pa'qué*, si no tengo vida? *[llora]*. Le doy gracias a Dios porque no me he vuelto loca, porque antes quiero saber de mi familia.

[Saca los papeles que existen en todas las casas en donde se busca a una persona desaparecida. Sus documentos muestran las acciones inexistentes y la nula respuesta de las autoridades; consignan que el 13 de abril de 2011 dejó una muestra de sangre y que nunca ingresaron su caso al sistema judicial: le dieron un acta circunstanciada, pero no abrieron una carpeta de investigación. Continúa:]

En Matamoros se hizo el expediente y no pusieron nada, escribieron puras sonseras, luego en Victoria. Allá hicieron los expedientes de muchos [desaparecidos] de aquí, pero están perdidos.

Aquí antes se ponía bien feo, donde quiera estaba *esa gente*. Mi hija tenía su casa de material bien puesta; cuando se fue de aquí, todo se lo robaron: refrigerador, estufa, camas, ropa. Todo, hasta los ganchos. Cuando yo vine no tenía nada. Los muebles me los fueron regalando.

A Felipe Calderón, el 22 de mayo de 2011 le envié esta carta, mire lo que escribí: '*...Yo no tengo dinero, si un hueso me entregan me conformo con eso*'".

Entrevista de 2016.
A la fecha esta madre
sigue buscando a sus hijos.

La lección

La gente local cuenta que, en los primeros meses, *aquellos* dejaban cadáveres al aire libre. Un fotoreportero foráneo recuerda que en una visita al municipio, cerca de la papelería donde rentó una computadora, se pudría el cuerpo de un hombre; estaba prohibido enterrarlo. De la exhibición de cadáveres en algún momento se pasó a su ocultamiento. ¿Se recibió alguna orden sobre esto? ¿La intención era no *calentar la plaza* con tanto asesinato? ¿Algún político les pidió el favor de maquillar sus crímenes?

Sea cual fuera la respuesta, la desaparición de personas se convirtió en una forma de castigo como ejemplo. Para que todo el mundo aprendiera la lección, para que nadie imaginara siquiera romper la disciplina impuesta, para instalar el terror. Las familias ya no podían sepultar a los parientes que les arrebataron porque ni el cuerpo les dejaban; quedaban condenadas a la tortura eterna de siempre buscarles. Entre vivos y muertos.

"Al principio se llevaron a quienes sabían que eran amigos de Los Zetas o del Golfo. Después, a todo el mundo. Decíamos: 'Hoy amanecimos con menos cuatro, con menos 12, se parecía al Polo Norte'".

"Muchos no denunciaron. Y a los que sí se atrevían, les decían: 'No sigas buscando o te desaparecemos'. No lo decimos, pero todo el mundo sabe a quién se llevaron, a quién regresaron y a quién no".

"Hay muchas familias que desean recibir noticias de sus seres queridos que están desaparecidos, otras están desilusionadas. En las misas los seguimos nombrando, pedimos por la salud o el bienestar de tal persona, sin decir que está desaparecida para no ahondar en la inseguridad. De dos a tres personas acuden a misa a diario y piden eso, otras vienen solo en la última fecha que tuvieron noticias de ellos, en la iglesia se junta toda la familia. Y no celebramos misa por el descanso eterno de esas personas sino pidiendo bienestar y salud".

"En la temporada de cosecha venía gente del sur con camiones: trillaban el sorgo y nos compraban la cosecha. Cuando empezó la inseguridad no podíamos entrar al campo porque hasta nos desaparecían. El gobierno [estatal] nos dio un programa para que pudiéramos comprar trilladoras usadas en Estados Unidos para recoger las cosechas. Pero aquí ya no entraba nadie. Antes de que entraras te mataban, te desaparecían, o te quitaban lo que tenías. Son miles de personas desaparecidas. Es impresionante: si te vas a la calle hay miles de casas solas".

"Antes de 2010, la mayoría de la gente se dedicaba a *carreros:* compraban vehículos chocados en Estados Unidos, o tenían talleres de hojalatería, pintura y arreglo para venderlos en el sur. En 2011, cuando estuvo el Guache, el jefe del Kilo, fue lo peor que pudo pasarnos; San Fernando se convirtió en un Triángulo de las Bermudas: todo lo que pasaba por aquí desaparecía. Nos hicieron fama de malos, pero nosotros éramos las víctimas".

"Éramos un municipio de ganaderos, pescadores, agricultores. Nos dejaron en la calle. Se acabó el comercio, se acabó el futuro; yo veía un pueblo desierto. En el padrón electoral se refleja: antes éramos 50,000 empadronados, ahora 37,000. Muchos no se dieron de baja, pero se fueron. Como un 30 por ciento del pueblo se fue. Muchos ya regresaron, otros nunca van a volver: están desaparecidos".

"A la orilla de la carretera San Fernando-Matamoros teníamos un ranchito, de ahí se llevaron a mi ▇▇▇▇ a las tres y media de la tarde, cinco camionetas. Fue un secuestro, pagamos mucho dinero y no nos lo dieron. Él se llama José Ana Loza. Tiene 93 años. Ocurrió el 15 de julio de 2010".

"El esposo de una amiga tiene compañeros de Pemex que ya no regresaron".

"Nos tocó ver en los gallineros gente secuestrada: estaban amarrados, bajo techos de láminas, de cartón agujereado. Tenían vendas o cinchos. Era un área muy insalubre: tejabancitos chiquitos, con telas de alambre. Tenían a unos que eran de Estados Unidos, que iban para Mante, y a unos cortadores de granos".

Los 72

La masacre de los 72 migrantes marcó la historia de San Fernando.

Fue conocida el 24 de agosto de 2010, cuando la Secretaría de Marina (Semar) informó en un comunicado el hallazgo de 72 personas asesinadas en un rancho. Eran 58 hombres y 14 mujeres, todas migrantes que habían sido interceptados en la carretera por Los Zetas, cuando pasaban por el municipio. Las víctimas tenían las manos amarradas y un tiro en la cabeza.

Los marinos llegaron a la escena del crimen —una bodega derruida en medio de sembradíos de sorgo— gracias a que un joven ecuatoriano escapó herido y avisó de la tragedia de sus acompañantes. La matanza, según informaron las autoridades, fue el castigo a los migrantes por rehusarse a trabajar para Los Zetas. Otras versiones señalan que los cuerpos eran un mensaje, para *el Golfo*, o para el gobierno.

Aunque el rancho El Huizache está a 30 minutos del casco urbano, los sanfernandenses no pudieron acercarse; eran los tiempos del toque de queda. Se enteraron por las noticias, o por lo que pudieron escuchar de los fuereños que llegaron a atender la emergencia o lo que narraron los empleados municipales. Pocos saben de lo ocurrido. Lo que recuerdan es lo que alcanzaron a mirar cuando los cadáveres eran trasladados en la carretera y el olor a descomposición que impregnaba las calles del centro, alrededor de la funeraria donde los depositaron.

A la gente no le gusta tratar el tema. Muchos piensan que esa matanza puso a los sanfernandenses un nocivo estigma que no han podido sacudirse, otros consideran que fue la grieta por la que se filtró la inseguridad que las autoridades intentaban ocultar, otros se enojan porque la solidaridad se volcó solo hacia los migrantes y no hacia la gente de San Fernando que vivía entre asesinos.

Pero aunque la matanza se convirtió en un escándalo internacional, y toda la clase política mexicana la condenó, y el propio presidente Calderón llamó "bestias" a los asesinos y prometió "combatirlos con todo", la población continuó secuestrada y su propia tragedia invisibilizada.

"Yo estaba en las oficinas cuando le hablaron al [agente del] MP y él se fue con el secretario de Seguridad Pública y varios policías; en eso pidieron más policías y fueron para allá, a la bodega. A los dos días hicieron público lo de los migrantes y, cuando se dio a conocer, desapareció el de

Seguridad Pública con el MP, supuestamente. No sé, fue lo que escuché. Que porque ellos dos avisaron a la Ciudad de México de lo que estaba pasando. Y fue un caos porque San Fernando se llenó de policías federales, soldados, marinos, todos, y llegaban camionetas y camionetas".

"El ejército mató a los que estuvieron [involucrados] en lo de Los 72, a las funerarias les pidieron recoger los cuerpos, que eran cuatro, cinco sicarios del grupo armado. Luego habló un coronel de la Marina, los de las funerarias le dijeron que ya habían levantado a los cinco difuntos, y les dijo: '¡Cómo son pendejos, no eran esos [los que tenían que traer], eran otros!'. Fue por eso que [los cuerpos de los migrantes] se echaron a perder. Se tardó un día en recogerlos. Olían mal. Varios tenían vendas, varios cinchos de plástico, todos con tiro de gracia. De la capilla se llevaron *levantado* al MP, salió al restaurante de la vuelta que estaba rodeado de marinos y del ejército, y de ahí se lo llevaron. Apareció muerto en la carretera de Méndez".

"Cuando encontraron a los indocumentados hubo muchos errores, porque se supone que cuando hay cuerpos llega la [Policía] Ministerial, toma huellas, fotos, toda la información, y después llegan los forenses por los cuerpos. En este caso no fue así; llegó el secretario de Seguridad Pública, la Ministerial, vieron, tomaron fotos y nada más. Las patrullas las llenaron de cuerpos, ni siquiera los pusieron en bolsas negras, los subieron a las cajas de las camionetas todos juntos, venían hasta arriba. No lo vi, me lo platicaron otros policías; entonces, los compañeros se negaron a hacer eso, pero los obligaron; los subieron a las cajas y se los llevaron por la carretera. Ya estaba oscuro, la gente [de los carros] que rebasaban veía cómo traían lleno de personas muertas, con las manos colgando de fuera, y cómo olían".

"El MP pidió un Thermo King para meter a los 72, pero el tráiler llegó tres días después. Ese tiempo [los cuerpos] estuvieron por mientras en la funeraria. Están las fotos en que se ven recargados en la pared, uno contra otro. Las autoridades son las buenas para decir qué hubo, qué había. Casi la mayoría con tiro en la cabeza. Las mujeres estaban como dormidas. Ahí se sintió el poder que *esta gente* tenía, la tristeza de tantas maldades. De ahí viene después lo que son las fosas de San Fernando".

"Los 72 no tenían maletas. En sí, solo estaban los cuerpos con toda su ropa. Correspondía al agente del MP ir, pero como lo desaparecieron, ¿pues quién iba? En esa ocasión se contrató un Thermo King para que se estuvieran *autopsiando* los cuerpos y ahí meterlos. Al final se llevaron a todos a México".

"Lo que se supo en ese momento es que *esos amigos* [los que transportaban a los 72 migrantes] quisieron burlar a los de *La Letra*, aunque aquí era territorio zeta, pero cuando cruzan por la carretera los detectan y los agarran. Se dijo que la policía *los puso* desde antes. Así era siempre: si iban carros sospechosos, *la maña* les pedía a la policía municipal y a tránsito bajarlos y revisar, y pasarles el dato. Si había un reporte de alguien, se lo llevaban y al rato encontraban el carro vacío. Por eso no tendría nada de raro que unos policías hayan avisado desde Soto La Marina o desde antes. Puede que alguno haya avisado que el *patero*[39] que los llevaba era del Golfo. Pero fue mucho lo que avanzaron como para que los atraparan hasta aquí. Si hay tantos filtros de seguridad en el camino, ¿cómo los dejaron llegar? Para que eso pase es determinante [la protección de] la policía".

"Antes de Los 72, como un mes antes, hubo otros muertos en el entronque de Las Yescas. Parece que eran nueve, diez personas. Una estaba viva. Eran migrantes y también sus cuerpos se los llevaron a Matamoros. Todos asesinados del mismo modo: fusilados, maniatados. Pero esa matanza no fue un escándalo. En ese caso se cree que acostaron a todos en el piso y les dieron un tiro de gracia. Todo el pleito se decía que era por *la plaza*. No sé el motivo. Se dice que el grupo armado quería quedarse con esta área".

"Por esas fechas se llevaron a un conocido de la calle, lo sofocaron y lo metieron a un carro. No supo quiénes fueron, siempre lo tuvieron vendado. Uno le susurró al oído que no bajara los brazos porque se los iban a quebrar. Querían tener información sobre Los 72 y quiénes eran los soplones. En las torturas le tomaban la presión y le daban medicamento. ¿Quién tiene ese medicamento? *¿La maña?* No creo. Imagino que eran de

---

[39] Coyote o pollero.

inteligencia o de la Marina porque después de las torturas lo revisaban. Ese hombre no podía con el dolor y lo golpearon con una tabla perforada con agujeros para dejar la marca como si fuera coladera, tenía agujeros para agarrar aire y que el golpe fuera fuerte. Fue por las fechas en que mataron al MP y al de Seguridad Pública porque habían ido a levantar los cuerpos de Los 72".

Las muertes

Cuando la exhibición de cuerpos atrajo miradas internacionales y perjudicó el negocio, todo San Fernando se convirtió en un profano camposanto. Matar al prójimo continuó siendo permitido mientras no se hiciera público. Por eso los más variados sitios se llenaron de entierros clandestinos para deshacerse de los cuerpos del delito: afuera del panteón, detrás del estadio, en los campos de cultivo, entre brechas, en ranchos arrebatados a sus dueños (o donde los tenían secuestrados), en los arenales donde se echaba la basura, ahí nomás donde cayera...

"Ni siquiera las fosas o Los 72 se comparan con la muerte que hubo aquí. Había decapitados, cuerpos desmembrados. Primero era tenebroso, pero te acostumbrabas, como si fueran animales muertos".

"Yo vi cuando Capullo, el encargado del panteón Rincón del Valle, llegó al cubículo del regidor diciendo que tenía miedo porque una noche antes lo habían querido matar. Él había visto una vez que, después de medianoche, entró una retroexcavadora y comenzó a escarbar. Había varias camionetas y una se acomodó junto al pozo. '¿Qué hacen aquí?', preguntó. Vio que traían cadáveres, les pidió los permisos de inhumación. Lo encañonaron y le dijeron: 'Mire, viejito, si no quiere terminar ahí, ayúdenos a descargar'.

Traían la caja llena de cuerpos, los enterraron, se fueron. Le dijeron que si decía algo lo iban a matar. Los regidores le aconsejaron que no se metiera en problemas".[40]

---

[40] El señor Capullo negó esa información en una entrevista realizada en 2019, incluida en "Las fosas".

"En una ocasión, por las brechas entró uno de los comandos al pueblo e iba matando. Asesinó a muchos que no eran de aquí. Mató a uno de una constructora, un licenciado muy reconocido. Pasó un muchacho que había venido de Estados Unidos y lo mataron. A uno que estaba tomando afuera se lo llevaron secuestrado, hicieron fuego contra la Policía Federal y lograron rescatarlo. También asesinaron a un matrimonio muy conocido y a un trabajador de su rancho, atrás de La Loma, que es donde están los soldados. Pidieron rescate, ella lo llevaba y la mataron. Un sobreviviente de *ellos*, al que agarraron, narró que los mataban nada más por placer. Contrataron gente para *limpiar* los muertos: nomás los iban echando en la caja de la camioneta".

"Mataron como a ocho del personal de la [fábrica] Big Cola, los dejaron un día ahí, exhibidos, luego los enterraron. Dejaron un mensaje para los dueños, dijeron que eran del Golfo. Y sí hubo muchos crímenes fuertes. En San Germán dejaron cuerpos mutilados y hasta con un letrero: 'Esto les va a pasar a los del Golfo'. Y era gente inocente. Mataron al de la taquería del *Gringo*. ¿Su pecado? Que ahí comían *enemigos* o algo sabía. Antes le tocó a otro taquero bien querido. Afuera de la papelería dejaron un cuerpo. Fueron muchas, muchas gentes".

"Aquí *ellos* usaban que cada uno cargaba con sus muertos, se los llevaban al final de las batallas para que *la contra* no supiera sus bajas. No sabemos si solo los enterraron en el monte o se los entregaron a sus familiares. Pero de que se los llevaban, se los llevaban".

"En la parcela del rancho de un tío encontraron a varios muertos de *ellos*, caídos en sus enfrentamientos. Él vio cómo les hacían cajones como Dios les daba a entender, y sí los enterraban. Pero a los muertos que no eran suyos, a los inocentes que *ellos* bajaban de los camiones, a esos los aventaban así nomás".

"Acampaban cerca del terreno del señor ████████████ y le mataban varios animales, le quitaban partes a las vacas, las dejaban así, botadas, se llenaban de moscas y todo. Ahí tenían los tanques de 200 litros donde deshacían cuerpos con sosa cáustica. También usaban diésel. Pero tenían que *cocinarlos* bien porque apestaba. Olía a carne quemada".

"Mi primo, que trabajaba en el MP, se acoplaba con los muchachos de la funeraria para irse juntos a recoger cuerpos y me contaba que mataban a todos y de todo: mujeres, inocentes, huerquitos... A quien veían como enemigo lo mataban".

"Te mataban aquí o te mataban fuera: a unos jóvenes, solo por ser de San Fernando e ir a Matamoros, los mataron. Por eso, la gente de San Fernando no fue a Matamoros cuando se llevaron a los [cuerpos] de las fosas para allá".

"Se preocupan por los indocumentados que son 72. ¿Y los miles y miles de muertos y desaparecidos de aquí, qué? ¿Son perros, son gatos? ¿O por qué ellos no cuentan? Aquí a la gente no le interesan Los 72. Pero fueron el punto de partida, nuestra salvación. Lo que las autoridades no quieren es poner el ojo en el pueblo, en lo que pasa adentro. Había muertos aquí, allá, otros frente al hospital. Mucho antes de que empezara esta masacre, antes de todo eso, salió una mujer vestida de novia, muchos la vieron. Era la muerte. Le hicieron rituales. Eso vino a despertar toda la mortandad. ¿Y cómo no?".

La enterradora

La trabajadora de la funeraria duda en hablar conmigo. Aunque ya pasaron los años malditos, el miedo aún congela la lengua y ahuyenta la memoria. Tras meditarlo un día entero, acepta que nos veamos con una condición: solo hablará de la vida cotidiana de una persona que se dedica a trabajar con cadáveres. Cuando terminamos la entrevista está oscuro y se ofrece a llevarme en su camioneta: le preocupa que ande sola. Me deja su número; por si me pasa algo, dice.

"Al principio yo estaba muy dañada. No quería ver más sangre, oír gritos de dolor, ni a hijos golpeando las paredes al ver a su madre ejecutada. Quería irme de aquí. Pero nos hablaban: que había más cuerpos, y más, y más; que fuéramos por ellos.

Un tiempo me fui de relax, a olvidarme; luego regresé a San Fernando. Lloraba de impotencia, le pedía a Dios que nos diera fuerza.

No había nada terrenal que nos pudiera salvar. Repetía una oración: 'Nadie puede tocar mi cuerpo porque Tú eres mi dueño, nadie me puede arrebatar la vida porque Tú me la diste'. Así me encomendaba a Él, porque valiente no es el que aguanta el miedo sino el que lo enfrenta.

Nosotros veíamos lo que la gente no veía: las fosas, los cuerpos, lo que no salía en los periódicos. Parecía que no pasaba nada.

Desde los seis años, mi hija ve normales a los ejecutados, es el pan nuestro de cada día; anormales son los [que fallecen] de muerte natural. Yo le explicaba: 'Estos están decapitados… mutilados… fueron ejecutados… están así o así, y no quiero saber que vayas a llorar. El muerto, muerto está, no te va a hacer nada. Ten miedo a los vivos'.

Ella entraba a las autopsias hasta que me mandaron llamar de la escuela, que entendían nuestro trabajo, pero que nuestra hija estaba pequeña y tenía traumados a sus compañeros porque no sabían nada de la muerte y menos de esa forma [que ella les contaba]. Así que le dije que si seguía hablando no podría entrar al mortuorio.

Mi hijo era adolescente, me pedía permiso para salir, yo no lo quería dejar, y me decía: 'Mamá, estás *paniqueada*, no me va a pasar nada'. Una vez le pedí que se arreglara, que el trabajador iba a pasar por él, y lo llevó a las fosas para que viera. Cuando volvió le dije: 'Un día no te voy a encontrar. Tampoco te voy a reconocer si estás en una fosa de esas'. Fue cuando entendió que no podía salirse, que las cosas no eran como pensaba.

De San Fernando se fue mucha gente, y mataron a muchos. En la Paso Real decían que tenían calculados 250 desaparecidos, y esa colonia es bien chiquita. [Los malos] te metían el trauma psicológico, porque por todo te pedían dinero, que depositaras porque tenían familiares tuyos. Aquí todas las empresas pagaban cuotas muy altas. A nosotros jamás nos pidieron, seguramente porque le tienen miedo a la muerte. También la Marina y el Ejército respetaban a la funeraria, no ayudaban pero la respetaban, porque dicen que cargar el muerto es mala suerte, les 'carga la sal'.

Cuando estuvo lo mero mero había mucha mara, gente que viene a trabajar con *ellos* de Honduras y El Salvador. Veíamos en los cuerpos sus tatuajes de la [pandilla] 13, de lágrimas en los ojos, y también había gente bien. Como el hijo de un maestro en Tampico o de una periodista en Victoria, que andaban en *eso* y que los buscaban acá. Muchas familias dicen que los hijos les mienten, que andaban para acá porque trabajaban para Pemex.

Los del Golfo, cuando tenían bajas, sabían quién faltaba; enviaban a los familiares a la funeraria y pagaban los servicios. Siempre hemos notado que los que recogemos tirados nunca traen dinero. Son los débiles, los vulnerables, los de la ropita más amoladita, los que están en *la guardia*. Y cuando las familias se enteran [de su muerte] y vienen por ellos, no tienen dinero para enterrarlos.

Un día fuimos por *un malito* que cayó en un fuego cruzado. Ese traía un escapulario de San Judas Tadeo, que es la característica de los del Golfo; si son Zetas traen a la Santa Muerte. Esa vez que levantamos a *ese malito* se le quedó su escapulario en la camioneta.

Días después, en la funeraria, mi hija empezó a hablar sola; de pronto dijo:

—Pásele, ¿viene cansado?

—¿Con quién hablas? —le pregunté.

—Con ese señor que se ve bien cansado.

—¿Quién?

—Si lo tengo a un lado. ¿No lo hueles? Trae un olor fuerte de axila.

No había nadie.

Pasaron los días, un trabajador entra y percibe el olor a axila de hombre y pronto se sale. Luego otro trabajador dice: 'Ya lo olí'. Pasó el tiempo, estaba yo sentada, y me da el aroma fuertísimo, y *enseguidita* hubo un enfrentamiento. Así notamos que cada que olía había un enfrentamiento. Era como si el olor avisara. Hasta que sacamos el escapulario, lo llevamos a la capilla y dejó de oler. Pero casi siempre vuelve, y como que avisa, como si fuera un aviso de *ellos*. Por eso estos frascos de agua bendita. También les hacemos oraciones a los difuntos, les rezamos, los encomendamos a Dios.

Ahora los muertos que hay son cuerpos normales. Como que en ese tiempo la gente se aguantaba, y no se morían ni de enfermedad. Ahora sí se mueren, no de asesinato. Ahora aprendimos a vivir el día a día y a dar gracias a Dios de que te permite abrir los ojos, y te permite llegar al descanso nocturno".

Entrevista de 2019.

Los periodistas

Muchos años pensé que en San Fernando no había periodistas. Las noticias que se conocieron sobre la masacre de 2010 no surgieron de la prensa local sino de ciudades como Matamoros, donde el Cártel del Golfo exigía a los reporteros publicar los hechos para perjudicar a sus rivales los Zetas, o de las redacciones de la Ciudad de México. Porque la prensa local estaba silenciada.

En distintos viajes a Tamaulipas, Nuevo León y Texas, y en la Ciudad de México años después, me topé a periodistas y administradores de redes sociales de medios de la región que tuvieron que lidiar con los grupos armados —legales e ilegales— que se impusieron a la fuerza como sus "jefes de redacción" y les indicaban sobre qué podían escribir y qué temas debían censurarse.

"Cuando pasó la masacre de Los 72 nadie de nosotros fue a cubrirla porque los [periodistas] locales ya no íbamos a cubrir cosas de seguridad pública. No queríamos vincularnos con *ellos* porque toda la policía estaba a su servicio".

"Cuando vino la caravana de madres de migrantes a montar un altar con el padre [Alejandro] Solalinde, mi editor me dice: 'Viene la caravana, ve al lugar, cubre la nota'. Yo no quería porque estaba bien tenso, estaba toda la estructura zeta completita. Intenté que algún compañero fuera conmigo, pero nadie quería tener problemas. 'Si nos ven, nos van a *levantar*', me decían. Pero yo tenía que ir.

A un año de la masacre y de que los ministerios públicos y peritos de técnicas de campo fueran al lugar [donde ocurrió], las familias de los migrantes que llegaron en la caravana encontraron ropa, zapatos, gorras, cosas tiradas en la bodega. 'Mira, esto es de mi hermano'; 'esto es de mi hijo', decían las mamás, y juntaron toda la ropa en una bolsa y se la dieron al director del Instituto Tamaulipeco de Migración para que investigara.

Al día siguiente, el secretario general de Gobierno llamó a los periódicos donde se publicó [la información] y anduvo preguntando: '¿Están seguros de lo que dicen? Es imposible que un año después encuentren evidencia'. Pero sí, la ropa de los migrantes estaba ahí tirada. En nuestro medio publicaron la nota y, aunque no la firmamos, duré 15 días cagado. Hasta pensé en comprarme una pistola".

"A raíz del rompimiento de los dos grupos yo me zafé: si te quedas en la fuente policiaca te vinculan con que trabajas con un grupo delincuencial. Y no te daban chance de chambear, no podíamos tomar ni una fotografía. Un día tomé una foto de la calle para ilustrar una nota sobre el tráfico vial y me quitaron la cámara, me la borraron: '¿No viste que estamos enfrente, pendejo?'.

Ellos ponían especial 'atención' a los periodistas. De la masacre, los medios nacionales se enteraron por sus corresponsales o por enviados. En esos tiempos no cubríamos la policiaca. No podíamos. Apenas ahora, cinco años después, unos comenzaron otra vez a cubrir notas policiacas. No todos".

"Estaban encima de nosotros. '¿A ver esta foto? ¿Quién se las dio?'. Por la foto de la Big Cola que nos filtraron de periciales seis muertos, entre ellos el radiólogo del hospital, nos estaban queriendo culpar. Lo bueno es que nadie de nosotros estuvo ahí. Nos llamaron para reclamarnos y se los aclaramos: 'Nosotros no estábamos ahí'".

"Nos llamaban, que fuéramos todos los periodistas a reportar una cosa; nos decían que, así como publicábamos cosas del Golfo, también teníamos que publicar para los Zetas. Siempre nos reclamaban de publicar para *ellos*".

"Se hablaba mucho de Los 72, pero para nosotros era muy difícil acercarnos a la bodega. Si venías en la calle, *ellos* te paraban y siempre te revisaban el teléfono, veían tus fotos. Si traías música de narcocorrido de Sinaloa, de los Tucanes [de Tijuana], te acusaban de que eras del Golfo. Si te encontraban donde no querían que estuvieras, te quitaban el teléfono y te daban *tablazos* porque eras *contra*. No podías tampoco andar en moto porque *ellos* creían que eras de *la contra*".

"Seguridad Pública nos permitía pasar a la celda a tomar fotos de detenidos por faltas administrativas, violencia intrafamiliar, borracheras o por lo que los llevaran. Pero a veces te decían:

—Ay, no. Te encargo que a ese detenido no lo retrates, porque es de nosotros, me lo voy a llevar.

Era la gente que desaparecían.

A veces *ellos* mismos [Los Zetas] llevaban a gente a barandilla y en los separos la golpeaban. Con frecuencia, la gente le pedía a *ellos* que hicieran justicia; a veces, las esposas que querían que castigaran a sus maridos no le hablaban a la ley sino a *ellos*. Y ahí estaban *ellos* con los de Seguridad Pública: e*llos* traían las llaves, y castigaban también a los suyos, los amarraban como cangrejos de pies y manos por atrás.

O cuando la misma policía no podía, le hablaba a *ellos* e iban, sacaban de su casa a la gente denunciada y se la entregaban. O [los agentes] simplemente cobraban multas por orden de Los Zetas. La policía misma te decía: 'Aquí te arreglas con nosotros o los llamamos a *ellos*. Tú decides'".

"*Ellos* nos citaron para que fuéramos a tomar fotos de dos asesinados: eran el agente del MP y el de Seguridad Pública que traían los casos de Los 72. Nos dicen: 'Queremos que les den manejo a estas fotos'.

El que nos llamó era un policía, la orden era clara: 'Salgan todos los reporteros y tomen fotos al hijo de puta del MP y al de Seguridad Pública porque ya los destripamos, y si un cabrón reportero no va, me avisan'. Fuimos. Lo bueno es que ni la marina ni los soldados encontraban todavía los cuerpos, *ellos* no querían que los encontraran; no todavía.

La policía nos pide al final que le digamos qué vehículos andaban ahí cubriendo el evento para verificar que sí fuimos todos. Íbamos con miedo. Pensábamos que si mataron al MP, a Los 72 y a miles de gentes más, también nos matarían a nosotros, pero afortunadamente no".

"Pensábamos que nos iban a chingar [los del Golfo] por tomar la foto, pero preferimos ir a lo que nos ordenaron [Los Zetas] a que nos chingaran acá por quedarnos y que nos chingaran frente a nuestras familias".

"Para no calentar el ambiente, cuando hablamos entre periodistas decimos: 'Hubo un evento'. '¿De quién es: del Sur o del Norte?'. El Sur es *la Letra*, el Norte es el Golfo. Nunca decimos sus nombres".

"Los Zetas amenazaban a quien se atreviera a cubrir la nota [de Los 72]. Televisa Ciudad Victoria solo reprodujo una nota que salió en el noticiero nacional y eso provocó que estallaran un coche bomba en sus instalaciones. Sabes que si publicas es una sentencia de muerte".

Los ciegosordomudos

Los pobladores se acostumbraron a mirar y a callar, su vida estaba de por medio.

Los secuestros cotidianos en la terminal de autobuses de quienes serían condenados a muerte pasaban a la vista de todos. A la luz del día, en pleno centro. Aliviaba las conciencias de los testigos pensar que *los fulanos* soltarían a la gente capturada, después de interrogarla. Se lo repetían a pesar de que nadie volvía de los terregales hacia donde agarraban las camionetas cargadas de gente.

En mis entrevistas esa verdad se fue asomando. La gente en sus testimonios pasaba del "no supe nada" al "todos sospechábamos, pero no podíamos hacer nada".

"Luego que ganaron *la plaza* se hicieron los *levantones* y mostraban ante todos lo que traían. Era cuando en las camionetas traían a la gente que bajaban de los autobuses porque se creía que iban a reforzar al grupo de la frontera. Así que a todo el que venía del sur lo *levantaban*".

"De los autobuses no se sabía nada. Uno veía que los paraban, gente abajo, hombres separados de mujeres, y que se los llevaban patrullas de policía, pero de ahí no sabíamos a dónde iban o qué les hacían. Había espías en cada esquina, *ellos* tenían mucha gente, como ahorita, nada más que ahora no hay matanzas. Aquí la gente no habla, tiene miedo, hay paredes que escuchan".

"A las siete y a las once de la mañana, en la calle Ruiz Cortines y Padre Mier, bajaban a todos los [que viajaban en los] autobuses que pasaban a esa hora. Los subían a patrullas de la policía preventiva y a un camioncito de redilas de tres cuartos, y se los llevaban a El Arenal, donde estaban las fosas. Se decía que solo se los llevaban porque los investigarían y, si no tenían nada malo, los soltarían".

"Mi niña estaba en la secundaria, se puso a llorar un día que los vio.

—¿Por qué la policía hace eso? ¿Por qué los tiran [a los pasajeros] como bultos a la *pick up*?

—Es que son policías, tienen que investigar —intenté calmarla.

—¿Tú crees que me engañas? En la secundaria sabemos que *esos* son malos y los van a matar".

"Algunos pasajeros pedían auxilio cuando los bajaban. Pero ¿tú qué hacías como ciudadano? Estaban policías y zetas juntos cuando los detenían. El 90 por ciento de los policías estaban metidos. Una vez un policía hasta le dio la mano a una huerca muy bonita para que se subiera a la caja de la camioneta, a casi todos los aventaban como animales [...]. Esto fue en febrero o marzo de 2011. Fueron como dos meses, dos autobuses diarios, como 40 gentes en cada uno".

"Nos contó una maestra que, en las tardes, por su casa pasaban los camioncitos llenos de gentes, [quienes iban arriba] los miraban suplicando, los escuchaban. Todos cerraban sus casas".

"En la colonia se oía el gritadero de la gente en las tardes. Subíamos la tele para no oír ese gritadero porque qué hacíamos: era su vida o la tuya".

"Después de que los bajaron de los autobuses los iban a llevar a *Los Güeyes*[41], al monte, donde antes era tiradero de basura, y los huercos y las huercas iban a divertirse. Pero antes pasaron por el negocio de ▬▬▬▬.

—Hey, préstame un mazo —le dijeron.

—¿Para qué lo quieres?

—A ti qué te importa… Para que se den en su madre estos *güeyes*.

A los autobuses los metían por la carretera a Méndez".

"Los trasladaban rumbo a Los Bueyes, parte del ejido La Joya, al norte de San Fernando, a unos cinco kilómetros de la presidencia municipal, ahí

---

[41] El nombre correcto es Los Bueyes, en San Fernando, algunas personas lo denomina Los Güeyes por un chiste popular.

los asesinaban; a unos los ponían a matarse con mazos. Platican que el Kilo era aficionado a las peleas callejeras y, si había diez gentes, les daba mazos y les decía: '¿Quieren la libertad? El que quede vivo va a trabajar con nosotros'".

"*Ellos* mismos platicaban lo de los mazazos: 'Estábamos matándolos a mazazos', o se lo platicaban a sus novias, o ellas veían y venían y nos contaban".

"El primer mazo lo consiguieron en el depósito de ███████, frente al panteón. Le dijeron: '¿Tienes unos mazos que nos prestes?'. Así se corrió esta historia. Primero pensamos que era un invento, después nos enteramos de que sí los usaban. La historia que supe es de un chofer de autobús que fue el que se escapó y vio cuando enterraban todo un autobús entero. Dudo de la veracidad. Son cosas que no puedo confirmar. Salió en *El Blog del Narco*.

Ese depósito era el punto de pago de *las guardias*. Al dueño lo terminaron matando: primero lo balacearon, después los machetearon a él y a su esposa, que era enfermera, hasta que a él lo mataron hace como tres años a balazos en su negocio".

"Tengo un familiar que cuida chivas y vacas en La Joya. Una vez que pasó a caballo, vio que tenían una hilera de jóvenes desnudos, estaban jugando al tiro al blanco con ellos. Como media hora después, lo rebasó una camioneta cargada de cuerpos, algunos en agonía; él escuchaba los clamores, los gemidos. Todavía llora bien feo por la impotencia de no poder ayudarlos. Te lo cuenta y llora".

"La gente de una iglesia fue a bautizarse al río Conchos. Dicen que por donde entras, por las parcelas, para donde volteaban veían ropa tirada: calzones, brasieres, pantalones, vestidos, faldas, todo. Entonces, en el pueblo empezamos a escuchar eso. Luego lo confirmamos: una mamá dijo que encontró ahí a su hijo, luego un primo dijo que quemaban a niños, y lo de la mano que vieron desenterrada".

"Uno ya sabía. Todo el pueblo sabía. Todos sabíamos. Cada quien puso su granito de arena. Si conocías a alguno del gobierno le decías: 'No chingues, ayuda a la pobre gente, digan algo más arriba'. Pero si denunciabas o decías algo no regresabas. Sabían dónde vivías".

"Estábamos mi mamá y yo lavando trastes y se escuchaba cuando los golpeaban. Gritos, gemidos. Estaba un rastro de sangre como de que los arrastraban y los llevaban. Yo quedé en trauma, solo de ver también cuando se llevaron a unos del Oxxo, o cuando veía que los amarraban. Nunca dejo de pensar si pueden venir por mí".

"Tan desgraciados así que en las camionetas llevaban a los que iban a matar. ¿Pero qué pensábamos? Que iban a trabajar. Y pues no: iban a matarlos. Los ponían a escarbar y los mataban, como decir: 'este chivo yo me lo voy a comer'. Matar gente para *ellos* era como tener fiesta. Porque se daban gusto. Es su gusto matar gente".

"Ese tiempo me puse toda flaca y hasta el agua vomitaba. Tenía una crisis nerviosa, ya no quería ir a la escuela, mis amigas tampoco, sus papás no querían llevarlas, tenían miedo de que cuando pasaran cerca también se los llevaran porque, como todos sabíamos, [*ellos*] estaban locos. Mi papá empezó a llevarme por otros caminos.

En la escuela, aunque todos sabíamos, los maestros no querían decir nada. Veíamos que pasaban las camionetas de los policías y teníamos miedo de que fueran por nosotros. Nadie podía hacer nada [*llora*]. Con el tiempo se fue haciendo normal que amarraran a la gente. Ya después no me dio tanto miedo".

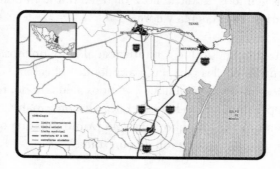

El municipio de San Fernando, Tamaulipas,
y las carreteras federales que lo cruzan.

Capítulo 2:
La carretera

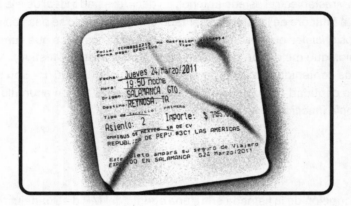

Boleto del autobús en que viajaba un joven guanajuatense
desaparecido en ese trayecto. Su familia lo conserva.

Hubo mensajes de texto y llamadas entre familiares confundidos. Hubo reportes nerviosos en las terminales de autobuses y en las compañías de transporte. Hubo angustiosas peticiones de auxilio a las autoridades que encontraron en el camino -en las estaciones, en las líneas telefónicas de emergencia y a través de correos electrónicos o plataformas para reportar incidentes- informando de los secuestros recientes en las carreteras. Hubo testigos presenciales denunciando los hechos. Pero no sirvieron de nada. Las dependencias y las autoridades de los tres niveles de gobierno encargadas de brindar la seguridad en los caminos y en los poblados, de investigar los secuestros, de proteger a las personas migrantes y mexicanas, no activaron búsquedas ni alertaron a otros viajeros que iban a tomar las mismas rutas. Mucho menos investigaron o detuvieron a los criminales.

La prensa, que podía haber alertado del peligro de la carretera, estaba silenciada.

Lo que ocurría era un secreto a voces.

"El silencio precisa de un aparato policiaco gigantesco", escribió décadas atrás el periodista Ryszard Kapuscinski. "El silencio exige que sus enemigos desaparezcan de repente y sin dejar rastro. No le gusta que ninguna voz, ya de queja, ya de protesta, ya de indignación, turbe su paz y tranquilidad. Allí donde tal voz se deja oír, el silencio golpea con toda su fuerza y restablece el estado anterior, en decir, el estado ideal de silencio".[42]

La bitácora de la infamia asentada en este capítulo se basa en documentos oficiales que fui coleccionando con los años, a los que sumé testimonios que me dieron sobrevivientes, protagonistas y testigos. Varios de ellos contenidos en la carpeta con terminación 197/2011.[43] Son pocos para la cantidad de evidencia que las autoridades tienen acumulada de su propia inacción.

La llamada

Transcripción de la llamada entre una agente del MP de Guanajuato y un operador de la línea de autobuses Futura. La conversación forma parte del seguimiento a un reporte de desaparición de cuatro jóvenes en el trayecto a Reynosa, fechado el lunes 28 de marzo de 2011.

—Buenos días, señor, mire, estamos llamando del Ministerio Público de Irapuato, de la agencia 8. Soy la titular de la agencia. Lo llamaba para molestarlo porque no sé si usted tomó conocimiento de que manejaba el camión 0106. ¿Usted trabaja para Futura, verdad?

—Así es.

---

[42] Ryszard Kapuscinski, *Cristo con un fusil al hombro* (Anagrama, 2009).

[43] En esa carpeta se reunieron diversas averiguaciones previas levantadas en distintos estados con denuncias sobre lo ocurrido en San Fernando. Desde el inicio la investigación que se abrió por los 193 cuerpos exhumados entre abril y mayo de 2011 quedó fragmentada en diversas carpetas y distintas dependencias: al menos cinco en Seido y 13 en la PGJ-Tamaulipas.

—Pues mire, queremos saber, preguntarle directamente qué es lo que había ocurrido con la cuestión de que ahí en la comunidad de San Fernando, este, bajaron a unos pasajeros. Si nos pudiera explicar qué fue lo que sucedió, señor.

—Sí, este, llegué a la oficina, ahí en San Fernando, ahí chequé [tarjeta], salí, me regresé allá para la salida en San Fernando y había unos Ómnibus de México parados.

—Ajá.

—Yo pensé que se trataba de una revisión normal de policías, y no, era de sicarios, no sé qué sean, era gente armada.

—Señor, ¿no sabe si estaban uniformados como militares o como soldados o, perdón, como policías?

—No, nada de eso, eran civiles supuestamente, pero armados con metralletas y pistolas todos.

—*Okey*. Y estaban parados los camiones. ¿Después que sucedió, señor?

—Tenían dos autobuses, yo me quise dar la vuelta y se me atravesó uno [de los hombres] y me dijo que me orillara, bueno, me hizo señas; entonces me orillé. Y el chavalón ese, un flaco, empezó a revisar el carro y bajó a los muchachos; después, otro chavo que iba armado enseguida se subió y cortó cartucho de pistola, metralleta, no sé qué sería, no sé de armas, y dijo: "¡Bájense!". Los bajó y se los llevó, y cuando nos dejaron ir a nosotros, porque me esperé como tres minutos a ver si los dejaban ir a los muchachos, uno de los chavos armados dijo: "Ya jálate", y me tuve que jalar porque ahí está como bien pesadísimo.

—Señor, ¿ellos cuando se subieron al camión fueron hacia estas personas directamente o había más personas aparte de ellos?

—No, o sea, fue como al azar, pues llevaba 19 pasajeros.

—¿Y justo escogieron a ellos, o no, o usted alcanzó a oír algo?

—No. Se pasaron para atrás y estos chavos iban en los asientos de la mitad para atrás un poquito, y no, la verdad no alcancé a escuchar lo que les dijeron, pero los bajaron. Lo que sí alcancé a escuchar es que les preguntaron que si todos iban juntos y "¿de dónde vienes?", "de Irapuato", y "¿vienes de Irapuato?". Eso oí que les dijeron porque se iban bajando ellos [...] y ya se los llevaron.

—Mmm. ¿Se bajaron tres o luego se bajó un cuarto o no sabe cómo estuvo?

—Habían bajado a tres, el cuarto me dice a mí: "Oye, ¿por qué te paraste?". "Porque se me atravesaron". O sea, porque unos 15 días antes, no recuerdo bien la fecha, me tocó así, igual, más o menos parecido, pero no nos hicieron nada ni se llevaron gente y a un Futura que no se paró lo balacearon y hubo varios muertos y heridos. [...] El último me parece que a él no lo habían bajado, pero como venían juntos [los cuatro], yo creo que los siguió. La verdad no sé.

—¿Y no se fijó cómo era ese último que bajaron?

—No, la verdad me puse bien nervioso, ora sí que tenemos esa ruta bien *peligrosísima*. Sí dicen que han estado haciendo retenes en la carretera varias veces, hasta esta vez que me tocó, pero la verdad no supe ni qué hacer. Sentí feo por los muchachos.

—¿Y allá en Matamoros ya lo reportó usted?

—Sí, ya reporté en la oficina de la empresa, al de servicios y al mero jefe, y luego luego me dijeron que me comunicara con él para vernos, y ya le expliqué cómo estaba la cosa.

—Ajá, *okey*, ¿y cómo a qué hora llegó usted a San Fernando?

—Eran las 6:35 ya del lunes, pero ya estaba como si fueran las ocho de la mañana. Allá estaba bien visible, había mucha gente, niños para la escuela y todo eso.

—Fue el lunes 28.

—Sí, me parece que sí. Sí, sí, fue el lunes.

—Ah, *okey*, entonces esa sería toda la molestia. Muchas gracias.

La elegida

"Tengo una amiga que tiene una historia que contar", me anunció una de las personas que me guiaba cuando entré a Tamaulipas. Por teléfono entrevisté a esta mujer que conserva vívidos los recuerdos de diez años antes, cuando tenía 28, y supo que los secuestros carreteros no le ocurrían solo a quienes viajaban en autobuses, como ya lo habían hecho notar ante las autoridades las compañías de seguros por los constantes reportes de robo de autos y desaparición de sus pasajeros. Esta historia empieza un 5 de abril de 2010, casi a las tres de la tarde, cuando la Suburban en la que regresaba de Monterrey se topó con 30 hombres vestidos de soldados que llevaban un cargamento de personas con las manos amarradas, a las que golpeaban. Entonces, a ella la detuvieron con sus acompañantes.

"Nos subieron a una camioneta Van bien grande, nos iban poniendo una funda en la cabeza y nos sentaron en una banquita. Oí a uno de *ellos* gritando: '¿A cuál voy a matar primero?', y no paraba de gritar, como que iba drogado. La camioneta iba bien recio, olía mucho a marihuana, muchísimo a droga. Nada más sentía cómo pegaban las piedras de la terracería; en unos 30 minutos llegamos a un punto, nos bajaron, nos preguntaron otra vez de dónde veníamos, y les respondimos que de una cita médica en Monterrey.

Los compañeros que viajaban con nosotros gritaban: a uno le querían quitar un anillo, al otro la Biblia. A mí me quitaron mi celular y los cosméticos que vendía. Yo sentí mucho miedo, pensé: 'Ya nos van a matar', y temía que le pegaran a mi esposo, que tenía parálisis. La persona drogada seguía gritando: '¡Ya quiero matar, no aguanto más!'. Y escuchaba cómo le decían: '¡Espérate, espérate!', y el otro: '¡No aguanto, estoy desesperado, ya quiero matar, no puedo esperar!', y gritaba otras cosas que no quiero ni recordar y se daba golpes en la cabeza. Escuchaba que decían: 'Ya bájenlo'. 'Espérate, denle un churro', y empezó a oler a yerba. Un muchacho me levanta de repente la funda de la cabeza, como jugando, y me dice: 'Yo te conozco, te quiero mucho, yo te conozco', me abrazaba. Me dijo dónde trabajaba; yo nunca supe quién era.

Llegamos a tres puntos, recuerdo que me comenzaron a manosear entre varios, todos se empujaban y este muchacho les decía: 'No le van a hacer nada a mi niña', y me repetía: 'Conmigo no te va a pasar nada'.

A otro lugar donde llegamos me quitaron la capucha y una persona alta, morena, como muy ponchadito, no gordo, me dice: 'Tú te vas a quedar conmigo, mírame bien'. Me le quedaba viendo con miedo, luego me abraza, pero el muchacho que repetía que me conocía se acerca y dice: 'No le hagas nada porque es mi niña'.

Seguían golpeando a los compañeros de nosotros con un bate hasta que [a uno] le quitaron la Biblia; luego les dieron patadas hasta que ya no se movían.

Nos llevaron a otro punto. Era puro monte, ya estaba oscuro, no había casas, nada, solo camionetas con los faros prendidos y se oían ruidos de gente que se quejaba, decían 'ya no', gritos que salían de otros carros parados ahí. Bajaron a varia gente, iban haciendo filita, unos se veían como chaparritos, o como niños, unos se quejaban bien feo, si no querían caminar les pegaban con tablas. Se oían muchas radios, como que se comunicaban en clave, como: 'Clave 15, ¿me oyes?'. 'Sí, te escucho, ahorita llegamos, ¿dónde estás?'. Se oía mucha interferencia, ruido, no bien las voces.

Haga de cuenta que nos volvieron a subir a la camioneta y se decían: '¿A cuál vamos a matar primero?'. En eso escucho: 'Baja a la vieja primero', y suena un teléfono, y contesta uno que oigo que dice: 'Le hablan, jefe'. '¡Sabes que estoy ocupado!'. Y repite por el teléfono: 'Mi comandante no quiere tomar la llamada', pero como que le insisten. 'Que es una orden, que conteste', y que la contesta. Al momento que cuelga se me acerca y me dice: '¿Sabes qué, perra? Esa llamada es porque te vas a ir'. No me salían las palabras. 'Te acaba de salvar la vida, perra, ya te puedes ir. Pero mírame bien porque algún día de estos me vas a volver a ver', y me suelta.

¡Yo le di y le di a la camioneta, no supe para dónde! Agarré carretera hasta que sentí que me tocaron el hombro; eran mis compañeros, que desde atrás me dijeron: 'Si no nos mataron esas personas nos va a matar usted, ¡bájele a la velocidad!'. Era tanto el miedo mío que venía a más de 150 [kilómetros].

En esa fecha era cuando decían que desaparecieron a mucha gente conocida de aquí de San Fernando, antes de los migrantes. Al que me dijo que nunca se me iba a olvidar su rostro me da miedo decirle quién era, aún no lo he superado al cien. Es el hombre [con el nombre] que empieza con K, el que estaba tatuado".

Entrevista de 2021.

Las alertas

"Nunca llegó". "No contesta su celular". "No se comunica". Las denuncias a las autoridades se sucedieron como una tromba repentina. A bordo de los autobuses habían quedado testigos de los secuestros en San Fernando. En varias declaraciones ministeriales quedó consignado que en el camino hacia el norte, antes y después de ser retenidos, los viajeros sobrevivientes se encontraron con autoridades estatales y federales. Y ninguna les previno, ninguna les ayudó.

"Nos dijeron a todos los que íbamos en el camión que todo aquel que tuviera equipaje o portaequipaje bajara con el mismo para llevar a cabo una revisión, por lo que tanto mi esposo como yo nos bajamos del camión, y ya estando fuera nos revisaron. A mi esposo le preguntaron de dónde era y hacia dónde se dirigía, subimos nuevamente al camión y los militares se encargaron de guardar las maletas en el lugar destinado para el equipaje [...]. Ese mismo día 29, pero como a las 7:00 horas, el camión nuevamente se detuvo precisamente en un poblado denominado San Fernando y varios hombres armados entraron [...]. Uno le preguntó a mi esposo: '¿De dónde vienes?', y le respondió que de Celaya. [...] Dijo a todos: 'Bájense los hombres únicamente', solamente nos quedamos en el camión seis mujeres [...], el conductor prendió el camión y nos retiramos [...], no dijimos nada, estábamos muy asustados, asimismo quiero decir que mi esposo ya no regresó al camión, sino que se quedó donde lo bajaron con otras 24 personas [...]. Pasaron unos diez minutos cuando el camión se detuvo, el chofer se acercó hacia nosotros para preguntar si algunos éramos familiares de las personas que habían bajado, y le contesté que sí, que uno era mi esposo, por lo que el chofer sacó su teléfono y realizó una llamada [...]. Uno de los pasajeros le dijo al chofer: 'Vámonos, arráncate porque aquí nos van a matar'. [...] En la terminal de Reynosa una persona se nos acercó [...], preguntó por qué faltaba tanto pasaje [...], en la taquilla me atendió una persona de nombre ███████████, el cual me proporcionó un número de teléfono por si tenía algo que informarle yo a él".

"El 23 de marzo [...] bajaron a toda la gente, pero después solamente se llevaron a 12 personas, entre ellos a mi hermano [...]. Ese mismo día llamé por teléfono, al parecer a la Policía Federal de Caminos del poblado de San Fernando, para informar lo que había sucedido, proporcionándole los datos de mi hermano y del autobús para que investigaran, y desde ese día he estado al pendiente del noticiero".

"Inmediatamente le marqué a este muchacho y me contestó que, efectivamente, todo el viaje iba normal, pero al llegar a San Fernando los bajaron [...]. Hasta la central de Reynosa, él dio parte a la línea de autobuses de lo ocurrido y se quedó esperando a los demás [...]. Antes de las tres de la tarde llegó el segundo autobús de Celaya, el que había salido a las 22:30, es decir con hora y media de diferencia, y al llegar también las personas reportaron que un retén los había parado y habían secuestrado a otros nueve muchachos".

"Me habló como a las ocho y media de la noche, esta fue la última llamada, en la cual me decía que unos hombres lo habían parado y le habían hecho muchas preguntas, yo le dije que se metiera para la oficina, que qué hacía fuera, y él me dijo que había salido a comprar un refresco [...], que en 20 minutos salía el autobús; me dijo: 'No te enojes, gorda, nada más te hablé para que sepas dónde voy a quedar, los quiero mucho'".

"Desde que salimos de la ciudad de Salamanca, aproximadamente pasamos como cuatro retenes, y en cada uno bajaban a algunos de los pasajeros que venían en ese camión porque no tenían identificación, pero se volvían a subir. Los escuché hablar con acento de otro país, como centroamericano, pero entre las 7:00 y 8:00 horas del 25 de marzo de 2011 llegamos al poblado de San Fernando, el camión se paró en la terminal [...], sube un joven de aproximadamente 19 a 20 años, tipo cholo [...], muy agresivo empezó a interrogar a mi hermano, escuché que le dijo: '¿Qué, *güey*, ¿tú te crees mucho?', y empezó a señalar a varias personas de los pasajeros, 14, todos hombres [...]. Solo nos quedamos en el interior las únicas dos mujeres que íbamos y dos hombres, uno de ellos de edad muy avanzada, y el otro un joven como de 35 años, que su apariencia era muy bien vestido, muy limpio [...]. Comenzaron a formar y a golpear a todos los hombres que bajaban, se oían gritos y lo poco que veía era que les pegaban en el estómago, mientras la persona que estaba arriba del camión vigilando a los que ahí estábamos para que nos agacháramos y no miráramos se comunicó por radio [...]. Decía: 'Mándenme patrullas, tengo a varios'. [...] Luego arrancó el camión y le pregunté al chofer que si no podía hacer nada, a lo que respondió: 'Qué vamos a hacer, ya no se puede hacer nada, por lo menos agradece que tú la libraste'".

Los reportes

El Complejo Estatal de Seguridad Pública de Tamaulipas recibió reportes que señalaban: "Hoy a través del sistema del 066 se han recibido dos denuncias de familiares de las personas desaparecidas y una a través del sistema 089 de Michoacán". Estos avisos, por sí mismos, no fueron capaces de generar una acción. A los pasajeros los trataron como nadies, *"los hijos de nadie, los ningunos, los ninguneados, que no son aunque sean, que no son nombres sino números, que no figuran en la historia, ni siquiera en la crónica roja de la prensa local"*.[44]

---

[44] Intervención mía del poema del escritor Eduardo Galeano titulado "Los Nadies".

"QUE SU ESPOSO ES DE 21 AÑOS LOS BAJARON EN SAN FDO SE IDENTIFICARON COMO POLICÍAS PERO SE LOS LLEVARON EN UN CARRO ROJO NO ERA PATRULLA

MEDÍA 58 PULGADAS ES DE TEZ PERLADA CABELLO NEGRO OJOS CHICOS UN TATUAJE EN EL BRAZO DERECHO

EL REPORTE FUE CANCELADO NO COMPETE AL MUNICIPIO SE PASA EL REPORTE A LOCATEL

SE COMUNICA NUEVAMENTE LA SEÑORA Y COMENTA QUE YA PUSIERON LA DENUNCIA EN EL MP DE SALAMANCA SON 12 LAS PERSONAS QUE DESAPARECIERON EL DÍA 24 DE MARZO

SE LE COMENTA SOBRE LA PÁGINA DE LA SECRETARÍA DE SEGURIDAD PÚBLICA APARTADO PERSONAS EXTRANJERAS...."

Reporte del 29/03/2011
a las 12:31:05 horas.

El viaje

En 2015, siguiendo desde Tamaulipas la ruta contraria que recorrieron los autobuses que salieron de Querétaro, Michoacán y Guanajuato, llegué a las casas de algunas de las sobrevivientes de los viajes de la muerte, mujeres que tuvieron que tragarse la angustia la hora y media que duró el trayecto desde el secuestro de sus seres queridos o acompañantes hasta la última parada, en la frontera. Todavía cuatro años después, ellas y los familiares que escucharon sus relatos seguían sin entender qué había pasado, por qué los secuestros estaban permitidos, cómo fue posible que ocurrieran.

"Ella nos dijo que quiso seguirlo y bajarse, pero él le dio un codazo, se bajó, y como si nada se siguió el chofer. Un poco de tramo después, una patrulla detuvo al autobús. El policía le preguntó al chofer: '¿Cuántos te bajaron?'. El chofer le enseñó la lista. Desde antes de que los detuvieran, el chofer les dijo a todos que no se negaran a darle algo al 'oficial'.

Entonces desde antes ya sabía que los iban a detener. Y sí, el policía les pidió dinero para sus refrescos. Como que el chofer ya sabía".

"Yo viajaba con mi hermanito, mi esposo, mi cuñado, un primo de mi esposo y un amigo. El autobús iba casi lleno. Nos bajaron, estuvieron preguntando que para dónde íbamos, que de dónde veníamos. Eran como las siete de la mañana, ya se miraba el día. Los choferes se quedaron callados. Luego los que nos bajaron se enojaron porque yo miré, que porque no tenía que mirar, y me separaron de ellos. Decían que eran *los contras*. Así les decían: *los contras*. El autobús se siguió. Hasta después me soltaron. Yo sigo esperándolos. No puedo asegurar si están vivos".

"Después de que lo bajan a él en la terminal pescan a su compañera, no la dejan, y el [coyote] que los iba a pasar [por la frontera] también se había quedado en el camino. En Reynosa, alguien la toma junto con otras personas y se la lleva en un auto que da muchas vueltas, no los dejan ver hasta que los meten en una casa. Había mucha gente en calzoncillos en un cuarto oscuro: bastantes haitianos, colombianos, de Guatemala. Tan apretados estaban que, a la hora de acostarlos, todos quedaban como taquitos. Estuvo en la sala, la metieron al cuarto en la noche, la cuidaba un hombre que tenía muchos celulares.

Se dio cuenta de que la tenían secuestrada porque escuchó que en la noche llegó un hombre y se reclamaron entre los dos, como que uno al otro se atacaban. Escuchó que el que la cuidaba era de La Familia y el que llegó era de Los Zetas; le reclamó por qué le bajaron gente y el de Los Zetas dijo: 'No, nosotros no fuimos'. El de La Familia decía que sí. En su idioma se estuvieron atacando.

Esa noche, ella supo que Los Zetas les mataron gente a los de La Familia cuando ya estaban cruzando el río [a Estados Unidos]. A ella le habían insistido que cruzara, imagino que para matarla, para que no hubiera testigos de lo que vio.

Ella quiso regresarse a San Fernando a buscarlo, porque vio cuando lo bajaron, pero el hombre que la cuidaba le dijo que ya no lo iba a encontrar. Cuando amaneció le enseñó un fajo de billetes y la amenazó: 'Cuidadito que hables', y le dijo que él sabía donde vivía: '¿Vas a querer que te lo enviemos en una hielera?'".

Al otro día, uno de los que cuidaba quitó los candados y dejó la puerta abierta para sacar la basura, no sé si les tocó el corazón y la dejaron escapar, y ella corrió y corrió, encontró un taxi, le pidió que manejara a la central y descubrió que la casa estaba a unas cuadras de la terminal. Se subió a un autobús, el chofer se dio cuenta y le dijo: 'No te apures, no te muevas, escóndete, casi no llevo a nadie'. La trajo hasta el asiento de atrás, se regresó como gusanito en ese asiento".

Los avisos

¿Cuánto sabían las autoridades de lo que ocurría en la carretera federal 101 a la altura de San Fernando, que para entonces comenzaba a ser conocida como la "carretera de la muerte", o en su continuación, la 97? Los expedientes judiciales están salpicados de avisos y reportes a la Procuraduría General de Justicia del Estado de Tamaulipas (PGJE-Tamaulipas) y diversas procuradurías, a la Policía Federal de Caminos, el INM, la Semar, la Sedena y la Secretaría de Comunicaciones y Transportes (SCT).

Las primeras evidencias que vi —unas hojas rotuladas con el logotipo de ODM primero en fotocopias, luego en archivos digitales— mostraban que, desde el 29 de marzo de 2011, la compañía de autobuses informó a la SCT que en San Fernando bajaban a los pasajeros. El primer aviso —ya tardío— es del 29 de marzo de 2011:

"Con la finalidad de que esta Dirección a su merecido cargo tenga conocimiento, vengo a dar noticia de hechos ocurridos el día de hoy a cuatro autobuses propiedad de la empresa:

28-mar	Uruapan-Reynosa	3433
28-mar	Uruapan-Matamoros	3400
28-mar	Zamora-Río Bravo	3091
28-mar	Cd Altamirano-Reynosa	3410

Sucede que en el transcurso de la mañana del día de hoy hemos tenido conocimiento de que varios familiares y amigos de algunos pasajeros solicitaron información de las corridas referidas, ya que los pasajeros no han llegado a sus destinos.

Hacemos también de su conocimiento que en el poblado de San Fernando, Tamaulipas, bajaron de los autobuses referidos a todos los pasajeros de sexo masculino, no así a las mujeres, quienes siguieron su destino. Lo que se hace de su conocimiento a esta autoridad administrativa para los efectos que haya lugar y, en vía de así considerarlo, tome las prevenciones que este incidente amerite".

Reporte del representante legal de ODM recibido por el director de Autotransporte Federal de la sct, Miguel Elizalde Lizárraga. Está fechado el 28, pero debería estarlo el 29, cuando ocurrieron los hechos.

El segundo reporte de ODM a la SCT es del 1 de abril de 2011, cuando la fatalidad para los pasajeros ya era inevitable:

"La presente es para darle noticias respecto a tres unidades más, cuyas corridas a continuación describo:

23-mar	Zamora-Río Bravo	3394
23-mar	Uruapan-Reynosa	3550
24-mar	Uruapan-Matamoros	3552

De la misma manera, en el transcurso de los días 29, 30 y 31 de marzo, inclusive el día de hoy, hemos tenido conocimiento de que varios familiares y amigos de algunos pasajeros solicitaron información de las corridas referidas, ya que dichos pasajeros no han llegado a sus destinos.

Asimismo le informo que diversas autoridades ministeriales de las ciudades de Salamanca, Celaya, Morelia y Coyuca de Catalán, Guerrero, han solicitado información respecto a las corridas que se han reportado ante usted. Solicitando además nombres y domicilios de los operadores.

Sin otro particular y atento a cualquier informe que sobre el particular requiera, aprovecho la ocasión para reiterar nuestro especial reconocimiento".

Reporte enviado por el representante legal de ODM al mismo director de Autotransporte Federal de la SCT.

El sobreviviente

En 2016 nos vimos en su casa en una ciudad de Tamaulipas que no puedo identificar. El hombre me dio la entrevista acompañado de su esposa. Me enseñó fotografías de las marcas que le dejaron en la piel. Me contó que, después de que lo secuestraron en la carretera, estuvo en la parte trasera de una *pick up*, el sitio favorito de Los Zetas para concentrar personas en lo que deciden si viven o mueren. Y él sobrevivió.

Él: Me llevaban en cuclillas en medio de los dos, eran muy agresivos. Decían que me iban a matar, que con quién venía, e insistían en que iba en un convoy, porque delante de mi [camioneta] Ram iba otra Ram de lujo. Yo decía que no, que esa no venía conmigo. Hasta la noche me dejaron levantar: "No hay pedo, ya nos puedes ver".

Tenían entre 30 y 40 años, uno era de Papantla; el otro, de lo poco que contó, era de Sinaloa, y dijo que no estaba de acuerdo en cómo trabajaban sus jefes. Me hicieron que me pasara atrás para que no los regañara su jefe por traerme en cabina y suelto.

A media noche se nos emparejaron como tres camionetas, en una estaba su jefe. Les preguntó si yo era su pariente o qué, por qué no me traían amarrado. Volteé. "¿Qué me ves, hijo de la chingada?". En esa otra camioneta vi que estaban dos muchachos amarrados, con las manos atrás, tapados con un trapo o con su ropa. A partir de ahí empezó lo pesadito.

Nos subieron a los tres a la camioneta, me amarraron. Se quedó el Papantla y uno al que le decían Calamardo; había otro que les contaba que desde pequeño anduvo en la guerrilla salvadoreña. Con mi suéter me taparon la cabeza. Aunque de repente se me caía, yo no quería ver, no abría los ojos. Los otros dos [que estaban] conmigo eran Leonardo y N.[45].

Esa madrugada, N. empezó a alucinar, ya estaba agonizando. Luego supe que fue porque cuando lo agarraron se asustó, gritó que lo estaban secuestrando y lo golpearon. N. le hablaba a su esposa en el alucine: "Ya voy, mi vida; mi amor, ya voy para allá". Pero lo pateaban. "Cállate". En la mañana ya había fallecido.

Nos llevaron como a una gallera, se oía como un lugar abierto, pero había mucho carro, mucha gente. Nos obligaron a hacernos a la orilla de la caja y a aventarnos. Así nomás, sin saber ni dónde íbamos a caer. Caímos en otra caja. Ahí me dieron un culatazo. Nos taparon con una sábana, que se chorreó con el cuerpo de N. Me llené de su sangre, y anduvimos dos días con el cadáver en medio. *Ellos* estaban crudos. Leonardo tenía mucha sed; por lo mismo, pedía y pedía agua. Al principio nos la dieron, después no nos dieron nada.

Cuando hablamos supe que a ellos los agarraron la noche del 17 al 18 de enero, a mí en la madrugada del 18; ellos venían de Guanajuato de compras, no sabían por acá cómo estaba. Yo oía que sonaba mi teléfono. Ella y mis compañeros me estaban marque y marque, pero yo no podía contestar.

Ella: Hasta el miércoles o el jueves, como a las nueve de la mañana, me llaman del número de él para pedirme rescate. Con un montón de groserías me dicen que lo tienen secuestrado.

—Fíjese por la ventana —me dijo la voz, y sí, había un camión con hombres armados—. A ellos les va a dar 250,000 pesos.

—Yo no tengo ese dinero.

---

[45] Aunque la familia de N. sabe qué le ocurrió a su hijo, omití su nombre porque no pude contactarla para este libro.

—¿Qué parte del cuerpo quiere que le mandemos? Espere a las tres de la tarde.

Me dijo que me tenían bien checada, por eso fui a retirar la denuncia. Llamé a su jefe, le pregunté cómo me iban a apoyar y me dijo que la empresa no se mete en problemas. "¿Cómo es posible?", le reclamé. "Si él les dijo que era peligroso. Por ir a pagar el predial lo agarraron".

Una familia me aconsejó que fuera al Ejército; en el cuartel me dijeron que ellos no tenían jurisdicción allá. Fui a la Secretaría de Marina en Matamoros, y me dijeron que lo tenían localizado por el GPS de la camioneta, pero no era posible rescatarlo porque podían herirlo.

Uno de la Marina estaba molesto y me reclamó: "Vamos a mandar gente que también tiene familia, ¿cómo los vamos a exponer para que vayan solo por una persona?".

Él: Allá, yo les decía que vivía solo porque pensaba: si de todos modos me van a matar, que a mi familia no la dejen en la ruina. Para el otro día nos cambiaron a una Avalanche y platiqué con Leonardo. Nos aventaron una sábana con todo y un rin encima para que no se volara. Nos estábamos asfixiando y pedíamos ayuda. "Ya cállense". Hasta que uno se asomó y dijo: "¿Por qué les tiraron esto?". Se portó con un poquito de humanidad.

Tenían otros dos secuestrados: un chavo de una compañía de petróleo; llamaron a su jefe para que depositara dos veces 50,000 pesos en un Elektra de San Fernando, las que cobraban eran dos muchachas que andaban con *ellos*. Y a un señor que le decían "el viejo", se quejaba bastante, quería agua. Una de las noches lo amarraron afuera de la camioneta, seguía quejándose mucho. Una señora que estaba con *ellos* les decía que le dieran agua, y *ellos* respondían que no. Ese señor se murió, se deshidrató. Luego nos lo pusieron enseguida al muerto.

Una de las mañanas muy temprano se oía mucho ruido, como que se juntaron bastantes camionetas, gente de *ellos*. Cortaban ramas, troncos, no sé qué. Oí a alguien que estaba llorando y que les reclamó que eran culeros porque no querían darle agua. Suplicaba que no le fueran a hacer algo, gritaba "por mis hijos", pero lo agarraron a golpes con los palos, como si fuera costal. Le subieron el volumen a la música para que no se escucharan los gritos.

Me preocupé porque Leonardo se quejaba, había estado pidiendo agua. Yo le decía: "No te quejes, mira a éste cómo le fue".

Los primeros días nos dieron solo sorbos de agua; la suerte es que era invierno, porque con calor no hubiéramos durado mucho. Pero de jueves a sábado no nos dieron agua y nunca nos tuvieron en ninguna casa, siempre en la parte de atrás de la camioneta, tirados al piso, amarrados, bajo una sábana con sangre. Ahí teníamos que hacer todas las necesidades.

La noche del viernes, Leo empezó a llorar porque se dieron cuenta de que fue militar y dijeron que lo iban a matar. Me dio su teléfono, no sé cómo lo memoricé, y el nombre de su pueblo. Me pidió que le dijera a sus hijos que los quería mucho, también a sus papás, yo le decía que no se dejara vencer: "Vamos a salir de esta".

El sábado, en la mañana temprano, lo bajaron en una brecha. Lo único que le alcancé a decir antes fue: "No te quejes, no les ruegues. Vámonos tranquilos, si hemos de irnos". Pero alcancé a oír que les dijo: "No me maten, por mis hijos".

No escuché gritos ni disparos; nosotros nos seguimos, lo dejamos. Me quedé solo en la caja. A Leo y al señor muerto los bajaron juntos. Ya solo quedaba yo, y el de petróleos en la cabina.

Se pararon para "echar gota", así decían, y el de la gasolinera que llegó les dijo: "Me saludan al comandante Ardilla". *Ellos* eran la autoridad. No me escapé nunca porque ese pueblo estaba lleno de *ellos*. Ese sábado fueron a San Fernando a cobrar, como que llevaban prisa. Empezamos a andar sin parar, por pura brecha, paramos hasta en la noche. Después supe que los correteaba la marina. En la noche, el jefecillo les dijo: "Suéltenlo aquí", luego se arrepintió: "No, *está muy caliente*. Denle algo de tomar". Me dieron una coca-cola. Toda esa madrugada seguimos andando. Entre mis pensamientos decía: "Dios, no sé por qué me pusiste aquí; si me voy a ir te pido que sea rápido".

Para la noche ya me había desamarrado. En un momento boté la tapa, me aventé por la carretera, estaba bien mareado. Caminé buscando una llave de agua. De afuera de una casa agarré un balde con el que lavaban los trastes y tomé agua. Estaba desesperado. Mi única intención había sido tomar agua, pero de pronto me di cuenta de que ya me había liberado y escapado.

Ellos no reaccionaron. Caminé por ese poblado, tomé otra vez agua. Buscaba gente y no encontraba. Venía un carro, iba a pedir ayuda, pero me detuve: ¿Y si son *ellos*? Me aventé por el zacate crecido, lo vi pasar. Y sí, eran *ellos*, me buscaban. Se pararon donde yo estaba. "Ya me vieron". Y no.

Me quedé a dormir en ese baldío hasta que me despertó un rayo, el ruido de un carro; ya había amanecido. Caminé derecho por una calle, vi a una señora, por más que intentaba hablarle yo no tenía voz. Me metí a otro patio a tomar agua. No sabía dónde estaba. Encontré a un señor lavando su carro. "Me secuestraron, me escapé, préstame tu teléfono", traté de explicarle, pero por miedo no quiso. "Váyase, me compromete". Me trajo jugo, una tarjeta de teléfono, dinero, unas chanclas y una gorra, y me dijo: "Si te vas derecho, llegas a una caseta y ahí está la clínica".

Ya después supe que estaba en San Fernando. En la clínica había una caseta. Marqué a las oficinas de Monterrey para que mi jefe localizara a alguien de distribución que me ayudara. Luego la llamé; era el domingo en la mañana.

Ella: Llaman:

—Soy yo —le escuché decir.

—¿Eres tú? ¿Dónde estás?

—En San Fernando, en el hospital.

—No te muevas. Una persona nos está ayudando a localizar la camioneta. Allá va.

Él: Estaba una recepcionista en la entrada, yo estaba sucio, con heridas abiertas, la mano inflamada, *cercenada*, y había estado expuesto a mucha suciedad. Yo pensaba: "Si me la cortan, como quiera es la izquierda". La señora me dijo que me iban a ayudar. "Así le pasó a mi hijo; lo mataron". Me quitaron la ropa, me pusieron antibacterial, me curaron las manos; después de cinco días secuestrado, pude meterme a un baño. Me quedé dormido, tenía días sin dormir nada.

Ella: Compré el boleto de autobús, fui con su ropa y una identificación suya. En la aduana se subieron al autobús. Eran los del Golfo, que me interrogaron:

—¿A dónde van?

—A San Fernando, a un hospital.

—¿Sí sabe que es muy peligroso allá? —me dijeron—. Vaya con cuidado.

El chofer me bajó en el hospital, me ordenó que fuera corriendo. Había mucha gente. Él estaba encerrado bajo llave, no me querían abrir. "Soy la esposa, soy su esposa". Dos de Protección Civil de Matamoros se aventaron a ir para allá a ayudarnos y me decían: "Apúrese, sáquelo". Lo desperté, lo empecé a vestir; nos sacaron por la puerta trasera, nos subimos a un auto, nos venimos.

La mujer que lo cuidaba se puso a orar. Los *hombres* llegaron al hospital a tirar la puerta, ya sabían que ahí lo tenían, pero cuando entraron no lo encontraron: ya nos lo habíamos traído. En el camino llevaba las muñecas tapadas con una sudadera. Luego hablé con su jefe y me dijo: "Dile que se tome el día".

Le pusimos suero aquí en casa. Fuimos al Seguro [Social] y el doctor que lo atendió dijo que no podía darle incapacidad porque no había denuncia, pero que si la poníamos te agarraban saliendo del MP. Propuso que metiéramos el reporte como enfermedad, aunque no le pagaran el 100 por ciento.

Pasaron los días y él me fue contando que allá había muchos secuestrados, muchos cuerpos. Pensé que deliraba.

Él: Es difícil de calcular cuántas personas tienen. Muchas se les mueren. Cuando pronunciaban "pala" es que iban a enterrar a alguien, o los dejaban deshidratarse o eran golpeados. Eso vivimos los que estábamos en esa camioneta, ¿cuántos más tendrían en otros vehículos? Porque había muchos, y cuando se estacionaban oía que unos decían: "¡Bájalos para que caguen!" o "¡dales agua!", pero a nosotros ni nos bajaban ni nos daban agua. No estuvimos en un punto fijo, se separaban, hacían guardias, se escuchaba en sus radios: "Ahí va una meche, dos meches", que eran los camiones. Entendí que estaban vigilando la carretera Victoria-Matamoros.

Ella: La primera noche me pasó un número de teléfono para que le avisara a los papás de Leo. Averiguamos la lada, les dije que a su hijo lo secuestraron en San Fernando y que estaba muerto, y escuché llantos. *[Ella lo relata mirando a la nada, como si fuera un monólogo].* Que su hijo pidió a mi esposo que les dijera que los quería mucho, que lo perdonaran, que quería mucho a sus hijos. Buscaban saber si estaba muerto, si no lo tendrían trabajando.

Él: Don Ventura [el padre de Leo] tenía esa esperanza, pero le dije que *esa gente* no te va a soltar, si te bajan es para matarte. No ubiqué dónde dejaron a Leo, sé que era un ejido. Cuando abrieron la tapa para bajarlo, vi un sembradío y un árbol, y estoy seguro de que es el mismo lugar donde enterraban a la gente. Era la misma zona. Estaba a diez, quince minutos de donde siempre estaban, no era lejos. No sé si ya tenían los hoyos hechos. *[El tema de las fosas lo deja sin palabras, luego retoma la conversación].*

Después de eso me costó *bastantito* salir de la oficina, sentía que me llevaban. No estaba asustado ni deprimido, estaba enojado; mucho. ¿Cómo puede alguien hacerle daño a otra persona a ese grado? Me acordaba de los gritos, de los golpes, traía mucho enojo de pensar lo que llegan a hacer por dinero. Escuché que pedían 200,000 pesos por persona, entendí por qué estaba yo ahí, porque valgo eso: 200,000 pesos. Y tantas historias que no han salido. En los ejidos quedó mucha gente, hay mucha gente enterrada ahí. Y lo más difícil es ver cómo se normaliza…

Ella: Un día le dije: "Tú no aprecias que Dios te dio la oportunidad de volver. No te la hubiera dado a ti, se la hubiera dado a Leonardo". El coraje le duró como un año, después empezó a cambiar, a disfrutar la posibilidad que le dio Dios, ya que solo Dios sabe por qué salió de ahí.

Él: La vida la ves bien diferente. ¿Ahora cuándo me has visto deprimido o triste?

Entrevista de 2016.

Capítulo 3:
Las fosas

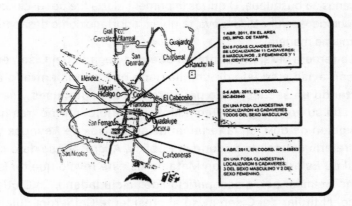

Uno de los varios croquis que acompañan el oficio de la Sedena
que registra el hallazgo de las fosas clandestinas en abril de 2011.

El hallazgo

Existen distintas historias (ninguna más verdadera que las otras)
que explican qué originó el hallazgo de las fosas clandestinas de
San Fernando.

La primera afirma que un soldado de apellido Huarache, destaca-
mentado en Reynosa, pidió permiso para viajar un fin de semana al Estado de México para casarse; el lunes regresaría a la base. El 29 de marzo,
su unidad lo esperaba en la terminal de autobuses, pero no llegó. Comenzaron las indagatorias. El chofer del autobús confesó que, a la altura de
San Fernando, bajaron a los pasajeros que eran hombres jóvenes. Huarache debió ser una de las víctimas, no podía ocultar su aspecto militar.
El mando a cargo del soldado pidió refuerzos; emprenderían una tarea

de rescate. Se dice también que Huarache viajaba con un sargento que corrió la misma suerte.

Un segundo relato cuenta otra versión: que el detonante pudo haber sido el secuestro del mexicoamericano Raúl Arreola Huaracha[46] oriundo de Guanajuato, quien fue obligado a bajarse del autobús que lo llevaba a la frontera el 29 de marzo de 2011. Su esposa lo acompañaba, vio dónde y cómo se lo llevaron. Desde Estados Unidos sus hijos alertaron al FBI,[47] que informó al consulado en Matamoros, el cual pidió a las autoridades mexicanas su búsqueda. O quizás la primera alerta fue por el ciudadano estadounidense, Julio Villanueva, también reportado como desaparecido de la misma manera.

La tercera versión apunta[48] a que el delegado del Cisen en Michoacán avisó a su jefe de una llamada que habría entrado al 911 reportando un secuestro de pasajeros en los autobuses y se contactó con su homólogo en Tamaulipas. Éste lo confirmó tras hablar con alguien de ODM, en la terminal de autobuses de Reynosa y con el secretario estatal de Seguridad Pública. Al cruzar ese dato con el cónsul de Estados Unidos en Matamoros éste reveló que tenía una denuncia similar por la desaparición de un ciudadano. En Ciudad de México, el titular del Cisen avisó al presidente Calderón, quien citó a una reunión de gabinete para el día siguiente, el sábado 1 de abril, en la que se decidió enviar una aeronave del ejército a sobrevolar San Fernando. Como el helicóptero fue repelido a balazos, se decidió enviar tropas por tierra.

Un siguiente relato consigna que ese mismo 1 de abril se habían escapado de uno de los campamentos zetas tres migrantes mexiquenses raptados de los autobuses y esclavizados, estos se toparon con soldados y los condujeron a las fosas que habían sido obligados a cavar. En el

---

[46] Aunque el soldado Huarache y el guanajuatense Huaracha tienen apellidos parecidos, son distintas personas.

[47] Federal Bureau of Investigation, agencia federal de investigación e inteligencia de Estados Unidos.

[48] Esta versión me fue narrada por el extitular del Cisen, Guillermo Valdés Castellanos, a quien entrevisté en 2022 y 2023. Aunque mencionó que ocurrió a finales de febrero, los hechos apuntan a que fue en marzo. El relato está desarrollado en el capítulo "Los Poderes".

trayecto los militares detuvieron a halcones que revelaron la existencia de más entierros y liberaron a otros cuatro pasajeros proveniente de San Luis Potosí, cuando estaban a punto de ser asesinados.

Alguno de estos hechos, o todos concatenados, lograron poner en marcha el oxidado y podrido engranaje institucional para que finalmente interviniera el Estado e iniciara la búsqueda, el 1 de abril de 2011[49], que llevó a descubrir el primer entierro clandestino. Durante esa temporada se excavaron 47 fosas y se rescataron 193 cuerpos. Aunque posteriores notas periodísticas y versiones de sanfernandenses estiman que habría más de 500 cuerpos enterrados.[50]

Las fosas clandestinas no fueron una sorpresa. Ocho meses antes del operativo de rastreo, en agosto de 2010, la misma semana de la masacre de los 72 migrantes, un cable diplomático enviado desde el consulado de Matamoros[51] ya mencionaba un dato escalofriante:

"Las autoridades mexicanas aún están buscando una posible fosa clandestina que contendría más de 200 migrantes. Se cree que los cuerpos están en San Fernando, cerca de la garita aduanal de Las Yescas".

Si esto se informó meses antes de que comenzara el secuestro masivo de pasajeros en los autobuses, y de que se produjera el hallazgo de los entierros recientes, y sumando las continuas denuncias de secuestros de personas y de robo de sus autos en las carreteras desde un año antes, ¿cuál es la cifra real de personas desaparecidas, reclutadas a la fuerza o asesinadas y enterradas en ese municipio?

---

[49] Algunos documentos oficiales se contradicen en fechas: el primer hallazgo se hizo el día 1 de abril; la PGR recibió la supuesta llamada el día 2.

[50] Isabel Miranda de Wallace —directora de la organización Alto al Secuestro y cercana al calderonismo— señaló: "Hay fosas clandestinas en las que debe haber por lo menos 500 cadáveres más, pero no los han sacado, por las implicaciones políticas que eso llevaría para las autoridades" (https://www.excelsior.com.mx/2011/08/22/nacional/762879). Cuando le pregunté en 2022 sobre esa afirmación, me dijo que tuvo acceso a una declaración que mencionaba esa cifra; no me refirió de quién.

[51] Cable diplomático 20100827.

La informante

"Hablo de acá de San Fernando, quiero decirles que las personas que detuvo el ejército el día de ayer son de Los Zetas y *ellos* tienen secuestrada a mucha gente que bajaron de varios autobuses de pasajeros que venían de Guanajuato, Michoacán y San Luis Potosí los días 23, 24 y creo que 29 de marzo también, y han asesinado a muchos. Desconozco por qué lo hacen. Solo quiero que se haga justicia, ya basta de todo, investiguen y verán. [...] No sé dónde los tengan, solamente vi que los bajaron de allá de La Loma y eran de las líneas Ómnibus y Oriente, que se dirigían a la frontera, y ya quiero colgar porque tengo miedo".

Supuesta llamada anónima[52] de una persona
de sexo femenino, realizada el 2 de abril de 2011,
que atendió un agente del Ministerio Público Federal.

El soldado

Supe de él porque un tiempo fue guía de turistas y en un recorrido contó ante una amiga periodista que había sido soldado y había estado en San Fernando. Me costó tres años encontrarlo, y cuando lo ubiqué ya tenía una nueva profesión, pero aún recordaba aquellos meses peleando en la "guerra contra las drogas" y desenterrando muertos. Después de nuestra entrevista en la fonda de un mercado de pueblo, durante la única hora de comida de la que disponía en su nuevo empleo -del que me pidió no dar detalles-, no volvió a presentarse a nuestras siguientes citas.

---

[52] Es importante subrayar que las investigaciones de diversos crímenes de alto impacto comienzan a partir de llamadas anónimas que dan pie a las autoridades a intervenir; en el caso Ayotzinapa, el Grupo Interdisciplinario de Expertos Independientes (GIEI) que investiga los hechos dejó al descubierto que la llamada detonadora fue inventada por un jefe de la SEIDO, subprocuraduría que también investigó estas fosas. La llamada transcrita está incluida en la AP 197/2011.

"No me acuerdo de su nombre completo, se apellida Huarache, es del Estado de México; este amigo era soldado raso, hacíamos trabajo de apoyo en operaciones. Él solicita su permiso, se lo niegan, tratan de disuadirlo para que no vaya, pues teníamos conocimiento de que era muy riesgoso, insiste, hablan con él. Como iba a casarse se le autoriza el permiso, viaja, hace lo que tenía que hacer, regresa y ya no llega a buen destino.

Son versiones que yo oí, no tengo la información precisa, siempre hay alguien que habla. Este muchacho dicen que se casa, regresa, y en el camino se va comunicando, mandando fotos a su familia. Mandan a una escolta —no menos de dos camionetas con unos diez, 12 elementos para recogerlo en la terminal en el horario que iba a llegar. Pero no llega.

El comandante de la escolta empieza a hacer investigaciones, presionan a los de la línea de autobuses para que digan qué pasó, no querían hablar; entonces supimos que todas estas líneas tenían ese mismo problema: esa ruta sufría ataques en San Fernando o en un lugar cercano. Nosotros como soldados no sabíamos, no teníamos acceso a esa información, me imagino que los mandos sí la conocían.

Dijo el chofer que los pararon a eso de las siete. Cuando le mostraron la foto recordó que a ese soldado sí lo bajaron en el crucero donde está la desviación, donde se supone que detienen al autobús. Y se da la orden de buscarlo. Pienso que ahí se inicia lo de las fosas.

Nos platican la situación, que lo bajaron a él y a otras personas, se arman tres Tangos —cada uno formado por seis camionetas con armamento y personal— y salimos en su búsqueda.

Nos distribuimos: San Fernando, Valle Hermoso, Ciudad Mante, Ciudad Mier, lugares cercanos. Eran lugares a los que no entrábamos, después nos enteramos que ni siquiera los MP se metían, y si lo hacían era de entrada por salida.

La cercanía y el movimiento de personal militar molesta a *este tipo de personas* y empiezan las fricciones. Escuchamos que comenzaron a pedir apoyos para acá, apoyos para allá; los Tangos ni siquiera descansábamos, dormíamos o comíamos donde se podía, siempre en permanente alerta. Empiezan los llamados, pero la misión era saber qué pasó con Huarache.

De repente nos topábamos Tango con Tango, te paras a saludar a los amigos y nos dicen que ya agarraron a alguien. Primero interrogan a un *halcón* y le extraen la información, dice algo de Huarache, le piden más información y detienen a una persona que le decían el Güero.

Supuestamente era el ejecutor y el *pozolero*[53] del grupo, y quien se encargó de torturarlo, matarlo y después desaparecerlo. A Huarache lo torturaron porque descubrieron que era militar. Nosotros teníamos un dicho: 'Si te llegan a agarrar, corre'. Morir en ese instante es mejor, si no quieres morir por tortura.

Se supone que le encuentran al Güero la placa de identificación de Huarache. Él da la primera información de que tenían tiempo haciendo esto: parando y desapareciendo gente de todo tipo. Según [dijo], porque es territorio de paso de migrantes; entonces, lo hacían para evitar que fueran reclutados por el grupo contrario.

Esa fue la versión que se nos facilitó. Él da también la primera información de las fosas clandestinas. Empiezan a buscar en las milpas y se dan cuenta de que sí había personas inhumadas ahí; eso desata más búsquedas, más investigación y sale todo: que no era el único lugar, que había varios sitios así.

Yo no estuve en los hallazgos de las fosas y hago un paréntesis porque, antes de que a mí me tocara desenterrar cadáveres, mis amigos de otros batallones decían: 'Desenterramos a tantos', y hasta donde yo veía en las noticias que decían 30 y tantas, 40 y tantas víctimas [exhumadas], pero era más gente la que mis amigos decían que sacaban. Si decían las noticias eran tantos, tantos y tantos, la suma nuestra era el cuádruple o el quíntuple de lo que informaban. A fin de cuentas no fueron tan poquitas. No puedo dar números exactos. Yo en mi batallón veía poco más del doble de lo que se decía. Imagínense, si lo nuestro era de un solo batallón, ¿cuántas más no habrán encontrado tres batallones?

No entiendo por qué no decían [el número real], mi deducción era que por no aterrorizar. No es lo mismo que digas 'en esta semana encontraron 15 cadáveres', a que digas 'encontraron 75 cadáveres' y la siguiente semana 'otros 75'. Imagínese. Entiendo que lo hicieron en el sentido de calmar las cosas, pero sí era más gente. Pero no todo me consta, le platico lo que me contaban.

A mí me tocó exhumar. Era tan común que ya sabías: llegabas, te bajabas, 'a ver, vamos a checar aquí', ibas con tu varilla, empezábamos a dar un barrido en un sembradío, en un descampado, en un lugar donde

---

[53] Se refiere a la persona dedicada a disolver en ácido a las víctimas.

hubiera tierra removida o de donde llegaran malos olores. No es como que había un hoyo y ahí estaban, sino que había uno por acá, otro por allá. Estaban enterrados o semienterrados, no muy profundo.

Un compañero iba caminando en la milpa con su varilla para tocar cuerpos y, sin saber, se paró arriba de un cadáver en estado de putrefacción que se desinfló con el peso. Así de nada profundo estaban, pues. Otro me dice que encontró uno, lo jaló para sacarlo y no se veía cómo estaba, se le vino la pierna. Es un poco crudo lo que digo, pero es real, lo vivieron. Nunca nos tocó llevar máquinas, solo palas. Nunca me tocó ver una [retroexcavadora].

En su mayoría, [los cadáveres] prácticamente eran [de] hombres, obviamente jóvenes. También unos ya estaban en estado avanzado de descomposición o irreconocibles. Una persona sin conocimiento no distingue un esqueleto femenino o masculino ni la edad. Nos tocaban a veces unos que eran completamente huesos, de personas desnudas. Te dabas cuenta de si fue hombre o mujer en los que a veces tenían ropa. Había unos recientes, sin dientes. Pensábamos que a lo mejor el diente era de oro y por eso se lo habían quitado. En menor cantidad también había mujeres.

Al principio sientes raro, te impresiona hasta cierto punto, pero el ser humano es tan adaptable que te acostumbras, ya después era como equis, 'acá hay uno' y 'acá otro'. Nunca desaparecía esa pequeña sensación de aversión, porque es un cadáver putrefacto, ni esa idea de 'pobre muchacha', pero eso se pierde en el trabajo, en el 'hagamos esto, ahora vamos para acá, ahora allá'. Te tienes que acostumbrar y seguir adelante.

Fueron muy pocos los que pude ver con tiro de gracia, con balazos muy pocos. Utilizaban algo para matar a golpes. Porque son brutales. Los mataban con golpes en la cabeza con una pala. Son expertos en matar, sale sobrando decirlo: son enfermos.

¿Y a quién detienes tú habiendo tantos muertos? Culpar a una sola persona no se podía, es bien difícil. Obviamente, porque había muchos cuerpos y *ellos* controlaban de cabo a rabo los pueblos, no se movía una mosca si no lo permitían. Nosotros asumíamos que eran Los Zetas, el cártel más brutal que ha existido. Claro que sus altos mandos y jefes tarde o temprano caen, o se matan entre *ellos*.

Según recuerdo, al mentado Güero no lo procesaron después de que se le extrajo la información. Este... pues... al decir esto se sobreentiende que, pues, obviamente no fue a la cárcel. ¿Qué hacer si esas víctimas fueran mi mamá, mi hija, mi esposa, mi hermana? Son cosas que te aprietan el estómago. Hay que ver el porqué de ciertas reacciones: ponías a alguien a disposición, te ibas, te dabas la vuelta, y ya estaba libre y con otro radio. ¿Entonces qué haces? Le das una pinche putiza, por lo menos para que no pueda trabajar, y le quitas el radio. Pero el sistema no deja trabajar. Y los derechos humanos no entraban todavía de lleno. Si los mandos decían: 'Quiero detenidos', bueno, teníamos detenidos; si era: 'No quiero detenidos', entonces… pues…

La información que tengo es limitada porque fui soldado. Estuve en el Ejército cuando [era presidente] Felipe Calderón, tuve momentos satisfactorios, hubo trabajo bonito, pero me tocó una temporada fuerte con estos eventos. No eres un elemento crítico, ese es el problema: eres soldado, cumples órdenes".

Entrevista de 2021.

La temporada de fosas

Nociones de matemáticas y algo de paciencia son necesarias para desentrañar la magnitud del operativo que se armó para ubicar fosas y recuperar cuerpos, y sus resultados. El ejercicio de hilar los reportes de la Sedena, los cables desclasificados de los Estados Unidos[54] —con información confidencial de las autoridades de ambos países—, el comunicado de prensa de la PGJE-Tamaulipas y la tardía recomendación de la CNDH,[55] permite adivinar lo que estaba por venir: una tragedia forense.

---

[54] Los cables desclasificados incluidos en este libro fueron obtenidos por la organización National Security Archive —compartidos para el proyecto #Másde72— y por WikiLeaks. Pueden ser consultados en https://adondevanlosdesaparecidos.org/masde72-documentos/.

[55] La CNDH tardó más de ocho años y medio en emitir la recomendación 23VG/2019, y se limitó a los errores en el levantamiento de los cuerpos y en las prácticas forenses, en gran medida basada en los resultados de la Comisión Forense que se incluyen en la segunda parte del libro; no entrevistó a familias de víctimas.

Esta relación de oficios de difícil lectura (con comentarios míos en los subtítulos) versa sobre los cuerpos que el gobierno estatal y el federal no desaparecieron de los documentos, de los que sí dejaron registros.

ABRIL

1 de abril: 11 cuerpos.

Al realizar reconocimientos radiales en el municipio de San Fernando, personal perteneciente al 8/o R. A. [Octavo Regimiento de Artillería], localizó seis fosas clandestinas, solicitando la presencia de las autoridades correspondientes, arribando el Lic. Antonio Omar Fernández Muñoz, Agente del Ministerio Público del Fuero Común (AMPFC), quien dio fe de la exhumación de 11 cuerpos (ocho de sexo masculino, dos de sexo femenino y uno sin identificar por su avanzado estado de descomposición).

SEDENA.

3 de abril: En las necropsias ya habían olvidado a dos. En la fosa 4 se reportó el hallazgo de "una credencial para votar, una licencia de chofer de servicios particulares, una prótesis dental".

El AMPFC ordenó solicitar al personal de la funeraria que trasladara los 11 cadáveres para realizar la diligencia de autopsia de los cuerpos 2 y 11, y para su conservación. Personal de servicios periciales acudió a la funeraria, lugar en el que se practicaron las necropsias, toma de muestras genéticas, huellas dactilares, representación gráfica y toma de indicios a los 11 cuerpos que fueron encontrados en las seis fosas clandestinas.

CNDH.

5 de abril: 43 cuerpos. ¿A quién buscaban los militares?

> Aprox. 14:00 horas: personal perteneciente al 3/er B.
> F. E. [Batallón de Fuerzas Especiales], y personal pert.
> 8/o R. C. M. [Regimiento de Caballería Motorizado]
> (Matamoros), al encontrarse efectuando patrullamien-
> tos terrestres en inmediaciones del ejido Palmillas, lo-
> calizaron una fosa clandestina con dimensiones de 4
> x 4 mts., aprox., con una profundidad de 2.40 mts.,
> aprox., procediendo a hacer del conocimiento al AMPFC,
> iniciándose los trabajos de excavación a las 15:00 y
> hasta las 11:00 del 6 abr., logrando extraer 43 cuerpos,
> todos del género masculino, en su mayoría con visibles
> huellas de tortura y al parecer ninguno con caracterís-
> ticas militares.
>
> SEDENA.

6 de abril: Cinco cuerpos. La prensa nacional revela el hallazgo de 60
cuerpos; el gobierno reconoce los secuestros carreteros; policías ayudan
a desenterrar.

> 13:00 h. Al continuar con los reconocimientos, localizaron
> otra fosa clandestina, procediendo a dar fe el AMPFC, en-
> contrando cinco cuerpos (tres del sexo masculino y dos
> del sexo femenino) en completo estado de putrefacción,
> concluyendo las actividades de extracción de los cuerpos
> hasta las 13:40.
>
> SEDENA.

> La Sedena está a cargo de recuperar los cuerpos y la PGR
> está investigando el asunto. Algunos de los cuerpos están
> en un avanzado estado de descomposición y otros parecen
> haber muerto en los últimos siete-diez días. Los cuerpos
> probablemente eran de miembros de organizaciones cri-
> minales trasnacionales, víctimas de secuestro por parte

de organizaciones criminales o víctimas de violencia en las carreteras.

Cable 20110406 de Estados Unidos.

El AMPFC realizó la inspección ministerial y el levantamiento de cadáveres ese día y el anterior en la brecha El Arenal del ejido La Joya; se procedió a la excavación con elementos de la Policía Preventiva, localizándose dos fosas con 43 y cinco cadáveres, respectivamente, ordenándose que fueran trasladados al Semefo[56]-Tamaulipas.

SEDENA.

Personal de la Coordinación Estatal de Servicios Periciales de la PGR, de un grupo numeroso de infantes de la Semar, elementos de la Policía Federal, así como el AMPFC, dieron un recorrido por el lugar. Se observó ropa usada y calzado. En este lugar se localizaron cinco cadáveres del sexo masculino.

Posteriormente, el personal de la PGR se dirigió a la fosa 1, donde fueron localizados 43 cadáveres con señales de muerte violenta [...]; diseminada se apreció ropa de distintos textiles, colores y tallas. La diligencia concluyó a las 20:05 horas.

CNDH.

Las instalaciones de esa Unidad de Servicios Periciales no tienen capacidad suficiente [...]; se rentó una caja frigorífica para su conservación.

CNDH.

---

[56] Servicio Médico Forense.

7 de abril: 13 cuerpos torturados y cuatro muertos en un enfrentamiento al toparse un campamento.

12:30. Personal del 8/o R. C. M. (Matamoros), al realizar reconocimientos a inmediaciones del río Conchos, municipio de San Fernando, fueron objeto de una agresión y en defensa de su integridad física el personal militar repelió la agresión, dando como resultado cuatro agresores muertos. Al efectuar reconocimientos en el área, el personal militar localizó un campamento del grupo delictivo Los Zetas, detectando en las inmediaciones dos fosas clandestinas con 13 cuerpos en la siguiente forma:

A. Una fosa clandestina con nueve cuerpos del sexo masculino con visibles señales de tortura y atados de las manos. En estado de descomposición.

B. Una fosa clandestina con cuatro cuerpos del sexo masculino con visibles señales de tortura y atados de las manos. En estado de descomposición.

Sedena.

Fue a espaldas de la colonia Américo Villarreal Guerra, por una brecha dos kilómetros al sur, entre los matorrales.

PGJE-Tamaulipas.

8 de abril: 12 cuerpos y una osamenta —señal de que había entierros antiguos—. Comienza la danza de las cifras: cada dependencia da una distinta.

Personal perteneciente al 8/o R. A., al realizar reconocimientos en el ejido Francisco Villa encontraron dos cuerpos de sexo masculino y una osamenta. Y al realizar reconocimientos en El Arenal, encontraron dos fosas clandestinas y en su interior ocho cuerpos (cinco de sexo masculino y tres de sexo femenino).

SEDENA.

Pnal. de la B. O. Mvl. [Base de Operaciones Mixtas], 'Tango 3-4' pert. al 3/er B. F. E. (en refuerzo a este M. T.) [Mando Territorial], al efectuar reconocimientos terrestres en el municipio localizaron una fosa clandestina, logrando extraer dos cuerpos del sexo masculino y en estado de descomposición, concluyendo las actividades de excavación a las 20:15.

SEDENA.

More mass graves found in Tamaulipas: Body total now 81. [Más fosas clandestinas encontradas en Tamaulipas: el total de cuerpos hasta ahora son 81].

Cable 20110408 de Estados Unidos.

Se localizaron 23 cuerpos [sic], de estos 19 se encontraban en 12 fosas y cuatro cuerpos a flor de tierra. Nueve de las fosas fueron ubicadas en las inmediaciones del punto conocido como Las Norias, dos en la brecha El Arenal y una en el ejido San Vicente; de las osamentas a flor de tierra, tres se encontraron en el ejido Francisco Villa y una en el ejido Las Norias.

PGJE-Tamaulipas.

10 de abril: 17 cuerpos, cuatro osamentas y un cráneo. En cada registro sale una fosa. El municipio sigue tomado por ellos.

Personal perteneciente al 8o. Regimiento de Caballería Motorizado (Matamoros), al realizar reconocimientos en el ejido Celestino Treviño, encontraron una fosa clandestina con tres cuerpos de sexo masculino. Y al realizar reconocimientos en el ejido Borrego Grande, encontraron una fosa clandestina con un cuerpo de sexo masculino. Posteriormente [...] encontraron dos fosas clandestinas con 13 cuerpos de sexo masculino.

SEDENA.

Personal del P. M. Mvl. [Puesto de Mando Móvil] 'Yaqui', pert. al 7/o S. P. M. [Sector de la Policía Militar] localizaron dos fosas clandestinas logrando extraer cuatro osamentas (dos masculinos y dos femeninos), así como un cráneo, concluyendo las actividades de excavación a las 16:00.

SEDENA.

El AMPFC realizó la inspección ministerial y levantamiento de cadáver, localizándose 14 fosas con 16 cadáveres, "suspendiéndose la búsqueda de cadáveres por cuestión de visibilidad, así como por la propia seguridad del personal que apoya en las labores de excavación, misma que se reanudará el día [siguiente]".

SEDENA.

11 de abril: Traslado de cuerpos a la morgue de Matamoros. La PGR por fin se convence de que le toca investigar estos casos; los atrae el área de secuestros de la siedo (Subprocuraduría de Investigación Especializada en Delincuencia Organizada).

El AMPFC continuó con las diligencias ministeriales en el lugar del hallazgo, en presencia de elementos de la Sedena 'a efecto de dar protección'. Asimismo, se ordenó el traslado de los 40 cadáveres al Semefo-Tamaulipas. Se dejó constancia de que se suspendían nuevamente las labores de búsqueda de cadáveres.

CNDH.

La Coordinación Regional de Protección contra Riesgos Sanitarios autorizó el traslado de los cadáveres clasificados

del 1 al 76 y del 1 al 50, respectivamente [...], "prepara-
dos para su conservación con la aplicación de formol en
polvo [...]. Colocados individualmente en bolsas de plástico
de material resistente en color negro y encintados correctamente serán trasladados en autotransporte con equipo
frigorífico para su debida conservación; su destino final:
Cd. de México".

CNDH.

La SIEDO ejerció la facultad de atracción por los delitos de
homicidio y secuestro, recibiendo las [averiguaciones previas de Tamaulipas] APT1, APT2, APT3 y APT4.

CNDH.

13 de abril. Son evidentes las contradicciones sobre los cuerpos trasta-
dados...

Según informes de la prensa, el 13 de abril, la PGR, que está
a cargo de la investigación, trasladó 76 cuerpos al Semefo
en la Ciudad de México y 14 al de la vecina Toluca [Estado
de México]. Un comunicado oficial establece que fueron
70, pero fuentes oficiales han confirmado que un total de
105 cuerpos salieron de Matamoros el 13 de abril, en Matamoros quedan los cuerpos restantes. Aunque funcionarios indicaron que los cuerpos más descompuestos serán
enviados a Tamaulipas capital, Ciudad Victoria (...) Están
siendo movidos para aprovechar el mejor equipamiento e
instalaciones en el D.F. y facilitar las consultas de familiares de desaparecidos de Guanajuato y Michoacán.

Cable 20110415 de Estados Unidos.

14 de abril: 23 cuerpos. Para "efectos prácticos", las procuradurías federal
y estatal dividen las pesquisas: en la averiguación previa se indagarán los
delitos; la información de los cuerpos, por separado, se dejará en un acta
circunstanciada (equivalente a una constancia de hechos que no activa
una investigación).

Por la cantidad de cadáveres y los tipos de actuaciones, corresponderán a una misma naturaleza, en aras de una economía procesal y practicidad, lo que llevará a agilizar las actuaciones ministeriales. Resulta procedente que las actuaciones de la AP1 [Averiguación Previa 1] correspondientes a la identificación de cadáveres se lleven a cabo dentro del Acta Circunstanciada [AC]. Continuándose en la [AP1] lo concerniente a la acreditación del cuerpo del delito y la probable responsabilidad. Por tal motivo, las diligencias correspondientes a identificación de cadáveres relacionados con los hechos que se investigan deberán practicarse y glosarse en el AC1.

CNDH.

Personal del 8/o R. C. M. (Matamoros), al efectuar reconocimientos en el ejido Borrego Grande, localizaron una fosa clandestina y en su interior 23 cuerpos masculinos.

SEDENA.

14 o 15 de abril: Diez cuerpos, ejido conocido.[57]

Personal del 8/o R. C. M. (Matamoros) al continuar con la excavación en el ejido Borrego Grande, localizaron diez cuerpos masculinos.

SEDENA.

14 de abril (sic): 19 cuerpos, 13 restos humanos calcinados. Llegan a la Ciudad de México 22 cuerpos sin información completa.

Personal del 7/o B. P. M. [Batallón de Policía Militar], al efectuar reconocimientos en el poblado Cd. Bellavista, localizaron dos fosas clandestinas, las cuales contenían en su interior tres cuerpos (dos del sexo masculino y uno de sexo femenino).

---

[57] El documento original consigna primero el día 15 y después el 14. No es posible saber cuál es la secuencia real.

14:00. Personal del 8/o R. C. M. (Matamoros), al efectuar reconocimientos sobre la brecha El Arenal, ejido La Joya, localizaron tres fosas clandestinas como sigue:

A. Fosa # 1: Cinco tambos con cuerpos calcinados. El AMPFC manifestó que los restos que se encontraban en los tambos corresponden a 13 personas.
B. Fosa # 2: Tres cadáveres del sexo masculino.
C. Fosa # 3: 13 cadáveres del sexo masculino.

SEDENA.

Por la atracción ejercida por la PGR, el Semefo-DF recibió, los días 14 y 19 de abril, 120 cadáveres (70 y 50, respectivamente) transportados vía terrestre; en una agencia funeraria contratada por la PGR se les embalsamó. Los cuerpos fueron puestos a disposición de la SIEDO: 22 cadáveres se recibieron sin el protocolo de necropsia, dos sin acta médica y cinco sin certificado de defunción.

CNDH.

15 de abril: Cinco cuerpos. Fosas cada vez más cercanas al casco urbano. Tamaulipas se llena de periodistas; la orden del gobierno: sacar los cuerpos de la escena pública.

Personal del 8/o R. A., al efectuar reconocimientos en el ejido Ampliación Loma, localizaron dos fosas clandestinas conteniendo cinco cuerpos (dos de sexo masculino y tres de sexo femenino).

SEDENA.

Se localizaron [esos cuerpos] en la cabecera municipal de San Fernando, en un predio ubicado atrás del panteón.

PGJE-Tamaulipas.

Tamaulipas mass grave body count reaches 145. [El conteo de cuerpos en fosas clandestinas alcanza 145].[58] [En el cable se informa que:] "17 zetas y 16 miembros de la policía de San Fernando han sido arrestados. Los funcionarios mexicanos dijeron extraoficialmente que los cuerpos se están dividiendo para que el número total sea menos obvio y, por lo tanto, menos alarmante [...], los funcionarios de Tamaulipas parecen estar tratando de restar importancia tanto a los descubrimientos de San Fernando como a su responsabilidad [...] de los peligros de viajar por carretera en esa área [...] El traslado de 106 cuerpos de la sobresaturada y escasa de personal morgue de Matamoros es entendible desde un punto de vista práctico, pero también ayudará a bajar la visibilidad de la tragedia en Tamaulipas. Funcionarios estatales están preocupados por el impacto que pueda tener en el turismo por la cercanía de las vacaciones de Semana Santa.

Cable 20110415 de Estados Unidos.

Con relación a los 23 cadáveres localizados el 8 de abril [...] el director de Averiguaciones Previas de la PGJE manifestó que no tenía relación con los anteriores por lo que no se daría intervención a la PGR y serían trabajados en San Fernando [...] se hace un total de 145 cadáveres considerados como víctimas y cuatro como resultado de un enfrentamiento.

Reporte de la Unidad General
de Servicios Periciales de la PGR.

---

[58] Una tarjeta inforamativa confidencial de la PGR, en formato de power point, menciona ese día que son 160 cadáveres hallados. En otra se ordena no contar 23 cuerpos exhumados porque se determinó que no pertenecen a los casos relacionados con los pasajeros de los autobuses.

18 de abril: Organizaciones no gubernamentales (ONG) piden a la CNDH medidas cautelares para los cadáveres; exigencia que no atiende.

Por los medios de comunicación nos hemos enterado también de que no hay garantía tanto en las autopsias como en la identificación de los restos, por lo que pudieran no estarse llevando a cabo conforme a las buenas prácticas establecidas en protocolos.

Comunicado de organizaciones.[59]

19 de abril: Descubren seis cuerpos. Se detectan errores en los Semefo. La PGR se desentiende de los cuerpos dejados en Tamaulipas.

Personal del 7/o B. P. M. (en rfzo. a este M. T.) al efectuar reconocimientos en el ejido La Joya (brecha El Arenal) localizaron tres fosas clandestinas, las cuales contenían en su interior seis cuerpos (cinco del sexo masculino y uno de sexo femenino).

SEDENA.

Un visitador adjunto de la CNDH se constituyó en el Semefo-Tamaulipas a fin de verificar el desarrollo de las necropsias: el cuerpo al que se le asignó el número 2 correspondía a la fosa 1 de El Arenal; el último de los cuerpos a quien se le asignó el número 1 provenía de la fosa 3; en la bolsa negra donde fue trasladado el cuerpo no se encontró la etiqueta donde se mencionaba la ubicación de la fosa.

CNDH.

---

[59] El Centro de los Derechos del Migrante, el Instituto para las Mujeres en la Migración, Sin Fronteras, el Comité de Familiares de Migrantes Fallecidos y Desaparecidos de El Salvador, el Foro Nacional para las Migraciones de Honduras y la Fundación para la Justicia y el Estado Democrático de Derecho suscribieron la queja.

Se recibieron 50 cadáveres procedentes de la PGJE-Tamaulipas [...], fueron puestos a disposición de la SIEDO, los
cuales se acompañaron de un acta médica, un certificado
de defunción y un protocolo de necropsia, precisando que
tres cadáveres se recibieron sin el protocolo de necropsia
respectivo, tres sin acta médica y cuatro sin certificado
de defunción[...]; se desconocía cuáles fueron los procedimientos empleados por la PGJE-Tamaulipas para identificar los cadáveres, así como el número de [...] [los] que [ya]
fueron entregados a sus familiares.

PGR.

20 de abril: Una osamenta. El Gobierno de Tamaulipas reconoce la violencia en las carreteras.

Personal del 7/o B. P. M. al efectuar reconocimientos al
norte del municipio de San Fernando localizaron una osamenta humana.

SEDENA.

Ese es el contexto en el cual se tomó conocimiento de los
hechos en los que perdieron la vida aproximadamente
60 personas [sic]. El tramo carretero donde las denuncias presentadas señalan que ocurrieron los hechos en
cuestión, se encuentra en el área urbana de San Fernando y en la carretera 101 de carácter federal. En tal
virtud, se ha solicitado al Gobierno de la República la
implementación de la Estrategia Integral de Seguridad
para Tamaulipas.

Oficio SGG/000803 del Gobierno de Tamaulipas.

21 de abril: Más de 345 personas solicitan al gobierno información sobre
familiares que han desaparecido; otras 85 llaman por teléfono.

[Informan que] 122 cuerpos pueden estar vinculados
con las investigaciones que se realizan sobre pasajeros

privados de la libertad, y adicionalmente 55 cuerpos que por su temporalidad no están relacionados con dicha investigación.

Durante el periodo del 14 al 20 de abril, la Mesa instalada para la Atención a Familiares de Personas Desaparecidas registra que 345 personas acudieron, 85 llamadas se recibieron, 237 presentaron denuncias y 280 proporcionaron muestras para la práctica de exámenes de ADN que coadyuven a la identificación de los cuerpos.

PGJE-Tamaulipas.

25 de abril: Cinco cuerpos, dos en ubicación no definida.

Personal del 7/o B. P. M. al efectuar reconocimientos en el ejido La Joya localizaron tres fosas clandestinas, las cuales contenían en su interior tres cuerpos (dos del sexo masculino y uno de sexo femenino).

SEDENA.

Personal de la B. O. Mvl. 'Platón 2', pert. al 8/o R. A., al efectuar reconocimientos en inmediaciones de San Fernando localizaron una fosa clandestina conteniendo dos cuerpos del sexo masculino.

SEDENA.

26 de abril: Dos osamentas. Sube a 380 el número de muestras de sangre de familiares en búsqueda. El gobierno ordena silencio para no espantar al turismo de Semana Santa; continúan los ataques en carreteras y las desapariciones. Reportes del consulado indican que rebasaron los 196 cadáveres.

Personal de la B. O. Mvl. Pert. al 7/o B. P. M., al efectuar reconocimientos en la col. Loma Alta, localizaron una fosa clandestina, conteniendo dos osamentas con tejido en estado de descomposición al parecer del sexo masculino".

SEDENA.

Holy Week vacations marred by violence; San Fernando body count reaches 196 [Vacaciones de Semana Santa estropeadas por la violencia; el conteo de cuerpos en San Fernando alcanza los 196] : "Aunque las autoridades no lo han hecho público, el número de cadáveres encontrados en fosas en el área de San Fernando desde el 1 de abril ha llegado a 196 y se espera que aumente a medida que las fuerzas del Ejército Mexicano (Sedena) y la Marina (Semar) continúan registrando el área [...]. A pesar de haber declarado en privado en enero que la seguridad, en general, y la violencia carretera, en particular, es su principal preocupación [...], en semana santa hubo tres ataques a autobuses en carreteras federales. El gobierno estatal continúa echando la culpa al gobierno federal, y el vocero de Seguridad Nacional, [Alejandro] Poiré, culpa al estado de no haber llevado el problema al gobierno federal."

Cable 20110429 de Estados Unidos.

MAYO

2 de mayo: Hay varias fosas con el número 4. Los policías excavan.

Como resultado de la continuidad de los trabajos de excavación en la fosa 4, por parte del personal se logró exhumar 23 cuerpos del sexo masculino con visibles huellas de tortura. Durante las excavaciones, que realizó el personal de seguridad pública municipal, y la exhumación de los cuerpos, el personal militar proporcionó seguridad en el área a fin de repeler agresiones por parte de bandas delictivas escoltando al servicio funerario de San Fernando.

SEDENA.

4 de mayo: La Marina también participa en la búsqueda de cuerpos.

[La Semar reiteró que no contaba con información sobre los hechos ocurridos en San Fernando y] que personal de esa dependencia ha sido desplegado en la zona que comprende ese municipio no solo por los hechos acontecidos recientemente, sino por la situación de constante violencia que impera en esa zona del país, colaborando con las autoridades estatales y federales en la búsqueda y localización de los cuerpos.

CNDH.

7 de mayo: En cinco fosas descubren ocho cuerpos.

Personal del Agto. 'Aldana', pert. al 8/o R. C. M. (Matamoros, Tamps.), al efectuar reconocimientos terrestres localizaron cinco fosas clandestinas con ocho cuerpos, como sigue:

A. Primera fosa: Tres cadáveres del sexo masculino.
B. Segunda fosa: Dos cadáveres del sexo femenino.
C. Tercera fosa: Un cuerpo en avanzado estado de descomposición.
D. Cuarta fosa: Un cuerpo en avanzado estado de descomposición.
E. Quinta fosa: Un cuerpo en avanzado estado de descomposición.

SEDENA.

10 de mayo: Un cuerpo.

> Personal del Agto. 'Aldana', pert. al 8/o R. C. M. (Mata-
> moros), localizaron una fosa clandestina conteniendo un
> cuerpo del sexo masculino, en avanzado estado de descom-
> posición.
>
>   SEDENA.

16 de mayo: Otro cuerpo.

> Personal de la B. O. Mvl. 'Tango Rivera' pert. al 9/o B. F.
> E., al efectuar reconocimientos terrestres localizaron una
> fosa clandestina, conteniendo un cadáver del sexo mascu-
> lino, en avanzado estado de descomposición.
>
>   SEDENA.

Conclusiones de la Sedena sobre la temporada oficial de exhumaciones, con duración de un mes y 16 días:

> A. El número de cuerpos contabilizados por personal mili-
> tar y las averiguaciones previas realizadas por el AMPFC de
> San Fernando, Tamps., quedan como sigue: 192 cuerpos,
> un cráneo y siete osamentas.
>   B. La localización de la totalidad de las fosas clandes-
> tinas fue realizada exclusivamente por personal militar
> mediante reconocimientos radiales en áreas urbanas y
> rurales de San Fernando, Tamps., y en aquellos lugares
> donde personal militar fue agredido, y en [...] campamen-
> tos utilizados por los delincuentes.
>   C. El levantamiento de los cadáveres fue realizado por
> peritos forenses de la Procuraduría General de Justicia del
> Estado, dando fe de los hechos el AMPFC. [*Aquí se desliza
> una mentira: hasta el momento no hay evidencia de la par-
> ticipación de peritos forenses*].

D. En sus averiguaciones previas, el ᴀᴍᴘꜰᴄ no establece la autoridad que realizó el hallazgo, dando únicamente fe de los cadáveres localizados.

E. Ninguna autoridad federal, estatal o municipal participó en la localización de las fosas clandestinas.

Se anexa archivo de la ubicación de las fosas clandestinas.

Atentamente,
"SUFRAGIO EFECTIVO, NO REELECCIÓN"
EL GENERAL DE BRIGADA D. E. M. CMTE.
MIGUEL GUSTAVO GONZÁLEZ CRUZ

Los entierros

Por la información que dieron los primeros detenidos, los militares llegaron a El Arenal —"brecha conocida" o "punto piso" en jerga zeta—, un sitio de tierra blanda donde era fácil cavar hoyos y enterrar a las víctimas. Ese lugar se ubicaba, desde antes, en las pesadillas que atragantaban a la gente de San Fernando y que eran alimentadas por relatos de los trabajadores de los ranchos cercanos a esas zonas tomadas para el crimen. Entre los dichos de la gente se menciona al maquinista de Obras Públicas del municipio como uno de los autores de las fosas. Se habla también de la participación de marinos en el descubrimiento de los sitios, algunas veces puede ser cierto, otras se refieren a soldados.

"El rancho donde hubo eso que dicen que descubrieron, y que sí es cierto, es de un familiar que un día encontró un mosquero: mataban a las vacas para quitarle la carne de las caderas, se comían solo eso, dejaban lo demás. En el otro lado tenían muertos y ropa. Un día no podía llegar a su rancho porque el camino estaba cerrado y se encontró a unos *huercos*:

—Patrón, ¿lleva comida?

—No.

—Vaya al pueblo y traiga, no hemos comido desde hace dos días.

Eran *halcones*. Estaban desfalleciendo. En esos lugares fue donde después encontraron las fosas. Dice que cuando iba a su rancho veía que había muchos cuerpos en El Arenal. Le dicen así porque de ahí sacaban arena con maquinaria, la tierra quedaba como cuchareada".

"Traían el teléfono del maquinista de Obras Públicas, y cuando bajaban gentes de los autobuses, o desde el matadero, le llamaban, le decían: 'Vente, hazte una fosa', y si no llegaba iban por él. Porque el traxcavo era del municipio y él estaba empleado ahí. *Ellos* lo que quieren lo logran. Tomás [el presidente municipal] andaba todo azorrillado".

"Mire el mapa: esta es la carretera que lleva a Matamoros, aquí había un retén de soldados, ése lo quitaron hace mucho, después de esto… Por aquí, más o menos, estaba la bodega de Los 72, la persona que quedó viva llegó aquí, al retén de soldados... Esta es la carretera Victoria–Matamoros que sigue por acá y aquí es la carretera a la laguna, que es parte todavía de San Fernando… Esta es la avenida que pasa por donde está El Pentágono… Más adelante está la avenida principal, la Ruiz Cortines, y la central de autobuses, un Oxxo y adelante está una estación de autobuses de ADO, y más adelante está la curva que nos lleva a la carretera. Por esta última calle se viene todo derecho y alrededor de unas diez cuadras después da vuelta hacia este lado y ahí está El Arenal: es un lugar como baldío, es monte, como un espacio grande donde sacaban arena. Allí la gente va y tira basura; no sé si todavía. Dos cuadras antes está el panteón y a la salida estuvo la Federal de Caminos, y aquí estuvo el Ejército Mexicano y acá estuvo otro cuartel".

"Las fosas están hacia los ranchos. *Ellos* para enterrar agarraban las colinas, donde están las cortinas de árboles, ahí empezaron a excavar. Esos hoyos los hicieron *ellos* con traxcavos, así, de dos metros, muy grandes. La colina es a la orilla del monte".

"Las fosas grandes que reportaron las hicieron *los malos* con el traxcavo de la presidencia [municipal], se les facilitó o los obligaron a prestarlo. Eran zanjas largas y ahí metían cuerpos. En esas fosas había jóvenes y adultos, hombres y mujeres, gente de aquí y de fuera.

Cuando un cuerpo está en tierra se descompone, no lo puedes identificar, porque la carne está putrefacta. Pero había también cuerpos en bebederos de ranchos, en norias, en parcelas. Los agricultores iban a sus tierras y resultaba que estaba una mano afuera de la tierra, o un pie.

Mucha de la gente *ejecutada* trabajaba con *ellos*, la mayoría era de *ellos* mismos, de un grupo u otro que estaban identificados, o de las huerquillas que se deslumbraban con su dinero".

"El Arenal también era el lugar donde esos *pelados* tenían sus campamentos, con cientos de personas, vehículos, todos armados. Por eso nadie entraba. Una vez sin querer llegamos ahí y nos topamos a 300 *pelados* con AK-47, de inmediato dimos la vuelta. Cuando había que ir, primero entraba la marina y 'limpiaba'".

"La marina ya estaba buscando; intercepta y pesca al turno de la guardia de San Fernando. A madrazos los quieren hacer confesar. El almirante, un marino desquiciado, agarra a uno de los seis de los cabellos, lo esposa de pies y manos a unas camionetas, dale, y lo despedazan vivo. '¿Quieren que les pase esto?'. El almirante tenía fama de agarrar cuatro, cinco detenidos, y al primero lo tiraba al mar, desangrándose, para que todos vieran cómo se lo comían los tiburones. Y hacía que los demás lo contaran. Eran bien agresivos. Por eso si veías a los marinos les ofrecías lo que traías".

"Cuando entra la marina con el artillero, el helicóptero, se miraban las balas como a las dos de la tarde. Mataron gente de ese rancho de don Lupito López, los agarraron dormidos. Ahí quedaron bastantes de *ellos* muertos en ese campamento".

"Cuando *revientan* el rancho [turístico] El Lodo encuentran que tienen gente secuestrada. Lo *revientan* porque agarraron a unos chavos que delataron el campamento. Los capturó la marina, los barrieron desde el aire, en helicóptero, se decía mucho que ahí tenían a un viejo prestamista de aquí. Ahí encontraron una fosa, como noria, con entre 30 y 40 muertos, ahí murieron dos jovencitas con uniforme del CTIS".

"Bajaron con avionetas y helicópteros. Esa vez hubo 12 muertos. Llegaron militares a abrir fosas. Buscaban unos cuerpos con trusa verde, estaban obsesionados con encontrarlos. Entonces entendimos que destaparon las fosas solo porque buscaban a los suyos".

"Cuando *aquellos* ya no estaban, cuando ya pudieron entrar a buscar a nuestro hijo los primeros que fueron y regresaron, nos dijeron: 'En el campamento vi muchas balsas'. ¿Balsas?, pensé, qué raro, pero si no hay río. Cuando las describieron supimos que eran las camas de los jefes, que se hacían sus camitas, delgaditas como catres, de palitos amarrados, que colocaban en los árboles para dormir en alto".

"Se habla de más de 12,000 desaparecidos en Tamaulipas. En San Fernando fueron más de 3,000. Mi pariente tenía una bloquera y *aquellos* fueron a pedirle el traxcavo, les dijo que lo estaba ocupando, lo golpearon, llegaron camionetas; se lo llevaron un 20 de noviembre de 2010. El traxcavo lo querían para enterrar gente allá, en El Arenal, y donde desaparecieron a Los 72, donde había autobuses enterrados y pozos. Luego se decía que la presidencia municipal les prestaba los traxcavos".

"Una vez llegaron un grupo de militares buscando a un soldado que se había extraviado, que iba no sé adónde, que pasó por San Fernando y desapareció. Llegaban conmigo a la oficina [en la estación de policía] a preguntarme: '¿Tú sabes dónde está?'. La verdad no supe si lo encontraron, solo me acuerdo de su apellido: Huarache".

Los desentierros

Soldados, policías municipales, empleados de las funerarias, y detenidos como supuestos zetas realizaron las exhumaciones. En voz baja algunas personas mencionaron la participación de marinos. Hasta la fecha no queda claro si hubo empleados del Semefo tamaulipeco. Entre esa revoltura de gente, y al ser destapadas las fosas, comenzaron a surgir secretos enterrados... como el rol que tuvieron empleados municipales en la apertura de los entierros ilícitos, los sádicos métodos de matar de los zetas o que algunos cuerpos podían ser de "falsos positivos", o sea, ejecuciones extrajudiciales cometidas por agentes del Estado.

"Tenemos la creencia de que en todas las agencias [del MP] hay gente infiltrada. Desde el que limpia botas, o vende chicles, o chavitas que se le ofrecen a los jueces para sacarles información. Y del ejército alguien tenía soplones, si no ¿cómo sabían tan exactamente dónde estaban las fosas? **Porque llegaron directo**".

"Cuando encontraron las fosas, los soldados se llevaron a los policías de la calle, eran los que estaban escarbando y sacando a las víctimas, a ellos les tocó el trabajo sucio. Era a fuerzas, aunque no quisieran. No traían traje especial, nada más con guantes y tapabocas estaban sacando cuerpos. Yo la verdad nunca les pregunté qué veían o qué pasaba en las fosas. Cuando regresaban [a la base de la policía], yo me salía porque el olor era insoportable. La ropa que se quitaban la quemaban porque olía muy feo. Fueron aproximadamente como tres o cuatro días, y aunque ya no querían ir, los soldados iban por ellos y se los llevaban. En unas fotos que publicaron en el periódico se les ve cómo están adentro de la fosa, prácticamente pisando los cuerpos para sacarlos, se ven llenos de tierra y con todos los soldados alrededor, armados".

"A los policías les daba asco [exhumar cadáveres de las fosas] y los marinos les decían: '¿Y no te daba asco, *hijo de tu tal por cual*, cuando los enterrabas?'. Los marinos sabían que [los muertos] eran de ellos. Y sí. Luego a los policías se los llevaron porque estaban incluidos en unas denuncias".

"Cuando empezaron a destapar las fosas, un marino le susurra a otro: 'En esta hay 50 cuerpos', y exactamente 49 salieron. Lo interpretamos como que había alguien diciéndoles porque tenían mucha información. Se piensa que un detenido fue el que les dijo, porque se dieron contra la Marina; todos esos cuerpos [de aquel enfrentamiento] tenían tiro de gracia".

"Nosotros creemos que el ejército, por su cuenta, estaba enterrando y desenterrando cuerpos. Creemos que el ejército estaba matando a *los malos* porque los jueces liberaban a todos los detenidos por falta de pruebas, y llegó al grado de que algunos *ejecutados* eran de esos mismos, los sopeaban y luego los mataban. Seguro pensaban: ¿para qué los entrego si van a salir libres?".

"A los de las fosas los sacaron de San Fernando y los llevaron a Matamoros. Esos estaban golpeados, maniatados los pobres. Los llevaron en un Thermo King, y vino también [la funeraria] Valle de La Paz de Reynosa y se llevó todos los cuerpos. Antes de eso dábamos servicio tres funerarias. Nos turnábamos diez días cada quien hasta que comenzó a ser de todos los días ir a levantar cuatro, cinco cuerpos, hasta que ya eran un montón".

"Siempre la gente hablaba de niños y niñas. Quién sabe si en vez de matarlos los dejaron en los DIF,[60] en una casa hogar, en otras partes o qué pasó. En las fosas nunca salieron".

"Entre la gente se dice que la compañía petrolera IHSA, o de una de esas contratistas de Pemex, cuando comenzaron las excavaciones encontraron un autobús lleno de cadáveres enterrado. ¡Un autobús entero! No me consta, se dice".

"Me tocó ver un cuerpo en una fosa, que no sé dónde fue. Me llamó la atención. Él tenía un mazo enterrado en la cabeza. Eso se reportó, y uno que se escapó dijo que los ponían a pelear entre todos, a matarse. Y ahí estaba uno de los cuerpos con todo y el mazo. Yo dije: 'Es evidencia, hay que dejarla'".

Los secretos

Las funerarias locales no se dieron abasto con tanto cadáver. Hicieron lo que pudieron y como pudieron, faltos de apoyo gubernamental, según relatan cinco empleados de negocios a los que entrevisté. Una persona que trabaja entre ataúdes y se rodea de amuletos y objetos religiosos a los que confía su protección me confió su experiencia. Su relato no es único: tras hablar con cinco empleados me quedó claro que no solo había una orden de desaparecer los cuerpos de la vista de todos, también de los registros, incluso del cementerio. Que hubo un interés de quitar de en medio a quienes tuvieron contacto con los cuerpos -no solo mediante

---

[60] Siglas de Desarrollo Integral de la Familia (DIF), institución encargado de supervisar el bienestar de la niñez.

torturas, desapariciones, asesinatos, extorsiones o amenazas-, también hubo extraños robos de información.

"El predio [de las fosas] está lejos: de perdida te gastas 20 litros de gasolina en la ida y la venida, pero que el gobierno dijera 'ahí les doy para el formol' o 'ahí va un litro de cloro', nada. Ni siquiera nos dieron una aguja ni un cinco partido por la mitad. Cuatro años así: ni para las *cocas* de los muchachos que se fregaron.

Los muchachos de aquí eran los que excavaban las fosas, ni creas que los militares. Solo de El Arenal eran unos 15 cuerpos, fueron tres días yendo al Semefo de Matamoros con las tres camionetas cargadas de muertos. No queríamos trabajar en El Arenal porque ibas por un cuerpo y salían cinco, salían diez.

Cuando las personas de aquí veían pasar la camioneta con el ejército y la marina saliendo de las fosas, o si percibían ese olor tan fuerte, se iban directo a la capilla. Ahí había siempre gente esperando para ver si entre los cuerpos estaba alguien de su familia; si estaba podías vender el servicio.

Creo que un 60 por ciento [de los cuerpos exhumados] era de gente desconocida y un 40 por ciento de gente del municipio. Porque no solo era en San Fernando; en la carretera y en las comunidades también había entierros.

Nosotros los teníamos 15 días, porque a todos los preparábamos, los sembrábamos, estaban en el panteón de aquí. Pero ya no tenemos los registros: un día llegó un carro blanco con hombres bien vestidos que entraron y dijeron que habían ordenado un servicio funeral para Matamoros; cuando volteo, los fulanos se habían metido ya por ese lado *[señala entre los ataúdes]*. Sentí su mala vibra. El cuerpo se me erizó. Uno se mete la mano por atrás, corta cartucho, me pone la pistola junto al estómago.

—¿Dónde están las pinches computadoras? ¿Dónde? —me gritaban.

Se llevaron los celulares, teléfonos, computadoras. Yo creo que pensaban que nosotros teníamos algo. Entraron, revisaron todo. Que si cooperaba y decía la verdad no me iba a pasar nada. ¿Qué verdad querían? Cuando reventaron todo, se llevaron toda la información guardada de esa época. ¿A quién le interesaba tenerla? Con las computadoras se fueron los registros.

Luego a las crucecitas de la fosa común las quemaron porque a alguien se le fue la lumbre. Ahorita ya no hay cuerpos aquí. Vinieron de México, se llevaron a todos. Vino la procuraduría y sacó a todos. Aunque la gente dice que supuestamente en La Noria hay muchos cuerpos en una fosa que no han querido desenterrar. No sé. Yo recogí a seis que mataron porque, aunque sean malandrines, si vienen sus mamás y sus papás y los identifican, qué caso tiene que a uno le exijan retener el cuerpo hasta que den el ADN. ¿Para qué?

Los que siempre recuerdo son a los cinco que levantaron de la Pancho Villa, que estaban así como cuando te despiertas y andas en short. Los tuvimos muchos días, nadie los reclamaba, los enterramos. También a una persona que había estado en un bautizo; traía recuerditos en su mochila. Y a cada uno que enterramos, yo cogía agua bendita y lo bendecía".

Entrevista de 2016.

El colapso

Si las funerarias transformadas en morgues colapsaron en 2010 con la masacre de migrantes, la escena se repitió al destape de las fosas del siguiente año. La crisis forense que abruma hoy a México se sufrió en San Fernando desde esas fechas: faltaba personal experto, instalaciones adecuadas y con espacio para tantos cadáveres, y voluntad institucional para invertir en los muertos ("porque ellos no votan", me dijo una madre buscadora) y brindar protección a peritos y MP. Esto derivó en sórdidos episodios de maltrato a aquellos cuerpos desamparados que habían sido torturadas hasta la muerte.

"Cuando fue lo de las fosas, los MP no duraban, por eso se perdieron muestras de los cuerpos, se perdió todo. El gobierno de Egidio [Torre Cantú][61] no mandaba ni peritos ni MP. Cuando se pidió la maquinaria a la presidencia [municipal] para destapar fosas se negaron a prestarla".

---

[61] Hermano de Rodolfo Torre Cantú, el candidato asesinado. Político priista, gobernó Tamaulipas del 1 de enero de 2011 al 30 de septiembre de 2016.

"Después de que mataron al MP, llegó otra MP, pero bien pronto la corrieron porque la amenazaron con que la iban a matar. Luego enviaron a un licenciado y le mandaron decir que ya había firmado su sentencia de muerte. Su primer día de trabajo hubo enfrentamientos del ejército y la marina contra *ellos* en un rancho, hubo más de 15 muertos. En la noche *los fulanos* se robaron cuerpos de la capilla, porque eran de gente que les importaba. Estaban en una de las funerarias, y sacaron a los dueños de su casa para que trabajaran en la noche con los cuerpos, antes de que llegaran los marinos. Se llevaron a siete u ocho. Ningún MP quería venir a San Fernando".

"Después de que se dieron a conocer [las fosas] llegaron periodistas, muchas personas, y encontraron ropa, maletas, casquillos. Se supone que cuando encuentras cuerpos tiene que llegar la forense, revisarlos, sacarlos cuidadosamente, pero no, nos metieron a los policías. Cometieron un grave error al hacer eso, y nosotros también al aceptarlo. Todavía después de que nos llevaron [encarcelados], seguían encontrando más fosas. Hablaban de más de 500 cuerpos".

"Como eran insuficientes las instalaciones del gobierno, decidieron llevarlos [a los cuerpos] a Matamoros, pero eso se sale de control, porque las fosas están en todos los noticieros y están los periodistas encima; entonces se da la orden: '[No lleven] ni uno más', y por eso se quedan todos aquí en San Fernando".[62]

"Eran 293 cuerpos, pero siguieron sacando más la procuraduría de Tamaulipas con la Marina y el Ejército. Yo le calculé en ese tiempo que sacaron arriba de 600. Los tuvieron en las funerarias La Paz, El Recuerdo y González. Los dejaron tanto tiempo que comenzaron a oler. El cuarto frío no encerró el olor, se filtró. Una funeraria llevó los cuerpos y los dejó en la agencia del MP y en la policía ministerial. Ahí fue cuando el gobierno del estado bajó recursos para las funerarias".

---

[62] Juan Alberto Cedillo, *Las guerras ocultas del narco* (Grijalbo, 2018).

"Yo pedía al licenciado la orden para sepultar [a los cadáveres exhumados], le reclamaba: 'Mi negocio ya huele feo. Aquí los tengo', y le paré la camioneta enfrente. Cuando los íbamos a enterrar [en la fosa común] me dijo: 'Espérate porque falta una bolsa'. Eran cuatro muertos: tres mujeres y un hombre decapitado. 'Espérate. Después de un tiempo los entierran'. Pero luego salieron con que no había una orden, que los lleváramos al Semefo a Matamoros".

"Tuvimos la camioneta de la funeraria con 28 muertos arriba. Salíamos a trabajar con los muertos ¡y todavía querían subir más! No podíamos bajarlos, ¿dónde los dejábamos? Tres días estuvieron en la camioneta. Si hubiera entrado Derechos Humanos, nos hubiera cargado a todos. Como no nos hacía caso el procurador, fuimos a la agencia del MP a dejar 30 cuerpos putrefactos y les dijimos: '¿O ustedes se los llevan o qué hacemos?'. Y ahí los bajamos en el piso de la agencia, a los 30.

Me dijeron que nos podían encarcelar, que no podía dejarlos, pero les dijimos que era nuestra camioneta, nuestro medio de trabajo, que teníamos que usarla.

Por la noche llegaron como 20 patrullas a recogerlos. Tan fácil que era que nosotros se los pasáramos a dejar… En el gobierno lo que no querían era el ruido, el ruido de los medios".

"En el MP era mucha la pachorra, no se hacían responsables, no se movían, se les olvidaba venir por sus cosas, les valía madre. Hasta que les aventaron los cuerpos en Victoria ya vinieron rápido por ellos. En esos tiempos había siempre balaceras con más de seis muertos".

"Algunas [personas desaparecidas] sí estaban entre el *muerterío*. Las fotos [de los cadáveres], la mayoría, se tiraron porque cuando están los cuerpos putrefactos es muy difícil reconocer a una persona. Además procuramos no tener fotos para evitar que nos puedan lastimar".

"Aquí en la fosa común todavía hay muchos cuerpos. Solo se llevaron a México a Los 72, a los de las fosas, pero no han venido por los otros. Tenían cruces, pero parece que les prendieron fuego y se quemaron porque eran de madera".

"No era una fosa común. Atrás del panteón se hacía una excavación, y ahí se ponía qué número de muerto era. Si salían en el trayecto personas a mirar, a veces se encontraban a su familiar y se lo llevaban. Pero desde la masacre, desde que comenzó el mugrero aquí en el pueblo, no pasaba un día en que no hubieran siete, diez, once muertos".

"Las familias contamos más de 300 cuerpos, los que sacaron después de lo de los migrantes. Había y hay por todas partes. Si les decías a los marinos: 'Hay un muerto en el patio de mi casa', ellos te respondían: 'Échele cal', y ya".

El panteonero

Por su fama de gruñón y huraño me previnieron que no me acercara a Capullo. Pero cuando lo busqué, este hombre de ojos claros y 84 años me invitó a arrimar una silla junto a la suya, bajo un árbol del solar de su casa, donde lo acompañaba el Negro. Era su tercer perro, a los dos que tuvo antes los habían matado. Con fechas y hechos revueltos en el desordenado cajón de la memoria, contó su historia ligada a la del panteón municipal y, por lo mismo, a la de la violencia local.

Al final me suplicó que me fuera pronto de San Fernando. Cuando lo dijo se le salían las lágrimas.

"Lo más que llegué a sepultar, 12 en un día, pero de los muertos que mataba *esa gente*. Esos fueron matados ahí por la carretera *pa'* la laguna. Dicen que estaba el montón ahí como costalera. Los soldados iban y avisaban a las funerarias que fueran a tal parte y levantaran tantos cuerpos, y venía la gente del MP a constatar, a sepultarlos con su número y todo.

El jefe de Obras Públicas quería que los aventara así, como cayeran; ese día eran tres, entonces yo le dije que así los *deshuesamentan* los coyotes, se los llevaban los zopilotes, los perros, los animales; entonces me dijo: 'Usted ya tiene ahí media vida, dígame cómo vamos a trabajar', y le dije: 'Pues si no sabía eso, me hubiera preguntado el día que llegó aquí a ocupar el lugar como jefe; usted llegó aquí nada más porque viva el PRI, viva el PRI. Yo sí soy hocicón y no le tengo miedo', y ahora menos, ya lo perdí con esa chinga que me dieron los sicarios. Le dije que mi pienso era abrir una zanja, como que iba a meter agua, y ahí acomodarlos, y así lo hice. Los acomodé como si estuvieran en sepultura sagrada, pero eso se hizo por mí. Me aborreció el pelado, pero como a los seis, siete meses, lo mataron en su casa.

A los muertos yo los fui acomodando, fui exigiendo cruces. Si usted me decía 'voy a traerle dos', 'me los trae con cruces', y ahí en la cruz le ponía el número de la gaveta. Desde que empecé se me ocurrió anotar: enterrado tal día, tal año, recibí el cuerpo fulano. Ese era el archivo. Nadie me enseñó, se me vino a la cabeza eso de escribir los papeles que tengo. Después me admiraban. Si usted iba a solicitar un terreno, yo se lo medía, se lo marcaba y ya ponía ahí su nombre, le daba la hoja para que fuera a pagar a presidencia, y ya me traía una copia de que había pagado o de que se lo donaron, y la copia del acta de defunción. Todo eso me lo quitaron en los papeles que se llevaron. Eran de 20 años, y a mí esos papeles me hacen falta para que me jubile.

Fueron los sicarios, esos que matan. Andaban disfrazados de soldados y encapuchados, por eso yo no corrí; si hubiera sabido que eran *ellos*, no me dejo agarrar, me pelo. Fue en mayo, pero no me acuerdo de la fecha. Tiene como cuatro mayos. ¿Y como para qué querían los papeles? No sé, pero quién le va a preguntar a *esos desgraciados*.

Esa vez querían una *cuota* de 10,000 pesos porque *ellos* andaban en una guerrilla, que yo tenía la obligación de ayudarlos. Me cachetearon y me dieron unas paraditas, pero leve, leve, lo bueno es que no llegó a mucho. Fue en el día, como a las diez de la mañana. Se llevaron todo porque necesitaban herramientas de trabajo: talaches, hachas, machetes, palas, barras… *Ellos* hacían los pozos para enterrar a la gente que mataban por allá quién sabe dónde. Eran cuatro y sospeché que eran de la colonia porque dijo uno: 'Si no cooperas con 10,000 pesos, voy y traigo a toda tu familia y te la mato, y luego te parto tu madre a ti'. Y me dieron cachetadas y patadas en la cola; a lo último me dijo que le pusiera una recarga de 500 pesos en el Oxxo y le dije: 'No tengo dinero, te la voy a poner de lo que pueda', y se la puse de 300. Fue en el 2013, más o menos. ¿O 2012?

Cuando me cambiaron de puesto, había como 112 o 113 en la fosa común. Me cambiaron por un pelado que quería a toda costa el puesto y compró al oficial mayor, pero a mí nadie me acalambra, ni *los pelados* que me patearon. No me acalambro.

Me cambiaron de trabajo el día 4 de mayo de 2016, y me quitaron 22 años [de antigüedad]. El puesto que tengo en el cementerio no lo compré, me chingué trabajando, y yo nunca pedí un permiso por enfermedad, nunca tuve vacaciones; yo necesito la jubilación porque no quiero dejar a mi señora en el aire. A las seis de la mañana ya me encontraba ahí en el panteón con mi perrito el Negro; ya está viejo. Tenía muy buenos perros, me mataron a otros dos, eran mis guardianes. Estoy viendo si completo los 30 años para que me jubilen con todos los derechos de la ley laboral, pero se me está haciendo difícil. Y encima estoy enfermo.

¿Usted fue al panteón? Así para allá era puro monte, allá los mataban. Yo nomás oía los balazos y me venía por aquí, por atrás. ¿A cuántos mataron? Quién sabe, ¿qué cabrones voy a andar metiéndome yo? Luego nos preguntaban qué sabíamos y yo no sé nada. Los mataban y los enterraban, y para eso me quitaron la herramienta, para sepultarlos. Ahí encontraron, parece, cuatro fosas comunes alrededor del panteón. Las fosas las encontraron los soldados. No son las de La Joya; esas que le digo son de aquí de San Fernando. Fue como entre 2007 y 2010 cuando se puso muy feo aquí.

Acá había más de 100 [cuerpos] en la fosa común. No sé decirle si eran hombres, mujeres, si eran niños. Los familiares los buscaban, pero a mí me los llevaban en una bolsa, amarrados hasta acá, no la puede uno abrir. Ya eso es profanación. Y el MP iba a constatar que fueron sepultados en tal parte. Yo no podía destapar *pa'* ver. Si hasta traigo un hijo mío perdido y no podía ver a los que enterraba… Yo nomás le escribía 'un cadáver', la fecha, y les preguntaba en dónde lo recogieron y si era hombre o mujer, y anotaba. Le decía a mi vieja: 'A lo mejor, hasta a mi propio hijo que traigo perdido aventé ahí en la fosa', y sí, puede ser, porque se lo llevaron para allá, al parecer, quién sabe.

Luego vinieron por 37 de la fosa común, osamentas que se tenían que sacar porque había gente que los reclamaba en Derechos Humanos, entonces les hacían la prueba de ADN y, si salía positiva, venían por ellos de Victoria. Los que sacábamos ya eran puros huesitos con siete, ocho o nueve años. Yo era el que sabía dónde estaban porque no estaban en un solo lugar, precisamente eso lo hice a la brava, cuando el pelado de Obras Públicas quería que hiciera una fosa grande para aventarlos como animales y dejarlos destapados y yo le dije que no.

Los que enterramos eran jovencitos, porque eran los que buscaban *esas gentes*, a un viejo como yo para qué lo querían. Aquí ya casi no quedaba nadie, está empezando a cubrirse la colonia, pero es gente nueva. Aquí el que no mataron, se fue —la mayor parte para el otro lado—, o está desaparecido.

Y el de Obras Públicas a veces no me quería prestar el traxcavo, pero yo lo obligué, le dije que no tenía por qué negarlo si no era de él, era pagado con dinero del pueblo. Con el traxcavo del municipio se hicieron unas fosas comunes en el panteón. *Ellos, los malos*, una vez estuvieron, como de aquí a la calle aquella, viendo dónde iban a sepultar esos muertos, porque la mayor parte eran puro *comandante*, y les pusieron buenas cajas. Esos se enterraron acá a lo legal.

¿Que si el traxcavo lo prestaban a *los malos*? Mire, no sé, pero se la voy a poner bien fácil: a usted *esas gentes* le dicen 'vas a trabajar conmigo, ¿sí o no?', y si no, te *levantan*. Los sicarios son la ley, si usted se niega *le dan para abajo*. Pero aquí no se sepultó a nadie sin papeles, ni aunque me quisieran obligar. ¿Gusta un traguito de agua helada?

Y bueno, licenciada, ¿usted qué va a hacer con esas preguntas? ¿Qué me va a regalar a mí? Cuídese mucho porque *estos desgraciados* no sabe de lo que son capaces. Mire, le voy a platicar, no es por acalambrarla: andaba una señora muy empeñada en encontrar a los desaparecidos y en la tarde, así como a esta hora, la mataron llegando a su casa; entonces, hay que tener mucho cuidado, vale más que ni platique que es reportera. Yo le agradezco su valor porque, ya le digo, a esa señora le habían llevado a una hija y encontró los huesitos allá en Victoria, y de ahí ella sola se aventó que iba a encontrar a todos los desaparecidos. Y ya ve. Con siete balazos no encontró a nadie.

Estamos muy empinados, más con estas pinches autoridades que no valen *pa'* chingar a su madre. ¿De perdida me va a componer un corrido con lo que le dije o qué? *Pa'* que quedara un recuerdo que dijera que yo era el encargado del panteón. Y, cállese, que desde que estuve trabajando tres veces salió en el periódico que a mí me habían matado; la última vez me dejaron amarrado en un mezquite. Nada de eso era cierto. Y la gente me decía: 'Hombre, ¿no que te habían matado?'".

Capítulo 4:
La morgue

Familiares reunidos afuera de la morgue de Matamoros,
Tamaulipas, esperan información sobre los cadáveres exhumados.

El olor

Traspasa las paredes de la morgue de la ciudad de Matamoros, se cuela por escuelas, iglesias, negocios, casas; hace encoger la nariz, se camufla en la ropa, atasca la garganta; provoca náuseas; obliga a apurar el paso, a pasar sin ver. Ese olor también atrae a personas que llegan de todo el país y desean acercarse porque buscan a sus *tesoros* perdidos.

En el edificio blanco del que sale ese tufo a descomposición se pueden ver, tendidos sobre el piso, cuerpos recién rescatados de las fosas donde estaban ocultos. Apilados unos sobre otros esperan su turno para la autopsia. En el estacionamiento, un tráiler con cámara de refrigeración sirve como depósito para otros cadáveres metidos en bolsas negras y amortajados con cinta adhesiva café, en la que están escritas las claves de su registro: número de cuerpo, número de fosa.

Ese miércoles 13 de abril de 2011, cuando fui a reportear, el conteo de exhumados iba en 145 y continuaban llegando carrozas con nuevas osamentas y restos de distinta data, que eran depositados afuera de ese edificio blanco al que se conoce como Semefo.

Cada cierto tiempo aparecían los peritos forenses, enfundados en sus trajes blancos, las narices ocultas con cubrebocas; salían de la sala de disección a fumar al exterior para sacarse el tufo a muerte. Duraban poco al aire libre: los deudos que buscaban al ser amado desaparecido aprovechaban su presencia para acosarlos con preguntas.

Se decía que venían en camino más personas del sur del país, quienes como la gente que ya se encontraba en el lugar, se habían visto condenadas a peregrinar por distintos estados desde el momento en que uno o varios seres queridos dejaron de comunicarse.

Los funcionarios de la PGJE-Tamaulipas les pedían hacer filas para que, llegado su turno, les dictaran cómo era la persona que buscaban, detallaran sus señas particulares y la ropa con la que podrían distinguirlo. Se hacían filas para dejar las muestras genéticas. Filas para recibir los resultados. Filas cuando querían preguntar para qué era cada fila. Filas para quienes fueron autorizados para revisar en una computadora fotos de tatuajes e instantáneas de los cuerpos. Y entre uno y otro trámite, un limbo de espera.

En esas hileras humanas, yo iba preguntando los datos que me quisieran dar para tratar de encontrar sentido a lo que le había ocurrido a quienes buscaban. Mi libreta de ese y del siguiente día está llena de anotaciones con letra contagiada por la prisa y el espanto, con teléfonos o correos de contactos que por años no retomé o después olvidé de quién eran, pistas que no supe seguir cuando regresé a la Ciudad de México, y muchas respuestas telegráficas a mis muchas preguntas.

Mis apuntes, desde el momento en que escribí los testimonios, ya habían pasado por una primera censura. Taché nombres o datos porque así me lo pedía la gente que se arrepentía de haber hablado. En otros momentos opté por las mayúsculas: "*OFF the record*", "OJO: no mencionar nombre", "cero detalles", "¡¡¡ESTO NO!!!".

La morgue

Miércoles 13 de abril de 2011, Matamoros

La angustia en las filas de espera:

"¿No me afectará si hablo con usted, verdad? Mi hijo se perdió. Tenemos un negocio de lote [de autos] en Nuevo Laredo y fue a San Fernando con unos amiguitos a dejar una camioneta, el 30 de enero; dijo que ya iba a llegar y ya no supimos nada. En el viaje anterior había dicho que, antes de llegar a San Fernando, vio a puro huerco y que estaba bien feo, pero que no le iba a pasar nada porque él ni los volteaba a ver. Era aventado, igual que yo. Se llamaba Raúl García Saavedra. Iba con dos amigos: Noé Castillo y Jorge Luis Márquez".

"A San Fernando yo no vuelvo a ir. No hay nada de vigilancia, puro huerco con chaleco cruzado [cartuchera]. Como habían llegado ahí unos cuerpos llevé su foto, pero ya no existía ningún Semefo porque aventaron granadas; los de capillas La Paz los traían para acá. Había más cuerpos, pero no pude verlos porque no llevaba sus papeles y porque estaban irreconocibles.

Ya no me vuelvo a parar ahí: bajándome del bus me iban siguiendo. Allá no hay vigilancia, no hay un Oxxo, ni gente, ni nada. Agarré un taxi, me anduve haciendo loca con el taxista hasta que llegamos a la capilla. Ahí me dijeron, como aquí, que iban a llamarme".

"Él estudiaba Contabilidad en el CBTIS [Centro de Bachillerato Tecnológico Industrial y de Servicios], iba en segundo; es el primero de mis tres hijos y tiene 17 años. Se llama Raúl García Saveedra. Traje este periódico [El Mañana, *lunes 28 de marzo: 'Hallan 11 ejecutados'*]. Mire la foto [*en la imagen de portada, cuerpos destrozados*]: puro huerquito, les roban *muebles*[63] y celulares y ahí los dejan, así. Mire este cuerpo: trae uniforme del CBTIS, pensé que era mi hijo, se parece bastante.

---

[63] Autos.

No conoce usted a mi hijo, pero si lo ve se me afigura que sí es. Como vi sus brazos, pues que me dejo ir al Semefo porque, pensé, ¿qué tal si sí es? Ya lo vi de cerca y no era. Mi hijo calzaba del 13, ese muertito calzaba chiquito, y el mío en un tobillo tiene 14 puntadas porque se cortó cuando estaba chiquito.

A ver qué pasa aquí. Allá adentro nomás me van a sacar sangre, ¿verdad? Pero yo siento que mi hijo no es ninguno de esos [cuerpos], porque una como madre presiente. Pero si estuviera aquí y yo no viniera a preguntar no estaría a gusto, si sí hubiera sido él y no viniera a verestaría con el remordimiento siempre".

La puerta de cristal de la Unidad de Servicios Periciales está tapizada de carteles oficiales con fotografías de jóvenes, hombres y mujeres, que te miran de frente, te interpelan, acompañados de una petición: "Ayúdales a regresar a casa". En otros casos son hojas, escritas a mano con el pulso correteado por los nervios y la urgencia de la fatalidad. Cada letrero es una evidencia de que las desapariciones no eran desconocidas:

Eli Octavio Juárez Álvarez, 17 años, se extravió en San Fernando el 20 de marzo de 2011. Viajaba en una camioneta Explorer blanca modelo 95.

Se busca a la joven Yukani Yanet, se extravió el viernes 11 de junio en el centro de Valle Hermoso. Edad: 15 años.

Se busca: Marco Antonio Mar Costan, 34 años.

Se busca al joven Francisco Felipe Maya Sosa, desapareció el 11 de junio en el centro de Valle Hermoso.

Ayúdanos a encontrar a Kelvin Alan Palomo Nava. 22 años. Ocurrió el miércoles 16 de febrero de 2011.

Ayúdales a regresar a casa: Mario Ortiz Castrio, Ángel Patti Rodrígues, Jorge A. González, 17 años. Desaparecido el 4 de junio, estudiaba en Conalep, de Matamoros...

Sigue el recorrido. Sentada en su escritorio, una funcionaria se dirige a una familia a la que empieza a interrogar:

—La persona que buscan, ¿desde cuándo *se perdió*?

—Son dos. Desde octubre. Fue en el DF [Distrito Federal, hoy Ciudad de México].

—Aquí casi todos los que están son los que viajaban en un camión.

—¿Pero las fotos de los muertos no nos las pueden poner?

—No. Están irreconocibles debido a las condiciones del tiempo y los hechos. Solo se les reconoce por la ropa o el tatuaje o cadenas. Por eso se les está pidiendo que dejen datos. Hay 70, 80 cuerpos, pero hemos atendido a 400 gentes.

Afuera del Semefo, en el patio que rodea las instalaciones, donde la gente busca un lugar para reposar, una mujer llora bajo un árbol y me dice:

"Mi esposo es chofer de tráiler. Me dijo hace dos semanas que por Padilla vio un autobús del que a toda la gente la iban bajando: 'Yo nomás iba enfrenando el tráiler y decía: la sangre de Cristo es poderosa. Pensaba que iba a ser algo terrible, porque *ellos* no perdonan, y empecé a orar, y no me hicieron caso, seguí, seguí, seguí, y pasé, hasta los gatillos se les *intrincaron*'. No con todos pasa lo mismo, a unos sí los matan o desaparecen, a unos les han quitado carros, dinero, los patean. Mi esposo ya no quería ir, pero sale por necesidad. ¿Y cómo le va a hacer si ese es su trabajo? A ver si el presidente [de México] puede dormir con esas muertes en su conciencia. Que se venga, a ver si es capaz de viajar en carretera. Todos estamos con el mismo dolor. Porque nos duelen".

"Si esto lo hubieran dicho en las noticias, la gente no viajaba. Pero aquí no dejan que se publique nada, todo estaba hermético. Nadie lo decía porque todos los periodistas están callados todo el sexenio. ¡Hasta ahora salió porque empezaron a decir, y de los anteriores dijeron porque eran migrantes!".

Escuchado en una de las filas para dejar muestras de ADN:

—Ya ni pasa la comida. Es bien feo. Nadie sabe lo que está pasando.

—Así, despacito… despacito… uno se va acabando. Lentamente.

—Si está muerto, mejor de una vez el trancazo. Mejor saber si entre esos está, ya para quitarnos la incertidumbre, el vivir mal, el ver llorando a mi mamá. Porque si está vivo y sin saber si lo estarán golpeando, si habrá comido…

—Ya quiero salir de esa pesadilla, es un problema muy fuerte. Pero la descripción que me dieron de los muertos de aquí no coincide: ni camisa, ni la altura, ni cómo visten, no está aquí ni sus cinco compañeros.

—Esto que pasamos es muy desgastante, nos están dando muerte. Quisiéramos que el gobierno ponga el empeño que se necesita.

—Ya de todos modos, si es dolor, va a ser dolor de la pérdida, y llega la resignación.

Un mal presentimiento:

"Vengo para que me hagan la prueba. Busco a Adolfo Ortiz Moreno, es mi hijo, tiene 38 años. Ya ni tengo presente qué día fue [cuando desapareció] porque, desde que no volvió, ha sido andar y buscar, y ver muertos tirados donde haya: en la orilla de la carretera o en algún monte o ir a la funeraria.

Él era agricultor igual que yo, y mecánico, era todo su trabajo. Y no era ni borracho ni fumador ni jugador ni nada. Tiene tres hijos. Hemos dado muchas vueltas a San Fernando, y hasta ahora que vengo aquí. Una hija mía está formada en donde se dan los datos, otra está en la fila de la orden para la prueba. Ahorita no hay [peligro] para venir. Hay mucho gobierno de todos los tipos.

Soy su padre: Cresencio Ortiz *[casi sordo, diente de oro, sorguero, 78 años]*".

Testimonios de la desolación:

"Acompañé a mi hija por la desaparición de mi yerno. Fue en mayo de 2010, ya va a cumplir el año. La última llamada que tuvimos fue a una hora de Reynosa, ya después no contestó el teléfono. Trabajaba en una cafetería de Laredo, iba y venía, con él viajaban el dueño y dos cocineras, llevaban carnes, víveres. Los cuatro desaparecieron. Mal no andaban, estaban afiliados al Seguro Social y eran trabajadores.

Mi hija puso la denuncia luego luego. La esposa del dueño del negocio lo buscó en Reynosa, Laredo, Ciudad Mier, incluso la mandaron llamar para que identificara la camioneta. También para que lo identificara [a su marido] entre cuerpos quemados, pero no pudo. No quedó ni un tenis, ni un pantalón, nada reconocible.

Ya a todos los habían detenido y asaltado ahí mismo dos veces. Y pues así andamos, primeramente Dios. Aquí no queremos encontrarlos, los queremos vivos, pero… a veces es mejor ya encontrarlos que andar con la incertidumbre. Él se llama Leonel Ignacio Mancilla Silva, tiene 32 años, es de Matamoros *[llorosa, abrazada a su bolsa]*".

"Si no es nada malo, entonces anote: mi esposo es Generoso González Castillo *[de pronunciar el nombre se le nublan los ojos]*, es pescador, tiene 39 años, y su hermano José Manuel González Castillo, de 28. Fue desde hace cuatro meses, en diciembre o enero; nomás ya no volvieron. Hasta ahora que vine aquí lo dije, me daba miedo decir. Ahora yo salgo a pescar con mis hijos *[carga uno en brazos]*".

"El ejército tendría que estar combatiendo el crimen en el rancho La Joya de día y de noche hasta que se vaya *esa gente* mala del pueblo. ¿Dónde están? ¿Por qué se permitió que muriera esta gente y los migrantes? A quien busco se llama Agustín Jaime del Ángel Sosa, tiene 45 años, es ingeniero electricista, contratista, y es papá de tres hijos. Él venía por carretera, me habló, que iba a pasar por ese espacio peligroso y ya no salió. Fue en diciembre".

"A nosotros se nos perdió ese hijo hace cinco meses *[Leonte Napoleón Silva Vega, 33 años, rancho El Japón, Cruillas, por San Fernando]*. No recuerdo la fecha. Estaba en la casa, de ahí se lo llevaron, no sabemos ni qué ropa vestía ni nada. Él tenía una granjita de pollos. Yo soy agricultor, de sorgo, de maíz; son tres mis hijos, contándolo a él.

Nosotros no quisimos movernos para ningún lado, pensamos que lo iban a *tormentar*, hasta la fecha. El detalle es que *esas gentes*, la duda está en que si comienzas a moverte con las autoridades, a lo mejor te *tormentan*, te los golpean, y por eso mejor se calla uno.

Pero ahora sonaba que estaban sacando mucha gente de las tumbas, que los traían para acá para que vinieran a reclamarlos a ver si los reconocían, por eso ahora nos animamos. Sabrá Dios si está aquí, pero sí, se ha perdido muchísima gente. Mi esposa está haciéndose el ADN. A ver si en verdad sale mi hijo. Ya son cinco meses *[Leonte Silva Hernández, ranchero, pelo blanco]*".

Interviene en la entrevista una mujer:

"El muchacho era mi novio, desapareció en noviembre 14 de 2010, de San Fernando, se lo llevaron de su casa. Desde 2009 empezaron a llevarse gente, antes no porque había un retén de la Policía Federal y de los soldados, pero los quitaron, no supimos el motivo. Después, balaceras constantes. Un tiempo fueron en el pueblo, otro en la carretera. Unas líneas de transporte ya han dejado de pasar por ahí, ya muchas corridas a Victoria no salen. Bastantes han desaparecido ahí".

Hay varias familias desconcertadas: los peritos dicen que solo es válida para la prueba genética la sangre del padre o de la madre de la persona desaparecida. Aunque en algunos casos las familias hicieron el esfuerzo para presentarse con todos los parientes, los peritos solo toman la muestra de la madre.

"Buscamos a Miguel Ángel Magadán Pineda, de 18 años, mueblero, y a su acompañante, Marco Antonio Villa Díaz, también desaparecido, los dos de Huetamo, Michoacán. Vinieron a comprar un carro aquí, en la Chevrolet, pero no alcanzaron a llegar. Le habló a un señor, le dijo que los iban balaceando, y ya no se supo nada, ya no volvieron a llamar. Tiene como 15 días que vine a levantar una demanda y, como me enteré de que encontraron hartos cuerpos, vine a ver si es él. Pero no nos dejaron: nos dijeron que a los hermanos no se les puede [tomar ADN], y mis papás ya no están con nosotros, y mi hermana tiene un hijo de seis meses. Se la van a sacar al hijo de su acompañante, y si sí es, entonces está aquí, porque iban juntos. Vamos a esperar los resultados".

Suben cadáveres al tráiler estacionado, corre el rumor de que los llevarán a la Ciudad de México. La gente reacciona:

"Según escuché que se los van a llevar".
    "Ya subieron a diez más, ya van 70 en el tráiler".
    "¿Cómo? Los muertos son de Tamaulipas, ¿nos van a exponer a que vayamos allá en esa carretera? Ya no van a ser 100, serán 400 o 500 muertos".

"El apoyo lo queremos aquí. ¿Para qué exponernos a que nos quedemos viudas, huérfanos?".

"Si el gobierno no tiene medios, que pida cooperación".

"Si nosotros pagamos impuestos aquí".

"A ver qué hace el presidente de México, que venga con su camioneta blindada a buscar a estas personas. Ayer vino un diputado y llegó cuidado, con una movilización de soldados".

Insolada, tendida sobre el suelo en una colcha infantil, a su lado unos paquetes de galletas saladas:

"Estoy inconforme. Somos personas humildes, necesitadas, ya un niño se nos enfermó ahorita. ¿Para ir allá quién nos va a pagar el pasaje? ¿Cómo nos vamos a alimentar? Aquí de perdida nos da de comer la gente. ¿Para qué juegan así con nosotros? El gobernador dijo que Tamaulipas no tenía problemas de inseguridad como Nuevo León. ¿Y qué es esto? No tenemos idea cuál fue el motivo, por qué tanto muerto. *[Señora Gloria Aquino Vázquez]*".

En la búsqueda de los desaparecidos pasajeros de autobuses y de automóviles, surgen más testimonios del silencio cómplice:

"Mi esposo salió a Reynosa en Ómnibus el 28 de marzo, vino desde Altamirano con sus compañeros. Eran seis ellos, iban a cruzar la frontera. Nos dijo el chofer que los bajaron hombres armados el 29 de marzo, como a las siete, ocho de la mañana, que eran alrededor de 25 y le bajaron a todos los hombres, que nomás a dos mujeres y al chofer y al ayudante no se los llevaron.

Cuando supimos que no llegó estuvimos comunicándonos a San Fernando. El 29, el gobierno no tenía conocimiento de los hechos: llamamos aquí y a Reynosa, y no había nadie para preguntar si el chofer había reportado algo, dijeron que no sabían y que nomás porque sobraban las maletas supieron que faltaba gente. Y ni me había acordado de ir a la terminal por su maleta.

Estábamos en espera de que nos llamaran los que los tenían, porque nos dijeron que a los que bajaban los agarraban para negociar, y ahí estábamos esperando que pidieran rescate. Luego nos enteramos por las noticias que habían encontrado las fosas con tantos cadáveres y que estaban relacionados con la gente que bajaron de los autobuses.

Tengo tres días aquí en Matamoros, dicen que no puedo pasar a verlos porque los cuerpos están muy descompuestos. ¿Será que es cierto que sí los van a trasladar a México? Que dizque necesitan ayuda porque es muy poca la gente y que tienen mucho trabajo. Yo quisiera gritarles y decirles que tienen que ser muy rápidos, para que salga rápido todo, porque aquí hay mucha *rezagación*.

Yo soy ama de casa, tengo cuatro hijos, uno de seis años, y como era mi marido, él me mantenía. Mi esposo iba a buscar trabajo porque allá en el rancho no había. Iba con puros jóvenes de 18 años y no sabemos por qué los bajaron. Si está vivo o muerto lo quiero encontrar, no importa que muerto. Estoy haciendo oración desde que lo desaparecieron. Se llama Bolivar Santa María, tiene 46 años. Mejor quite el nombre, dicen que a veces los tienen vivos y si salen sus nombres los matan".

La primera familia con resultado positivo:

"Serán unos cinco días los que tengo aquí, creo que fui la primera que llegó porque no había nadie, ahora hay mucha gente. Hay muchos detalles que no se pueden decir, pero llamaron desde el celular de mi esposo y me pidieron que viniera a recogerlo, y les doy muchas gracias; si no, no lo hubiera encontrado.

Él es Leonardo Díaz Ramírez, tiene 39 años, somos de Cuauhtémoc, Chihuahua. Me dijo que le habían ofrecido un trabajo en San Fernando. De ahí me hablaba a cada rato, la última vez fue en la mañana del 7 y el 8 de abril. Solo el 9 ya no se comunicó conmigo. Le estuve marcando y marcando, y nada; luego, en una llamada esa voz me dijo: 'Ven porque tu esposo está muerto, pregunta en la fiscalía'.

Yo no entiendo nada, aquí me dicen que fue un enfrentamiento, [pero] mi esposo es albañil. Ya lo vi y lo reconocí. Me lo enseñaron por la computadora, porque no puedo verlo, dicen que porque está descompuesto, y sí, luego luego supe que era él, tenía tatuado bien grandísimo 'Orgullo Mexicano', de cuando lo habían encerrado en la cárcel. Y vi su cara, y sí era. Pero ni para qué le digo qué más vi, si no nos corretean a las dos. Yo no sé nada.

No sé cuánto dure lo del ADN, ya hace tres días que lo hicieron. Quisiera que lo incineren para irme lo más pronto posible. Lo bueno es que ya lo encontraron. Este era mi segundo marido, tenía tres años con él. Ya ni modo. Ya me quedé solita".

Reacciones de las familias tras la noticia de que los cuerpos sí serán trasladados a la Ciudad de México, después de que les tomen muestras de huesos, sangre y dientes:

"¡No estamos de acuerdo con que se lleven a los muertos, vamos a bloquear la carretera, a ver qué hacemos! ¡Así como nosotros los apoyamos a la hora de votar, ustedes tienen que apoyarnos!".

"Tienen que quedarse aquí donde fue el problema, porque no pasó en otro estado, pasó en Tamaulipas. ¡No se los lleven!".

"Ya pasaron muchos días, los cuerpos están muy dañados, y si además se los van a llevar, ¿cómo van a quedar?, ¿cuánto tiempo vamos a esperar?".

"Dicen que en el gobierno no tienen dinero, pero es porque no quieren gastar".

"Es porque no somos importantes".

"¿Crees que es justo que mi hija se quede huérfana si yo voy? ¿Qué culpa tiene?".

"¿El señor gobernador *ontá*? Ni una palabra de consuelo ha dado. Nomás vino por el voto. ¿Por qué no vino ahora, por qué no da la cara? Somos mujeres, viudas, huérfanos, padres sin hijos…".

En la carpa que instaló la iglesia, mientras distribuyen botellas de agua y comida, se escuchan los rezos:

"Dales, Señor, el descanso eterno…".

"Tengo una hija de 18 años, por ella rezamos. La encomendamos a Dios para que salga con vida *[llora, enseña la foto]*".

"Mi hijo y mi esposo tienen seis meses [desaparecidos], hay que ponerlos en las manos de Dios. Si están vivos, que los encontremos y saber dónde están".

"Mi nieta de 13 años es la desaparecida".

"Tenemos 20 pastores desaparecidos".

"Desde abril del año pasado había denuncias, muchos desaparecidos, pero no nos oyen, hablamos como desde el fondo del mar".

"Qué feo está esto, muchísima gente. Que aquí no esté".

"De la mano de Dios, ojalá no esté aquí. Le pedimos a Dios que salga bien librado, si está vivo".

Anoté testimonios de tantas personas que no alcancé a escribir todos los detalles, y ahora no los recuerdo, pero conservo en mi libreta blanca sus palabras. Ha sido difícil decidir qué entrevistas dejar y cuáles quitar. Siento que los traiciono si no publico las palabras de todos, pero son tantos.

Jueves 14 de abril, Matamoros

La primera identificación:

"Se llama Gonzalo García Casanova, es del ejido La Luz, de Matamoros. Él fue el primer identificado, fue el lunes [11], gracias al tatuaje que trae de apellido 'Casanova García' y los nombres de sus niñas. Nomás lo vi en la computadora, pero sí se ve muy claro. Estamos pidiendo si lo van a entregar o qué. Él venía en el autobús de Querétaro, lo bajaron a él y a otros nueve, llevaba dos semanas perdido, desde el 29 de marzo. No sé qué motivos hayan tenido *los malandros esos*, los asesinos".

[Interviene el tío del difunto, de nombre Valentín:] "Él se dedicaba a la venta de carros, llevó dos muebles *p'allá*, para venderlos. En la venida fue, me imagino, que le quitaron todo lo que traía y además lo mataron. Estamos investigando, y como se llevaron ya 76 [cuerpos] a México, a lo mejor se lo llevaron a él. Ojalá y no. No entiendo para qué hacen eso, si estaba bien identificado. Nomás tienen a la familia esperando.

Dijeron que tenemos que esperar a que se le hagan las pruebas necesarias para comprobar [su identidad], nosotros dijimos que sí eran los tatuajes y, ya con las pruebas de ADN donde consta que es el hijo de mi hermano, ya se puede entregar el cuerpo. Que como aquí no se pueden realizar, por eso dijeron que lo mandaron a México, que para tenerlos como están, para que no se pongan peor. Ahora a esperar a que lleguen las pruebas de ADN y a que se comuniquen con nosotros. ¿Y qué podemos hacer? Seguir viniendo".

Testimonios de más desapariciones, de gente que quiso denunciar, pero no pudo, o no la dejaron. Sus familias se preocupan siempre por dar buenas referencias de la persona que buscan (como si fuera antídoto contra la narrativa oficial: se matan entre ellos, a los inocentes no les pasa nada):

"En el mismo terreno del solar de la casa lo sacaron. Ya puse denuncia hace un año, nomás no me llamaron para preguntarme nada. Yo vivía con él, nada más que tomaba mucho, aunque trabajaba mucho, era ayudante de albañil, pero no robaba, no se drogaba. Ya lo buscamos en Reynosa, en Valle Hermoso, fui al Mezquital que porque ahí lo vieron, fui a la Isla [las] Malvinas, a los ranchos donde trabajó antes, y nada. No me dieron razón.

Orita vine porque mi hija me dijo que nos van a sacar la sangre, como yo soy su mamá. Y me están animando a que vaya a la televisión y pase con Laura [Bozzo] para ver si apoya, a ver si ella los encuentra. *[Señora Minerva Ambrosio Sánchez. Su hijo Roberto Díaz Ambrosio, nacido en 1962, desapareció en el ejido 20 de Noviembre, Matamoros]*".

"Le pasó el 15 de noviembre de 2010, en San Fernando; perdimos contacto con él, nomás no llegó a casa. No tengo idea de qué pasó. Es Carlos Valdemar Martínez, es contador, es gente decente que se dedica a trabajar; tenía 24, 25 años. Pero no hay ni MP ni policía ni tránsito a la que podamos acudir nosotros. Nomás esperar. Y aunque quiera denunciar, ¿dónde lo hago? No hay ley".

"Es mi hijo de 26 años: Ricardo Hernández Meraz. Él venía de Victoria para Reynosa en una Van Dodge y no supimos nada. Fue el 10 de noviembre [de 2010]. Después encontramos la camioneta, la tenían en uso otras personas, dijeron que se la habían vendido muy barata, que no se acordaban ni de quiénes se las dieron. En Victoria denunciamos; en Reynosa nos dijeron que no podían hacer nada.

Ya sabíamos de las carreteras por lo que se ve en la tele y escuchamos que se han llevado gente. Cuando investigamos nos dijeron que dejáramos todo por la paz, que si no queríamos que nos pasara lo mismo dejáramos todo como estaba".

"A mi hijo también [lo buscamos]: Gregorio Soto, de 38 años *[muestra la foto]*. Yo vengo de Zapopan. Él salió el 6 de enero [de 2011] rumbo aquí, llegó, hizo una llamada, venía a comprar un carro, y desde entonces no sabemos de él. Iba a regresar a los dos, tres días. Él tenía un ciber y es papá de dos niñas.

Fuimos a poner la denuncia a la procuraduría de Guadalajara y vinimos aquí, pero nos dijeron tanta cosa de que era peligroso, que teníamos miedo. Ahorita sí nos animamos porque llegaron muchos buscando a sus desaparecidos y vine a investigar. No vengo prevenida, ni ropa traigo. No queremos que esté aquí, pero tampoco andar uno con la duda. Yo quisiera ver esos cuerpos, como sea, mi hijo tiene dos quebraduras de huesos por aquí y en el brazo. Pero nos vamos a quedar igual o peor con la duda porque los cuerpos se los llevaron".

"Vinimos de Fresnillo, Zacatecas, estamos buscando a mi hermano Enrique Vázquez Ibarra, es yonkero. Fue hace 15 días [que desapareció], a las nueve de la mañana, en Méndez, colindante con San Fernando, como a 30 minutos.

Supuestamente iba en una camioneta S-10 modelo 2001 que estaba arreglando, le estaba quitando el catalizador porque iba fallando y vino a Matamoros a comprar una pieza y fue la última vez que llamó. Nosotros ya investigamos: lo agarraron frente a la escuela Cecati. Llegaron, lo congregaron, lo agarraron y lo echaron para arriba.

La gente no quiere dar información ni razón de nada, nomás nos dijeron porque estaba el ejército. Encontramos baleada la comandancia, no hay policía, es un pueblo sin ley. De 50 a 60 familias que había, quedaron de diez a 15, está desolado. La gente no quiere problemas de nada porque les pueden caer de nuevo en cuanto se vaya el ejército.

Viene uno con la esperanza de encontrarlo, pero ¿a quién acudir? Estamos rodeados de ejército, pero no creo que ayude gran cosa. Todo el mundo se va. Mire, él es la persona. [Un niño de unos diez años, hijo del mecánico, alza la foto de su papá]".

"Fue a las diez, once de la noche. Ya no llegó a hacer el corte de la gasolinera, no supimos nada. Nomás encontramos la camioneta, la traían los marinos que porque se la habían encontrado cerca del Oxxo, la traían comprando su mandado. Es una Expedition 2000 color arena, pero no encontramos información de nada. Íbamos e íbamos y pura vuelta. Pusimos denuncias en Derechos Humanos de Reynosa, Monterrey, Ciudad

Victoria, en PGR, aquí en Matamoros, y en Derechos Humanos de México. Ahí en San Fernando no hay ley ni nada desde el año pasado. Él se llama Édgar Silquero Vera, tiene 27 años, es de San Fernando, es gente de gasolinera. Fue en octubre 25 de 2010".

"Jairo Daniel Alfaro, de 23 años, es mi hijo. Fue como el 8 de octubre [de 2010 cuando desapareció], trabajaba en un rancho, iba en su carro por San Fernando. Aunque quise hacer la denuncia, no la quisieron tomar, me dijeron que me fuera a Reynosa a la PGR porque era más seguro ahí.

Yo saqué volantes, copias con su foto, fui a dejarlas en todos los rincones, desde la aduana de Reynosa a San Fernando; anduve 15 días en las brechas de la carretera buscando. En los retenes [de la policía] solo me tomaban las copias y me decían: 'Si aparece muerto te hablamos'. En la guarnición [militar] me decían que no podían hacer nada, que con *esa gente* no se podía hacer nada.

Después, en la agencia del MP me intimidaron, me pidieron que no dijera, porque mi hijo corría peligro: una va y pide información, y los MP diciendo que si iba lo ponía en peligro.

¡Y ahora se llevan los cuerpos de aquí! *[llora furiosa]*. ¿Por qué? Si la mayoría son de aquí mismo, no son de fuera. Le pido a las autoridades que pongan más atención porque aunque una quiere poner denuncia no la aceptan *[llora más]*. Dejó una niña".

Los silencios son una constante, ni siquiera mencionan los nombres de quienes buscan, no quieren quitarles la oportunidad de regresar:

"Busco a mi hijo, no quiero decir su nombre, es trabajador del campo y tiene como 40 años. Él vino a trabajar más *p'allá*... en... ¿cómo se llama?... Reynosa. Salió el 28 de marzo en un camión de esos; mi nuera le habló, no le contestó nunca, y ya después supo que lo agarraron. Somos de Arcelia, Guerrero".

"Se llevaron a un papá, la mamá y un hermano. Fue en San Fernando, pero no se puede denunciar porque *nos levantan*. No sabemos mucho. Fue en noviembre, la pareja viajaba en una camioneta con su hijo de un año, a su bebé se lo llevaron con ellos, solo quedó la de tres años, ella, pero no queremos que se entere [señala a la nieta, que juega inocente con sus rizos mientras esperan en la fila para la toma de ADN]. Si le digo más nos van a *levantar* cuando regresemos".

Los testigos

En una pausa entre el trajinar con los cuerpos, uno de los peritos rompe la instrucción de guardar silencio y a escondidas dice a las familias que los cadáveres que han recibido tienen las manos amarradas a la espalda y golpes contundentes. El sol cala, la información más. Un locutor de noticias en la radio informa que las autoridades estatales aseguran que sí hay condiciones de seguridad para vacacionar en Semana Santa. Desde el estacionamiento de la morgue, un Ministerio Público de la PGR truena contra la desfachatez de las autoridades locales. El hombre que descarga los bultos humanos de la carroza dice que no tiene palabras, que nunca había visto tantos cuerpos. A su alrededor hay personas traumatizadas, en llanto, soportando entre la pestilencia alguna noticia "esperanzadora" -que su ser amado esté o no esté entre los cuerpos-, intentando encontrar sentido a este sinsentido.

"No me ha tocado ni uno vendado, sí con las manos amarradas y cinchos de plástico. Están muy golpeados en el cráneo, golpes contundentes: con fierro, tubo o mazo. Esos son los que hemos visto, apenas llevamos nueve. Todos son hombres. Hasta donde vamos son puros golpes, solo uno de balazo en la cabeza. Desconocemos qué más va a salir. Unos vienen más descompuestos que otros".

Perito de Tamaulipas.

"Hace dos años empezaron a manifestar el temor a la carretera. [Las personas] decían que sus compañeros, amigos, habían sido secuestrados en Tamaulipas y no los encontraban. A nosotros como iglesia, más que denunciar nos toca acompañar, recibir, ayudar, canalizar para que sean atendidos por las autoridades. No hay un cálculo exacto [de víctimas].

Lo que pido a la gente es que no vengan por esas carreteras, si la situación es así de peligrosa no tienen por qué arriesgarse".

Padre Francisco Gallardo López,
director de la Casa del Migrante de Matamoros.

"Nada más no ponga mi nombre porque nos pone para una cacería. Solo ponga que yo soy camionero desde hace 25 años. Las corridas de Matamoros a Victoria se ponen feas. Desde las diez de la noche, la mayoría de la gente tratamos de adelantar el tramo de San Fernando o pararnos porque en la noche ese camino no es recomendable. Ya saliendo a carretera, ¡aguas *p'allá*!, van y te cierran el paso con sus camionetas y te toman tu carro y te secuestran.

En la noche, en ese camino te encuentras puro trailero, pero hasta ellos están pagando: les quitan el diésel, los asaltan, o los dejan si andan metidos con *los malos* en la droga. También se meten con los autobuses. Te revisan los papeles del carro en los retenes que *ellos* ponen para saber qué carga llevas y te quitan el dinero.

Los ves en la noche o en la madrugada, puros *pelados* con armas largas; decías: 'seguro son federales', pero eran *los malos*, esperando en las brechas o en la orilla de la carretera, puro camionetón de 300 o 400,000 pesos, con las puertas abiertas, y ya sabes que son *los malitos*. No te dicen nada, unos cuatro o seis están esperando, son de entre 20 y 30 años, y de dos años para acá noto que son cada vez más.

Hace como dos años había un retén [militar] antes de llegar a San Fernando, pero lo quitaron. Y las cosas se pusieron feas. Antes se salía en la noche y ahora ya no".

Camionero.

"*Los mañas* ya no estaban, están escondidos en unas lomas por el efecto 'Baygon Verde'[64]. Hay muchísimas narcofosas. Para cavarlas, *los mañas* usaron maquinaria pesada, algunos tenían cuatro meses enterrados, otros dos semanas. Mataron a casi todos con mazo en la cabeza, la gente

---

[64] Efecto insecticida, que ahuyenta cucarachas y escorpiones hacia nuevos escondrijos.

tenía los brazos amarrados y su camiseta sobre la cara. Eran 150 cadáveres al menos, había dos mujeres esposadas. ¿Me pregunta por qué
pasó esto? Pues porque no eran hijos de famosos, de artistas o de poeta…
Detienen al *peladaje*, que es la gente que no puede pagar la vía [carretera]
más rápida.

A todos los hombres jóvenes en edad de enrolarse los ven como po-
tenciales enemigos. Podría ser que están tan desesperados que los matan
previniendo que se hagan sicarios del Golfo. Además, así les impiden
llegar a Matamoros y Reynosa, que controlan los contrarios".

MP federal.

"Y eso que falta excavar en Camargo, Miguel Alemán, Guardado de
Arriba y Guardado de Abajo, los poblados Los Guerra y Comales,
Ciudad Mier, Valle Hermoso, Anáhuac, Cruillas, González Villarreal,
Nuevo Padilla, Nueva Ciudad Guerrero… Todo Tamaulipas está lleno
de fosas clandestinas".

Reportero.

La crueldad

Ese abril de 2011 todo Tamaulipas parecía polvorín encendido. Las noticias daban cuenta de cuerpos colgados en puentes en la frontera, de
enfrentamientos a granadazos y lanzagranadas en cualquier avenida,
de desapariciones o asesinatos de periodistas, de escuelas evacuadas
por balaceras, de autobuses quemados, de cabezas humanas puestas
como mensajes. A las redacciones de Ciudad de México llegaban rumores de que la gente era asesinada en peleas estilo gladiadores, donde Los
Zetas se divertían poniendo a luchar a padres contra hijos, a hermanos
contra hermanos, a todos contra todos, hasta que se mataran a golpes.
Eran relatos tan sórdidos que resultaba imposible imaginarlos. Pero coincidía con lo que escuché decir a aquel perito y al ministerio público sobre
los cadáveres con golpes en el cráneo.

Y esa información pronto comenzó a filtrarse en las noticias. ¿Era un
invento irresponsable y desafortunado de los medios para atraer clics a

su sitio de noticias o formaban parte de la estrategia de terror de los Zetas para mostrar su poder?

I

"Testigo de masacre de San Fernando relata pesadilla", indicaba el título de la nota fechada el 19 de abril de 2011. Era el supuesto relato[65] de un pasajero de la línea ADO que el 25 de marzo de 2011 viajaba a Reynosa. Al pasar por San Fernando, después de las ocho de la noche, hombres armados encapuchados abordaron la unidad y ordenaron al chofer que condujera por una brecha, hasta que se toparon con una veintena de camionetas de lujo y tres autobuses de varias líneas, algunos con impactos de bala.

Ordenaron a los hombres que bajaran de la unidad, los formaron y separaron a los "viejos o débiles". Alguien a quien llamaban Comandante les advirtió: "Se les hará una prueba a ver qué tan chingones son, el que lo logre sobrevivirá, el que no se chingó". Pidió a sus subalternos: "Traigan los marros". Se le dio un mazo a cada hombre capturado; después, tuvieron que colocarse en parejas. "Pártanse su madre", ordenó el Comandante.

La supuesta matanza termina con la violación sexual de las jóvenes que viajaban en el autobús; niños arrojados a tanques con ácido entre las risas de los sicarios; la orden al chofer de la unidad de atropellar a los ancianos y enfermos amarrados; el asesinato del chofer y de las mujeres que se encontraban a bordo; el incendio del autobús con los cuerpos. El relato finaliza cuando le llevan al Comandante a los luchadores sobrevivientes y les dice: "Bienvenidos al grupo de Fuerzas Especiales Zeta, el otro ejército".

Este testimonio ampliamente difundido, publicado en un blog dirigido por editores anónimos una semana después de que se descubrieran las fosas, aunque fue tomado como la verdad sobre lo ocurrido en San Fernando no explicaba cómo el testigo se había salvado y no parecía escrito por alguien traumado por presenciar una barbarie como esta.

---

[65] *El Blog del Narco* fue prohibido y eliminado de la web; la nota fue reproducida por diversos blogs y medios, por lo que puede ser consultada en internet.

Además, algunos de los detalles no correspondían a las evidencias encontradas sobre el terreno. Por ejemplo, no se sabe de choferes asesinados. La exaltación final al "otro ejército" parecía propaganda del terror.

II

En junio de 2011, dos meses después del hallazgo de las fosas, el periódico *Houston Chronicle* publicó el testimonio de un presunto integrante de Los Zetas, a quien llamaron *Juan*. "Reveló que este cártel obliga a personas secuestradas de camiones de pasajeros en la zona de Tamaulipas a protagonizar peleas a muerte, como las que se suscitaban en el Coliseo romano entre gladiadores, para elegir a su nuevo asesino a sueldo".[66]

"Los hombres de cuerpos dotados reciben martillos, machetes y palos y son forzados a pelear a muerte. En una de las revelaciones más espeluznantes acerca de la violencia en México, un traficante conectado al cártel de las drogas señala que sus compañeros han secuestrado de las carreteras pasajeros de autobuses y los han forzado a pelear como gladiadores", se leía en el periódico estadounidense. "Si lo que dice [*Juan*] es verdad, esos gánsteres tienen la costumbre de decapitar, cortar y despedazar cuerpos, dando un giro aún más cruel a su barbarie".

El traficante —entrevistado en un restaurante texano, oculto tras unos lentes de sol modernos— reveló que quienes sobreviven a esos enfrentamientos son llevados cautivos y obligados a realizar misiones suicidas, como internarse en ciudades controladas por bandas rivales y disparar a enemigos; que la policía no les causa problemas y mediante sobornos evaden los retenes carreteros desde Centroamérica, y que los soldados mexicanos actúan igual que los gánsteres, "pues matan a quien quieren".

En la nota es citado Peter Hanna, un exagente del FBI cuya carrera se centró en los cárteles mexicanos, quien considera que matar gente a golpes sería lento e ineficiente para Los Zetas, y que lo harían "más por diversión".

---

[66] "Zetas recrean peleas del Coliseo Romano con secuestrados: *Houston Chronicle*", *Animal Político*, 13 de junio de 2011: https://www.animalpolitico.com/2011/06/zetas-recrean-peleas-del-coliseo-romano-con-secuestrados-houston-chronicle/.

III

El 18 de enero de 2012, en el *San Antonio Express-News*,[67] Jason Buch, el experimentado reportero que siguió los juicios de los Zetas en cortes texanas, citó el testimonio de un sicario latino de 26 años, quien declaró que en 2005, con otros 300 reclutados, había recibido entrenamiento en un rancho de San Fernando sobre cómo matar. Entre las armas empleadas mencionaban un *sledge hammer*. En español: marro o mazo.

"*Ellos* les dan un machete, si no les dan un marro y les dicen que maten a la gente que tienen atada. En el campamento aprenden tácticas militares y son forzados a probar su valía matando gente. Quienes pasan el entrenamiento son convidados a una fiesta que incluye rifas de relojes, dinero, vehículos".

Según el documento original de la Corte de Laredo, el juez interpeló al detenido sobre las razones del entrenamiento:

—¿Por qué hicieron eso?

—Para perder el miedo.

El marro

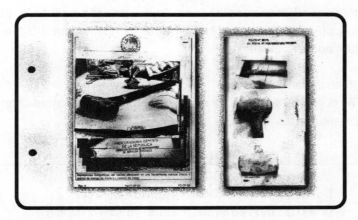

Foto del documento de la PGR en la que un marro encontrado en las fosas es examinado.

---

[67] Jason Buch, "Killing field was training ground used by Zetas", *San Antonio Express-News*, 18 de enero de 2012: https://www.mysanantonio.com/news/local/article/Killing-field-was-training-ground-used-by-Zetas-2612618.php.

La definición de marro, según el *Diccionario de la lengua española*[68], versa sobre un juego: "Colocados los jugadores en dos bandos, uno enfrente de otro, dejando suficiente campo en medio, sale cada individuo hasta la mitad de él a coger a su contrario. El arte consiste en huir el cuerpo, no dejándose coger ni tocar, retirándose a su bando".

Su sinónimo, el mazo,[69] es definido como: "Herramienta de mano que sirve para golpear o percutir; tiene la forma de un martillo, pero es de mayor tamaño y peso. Mientras que el martillo cumple su principal papel dentro de la carpintería, el mazo lo desempeña en la industria de la construcción o en la albañilería".

En 2011, la PGR, para desgracia de la humanidad y vergüenza de México, registró otra función.

"El servidor público hizo constar que acudió a las instalaciones del Semefo-Tamaulipas y durante las diligencias de necropsia observó que se encontraba un 'mazo con cabo de madera y cubierto en partes con lodo' que pudiera estar relacionado con los hechos que se investigan, ya que las heridas que presentan los occisos fueron en su mayoría producidas por un objeto contundente como esa herramienta; por ello se procede a embalarlo con plástico para posteriormente practicar las diligencias correspondientes".[70]

Oficio de la PGR:
"Se procedió a abrir el paquete que contenía la etiqueta con los siguientes datos:

> AP/PGR/███████/1173/2011
> 15 Abril/2011: 17:00 hrs.
> No. de registro: 02552
> Una (01) herramienta manual (mazo o marro)

---

[68] *Diccionario de la lengua española*: https://dle.rae.es/marro.

[69] https://es.wikipedia.org/wiki/Mazo.

[70] Recomendación 23VG/2019 de la CNDH.

Al interior se encuentra un marro que mide 86.5 centímetros de largo con mango de madera de color café, el cual se encuentra astillado y deteriorado, presentando tierra de color café en toda su estructura, [y] en algunas partes de la misma se aprecia humedad. La forma de su base es ovalada y mide 13 centímetros de circunferencia en su parte superior, es de metal; de forma rectangular, mide 18 centímetros por 7 centímetros, es de color naranja, en algunas partes presenta desprendimiento de pintura en sus extremos, su forma es octagonal, misma que presenta tierra de color café. El uso de esta herramienta es utilizada en la industria de la construcción.

OBSERVACIONES:
1. El marro antes descrito se recibió debidamente embalado y etiquetado.
2. El olor que tiene dicho objeto tiene olor fétido.
3. La emisión técnica de las respectivas áreas periciales que intervinieron en la diligencia ministerial rendirán su información por separado.

CONSIDERACIONES:
Si bien la herramienta anteriormente descrita fue fabricada para una función específica, normalmente con uso en el ramo de la construcción; sin embargo, el uso del mismo dependerá de la función que le dé la persona que lo ocupa.

Este objeto puede ser utilizado por su forma, peso y tamaño para lesionar a una persona; dependiendo de la fuerza e intensidad con que sea utilizado puede causar lesiones graves, de tipo contundente o incluso la muerte.

Con base en lo anteriormente expuesto se está en condiciones de emitir las siguientes conclusiones que dan respuesta al planteamiento de la petición.

CONCLUSIONES: [...]
Se ha dado contestación en el sentido de que puede ser utilizado para causar lesiones de tipo contundente, no

constándole a la suscrita que este objeto haya sido utilizado
para causar la muerte, tormento, lesiones u homicidio.

ATENTAMENTE

██████████████

PERITO EN CRIMINALÍSTICA DE CAMPO

El lenguaje de los cuerpos

Tengo a la vista 120 expedientes. Cada uno corresponde a un cadáver. A
una persona muerta por asesinato. Son 112 hombres y tres mujeres asesinadas, con un tinte marrón en el cuerpo porque acaban de ser rescatados
del hoyo de tierra donde estaban ocultos. De cinco se desconoce el sexo;
el dato quedó vacío en los registros.

Forman parte de las decenas de cadáveres exhumados de las fosas
de San Fernando, llevados en carrozas fúnebres a Matamoros, colocados
en el piso, envueltos en plásticos negros semejantes a bolsas de basura,
amortajados con cinta canela, subidos a un tráiler con dirección a la Ciudad de México, rociados con cal en una funeraria.

La mayoría acabará su travesía en otra fosa sin nombre, en un hoyo
cavado en tierra más grande, otra vez encimados unos sobre otros, metidos en un corriente saco de plástico con cierre. Esta segunda fosa será
cavada por el mismo gobierno que se suponía debía identificarlos. Pero
eso ocurrirá mucho tiempo después.

Por ahora, este archivo que una persona anónima me hizo llegar
solo incluye fotografías y datos médicos levantados en la plancha de una
morgue: son los papeles que se llenan sobre cada cuerpo, para su registro, antes de determinar su siguiente destino.

El expediente se inaugura con oficios que mencionan el número que
los burócratas estatales y federales que se hicieron presentes en la morgue asignaron a cada cuerpo durante su examen en la plancha metálica
en Tamaulipas.

Siguen fotografías de los cadáveres: tomas de cuerpo entero, y otras
que enfocan detalles como heridas, tatuajes, malformaciones, o registran
sus pertenencias: ropas, monedas u objetos que los acompañaban (si es
que al matarlos les dejaron alguno).

A medida que sumaron días ocultos bajo la tierra, sus rasgos fueron perdiendo singularidad y comenzaron a parecerse unos a otros. La tierra que los albergó, y el proceso de descomposición, les dejó ese color parduzco. Algunos tienen un par de días de muertos otros, ya esqueletos, según los registros, hasta 10 meses.

Cada cuerpo es una denuncia, una evidencia, un grito, una catástrofe; es también información, la posibilidad de que una familia encuentre a un ser querido y pueda descansar de su búsqueda. Es la diferencia entre morir cada día, lentamente, en la búsqueda eterna o sosegar el alma dolorida al sepultar a quien se ama.

Las características que arrojan las descripciones parecen calcadas: hombres, jóvenes, pobres. Casi ninguno escapa de la norma. Me acuerdo de lo que declaró una sobreviviente de aquellos viajes de la muerte: que al único pasajero que dejaron seguir su camino fue al que andaba bien vestido. En la mayoría de los dictámenes dejaron vacío el espacio de señas particulares, por lo que muchos podrían ser cualquiera.

Sé algo sobre sus historias. Por eso, cuando los veo, siento que reflejan en sus rostros ese gesto de sobresalto de quien no puede creer lo que está pasando. De quien minutos antes dormitaba en un autobús arrullado por sueños de futuro, respirando el hipnotizante olor a frontera, y un instante después escuchó un violento "párate, güey, vas a valer verga", sufrió los interrogatorios, el asfixiante encierro en la caja de una pick up, las torturas, nuevas golpizas, la deshidratación, vio morir acompañantes, recibió brutales putizas, se aferró a los recuerdos de quienes amaba, acaso rezó una oración.

En varios cadáveres creo ver el sufrimiento extremo que les transformó el rostro en el momento de morir. Imagino el rictus de dolor impreso en sus expresiones; pienso que quizás era una señal para que, cuando los descubriéramos, notemos su llanto y sus gritos pidiendo clemencia. Suplicando ayuda.

Escuchemos el lenguaje de los huesos que piden justicia.

Las fotografías dejan ver un mismo sello: el cráneo roto. El abismo en la bóveda de la cabeza, las cicatrices abiertas entre el hueso, los varios cráteres, los pedazos faltantes.

Rostros sufrientes, acaso tristes, como luce la muerte cuando la carne comienza a ceder, a vencerse. O como una cree que luce cuando intenta dialogar en silencio con esos cuerpos. [*¿Quién eres? ¿Qué te* *hicieron? ¿Quién pudo lastimarte así? ¿Dónde estábamos cuando esto te pasó? ¿Cómo lo permitimos?*]

Solo queda entablar diálogos internos con quienes habitaron esos cuerpos que asoman en los archivos.

Me estremezco al verles porque sé bien que dolerán a las mamás que los buscan y sueñan con rescatarlos y acunarlos cuando regresen al hogar; a las hermanas a quienes carcome la culpa por haberles prestado el dinero para el viaje; a los papás que se castigan por no haberlos acompañado y protegido en el camino (como si una persona hubiera podido salvarlos de la barbarie, de los crímenes autorizados).

Estos 120 cuerpos son el hijo, la hija de alguien, el amor de la vida de una persona, el papi o la mami que les falta a unos pequeños, la familia conectada con su sangre, el lugar vacío en una casa, una ausencia siempre dolorosa y punzante.

Las descripciones forenses desgranan lo que en ese anfiteatro cada cuerpo iba susurrando: ciertas pistas, una identidad revelada:

"Cuerpo 38 Fosa 1. Edad: 25 años aproximados. Sexo: masculino. Estatura: 1.55 centímetros. Complexión: delgado. Características: mentón oval.

Vestía con una sudadera negra con cierre al frente. Camiseta blanca marca 'McGregor' talla M y letras estampadas 'Classic', pantalón de mezclilla 'Abercrombie', *short* blanco como calzón con franjas azules en los costados. En la muñeca una pulsera amarilla con estoperoles. Murió por traumatismo craneoencefálico".

Las secas descripciones de los dictámenes intentan dotar de cierta singularidad a cada cuerpo.

"Barba incipiente (C25)".

"Bigote (C29)".

"Corona metálica en inciso frontal derecho de maxilar superior (C6)".

"En la cabeza presenta un vendaje (C3)".

En el registro destacan ropas de marca, probablemente porque vestían sus mejores prendas, como quien carga un amuleto de la suerte, pues sabían que iban hacia una nueva vida en donde te tratan según tu color de piel y cómo vas vestido. La lista tiene una gran variedad de marcas —piratas u originales, da igual—: Levi's, Nike, Hanes, Ralph Lauren, Wrangler, Gap, Puma, Nautica, Diesel, Lee, Pepe Jeans, Liz Claiborne, Abercrombie, Adidas, Old Navy, Converse, Reebok, Calvin

Klein, Fruit of the Loom, Route 66, Hollister, Lacoste, Aeropostale, American Eagle…

En otros casos el paso del tiempo carcome las marcas de la ropa:

Chamarra azul rey de algodón manga larga, "sin marca visible"; camisa gris con cuadros blancos, "sin marca ni talla visibles"; playera tipo polo negra, pantalón de mezclilla negro, cinturón negro; trusa roja "sin marca ni talla visible"; un mocasín de color negro "sin talla ni marca visibles".

Uno fue despojado de todo; quedó desnudo. A otro le encontraron en el bolsillo una goma de mascar Trident (C7). [*¿Un chicle será un guiño para alguien, una pista?*] Crucifijos, rosarios, escapularios, estampas religiosas acompañaban principalmente a los migrantes que sabían que cruzar esa frontera que los rechaza es un volado, y que para lograrlo necesitan tener palancas en el más allá, algún dios que acompañe su camino.

Al menos 72 de estas personas sufrieron antes de morir. Su acta de defunción indica la causa de muerte: traumatismo craneoencefálico.

Los mataron a golpes en la cabeza.

Reconozco de tantas lecturas, y por referencias que encontraré después, al cuerpo 18. [*Sé que Jovita, tu mamá, hubiera sabido que eras tú si te hubiera visto, pero nunca la dejaron, todavía sueña con que vives*]: "Edad 25 aproximados, medidas 1.73 m, delgado. La sudadera de cierre con gorro negro, pantalón de mezclilla 'Red Imperium'".

Hubo quienes no llevaban nada, y de quienes quedó poco.

"Un zapato de pie derecho número 27".

"Billete de 50 pesos, cuatro pesos y un boleto de autobus no legible".

Algunos cargaban consigo pistas de dónde anduvieron antes de que cruzaran por ese paraje asesino. Como C19, con sus seis monedas en el bolsillo delantero del pantalón: diez pesos, dos pesos, un peso, y las monedas restantes con la leyenda "República de Guatemala".

Hubo quienes dejaron pistas de aquellos que les esperaban.

"Fragmento de hoja cuadriculada con la leyenda 'Juana Pérez', un teléfono, una dirección en Durham NC, o 'Daniel', en Goose Creek SC".

La persona que fue en vida C39 sabía algo sobre los peligros que lo aguardaban en los caminos que van al norte, se había preparado. En el bóxer azul talla grande llevaba un parche de tela "a modo de bolsa oculta", indica el dictamen, en su interior: "una bolsa plástica transparente con billetes". Para esconderlos.

C4, un hombre con un rosario rojo metálico, se aferró a su destino. Su cuerpo fue encontrado con su última pertenencia: el folleto de ODM con el pase de abordar. [*¿Podían haber rastreado tu identidad, acaso llamar a la compañía que te vendió el billete, pedir ver las cámaras de seguridad, buscar tu rostro entre las imágenes para devolverte pronto a casa?*]

Cuando me contaron que fueron asesinados a golpes en la cabeza imaginé un garrote cavernícola, de los que salían en los libros de ciencias naturales, de los que se usaban antes de que existiera la "civilización". Después supe que fue con un instrumento moderno diseñado para construir, no para destruir.

Los indicios de la tortura son notorios en algunas descripciones.

El hombre con el escapulario de la Virgen de Guadalupe quedó "atado de los pies" con una playera azul marino marca Yazbek (C43).

Otro: las manos amarradas con un cincho de plástico. Como si fuera un animal.

Los papeles de la burocracia de la muerte relatan una cacería de migrantes. Y de pobres. Y de toda persona que luciera sospechosa.

Encuentro una mujer en el inventario de cuerpos. A ella le dispararon, es la primera bala que aparece en el registro. La descripción no deja lugar a dudas: "C3. Traumatismo abdominal al parecer por arma de fuego. Cabello lacio largo teñido de rubio". [*La tomaron personal contigo, te dieron en el vientre.*]

Traer la piel entintada fue para algunos una condena a muerte. Sus captores vieron esos tatuajes y se sintieron reflejados en un espejo, usar códigos similares los hacía más sospechosos de ser *contras*.

Así es la locura de la guerra: "Te asesino por esa pantera en llamas a tres tintas que llevas tatuada en el hombro derecho, por ese 'México' en el antebrazo, por la telaraña en el codo (C2). O por el tatuaje de esa mujer, o el escapulario trazado con la Virgen de Guadalupe y San Judas (C3)". "Te mueres porque no soporto que me mire ese rostro de Cristo, ni ver esa mano sujetando el cáliz, ese 'Dios mío', y el perro que pediste que te dibujaran en el cuerpo". (C6) "Me pareces sospechoso por ese 'García Casanova' con letras góticas que llevas escrito en la piel". (C26)

[*¿Qué riesgo podía representar que tú te grabaras en la piel las letras "JM", las manos entrelazadas con un rosario, la estrella, el sol y otros tatuajes que te hiciste de chico y ya perdieron la forma? ¿Por qué quisiste*

tatuarte a Bob Esponja y a Patricio? ¿Eran las caricaturas que veías?
Cuerpo 6, fosa 4: ¿Qué puertas abrían las llaves que llevabas?]

Cada diseño es el concentrado de una historia, arroja pistas sobre la persona que quiso marcarse la piel para siempre con esa imagen.

En Tamaulipas, los tatuajes fueron castigados con la muerte. Sin embargo, en la plancha metálica, los tatuajes son idiomas por descifrar para no morir en el anonimato. [*Aumenta tu probabilidad de que dejes de ser un nadie entre otros nadie, de que te regresen a casa, de que tengas una tumba donde podrán llorarte, y platicarte, ponerte la música que te gustaba y llevarte flores*].

El C33 F1 se encargó de dejar pistas: en el brazo derecho las letras "FTO", una mariposa en un antebrazo, y en el otro un apellido: "Ovalle". Por si no bastara, llevaba un certificado de nacionalidad guatemalteca con su nombre: Feliciano Tegual Ovalle, procedente de Chimaltenango.

Otros, precavidos o por costumbre, viajaron con un documento de identidad en el bolsillo. Sabían que en algún momento podrían necesitarlo. C16 era un treintañero de 1.62 metros, rostro de tez morena, ojos cafés, cabello negro. Llevaba un bóxer color azul de Homero Simpson. En los pies, tines blancos del Real Madrid. En los bolsillos, tres billetes de 100 quetzales y fragmentos de un papel.

Él será reconocido de inmediato porque cargaba en su ropa una copia de su cédula de identidad: William Rodríguez Alejandro. Nacido en 1981 en Cantón Trancas, Guatemala.

Su presencia en las fosas será la prueba de que entre las víctimas sí había migrantes, sí había centroamericanos. La refutación a la diplomacia mexicana que miente, por costumbre o por inercia, aunque tenga la verdad en sus propios archivos.

Otra decena llevaba identificaciones que sirvieron como tarjeta de presentación al ser rescatados de aquellos hoyos bajo la tierra. Pero eso no siempre les valió para salvarse de un nuevo entierro en otra fosa.

En la fosa 4, el cuerpo 10 con registro 16, era un joven michoacano, al que le calcularon entre 22 y 25 años de vida. Desde que lo hallaron quedó despejada la incógnita sobre su identidad: en el bolsillo del pantalón llevaba la Clave Única de Registro de Población con su nombre y dirección. Sin embargo, cuando llamé a su casa, cuatro años después, descubrí que seguían esperándolo, y pagando rescates a estafadores que decían haberlo visto. Nadie les avisó que había sido asesinado.

Los objetos son pistas. [*Un folleto con un boleto de autobús de pasajeros Primera Plus de la línea Flecha Amarilla por el que pagaste 36 pesos, registrado con el folio 0047006, indica que lo abordaste en el municipio queretano de Ezequiel Montes. También la cintilla azul que llevabas anudada a tu cuerpo, en la que se leía "San Juditas creo en ti", quieren testificar tu nombre.*

¿Y tú, a quien no asignaron número, habrás intentado suicidarte, o por qué ese surco que te encontraron en la muñeca derecha?]

Hay cuerpos que parece que quisieran hablar, que hacen guiños mudos que solo unas pocas personas en el mundo tienen claves para descifrar: las que conocen sus secretos y cada cicatriz de su biografía. Por eso, todos los sentidos intervienen cuando se trata de leer huesos y pieles para recuperar al ser amado de entre el tumulto de cuerpos anónimos.

Otro cadáver, otro de los clasificados como 39, en su silencio es elocuente. Bajo la ropa ocultaba secretos, deseos, sueños.

[*Quedaste registrada con tu sexo de nacimiento, aunque tu cuerpo conserva las huellas de lo que hiciste para transformarte. Seguro llevaste una vida de sufrimiento hasta lograr tu autoafirmación. Quizás por eso escapaste de tu país.*]

Escribieron: Masculino, más o menos de 33 años, tatuaje de una flor en la pierna izquierda, una estrella en la primera falange del dedo de la mano izquierda, "J Y B" en el canto de la mano, una estrella y un trébol de cuatro hojas en el cuello, delfines, un corazón y una rosa en el mesogastrio (región umbilical).

[*Llevabas las cejas con delineado permanente.*]

Pantalón de mezclilla Levi's talla 11, medias de licra blancas con azul, "calzón negro tipo bóxer de dama marca Spandex", licra negra tipo *short*, zapatos deportivos con agujetas blanco y azul, sostén color negro talla 34 marca Vivencias.

En el espacio de los senos: "Varios fragmentos de esponja unidos con un hilo negro".

CAPÍTULO 5:
LA BÚSQUEDA

Libreta en la que un padre guatemalteco escribió los pormenores de su búsqueda.

El silencio

Quienes regresaron a sus casas con vida, después de haber pasado por los retenes de la carretera 101, tenían miedo de hablar. Quienes esperaban la llamada de un familiar que no se reportaba temían denunciar por el pavor a que sus secuestradores se desquitaran haciéndole daño. Los parientes de los viajeros desaparecidos que abordaron los camiones que cruzan el Bajío[71] hacia el norte tuvieron que masticar su susto en silencio.

---

[71] Región que comprende los estados de Aguascalientes, Jalisco, Guanajuato, Querétaro, San Luis Potosí, Michoacán y Zacatecas.

Hasta que se difundió la exhumación de los primeros 60 cuerpos y el hallazgo de múltiples fosas en San Fernando, las autoridades locales y federales revelaron su secreto mejor guardado: que pasajeros de autobuses estaban secuestrados y que los cuerpos podían ser suyos. Incluso, un medio de comunicación publicó lo que entre algunos tamaulipecos se comentaba: que faltaba un camión entero, no había pistas de la tripulación ni del vehículo.[72] El dato no se quedó en mero rumor: la Policía Federal rastreó este hecho, como consta en oficios.[73]

Esos días, la angustia cundió en cientos de hogares en los que la vida estaba suspendida alrededor del teléfono, por si el familiar extraviado llamaba. Después la atención se puso en las fosas.

"Duramos 15 días callados, con miedo, porque a la que sobrevivió la habían amenazado. Estábamos prevenidos de que nos fueran a llamar para pedir dinero. Pasaron los días y nada. Si oía un ruido afuera me asomaba, ¿quién sabe si mi hijo anda por ahí perdido porque le dieron un golpe? Por miedo no queríamos hacer nada, pero ya más de lo que una queda destrozada por dentro no se puede, por eso pusimos la denuncia.

Ya habían encontrado las fosas, pero nunca me llamaron para ir, como familia tampoco fuimos a ver. Sentíamos tanto miedo, sentíamos que ir allá era como provocar que nos lo mataran".

"Fue una cosa tremenda. Eso sucedió el 25 a las siete de la mañana; ella *[se refiere a una hija sobreviviente]* regresó al otro día, no tuvo valor de platicar lo que pasó, lo que vio. Casi no dormía, ni de día ni de noche. Se culpaba, [decía] que por qué no mejor se la llevaron a ella y no a él. Eso a mí no se me borra, para nada se me borra. Hubo ocasiones en que sentía que aquí en Guanajuato la perseguían, que las mismas patrullas andaban tras ella. Una vez de un carro Nissan blanco nos apuntaron; mi hija dijo: 'Hasta aquí llegamos'. Se fue a Estados Unidos, mandó a su hijo primero...

Yo, hasta cuando tuve oportunidad, ya pude llorar".

---

[72] Martín Castillo, "Temen más de 100 muertos", *El Mañana*, 7 abril de 2011: elmanana.com/temen-mas-de-100-muertos/1104635.

[73] Ibid.

"Primero, unos de nuestro grupo fueron a la línea de autobuses, hablaron con la encargada, que les comunicó al gerente y él les dijo que no sabía que se habían ido extraviando.

El chofer no quería contestar, ya habían pasado seis días y no sabíamos nada, hasta que el papá de Augusto lo obligó: '¡Como no quieres hablar los estás encubriendo!'.

Entonces, el chofer dijo:

—Es que no nada más bajaron a esos seis, no: bajaron a todos. Nada más dejaron a dos señores.

—¡Tú hiciste mal! —le reclamaba el papá enojado.— Lo hubieras reportado. ¿No ves nuestra preocupación?

Ahí reclamó también al gerente porque no puso ni una alerta ni nada. Según, dijeron después en la PGR que iban a mandar tomarle declaración al chofer porque nos dijo que no fue solo ese día, que ya había pasado desde antes. Pero ese mismo lunes [28] en la noche, otro camión salió cargado de jóvenes de nuestro mismo rancho con rumbo al norte y le pasó lo mismo".

"Se oía que ya dos meses antes les había tocado a unos de Huetamo que también pararon ahí mismo. Después se escuchó que también estaban perdidos cinco de El Limón, y a los nuestros de Morelia les tocó como siete días después de esos.

Al momento de no tener noticias empezamos a preguntar a las familias de los demás. Todos llamamos a sus celulares y ninguno contestaba. Quisimos ir a Morelia a poner la denuncia. Tardamos unos cuatro días más porque estábamos esperanzados de que alguno de ellos se comunicara".

"Cuando fue lo de las fosas, desde Michoacán pedíamos ver la ropa. Incluso también ver los cuerpos, pero nos dijeron que no, que porque estaban muy descompuestos. Yo pienso que si nuestros hijos no tenían papeles ni nada para identificarlos, al menos con alguna cosita podríamos reconocerlos. Mi hijo no tenía cicatriz más la que le dije, pero llevaba todo: su credencial, su CURP, su licencia de manejo. Todo.

En la procuraduría nos dijeron que iban a investigar, que irían a la terminal, que no fuéramos. Y nada. Tantos años y nada".

"A mí me hubiera gustado asomarme directo a las fosas y ver si encontraron guanajuatenses. Me hubiera gustado ver si estaba mi hijo. Con ver la ropa lo hubiera identificado. Pero no nos dejaron. Aun así, nos llevaron a Irapuato, que para darnos información, para platicar con nosotros. En México, en la PGR nos enseñaron un libro con cuerpos que habían recuperado, pero eran cuerpos de viejos, nada que ver con nuestros hijos, que son jóvenes. Nos decían que nuestros hijos estaban desaparecidos. Pero no, yo sé que se los llevaron".

"Fueron días de peregrinar buscando en todos lados, buscando entre los cuerpos de las fosas… Dice mi tía que San Fernando olía a muerte, porque no sólo se llevaron a sus hijos, se llevaron a la mayoría de hombres que se encontraban. Por un tiempo anduvieron mis dos tías buscando en donde aparecían cuerpos. Una tía prefirió darse por vencida, agobiada por el miedo, y la otra continuó buscando sola. En cualquier parte donde encontraban cuerpos iba ella a buscar, vino a pedir ayuda aquí al DF y nada, trató de ser escuchada en las televisoras y no ha tenido éxito".

"Un grupo de señores de aquí se organizó para ir a Matamoros a pedir información de los cuerpos más recientes. Como sintieron la mala espina estando allá en el hotel, se cambiaron de cuarto y pusieron una cama y un buró contra la puerta para que no lograran abrirla. En la noche les trataron de abrir. Escucharon que aventaban puertas en el cuarto que dejaron y que los estaban buscando. Al otro día, cuando van al Semefo, dan las señas de nuestros 23 familiares que faltaban, y les informan que no hay ningún cuerpo con sus características, ni por la vestimenta ni nada. Ellos se regresan a San Luis de la Paz y llegan con la noticia, por una parte, alegre, porque ellos no están entre esos cuerpos, y por otra, triste, porque no los encontraron. Después supimos que en esas fosas sí encontraron a uno".

Los choferes

Fue hasta la primera semana de abril que la procuraduría tamaulipeca tomó declaración a los conductores de los autobuses interceptados a fines de marzo. Hasta el día 8, cuando el hallazgo de las fosas era un escándalo mediático, intervino personal de la Unidad Especializada en Investigación de Delitos en Materia de Secuestro de la Subprocuraduría de Investigación

Especializada en Delincuencia Organizada (UEIDMS-SIEDO), y se los llevó a la Ciudad de México para interrogarlos en la PGR.

A partir de esa fecha les tomaron declaraciones varias veces. Las respuestas eran similares. Un chofer del bus 3400 narró lo que las familias de las víctimas ya decían:

"Bajaron a las personas de sexo masculino, amarrándolas con cintas de pies y manos, y las formaron para hacerles preguntas, sin poder escuchar cuáles, y golpearon a un pasajero por subirse nuevamente al autobús en un descuido de los hombres, pero posteriormente lo dejaron, ya que viajaba con su esposa; al finalizar el recorrido, a Matamoros únicamente llegaron cinco personas: cuatro mujeres y el hombre que fue golpeado".

Otro chofer, quien vio en aprietos al bus 3091 proveniente de Zamora, recordó:

"Dejando las personas armadas solo ocho mujeres y dos señores grandes, bajando a 18 personas de sexo masculino. Al terminar dieron la orden de que nos fuéramos, dejando a los pasajeros en ese lugar. Al llegar a la ciudad de Reynosa, aproximadamente a las 9:30 a. m., se reportó este incidente ante el encargado [...]. Los días siguientes, algunos familiares de los pasajeros se entrevistaron conmigo para pedir información [...] El día de hoy, al solicitar apoyo por parte del sindicato me comentan que no se tenía conocimiento de los hechos pues nadie, incluyendo al jefe de REX [Reynosa], había dado información al respecto".

Las maletas

Desde principios de 2011 a las terminales de Reynosa y Matamoros llegaban más maletas que pasajeros. Los bultos, las mochilas, los maletines, las chamarras encontradas entre los asientos, sin dueño que las reclamara, se fueron acumulando en las terminales de autobuses. Eso no activó alerta alguna. Las compañías de transporte, además de guardar el equipaje no reclamado, también guardaron silencio. Igual que las autoridades.

Y la venta de boletos continuó como si nada.

Hasta abril, cuando oficialmente inició la temporada de las fosas, los medios de comunicación publicaron datos de escalofrío:

> "Un vendedor de boletos de Ómnibus de México, quien pidió el anonimato, confirmó que durante los tres primeros meses de este año les llegaron maletas solas. Agregó que el equipaje duró en la bodega de Ómnibus más de dos meses, y que hace 15 días la PGR las decomisó.
>
> El diario *El Mañana* de Tamaulipas informa además que la línea de autobuses Transpais tiene 50 maletas en sus bodegas desde hace seis meses; la mayor cantidad de maletas perdidas fueron aseguradas en diciembre (de 2010) y enero.
>
> El secretario de Gobierno de Tamaulipas, Jaime Canseco, dijo que un total de 17 maletas y 12 piezas de equipaje aseguradas en Matamoros son parte de los elementos que ayudarán a establecer la identificación de algunas víctimas [bla, bla, bla]".[74]

> Nota de *El Informador*.

En los interrrogatorios los conductores y el personal de la compañía de autobuses ODM comenzaron a mencionar las maletas huérfanas que descubrían en su parada final:

> "Me di cuenta de que sobraba una maleta de color rojo de mano; en los portaequipajes había muchas más. Todas se las entregué al encargado de la taquilla de Reynosa [...] deben estar en esa central de autobuses".

---

[74] "El equipaje recuperado, clave para identificar los cuerpos", *El Informador*, 20 de abril de 2011: https://www.informador.mx/Mexico/El-equipaje-recuperado-clave-para-identificar-los-cuerpos-20110420-0179.html.

"[...] El equipajero, nos informa que se había quedado una maleta y como ya no había ningún pasajero procedimos a entregársela a Daniel para después retirarnos de lugar con dirección al taller con el camión, ya en el taller el guardia revisa el camión y encuentra cinco mochilas entre los asientos del camión, así como tres tipo chamarras..."

"Estas maletas están en resguardo en las oficinas de Ómnibus de México en Reynosa [...]. Tenemos una Norma de Calidad ISO 9001:2008 que nos rige, la cual establece que solamente se guardarán los registros por dos o tres meses".

Oficio de la empresa enviado a la CNDH.

Las pertenencias

La serie fotográfica comienza con varias cajas apiladas. Le siguen imágenes con las tapas abiertas; de su interior sacan mochilas y maletines. En una foto general se nota que están dentro de un cuarto, en el sitio donde reposaron por más de cuatro años. Lo que sigue son los interiores de los maletines, prendas de vestir que puede llevar cualquier viajero: pantalones de mezclilla, trusas, camisetas, tenis.

Son imágenes contenidas en un archivo digital que creó un perito fotógrafo de la PGR encargado de registrar el equipaje acumulado por la empresa ODM en sus oficinas de la Central de Autobuses de Reynosa. En una toma, al fondo, se ve el logo de la empresa. El autor fechó el oficio el 9 de abril de 2011. Sus fotos las pude ver once años después. De entre las ropas de uso cotidiano cada tanto se asomaban objetos personales; algunos daban cuenta de la dura travesía que les aguardaba a sus dueños, la sed y el sudor que pasaron en esas rutas que recorrían. Estos anoté:

Mochila. Desodorante. Pasta de dientes
Electrolitos
Celular desechable. Un balón
Aspirinas
Acta de nacimiento con NOMBRE, registro civil mexicano

Botellas de agua de litro. Jugo Del Valle
Peines. Tenis. Cargador de celular
El folleto de la compañía de autobuses con OTRO NOMBRE, legible
Hielera con cervezas
Muchos pares de calcetines
Pomada. Papel de baño. Sandalias
Escapulario
Identificaciones. Fotografías de niños
Papelitos con anotaciones y teléfonos
Crema para labios resecos
Chicles. Barra de chocolate Snickers
Enjuague bucal. Cepillo de dientes
Sobres Vida Suero Oral
Cartas de amor!!!

La esposa

Migrar es ley de vida para los habitantes de San Luis de la Paz, Guana-juato, como de muchas regiones de México vaciadas de habitantes. Las familias de 23 jornaleros de ese municipio han sufrido las consecuencias de los cambios de las políticas migratorias en Estados Unidos, que obligaron a sus seres queridos a pasar en su viaje a la frontera, a través de caminos de los que se adueñaron grupos criminales, y de los que muchas veces no se retorna.

"Esta vez le dije: 'Espérate a que este nazca; después, si quieres, te puedes ir'. Le insistí en que no se fuera porque tengo cuatro hijos y nunca estuvo cuando nacieron; él se iba y ya cuando venía ellos salían corriendo a encontrarlo, ya grandes. Pero él sentía el compromiso con un compañero que le había encargado llevarse a un hermano de 18 años para que viera cómo está el movimiento para cruzar.

Mi esposo trabajaba en construcciones de casas de madera en Jackson, Texas, Oklahoma, Luisiana y diferentes lugares. Ya había cruzado dos veces. Los años anteriores, desde aquí se los llevaba el mismo coyote que también los cruzaba por el río, los encaminaba, y los dejaba en el lugar donde tenían que llegar en Estados Unidos.

O sea, no tenía ni que pagar una cuota para cruzar, solamente pagaban a los lancheros, o hasta con llantas los pasaban.

Antes los coyotes decían: 'Yo voy a llevar este autobús lleno de gente para pasarla', y jalaban grupos grandes de diez, 20 y hasta 30 personas. Eran más vistos. Ahora está más complicado por la pelea de los cárteles, se llevan tres o cuatro.

Estos últimos años, él me decía que ya estaba muy trabajosa la cruzada, yo le preguntaba por qué y decía: 'Me siento más seguro cruzando el río de aquel lado que de éste, porque de este lado hay mucha *gente mala*'.

Otro día me dice: 'Ya hasta tenemos que pagar de este lado para que nos dejen cruzar'. '¿A quién le pagan?'. 'A la *gente mala*, nos cobran una cuota'. Por eso, cuando me dijo que se iba le pregunté: '¿Con qué coyote te vas a ir, lo conoces?'. 'No, no lo conozco, es de Dolores Hidalgo, pero uno de La Escondidita está juntando a la gente; él es su contacto directo y lo conoce'.

Quince días antes de que saliera se había ido un grupo de aquí mismo, de la comunidad, con ese nuevo coyote. Como los pasó, decían: 'Ese coyote la está haciendo, tiene buena suerte y cruza', y él se animó a irse.

El coyote de nuestra comunidad conocía al de La Escondidita, eran compañeros y siempre llevaban gente, mucho antes de que cobraran esas cuotas. Mi esposo me dijo: 'Con él te informas', y el 21 de marzo de 2011 salió de aquí con 100 o 300 dólares, la cuota para cruzar.

Pasan dos, tres días, y no sabemos nada de él; voy con el coyote de la comunidad y le digo: 'Disculpe, ¿sabe si ya estarán para cruzar el río?'. Y dijo: 'A veces duran muchos días... el otro viaje que se llevaron duraron 15 días encerrados porque estaba lloviendo y después los cruzaron, no te preocupes'.

Mi esposo me había dicho: 'Primeramente Dios, para el domingo, a más tardar, ya tienes noticias mías'. Se llegaron los días y no hablaba, sus hermanos desde Estados Unidos preguntaban qué pasó, que no había llegado a donde iban a trabajar. Volví a preguntar al señor y me dice: 'Así se tardan'.

En el viaje que salió 15 días antes iba un hijo suyo y me dijo que él lo acompañó a Dolores Hidalgo, a donde estaba el mero coyote que juntaba a toda la gente, 'para ver con quién se iba mi hijo, siquiera para conocerlo en caso de que pasara algo'. Ya después, cuando lo mandaron a declarar, no dijo nada de eso.

Cuando llego de regreso a la casa veo a mis cuñadas, como que se ponen nerviosas, no me querían decir nada porque yo estaba embarazada, tenía cinco meses. 'Pues ¿qué pasa?'. Una me dice que su esposo le habló desde Estados Unidos, que allá se enteraron de que en México agarraron a todos los que iban allí en el camión, 'que le quitaron la gente al coyote'.

Esto lo supieron allá porque uno de los que se fueron en el viaje anterior lo comentó: que ellos alcanzaron a escuchar cómo le advirtieron [al coyote] que, la próxima vez que cruzara, iban a quitarle a la gente porque no les estaba dando la cuota, supuestamente, a Los Zetas.

Después supimos que en Estados Unidos la gente estaba consiguiendo dinero para pagar el rescate, dijeron que 700 dólares por los dos coyotes, pero nunca mencionaron cuánto pedían por la gente que llevaban.

Y con una situación como esa, uno no halla cómo reaccionar o a dónde acudir, con quién, porque el miedo te paraliza y dices '¿y si voy y denuncio?, ¿pero si les pasa algo?'. Después voy sabiendo que en ese viaje también iban dos primos míos, que su esposo de aquella, que también su hijo, que el hermano de ella, y que un muchacho —sobrino de un concuño—, y ahí vamos preguntando y enterándonos. Fue como empezamos a juntarnos los familiares y supimos que eran 22. Y fuimos a ver a la esposa de José García a La Escondidita.

Cuando sale la señora, le preguntamos qué sabe de don José y de la gente, y ella empieza a llorar y dice: 'Tampoco sé nada de él, mi hija le habló a su papá para ver por dónde iban, y le contestó un hombre y le dijo con groserías que los tenían secuestrados y que querían dinero'. Él era el 23.

Saliendo de ahí fuimos a la dirección del mero coyote, sabíamos que se llamaba Guadalupe Almaguer, y cuando llegamos a su casa en Dolores Hidalgo unas personas nos dicen 'aquí no vive', nos dan otra dirección y nos mandan a una casa abandonada, nunca salió nadie. Nos vinimos y luego nos marcaron y dijeron: 'Sí tienen a la gente, piden 300,000 pesos'. Supimos que era una extorsión.

Fuimos a decirle al presidente municipal: 'Ayúdenos, mire lo que está pasando con nuestros familiares, no sabemos de ellos'. Una regidora nos acompañó a Guanajuato. El viaje fue una burla para las familias que fueron representando a todos: las reciben, las escuchan y les dicen 'le vamos a dar seguimiento', y se acabó. 'Tienen que hacer su denuncia en su municipio', y entonces a regresar, y es cuando vamos otra vez a intentar denunciar acá".

> Entrevista a María Ángela Juárez Ramírez,
> esposa de Valentín Alamilla Camacho,
> desaparecido con sus 22 compañeros el 21 de marzo de 2011;
> es cofundadora del colectivo Justicia y Esperanza.

Las denuncias

Como si fueran en peregrinación, una seguida de otra, las familias comenzaron a transitar por los laberintos de la burocracia que son las agencias de los ministerios públicos estatales y la PGR, donde son especialistas en jugar con los parientes de las víctimas un desgastante y cruel *ping-pong*, y a quienes mandan a otras múltiples ventanillas donde les piden más información pero poco o nada resuelven.

En la mayoría de los casos a las angustiadas familias las engañaron los propios mp: tras tomarles las declaraciones solo les abrieron "actas circunstanciadas", equivalentes a constancias de hechos, que no obligan a iniciar una investigación.

"Cuando íbamos a pedir apoyo teníamos que hacernos un nudo en la garganta y allí soltábamos el llanto, no podíamos contenernos. La reacción de las autoridades era decir: 'Señora, su hijo no es el único que está desaparecido, hay muchos; no crea que yo voy a tener el tiempo si muchos desaparecen'".

"[La testigo] denunció lo que vio: que se llevaron a puro joven. A mi hijo lo vieron alto, fornido, con capacidad para trabajar. Ella les aclaró a los del MP que no eran malandros, que iban a Estados Unidos para trabajar, y que si lo encontraban trabajando con *esa gente* él no tendría la culpa, que no le hicieran nada, porque se fue contra su voluntad".

"De que supimos que se perdieron, los tres fuimos a Morelia. Yo iba bien, llevaba mis cinco sentidos, pero no me acuerdo de nada. Nos tomaron pruebas y desde ahí no nos han hablado. Al mes fuimos, primero la nuera mía con el niño, luego fui yo. Nos preguntaron hartas cosas, estuvieron como tres horas con cada una: que cómo era, que de qué color llevaba la ropa. Les dije que es Edit Escuadra Gómez, que tiene 32 años. Desde los 17 años, él se fue [a Estados Unidos], se regresó porque le dije que ya llevaba yo mucho enferma, pero a los nueve meses se quiso regresar.

Nos preguntaron hartas preguntas, hasta qué les dábamos de comer. Éramos muy pobres, yo les daba de comer muy mal: frijoles, nopales, chiles, pepitas... Al final le dije a la licenciada que si está muerto, aunque sea muerto me lo traigan. Cuanto más vivo, mejor. Pero si está muerto, para tenerlo acá. Siquiera decir: aquí lo tengo enterrado".

"En Celaya me abrieron una AP [averiguación previa], luego movieron el expediente. En Irapuato otra AP, y en México otra, en la Unidad de Homicidios. No puedo asegurar ni quién me tomó cada declaración. Empecé a hablar a la SIEDO, y luego el MP ya no estaba. Y después ni de México ni de Irapuato ni de ninguna parte me volvieron a llamar".

"Es difícil vivir así, sin que las autoridades saquen la cara por las personas desaparecidas. No sabes a dónde correr, a quién pedir ayuda, la crueldad con la que te tratan las autoridades, la indiferencia. 'Se ha de haber ido con otra', te dicen. Tanto tiempo sin poder pedir ayuda porque no confiamos ni en los de la Policía Federal, ni en los de Guanajuato. ¡Y no, no confías para avisar que lo secuestraron! Ver tanta gente con foto en mano de su familiar es doloroso, y la autoridad dice que aquí no pasa nada. Son tantos los que no regresan. Tienes un lazo en el cuello y no puedes decir nada de que tu familiar está desaparecido porque el gobierno está también desaparecido".

Las señas particulares

El primero de los muchos trámites para denunciar la desaparición de una persona es llenar las fichas sobre las circunstancias en que ocurrieron los hechos, qué pertenencias llevaba la persona no localizada, cómo vestía y cómo es físicamente. Sirven los recuerdos del tatuaje que no le gustó, la cicatriz de la cesárea de aquel parto malogrado, las fracturas de la infancia y todo ese tipo de detalles que rememoran los lazos de amor, aunque quedan fuera de los afiches de búsqueda.

"Llevaba tenis así, amarillos de adelante y cafecitos de atrás, eran de cuerito. No supe la ropa interior. Tenía el dedo como de gancho, como por fuera, tieso porque su tía Lencha estaba partiendo calabaza y se lo cortó. No estaba ni tan alto ni tan chaparrito. Dejó un hijo de un año, se llama Eri".

"En la agencia de Homicidios pregunté por una carta que me pedían para retirar los ahorros de la caja y me enteré de que habían encontrado algunos cuerpos, pero dijeron que ninguno con sus características. Él llevaba pantalón de mezclilla, chamarra azul marino, zapatos como los que usan en Estados Unidos para trabajar, no usaba tatuajes. Tiene una característica: cuando estaba chico le quedaron prensados los dedos, las tres falanges de la mano izquierda".

"Mi hijo llevaba su acta de nacimiento, su credencial de elector en la cartera. Yo le dije: '¿Para qué llevas esa acta? A los de Michoacán no los quieren allá, porque ahí los están bajando'. Porque hartas cosas ya se escuchaban. 'Te van a rajar, ¿y qué?, ¿les vas a enseñar la credencial?'. Él me dijo: 'Mejor llevo esto que nada, si me van a matar que me maten'".

"Me decían que había montones de mochilas que habían recuperado, que por qué no iba a Matamoros. Porque mi hijo llevaba una mochila negra, no era bultosa, era pequeña, y pantalones de mezclilla sobrepuestos, playera de color como naranja, su reloj de metal y de esos zapatos que traen de allá pintados de negro, que son amarillos cuando son nuevos. Y traía un celular que sí sonaba, pero dejó de contestar por muchos meses. Ya después contestó otra persona que dijo que a él le habían dado ese número. Estuve dos años marcando y marcando".

Los buitres

La búsqueda de personas desaparecidas en México está llena de puertas falsas y de espejismos en el camino, con elevadores que conducen hacia sótanos o hacia pisos superiores, porque se da un trato distinto a ricos y a pobres. Cuando los funcionarios dicen que están buscando, muchas veces significa que enviaron oficios a otros funcionarios que también simulan que hacen algo mandando a su vez nuevos oficios. En ese periodo aparecen otras personas —a veces vinculadas con los mismos MP que levantaron los reportes— que aprovechan la desgracia para enriquecerse. Pero toda esperanza que surge es una oportunidad de encontrar a sus seres queridos con vida.

"No le quiero dar mi teléfono, estos años nos extorsionaron muchas veces. ¿Para qué le digo cuánto? Que decían que los tenían, que les depositáramos, que les iban a hacer algo. Cuando les decíamos que nos los pusieran al teléfono, nada. En dos, tres ocasiones sí se puso el dinero, ya después querían más y más. Y uno se cooperaba con los demás familiares porque nos decían que todavía estaban juntos. Lo mandábamos, decían que los iban a soltar tal día, y ese día llegaba y nada. Luego otra vez nos volvían a hablar. Han hablado tanto. Tantas amenazas, tantos engaños. Ya no hallamos ni qué hacer, ni en quién confiar [llora]. Me gustaría mucho saber qué ha sido de mi hijo".

"Me hablaban de un teléfono que, cuando yo llamaba, no daba señal. Decían: 'Ahoritita se los vamos a pasar'. Y nada. Así todo el día. Luego, después hicieron una llamada de que estaban en una iglesia, que estaban bien, pero que estaban heridos, necesitaban atención. Esa vez sí me sacaron 6,000 pesos, fue como al mes de perdidos. También vinieron dos periodistas de Morelia, me pidieron la foto de mi hijo para publicarla, se la llevó el periodista y no me la regresó".

"Un día nos sacaron 500 dólares, decían que los habían encontrado, que estaban golpeados, que nos iban a hacer el favor de traerlos, pero que necesitaban dinero. Nosotros les creímos, ya después querían más, ¿y de dónde lo vamos a sacar? 'Entonces los vamos a matar', nos dijo, y cuando le dijimos: 'Danos la muestra de que es él', nos pasó a uno en el teléfono, pero se reconocía que su voz no era".

"Se me pasó mencionarle que un 12 de diciembre del año pasado él me marcó. Nada más así, me marcó, y yo [decía] 'bueno, bueno, ¿sí?', y él colgaba. También antes de llegar el 24 de diciembre marcó a las ocho, a las once y a las dos de la tarde, eran diferentes números de ladas de Torreón y así de como por allá. Después de un tiempo me animé y dije: 'Voy a marcarle', entonces me salió que ese teléfono no estaba en servicio. Yo lo sentí como que él llamó y quiso avisarme 'estoy bien'. Un día hasta me marcó de un número de Toluca y feliz dije: 'Ya viene, ya viene, a ver cuándo me habla de Querétaro'. En una de esas llamadas, cuando contesté me atreví y le dije: '*¿Mijo, mijo?*', y colgó.

Le pregunté a un vecino trailero si podía ser él y dijo que sí. Tengo la esperanza de que está vivo".

"¿Qué hace uno cuando se le pierde un objeto? Busca luego luego, va buscando y preguntando. Pero desde el principio las autoridades fueron muy indiferentes. A ver, si soy autoridad y me están haciendo reportes de personas desaparecidas y [en los] que están casi pasando los mismos hechos, tengo el deber de buscar y de investigar el porqué. Pero pasó una vez y se hicieron de la vista gorda, y vuelve a pasar y como si nada. Entonces, nuestra gran pregunta es: ¿Está con nosotros la autoridad o está a favor de los delincuentes?".

"Nosotros teníamos conocimiento de dos grupos enteros de jornaleros queretanos desaparecidos, y pura indiferencia, como si no ocurriera nada. Lo comparábamos con el secuestro de [el senador] Diego Fernández de Ceballos, en el municipio de Pedro Escobedo [en Querétaro]: para dar con él se movilizó al ejército, las policías federal, estatal y municipal, hubo perros y helicópteros, y me impresiona cómo es que nadie se preocupa por saber que tantos jornaleros estaban desapareciendo y no los buscaban. Como si se perdiera un animal en el cerro… aunque, incluso, cuando se pierde un animal los campesinos salen a buscarlo".

"Mi hijo, el que vive en Estados Unidos, iba mensajeando con su hermano, que acababa de salir, pero como le dejó de contestar pensó que se le había terminado el saldo. Todavía a las dos de la mañana le puso saldo, le mandó mensaje, pero tampoco contestó. Al otro día, el señor que los estaba esperando en la terminal le avisó a mi esposo que no había llegado. Él no me quería decir nada para no preocuparme.

Al otro día tempranito nos llamaron, pedían 250,000 pesos por él y por el hijo de mi comadre, dijo que los iban a matar, y nosotros llorando les pedimos que no los maten, les dije que no tenía dinero pero lo iba a conseguir, y me fui a Huetamo, pero [en el banco] me empezaron a investigar. Cuando me llamaron les dije: 'Me están investigando'. 'Entonces no lo ponga. ¿Está dispuesta a entregarlo [el dinero] cara a cara?'. 'Sí'.

Todavía esperamos como ocho días. Después fuimos a poner la denuncia.

¿Por qué cree que todavía pago el teléfono? Porque tengo la esperanza de que va a hablar."

"Cada vez que veíamos en la tele que rescataban a migrantes, hablaba yo y pedía: 'Por favor, fíjense si allá no está mi hijo'. También siempre les pedía: 'Déjenos entrar a donde están los muertos, yo sé que si voy a ver los cuerpos de la pura dentadura lo reconocería'. Pero no dejaban. Ya ve la desesperación de uno: he ido lejísimos a echarme las cartas, he ido con muchos, me han cobrado, otros no, pero todos me han dicho que está vivo".

"Yo fui a las cartas a Huetamo. Cobró 350 pesos. Me dijo que lo habían matado, que estaba con la cabeza de frente al sol muriéndose de sed y hambre. Al final me dijo: 'Ponle un vaso con agua y frutas en un plato; murió con harta sed'".

El purgatorio

Algunos de los cuerpos con tatuajes o documentos entre la ropa salieron primero del anonimato de los NN, los *nomen nescio*, las víctimas de nombre desconocido, esa población siempre en aumento que habita en morgues y panteones. Pero recobrar la identidad en México no significa regresar a casa. Son pocos los cuerpos desenterrados de fosas clandestinas que tienen una tumba marcada con su nombre a donde quienes les amaban pueden ir a rezarles. Pasado el reporte de desaparición, generalmente, el caso se empantana. La mayoría de las familias que entrevisté en 2015 y 2016 seguían atrapadas en el limbo de la incertidumbre.

"La primera muestra de sangre fue como en septiembre, ¿no?, ya casi para fin de año. Nos dijeron que iban a tener respuesta hasta entrado el año, luego nos mandaron llamar para sacarnos más, preguntaron lo tocante a cómo era él de pies a cabeza. No nos dijeron ni para qué ni nada, solo que fuéramos. Esa vez nos sacaron sangre, nos tuvieron haciéndonos preguntas de todo, de cómo era, del peso que tenía. No me acuerdo que nos hayan dado un papel o algo".

"En 2011, cuando se llevaron a mis muchachos, el presidente municipal Tomás [Gloria Requena] no atendía, y el presidente [Mario de la Garza Garza] que acababa de pasar dijo a la Marina que todo estaba bien, y no era cierto. Años después, [el gobernador panista Francisco García] Cabeza de Vaca nos citó, dijo que iba a ayudar a los muertos de San Fernando, y cuando volvieron a venir del gobierno llegamos como 100 gentes de San Fernando, o más, que buscamos familiares. Muchas. Nos trajeron un equipo de investigación forense que toma la sangre, pero nunca nos ayudaron en nada. Hay gente que me dice: ¿ya *pa'* qué siguen buscando si ya se murieron? Yo sigo adelante. En Matamoros, cuando las fosas, el MP me preguntó: '¿Dónde se le perdieron?'. 'No, señor', le dije, 'no se perdieron, se los llevaron'".

"Nos hicieron ADN, nos quitaron salivas, nos sacaron sangres, nos quitaron greñas y la otra vez también más sangre que porque si ellos no aparecen tienen que volver cada tres años a sacarla, según dijeron en Morelia. Y que de los nuestros todavía no hallaban nada que porque, *asegún*, tienen muchos cuerpos todavía".

El duelo suspendido

Al recorrer en mi auto, en 2015 y 2016, aquella ruta de las ausencias encontré familias que ya habían recuperado y enterrado a sus parientes, pero no habían superado el dolor de perderlos. Les costaba trabajo digerir esa brutal forma de morir. En Guanajuato encontré a una viuda que no lograba conciliar el momento en que vio a su esposo bajando del autobús y el cuerpo destrozado que después le entregaron; tramos más adelante conocí a una madre que sospechaba que los hijos que sepultó no eran suyos, no reconocía los tatuajes que le mostró la PGR, y fantaseaba con ver a sus muchachos regresando a casa. Varias seguían con dudas sobre a quién enterraron.

"Al principio solo salió [identificado] un señor que era poquito más nuevo que mi señor; un vecino que tenía ocho hijos, que lo encontraron y lo trajeron. Su hijo mayor, Adrián, fue a ver las fotos, dijo que para él no era conocido. Como no tenía carne en la cara cómo lo iba a conocer. Él dice que quién sabe, que no se le figuraba a él, que estaba bien *desconocible*, que quería ver si lo reconocían por medio de sangre. Y eso dicen las gentes aquí, que ese que trajeron no era él. Pero sepa Dios para saber la realidad.

A nosotros nunca nos enseñaron fotos. Como no salieron los nuestros, no nos dejaron ver. Yo quería meterme al cuarto de los muertos, voltearlos boca arriba, pero no nos dejaron ir".

"Él se llamaba Raúl Arreola Huaracha, era mi hermano, era papá, tenía 40 años. Iban a McAllen a buscar un vestido de novia para la hermana de su esposa, salieron de la terminal de Celaya. En el camino se subieron hombres armados. Cuando pasó todo, ella vio cómo los bajaban.

Teníamos mucho miedo porque les quitaron las credenciales con sus datos, a él le encontraron la credencial. No quisimos hablar nada. Le hicieron el ADN a mi papá en México cuando nos llamaron para entregarnos el cuerpo. Su esposa lo vio por foto, lo identificó por el tatuaje del perro. A los tres meses lo regresaron en un ataúd. Quisimos creer que era él. Tenía el cráneo destrozado. Los mataron a martillazos según la gente. Por esa noticia mi papá, que se dedicaba a las vacas, se decayó. Mi mamá también.

Quizás a él lo buscaron y lo encontraron porque era ciudadano americano. Porque su hijo lo denunció al FBI".

El papá peregrino

Conocí a Arturo Román Medina en el Semefo de Matamoros en 2011, lo volví a ver otras dos veces años después. Sus hijos, dos jóvenes defeños, desaparecieron cuando San Fernando estaba ocupado por la fuerza pública debido a la recién descubierta masacre de migrantes. Este paramédico retirado peregrinó infinidad de veces a Tamaulipas, con su esposa, esculcando los lugares donde pudieran tener a sus únicos hijos, recorrió todas las dependencias de gobierno. Gastó sus bienes en esa búsqueda desesperada que hasta hoy continúa. El día en que lo vi por primera vez él preguntaba si entre los cuerpos había alguno que llevara tatuado una pelea de samuráis.

"La masacre de los 72 fue el día 23, lo de mis hijos fue el 25 de agosto de 2010, dos días después viniendo de Estados Unidos porque necesitaban comprar cosas para el bebé que estaba por nacer. Mi hijo [Axel] alcanzó a mandar un mensaje a un amigo [me muestra la pantalla del celular en el que se lee textual]:

> No mames Wey, nos acaban de secuestrar en San fernando.
> No hahas nada si llega a pasar algo solo avisale a mis papa.
> A mi me metieron en la cajuela. No vayas a llamar ni nada.

Cuando le enseñé el mensaje a las autoridades hasta se rieron de mí. '¿Cómo cree? A un secuestrado le quitan todo'. Pero no, ya ve, estaba escribiendo desde la cajuela porque eso dice: 'No me marques'.

Mis hijos venían en una camioneta Caravan y traían tablas de *skate*, *shorts*, camisetas y una cuna. Me hablaron desde la línea fronteriza, que se iban a formar para pagar los impuestos e iban a cenar en San Fernando porque les gustaba el corte de carne con papas en mantequilla y un refresco de ponche en el restaurante Don Pedrito.

Cuando rastreamos qué les pasó me dijeron que de una camioneta negra se bajaron unos con armas largas: subieron al grande en una camioneta, en la cajuela de un auto al chico. Les pregunté en el restaurante por qué no hicieron nada. 'Si nos ponemos al brinco nos matan'.

Desde entonces estamos peregrinando. En la PGR nos dijeron que como no nos habían pedido dinero no es secuestro, en la SIEDO lo mismo. Así anduve. Me vi en la necesidad de venir primero a Reynosa y ni me dejaron entrar a la PGR; llegando a San Fernando me dijeron que no había MP, que lo habían matado, ni siquiera me levantaron acta ni estaban abiertas las oficinas, y me mandaron a Matamoros. Hasta el 28 de agosto me dieron el acta. Me dijeron que llevara copias a PGR, Marina, Sedena, PFP... Unos ni me la sellaron, y así hemos andado de arriba para abajo.

Todavía después se registraron llamadas desde el celular de Natanael Arturo, tres o cuatro llamadas desde San Fernando a Veracruz, el 29 y 30 de agosto. La sábana de llamadas la llevamos a un comandante de la Policía Federal, al búnker de Iztapalapa, le pedí ayuda varias veces a [Genaro] García Luna y a [Luis] Cárdenas Palomino. Mi idea era ponerme un GPS y meterme [a campamentos zetas], pero no quisieron acompañarme. '¿Cómo le hago si no tengo ni pistolita de agua? ¿Y si me pongo un chip con GPS y me capturan, ustedes me rescatan?', les insistí y no quisieron.

Otra vez tuvimos un informe de la Policía Federal donde indican que encontraron a mis hijos robando gasolina el 24 de julio de 2012 en Tabasco, y que estaban detenidos con 14 personas y hallaron su auto, no nos dejaron viajar y luego dijeron que estaba mal el reporte. ¿Pero cómo, si es un reporte oficial? Por medio de la Plataforma México[75] nos contestaron que no estaban presos en ningún penal.

Nos hemos contactado con la señora Wallace, con la doctora Morera, con los derechos humanos en varias partes de la república, con CADHAC, hasta con la señora Aristegui, con *Milenio*, con Martínez Serrano…[76] No nos hemos estado quietos. Le hemos escrito cartas al presidente [de México].

Nosotros hemos ido a todos lados. Fuimos a Victoria porque desgraciadamente todos dicen que no les corresponde, y de una instancia vamos a otra. Ya conocemos todas las oficinas: PGR, Naval, Sedena…

En 2011, durante la segunda masacre de San Fernando [el hallazgo de las fosas], fuimos con el MP pero ya no estaba, se fue con un tráiler refrigerado con personas desconocidas. Gracias a Dios mis hijos no estaban ahí. Había una cantidad tremenda de cuerpos, decían que iban a ser más de 200, que las funerarias no tenían capacidad. Cuando fui, [en

---

[75] Es una plataforma tecnológica avanzada de telecomunicaciones y sistemas de información que integra todas las bases de datos relativas a la seguridad pública en México.

[76] Se refiere a Isabel Miranda de Wallace, directora de la organización Alto al Secuestro, y a María Elena Morera, que hasta 2009 presidió la organización México Unido contra la Delincuencia y luego fundó Causa Común, ambas cercanas al secretario de Seguridad Pública Genaro García Luna; la organización Ciudadanos en Apoyo a los Derechos Humanos de Nuevo León, la periodista Carmen Aristegui y el locutor de radio Héctor Martínez Serrano.

una funeraria] me dejaron pasar a ver a cuatro personas jóvenes que aca-baban de encontrar, los tenían en el suelo, después les pusieron cal para que no se pudrieran. Afortunadamente no eran mis hijos.

Cuando fuimos a tomarnos la muestra de ADN en Matamoros, le dije a las demás familias que estaban ahí: 'Compañeros, como estamos con el mismo dolor deberíamos organizarnos e ir con el gobernador o a la televisión'. Nadie dijo nada, todos tienen temor.

Cuando llevaron los cuerpos a la Ciudad de México nos mandaron a la PGR; en cuanto iba uno llegando, luego luego te atendían. Era para que no nos juntáramos a hacer manifestaciones ni nada. Nos dijeron que iban a dar información, que dejáramos los datos, y nada. Cualquier información sería útil, no nos dan nada en nuestro peregrinar, nomás nos batean.

Ya nos tomaron ADN en Victoria, en Matamoros, en México. El año pasado nos tomaron a mi esposa y a mí, y otra vez en 2015. Esa es otra de mis tristezas, no ayudan a buscar a los hijos como vivos, los buscan ya como muertos, por eso lo del ADN. Si así como buscan *narcofosas* se pusieran a trabajar, encontraríamos a mucha gente secuestrada. Como mis dos hijos son muy trabajadores y tienen mucho carisma y saben usar computadoras, seguro los tienen trabajando. Yo creo que todavía están vivos, no quiero encontrarlos en fosas, pero quiero ir de todas a todas.

Cuarenta veces fui a San Fernando. En ese momento está uno tan traumatizado, sacado de onda, que a veces uno maneja por manejar, va con miedo. Una de las personas dueña de funeraria nos contó que en las fosas de La Joya había 250 muertos, pero no tenían capacidad suficiente para sacar a todos juntos, así que iban sacando de a poquitos. Como eran demasiados cadáveres, se juntaron las cuatro funerarias para sacarlos.

Desde que llega uno al municipio lo empiezan a seguir, sea en moto o en coche. O te paran: '¿Qué andas haciendo?'. Yo he visto a los *halco-nes*, gente mandada por el narco; se arriman al carro, nos acaba de pasar. Como uno viene inadvertido, los escucha hablando cuando dicen en la radio: 'Es un vehículo fulano, no trae placas de aquí'. Uno se espanta y, ni modo, tiene que seguirle. Al estado de Tamaulipas no lo gobierna el gobierno, lo gobiernan los narcos.

Un día llegué a ver a los marinos, me orientaron para que fuera a Matamoros porque ahí correspondía levantar el acta. Me dijeron: 'Te conviene que te salgas de aquí porque si no te van a matar'. En vez de decir que ellos te van a proteger, te dicen eso. ¿Para qué sirve que manden marinos, militares, si no te van a proteger? Y aunque antes de las curvas para Ciudad Victoria y también en Cruillas y en San Fernando hay retenes [militares], siempre los ponen en el mismo lugar y los delincuentes los tienen ya ubicados. Y Matamoros también está de miedo, nos tuvimos que ir a dormir a Estados Unidos porque nos correteaban, y si nos alcanzan nos masacran. Para llevarse a una persona no tienen un patrón, se llevan a quien sea. Mis hijos pasaron por el lugar equivocado en el momento equivocado.

De la PGR no nos dicen nada. Un señor Juan Calva, recomendado supuestamente por alguien de PGR, nos sacó como 150,000 pesos, que porque decía que ya tenía ubicados a mis hijos y necesitaba dinero para hacer viajes y para contactarse con alguien de la zona, que porque entre los que se dedican a *eso* están mandos militares, que los tenían secuestrados y que a mis hijos ya los habían contactado en un campamento que se llamaba La Isla. Claro que, si alguien te dice que lo resuelve, cierras los ojos y pagas. Ahora, cuando otros me ofrecen buscarlos les digo: '¿Cuánto dinero quieres? Porque cuando me los traigas te lo doy'.

Antes yo tenía camiones de mudanza y unas micros y los tuve que vender, todo eso se metió para pagar las búsquedas hasta que se nos acabó el dinero. Viajaba cada vez que salía algo en internet de migrantes secuestrados, y nos traían de un lado a otro, que vayan a la Octava Zona Militar o a la Marina en Matamoros, y nadie nos decía ni los nombres de los liberados.

Mis hijos iban juntos a comprar ropa y una cunita para el bebé del mayor, que estaba por nacer: vino al mundo ese 31 de diciembre. Ya iban de regreso hacia México. Su esposa está deshecha. Ahorita tengo que buscar quién me cuide a mi otra nieta, es esta mi niña *[dice mostrándome su foto en el celular]*. ¿Y de dónde voy a sacar dinero? El otro nieto está con la suegra.

Mis hijos son: Natanael Arturo Román García, entonces de 35 años, licenciado en Ciencias de la Comunicación. El otro, Josué Axel Román Garcia, de 21 años, estudiaba el tercer año de Ingeniería Mecánica en la Unitec.[77] Llevamos una relación muy buena; en vez de padres e hijos,

---

[77] Universidad Tecnológica de México.

éramos amigos, íbamos a fiestas juntos. Lo raro es que desde que pasó eso no he soñado con ellos".

Entrevista de 2016.[78]

El albergue

El mensaje de terror que significó el hallazgo de las fosas se difundió como una onda expansiva por el país. En la posada Belén de la diócesis de Saltillo, en el estado de Coahuila, los migrantes comenzaron a estacionarse. Estaban agotados, traumados o heridos, pidiendo tiempo para recuperarse y con miedo a continuar su camino. En junio de 2011, cuando llegué, 90 migrantes se turnaban para hacer guardias nocturnas en el techo del albergue porque estaban amenazados: camionetas con gente armada rondaban como tiburones esperando a que salieran para capturarlos. El director de la posada, el padre Pedro Pantoja Arreola, organizaba la resistencia, lanzaba llamados de auxilio al gobierno y se dolía de ver cómo las y los migrantes estaban pagando con sus vidas e ilusiones la presión que la "guerra contra las drogas" ejercía sobre los grupos criminales, urgidos por obtener recursos económicos y humanos. Así se originó lo que él llamó "el holocausto migrante".

"¿Cómo seguir adelante si hay delincuentes? No hay cómo seguir. En Saltillo se ha formado una clase de lumpenproletariado con mucha hambre y tienen que sobrevivir así. Están formando lagunas humanas en torno a nuestra casa, a veces los encontramos cerca de aquí, muertos

---

[78] En 2023, cuando este libro estaba a punto de imprimirse, hablé con el señor Román por teléfono. Dijo sentirse burlado por las veces que se reunió para pedir ayuda con García Luna y Cárdenas Palomino, de la Policía Federal; el primero declarado culpable de narcotráfico en Estados Unidos por favorecer al Cártel de Sinaloa durante el sexenio de Calderón, y el segundo preso en México. Comentó que en el año 2017, después de que tramitó tres amparos, logró que la PGR abriera una carpeta de investigación de su caso, y que antes lo habían tenido engañado durante siete años porque —al igual que pasó en otros casos de desapariciones— cuando denunció ante el MP, este solo abrió un acta circunstanciada, que es una constancia de hechos que no genera acciones de investigación. Él, enfermo, con varias nietas que mantener, sigue buscando a sus hijos.

de hambre, y los traemos a comer, otros se convierten al crimen o a las pandillas. Hay días en que los vemos tan empobrecidos que los aceptamos más tiempo para que vuelvan a comer, pero como ya tenemos 90 personas no se pueden quedar.

En Coahuila hay una rivalidad entre cárteles, y en medio estamos nosotros. Saltillo es un oasis para los migrantes porque lo demás es territorio de sangre: los albergues de Matamoros, Reynosa y Nuevo Laredo están rodeados de casas de seguridad [de los criminales]; las hermanas [religiosas de Tamaulipas] están aterrorizadas, las defensoras han sido encañonadas; nosotros estamos amenazados. Es un esquema de muerte y terror. Gracias a Dios sobrevivimos, porque sabemos que hay una sociedad, sobre todo internacional, que nos apoya.

El sur es la parte descarnada: desde que se entra a Chiapas, México es el cementerio de los migrantes. En Orizaba, por donde pasa 'La Bestia', los migrantes viajan en el techo dormidos, cansados, lastimados, y de esos túneles muchos no salen con vida. En Tabasco y Chiapas hay una delincuencia salvaje, brutal, despiadada, que ataca de forma cruel. En San Luis Potosí el crimen es salvaje. Toda la ruta de Zacatecas a Saltillo está totalmente vigilada por delincuentes, saben bien cuántos vienen y todo migrante —hombre o mujer— es candidato a ser secuestrado.

Por testimonios sabemos que por aquí pasan la carga de migrantes secuestrados, vienen amarrados en camiones, como animales de rancho, para ser trasladados, o arriba del tren o en camionetas. Si en el sur es más descarnado, aquí son artistas de la estrategia criminal: tienen una armonía perfecta para moverse, una capacidad poderosísima para infiltrar cuadros policiacos, aquí se asocian con empresarios o gobernadores.

Para nosotros hay una relación muy directa entre este territorio y las fosas de San Fernando, allí han de estar muchos de nuestros migrantes, ya cadáveres; sabemos que desaparecen nueve, 15, 20 personas de un jalón en todo el territorio del noreste. Si no [lo creen] vayan a Laredo, Piedras Negras, Reynosa o Matamoros. Es apremiante porque son fronteras del crimen y la crueldad.

En 2010 [el 22 de marzo] presentamos ante la CIDH en Washington una denuncia por los secuestros, apoyados en información de la CNDH; y todavía no imaginábamos el dolor que estaba detrás. Recibimos la burla del Estado mexicano, nos llamaron exagerados, que no sabíamos contar, que no teníamos metodología. Y resultó que nos quedamos cortos: todo el camino de los migrantes es un cementerio.

Hay muchachos que llegan torturados y dicen que los torturan otros migrantes, quienes les dijeron que a ellos los matarían si no lo hacían; están adheridos a la fuerza. Vemos desde hace un año reclutamiento forzado. Tenemos el testimonio de un migrante que fue partícipe, lo forzaron a torturar, rindió testimonio ante la ONU: sobre las casas de seguridad a donde los llevan, la trata sexual y laboral a la que son sometidos.

Esta migración es de punto muerto, sin futuro: los han destazado, han hecho que sus familias se despojen de todo, les han arrebatado la ilusión de cruzar el Río Bravo, no pueden seguir y tienen que sufrir y de qué forma. Hay testimonios de inmensa crueldad: de unos que fueron llevados a un pozo de cocodrilos como forma ejemplificadora del terror; muertos sin identidad, sin cabeza, despedazados a machetazos, y la carne la echan a los cocodrilos. Otros dicen que después de destazarlos los obligan a despellejarlos y a cocinarlos para que se los coman. Y no son exageraciones, nos quedamos cortos. Vienen personas despedazadas del alma. ¿Cómo se puede sanar a un alma tan destruida? Hay una predilección maldita del crimen organizado por estas gentes. Ellos les llaman su mercancía.

Lo de las fosas es un argumento muy serio para llevar a juicio internacional al Estado mexicano".

Entrevista a Pedro Pantoja Arreola, quien formaba parte
de la caravana de sacerdotes que viajaba a San Fernando
para conmemorar la masacre de Los 72.[79]

---

[79] El padre Pantoja falleció en diciembre de 2020. Dedicó su vida a la defensa de las personas migrantes.

Capítulo 6:
Las víctimas y los verdugos

Memorial colocado en la bodega donde fueron asesinados las y los 72 migrantes; fue elaborado por migrantes en el albergue La 72.

Cuando el ejército entró a San Fernando no solo encontró fosas, también campamentos. Gente que participó en las exhumaciones, o que conocía a alguna persona que estuvo involucrada, mencionó que hallaron tablas como camas entre los árboles, un reguero de envolturas de comida y ropa en el suelo, camionetas e insalubres gallineros hechos con malla de alambre que usaban como cárceles.

En estas guaridas a campo abierto, no solo eran puntos de reunión y de entrenamiento de *halcones*, *estacas* y *comandantes*, también campos de concentración de personas secuestradas.

Un funcionario que entró a los sitios exhumados calculó que en un campamento habría hasta 200 personas. En un documento de la PGR[80], elaborado en abril de 2011, se mencionaba que "tres sujetos (detenidos) refirieron que existían entre 80 y 90 personas secuestradas en diferentes campamentos en San Fernando". ¿Qué habrá sido de las víctimas que seguían con vida al momento del operativo? En los reportes oficiales posteriores no se les menciona.

Para el 15 de abril el conteo de la PGR era así:

Víctimas que continúan desaparecidas: 275
Víctimas rescatadas: 5
Víctimas que escaparon de sus captores: 2

El rescate

Un adolescente mexiquense (P1)[81], quien viajaba el 25 de marzo con tres primos, de 20, 21 y 22 años, y un paisano (P2) que estaba de visita en su pueblo y se ofreció a guiarlos para que cruzaran la frontera por Reynosa, que fueron liberados por el ejército, señalaron la existencia de los primeros cementerios clandestinos.

Este es un fragmento del testimonio divulgado por la CNDH, al cual sumé detalles que me compartió una persona, cuyo nombre no puedo revelar, quien lo conoció y atendió después del rescate.

"P1 declara que los cinco salieron de Tejupilco, Estado de México, hacia Reynosa a bordo de un autobús de la línea Obmibus, que al llegar a San Fernando el chofer paró la unidad, bajó y lo perdieron de vista. Llegó una camioneta roja grande, tipo troca, con vidrios polarizados y sin

---

[80] Es un *power point* fechado el 15 de abril de 2011 al que tuve acceso y que contiene la información del operativo, las declaraciones de los choferes y de los primeros detenidos, las listas de pasajeros desaparecidos, así como correos electrónicos entre funcionarios y comunicados de prensa de la PGR.

[81] Anexo 1 de la recomendación 23VG/2019 de la CNDH, páginas 169-172: https://www.cndh.org.mx/sites/default/files/documentos/2019-10/REC_2019_23VG_anexo.pdf.

placas, de la que bajaron tres personas y subieron al autobús [...]. [Un hombre] a golpes y empujones les ordenó que
bajaran del camión y, detrás de este, otro que se mostraba
como drogado les dijo cosas que no lograron entender [...];
les taparon la cara con sus playeras y amenazándolos con
un rifle les dijeron que se tenían que subir a la camioneta.

Eran nueve personas las que se llevaron. Los acostaron unos encima de otros y les advirtieron que, de resis-
tirse o levantarse la playera, los matarían [...]. Uno de sus
captores avisó por teléfono: 'Voy para allá, te llevo como
diez'. Llegaron a una casa donde los bajaron del vehículo
y se percataron de que uno de los señores que iba hasta
abajo había fallecido de asfixia.

Al entrar en la casa observaron en el patio más de 40
personas armadas que los esperaban [...], les ofrecieron
darles un trabajo en el que ganarían más que en Estados
Unidos. 'Y les dicen que si no quieren la fosa está abierta',
agrega la persona entrevistada.

Una persona guatemalteca les dijo que él no colabora-
ría jamás con ellos y les ofreció 3,000 dólares argumentando que era cristiano. Esto molestó mucho, 'le dijeron no
somos limosneros', y [*uno*] descargó contra él varios golpes
con un bate hasta que le deshizo la cabeza.

El primo de P1 preguntó por qué les hacían eso y les
reclamó que no tenían derecho a tratarlos así; al decir
esto, lo apartaron de los demás y escucharon una ráfaga
de balas 'y echaron encima de todos su cuerpo para que se
desangrara y se les muriera arriba'.

Los habían colocado en fila, encadenados por el cuello,
de tal forma que si alguno se movía ahorcaba a los demás,
y cuando alguno se doblaba a consecuencia del dolor, era
pateado y lo enderezaban a golpes. 'Si uno se dormía o des-
mayaba, jalaba a los otros. Estaban amarrados de manos, pies,
cuello, con cadenas, sogas y cables. Cualquier movimiento dolía. A la hora de la comida le desamarraban las manos solo a
uno para que se encargara de darle de comer al resto. Como
podía, de brinquitos se acercaba, daba cucharadas en la boca a

uno por uno. Comían amarrados, sin agua; comer sin agua los desestructuraba, no puedes tragar sin líquido, necesitas el bolo alimenticio. Cada tanto les escupían o echaban gargajos a su comida; si no querían masticarla, los golpeaban'.

Durante ese [*primer*] día y el siguiente no les dieron agua, alimentos ni atención a sus heridas.

Al tercer día, llegó una máquina de construcción denominada 'mano de chango' que hizo un hoyo profundo en las inmediaciones del terrero y sus agresores ordenaron a dos de las personas que echaran al hoyo a los muertos; 'eran muchos, y la gente decía que había muchos más'.

En la segunda casa de seguridad les soltaron las manos y los trasladaron a un hospital; el médico que lo atendió ni lo volteó a ver, únicamente le extendió una receta. Ese día les dijeron que se tenían que recuperar cuanto antes porque empezarían a trabajar pronto. Donde los alojaron había otras personas y entre estas dos guatemaltecos, algunos con los que llegó a platicar expresaron que habían sido engañados y otros llevados a la fuerza.

'Los tuvieron en el patio de una casa, en cuartos que parecían gallineros; era en San Fernando, en la ciudad misma, en las afueras, no era un rancho'.

En diversas ocasiones les pidieron a sus captores que los liberaran y a cambio les darían el dinero previsto para el pollero; sin embargo, les contestaron que los querían a ellos y los querían trabajando.

El 30 de marzo tanto a él como a P2 [el paisano] los llevaron a 'vigilar' a un monte; les dieron un paquete de pan Bimbo, un teléfono, y les instruyeron que cada media hora tendrían que hablar al número que se encontraba grabado. Que si antes de ese tiempo observaban el paso de militares, policías federales o camionetas sospechosas tenían que reportarlo de inmediato. Que de no comunicarse al minuto 31 darían de baja la línea, que no les tolerarían la traición; a quien intentara irse lo matarían, ya que había personal armado cuidándolos a distancia. Que tenían sus direcciones y teléfonos e irían contra sus familias.

La noche del 31 de marzo los llevaron a otro lugar que llamaban 'Punta Lejos, se tardaron en llegar más de una hora, en ese sitio no había matorrales o árboles donde se pudieran cubrir. Les habían informado que llegarían por ellos en 24 horas, pero no los fueron a buscar, P1 se comunicó y les informó que el teléfono se estaba descargando. Le dijeron que irían a dejarles una pila.

En un par de horas se presentó 'el raitero', dejando una pila cargada y un paquete de pan. Les dijo que había un retén [militar] y por instrucciones del jefe deberían estar en el mismo lugar otras 24 horas. Ese tiempo transcurrió sin que fueran por ellos. El teléfono nuevamente se descargó, padecían mucha sed; al ver que no había nadie cerca y que sería muy difícil pasar por el retén militar, decidieron escapar y corrieron sin saber a dónde. 'No querían caminar aunque se estaban muriendo de sed. No los quisieron ayudar en el camino'.

Después de varias horas llegaron a un grupo de casas y en estas les auxiliaron dándoles agua y diciéndoles que lo sentían, que no podían hacer más por ellos. 'Les dolía pasar agua'. Continuaron caminando hasta que una persona les regaló 50 pesos y les recomendó tomar un camión.

Tomaron el autobús y, sin saber a dónde se dirigían, llegaron a la población de San Fernando [...], pagaron el hospedaje en un hotel en el que se instalaron hasta el momento de ser rescatados".

El ¿rescate?

El reporte de la CNDH omitió los detalles del rescate. La persona que participó en la cadena humana de amigos de amigos que tenían conocidos en el gobierno, la cual logró sacar de la zona a los secuestrados P1, P2 y otro pariente suyo que después escapó sin que las autoridades supieran, relata lo que pudo constatar, mas no quedó escrito en los documentos oficiales: cómo la PGR desatendió a estas víctimas y las expuso al peligro.

"Caminan, en San Fernando nadie los quiere ayudar. Les prestan un teléfono, les mandamos dinero por Western Union para que se metieran en ese hotel. Llamamos a la PGR desde el 1 de abril. Los sobrevivientes pedían que no les avisáramos 'a los azules', se referían a la policía federal, que contactáramos a 'los verdes', a los soldados.

La PGR tardó mucho en llegar y, en lugar de atenderlos, se los llevaron a reconocer fosas. No les importó su seguridad. Luego los regresaron a su cuarto en San Fernando, no los rescataban, parecía que no los protegían. ¿Qué estaban esperando? En lugar de atenderlos con un médico, porque no estaban bien, cuando los sacaban del cuarto los llevaban a dar vueltas y a buscar las fosas. Después, la PGR los llevó a Ciudad Victoria y luego los trajeron a la Ciudad de México. A los tres los olvidaron un día y toda la noche en el área de detenidos, sin comer, durmiendo sobre cobijas orinadas.

A uno lo tuvieron que llevar al hospital a hacerle una cirugía porque le fallaba un riñón de tantos golpes que tenía, y eso que él decía: 'A mí me trataron medio bien, no como a otros'. Pero lo sacaron del hospital cuando todavía no estaba recuperado. Se moría de dolor. No lo dejaron ver al médico ni que nosotros le lleváramos medicamento.

Después dejaron en un hotel arraigados a los tres. No les dieron ropa, solo dinero para desayunos. Estaban rodeados de policías y no los dejaban hablar por teléfono. Investigaban esos hechos de los que fueron víctimas. No tomaron en cuenta la tortura ni la trata que sufrieron, solo el secuestro.

La CNDH no verificó que regresaran seguros a sus casas, que recibieran terapia, atención médica o medidas precautorias. Después supimos de otras víctimas en las mismas circunstancias. Ellos tres nos decían que uno de su grupo se había quedado en la casa de seguridad, que debería estar vivo en San Fernando. Era un joven que tomó un celular de los que les dieron para cuidar y llamó a su casa, y se escapó con un guatemalteco y un hondureño, pudieron llegar a la central; a él lo conocí. Nos contó que él y su grupo sobrevivieron a un enfrentamiento con los del Golfo, por eso se escapan. Que estaban las casas vacías. Los pusieron en el techo a todos, desde ahí vieron al ejército: eran como 70 secuestrados, pero no salieron hasta después.

También supimos de un hombre con su mujer y sus dos hijos, originarios de Coahuila, que estaban capturados en San Fernando, él llegó allá porque le ofrecieron ser capataz de un rancho. Marcó diciendo: 'Yo me quiero escapar, ayer vinieron el ejército y la marina, pero no nos rescataron a ninguno, y hubo un enfrentamiento'. Se le cortó la llamada y nunca más pudimos volver a comunicarnos".

Entrevista de 2013.

El liberado

Eran cuatro las personas que salieron desde la región Huasteca hacia Río Bravo a quienes los soldados encontraron cautivos el día del operativo en San Fernando. Uno de ellos, cuando regresó a su rancho a pocos días de haberse ido, no contó nada a su familia, solo lo vieron nervioso y con marcas en la muñeca: "Traía todo pelado, todo ceñido", me dijo una hermana suya cuando pregunté por él. Todos en ese pueblo se dieron cuenta de que algo les había pasado porque —según una vecina— "llegaron asustados y maltratados, sí, pues, deshidratados". Una década después encontré solo a uno de los liberados; los otros, al poco tiempo del rescate volvieron a migrar. El hombre me atendió de pie, desconfiado y cansado por las veces que la PGR lo había obligado a rendir la misma declaración. Entre pacas de alimento para ganado narró aquella vez en que fue secuestrado al amanecer y liberado al atardecer:

"Nos traían atrapados en el monte y esos soldados fueron los que se empezaron a tirar con los de abajo y de ese avión habló a más soldados y fue cuando nos rescataron a nosotros. Uno de los soldados que bajó del avión nos investigó y ya él nos soltó. Era un avión grande, nomás se oía el sonido. Nos abandonaron ahí [los captores], yo creo que era un campamento, el ejército ahí recogió como unas cinco o seis camionetas y no supimos qué más. Luego nos llevaron en una camioneta a Matamoros y a declarar también todo eso: que nosotros no debíamos de nada. Teníamos los pies y las manos todas así hinchadas.

Los soldados llevaban también una muchacha que salió ahí, que según la tenían atrapada, pero, pues, eso sí, nosotros no la habíamos visto.

Cuando declaramos contamos que ahí vamos en el autobús y ahí nos atraparon. A las cinco de la mañana se atravesó una camioneta, y fue como nos bajaron. Nos preguntaban que si éramos soldados, y pues no, nosotros cada quien llevaba su destino, yo iba a trabajar al riego del sorgo, y como quiera nos amarraron y nos trajeron todo el día amarrados arriba de la camioneta con unas cintillas de plástico de esos que le jalan la punta y cierran, y amarrados de los ojos. Que si éramos soldados [insistían] y nosotros aferrados que no, y pues no.

Cuando ya nos llevaron fuimos a dar junto a una máquina y preguntaban que si ya estaba lista, y se veía la maquina trabajando [un traxcavo] y ya de ahí nos movieron y en eso fue cuando ya salió el avión.

Los soldados fueron los que nos dieron un lunch y unas aguas para beber en Matamoros, ya como a las cuatro de la madrugada y nos investigaron nomás. Ya muy tarde otro día nos lanzaron para México, nos entregaron a la policía, ya estuvimos en la noche, nos declararon todos separado, ya no nos volvieron a juntar, y ya el ultimo día nos vinimos ya en la noche. No traíamos ni un solo peso, no querían darnos nada, y al ultimo nos dieron bien reducido para pasaje.

Luego me cayeron aquí sin, cómo le dijera, sin dar yo mi nombre ni nada, y ya andaba yo un poco a gusto cuando andaban preguntando por mí, y pues que tenía que ir todavía a dar más declaraciones. Estos años tuve que ir como tres veces, solo que repitiera lo mismo, si no había más que agregarle o quitarle. O sea, querían ellos como un poquito más, como que los culparan más [a los zetas]. No, le dije, yo no sé nada de eso, que si se oía la máquina excavando, si oía que estaban drogados, o cómo eran esas personas. Nosotros nunca los vimos porque nosotros andamos amarrados de ver, cuando se subieron al camión estaban con trajes de policías, de esos medio prietos de mezclilla y están como paranoicos buscando soldados y estaban diciendo que se apurara la máquina y no dijeron para que querían apurar".

Entrevista de 2021.

Las detenciones

La historia que quedó registrada como oficial afirma que los militares se toparon con un grupo de *halcones* que les indicaron dónde estaban las fosas. Primero, el 2 de abril, fueron nueve —entre ellos, dos mujeres—, a quienes detuvieron en distintos puntos y otros los sorprendieron con las manos en las fosas. Dos días después fueron cinco (interceptados a bordo de una camioneta clonada de la Semar). El día 9 capturaron a dos que llevaban personas secuestradas, y que dieron información de 10 policías municipales de los que recibían protección; el 12 detuvieron a un *comandante* zeta que había sido Gafe. A partir del 14 intervinieron otras corporaciones: ese día entró la Policía Federal que, en una redada, se llevó a 16 policías federales y una semana después capturó a uno más, y el día 26 la Semar detuvo a 22, que presuntamente se dijeron *halcones*, aunque hubo quienes se reservaron su derecho a declarar, y a uno más el día 26. El día 19 la Sedena atrapó a nueve más[82] (y ese mismo día, en otro municipio, a cinco agentes del INM acusados de secuestrar migrantes bajándolos de autobuses).

Todos ellos —salvo los policías— fueron presentados por las distintas corporaciones ante la prensa como zetas, y como criminales relacionados con las fosas. Se les arraigó para ser investigados por 40 días.

"[...] cuando me detienen *los verdes* fue el viernes 1 de abril de 2011 por la mañana, yo me encontraba afuera de una iglesia, casi en la salida de San Fernando, y traía conmigo un radio con frecuencia, ahí fue donde me pescaron, después fuimos a una brecha que es conocida por los de la organización como Punto Piso o El Arenal, y ahí encontraron trocas de Los Zetas, y se bajaron *los verdes* y empezaron a tirotear, y después de diez minutos de balacera fueron a revisar el lugar, encontrando como siete trocas, armamento, uniformes de marino, sicarios, fosas con

---

[82] Ese mes, en el municipio de Tampico, la PF atrapó a una supuesta banda del Cártel del Golfo que secuestraba de autobuses a personas migrantes centroamericanas, con el apoyo de cinco agentes de migración, y que realizó 13 cobros de rescates en Soriana, Walmart y Elektra.

personas muertas y reos, trasladándonos a todos a Matamoros y después a este lugar. Yo trabajaba como *halcona*
de ocho de la mañana a ocho de la noche, nada más duré
una semana y fue cuando me pescaron".

"La gente [secuestrada] del autobús permanecía en la ba-
tea de la camioneta tirada bocabajo; como a las once de la
mañana llegó la autoridad, esto nos lo dijeron por radio
los *halcones*, que 'ya andaba la leyenda', o sea, la ley, la
autoridad, por lo que nos fuimos de inmediato al monte
y, como unos 200 metros antes de llegar al Punto Piso, o
sea, como 200 metros antes de las fosas, el Cacharpas hizo
que pusieran a un pasajero en medio de un sembradío de
sorgo y, como a unos 50 metros, le disparó tres balazos
con la pistola 9 milímetros [...]. Aventaron a dos muertos
a la fosa, le echaron tierra y luego pasaron por encima un
coche Nissan Sentra rojo, que ese día llevaba él, para que
se aplanara la tierra y quedara al ras [...]. El Cacharpas le
empezó a tirar balazos al *boludo* con su AR-15 y lo mismo
hicieron los otros [...]. Guardamos en una laja las armas,
que eran dos AR-15, una granada de fragmentación y for-
nituras con cargadores y cartuchos, yéndonos río arriba".

"Tenía los ojos vendados, me bajan del vehículo y me llevan hacia una vegetación; escucho que *ellos* dicen que ahí
andaban los *guachos*: 'Suéltalo, vámonos', dijeron; entonces me quitan la venda de los ojos y me desamarran las
manos, y *ellos* corren; yo los veo, calculo que eran diez
personas. Cuando escucho el helicóptero, lo primero que
hago es correr hacia la brecha, escucho disparos y pienso
que es a mí a quien disparan porque piensan que soy de
ellos, me aviento sobre unos arbustos, de ahí me cogen y
me llevan hacia donde hay una como milpa, donde están
los carros de los soldados, me tienen en el suelo con las manos esposadas, momentos después los soldados sacaron
vehículos del monte [...]; también llevan armas y como a
cuatro personas más. Llegan los soldados a interrogarme

y preguntarme si era de *ellos* y les negué tal cosa, entonces me golpearon y quedé inconsciente, me decían que era
uno de *ellos*, entonces me suben a un vehículo militar y me
trasladan a esta cárcel".[83]

Las confesiones

Por las matanzas de San Fernando, en las cárceles federales entre 2011
y 2012 fueron recluidas 74 personas,[84] que incluían a jefes de *plaza*, *comandantes*, *estacas*, *halcones*, sus novias o esposas, y gente coludida o
inocente que estaba junto a ellos en el momento de la detención y fue
llevada entre la bola. A más de una década de las detenciones, nadie
ha sido condenado por estos asesinatos; los delitos por los que siguen
encarcelados tienen que ver con delincuencia organizada, armas prohi-
bidas o narcotráfico. En sus declaraciones —o los testimonios que la PGR
generó con su nombre— explicaron su lógica de guerra. Cada fragmento
es un testimonio de una persona distinta:

> "[...] A finales de marzo, Heriberto Lazcano [...] dio la or-
> den directamente a La Ardilla de que le bajara a la gente
> [de] los autobuses que vinieran del sur, que la investigara,
> porque la gente que venía de Guatemala, Michoacán y Si-
> naloa iba para el Cártel del Golfo, por lo que se bajó a la
> gente, se les buscaba en su teléfono la información y, si
> tenían número de Reynosa o Matamoros, se les mataba".

> "Al subir al camión a realizar una revisión de los pasa-
> jeros vi a un sujeto que portaba un arma y, al revisar
> su teléfono, aparecían registros de Reynosa, lo que pa-
> reció sospechoso, y otras dos personas [...] tenían un

---

[83] Declaración del detenido Élfego Cruz Martínez, su caso está expuesto en el apartado
"El secuestrador-secuestrado".

[84] Dato procedente de la tarjeta informativa de la SEIDO mencionada en el apartado "El
examen".

número telefónico de Reynosa siendo que su procedencia era del sur, entonces para aclarar dicha situación se los llevaron para el monte, en el que permanecieron cuatro días, se les proporcionaba alimentos, se les interrogaba con golpes".

"En ese tiempo, en el tramo carretero de San Pancho a San Fernando, sobre la carretera nos dedicamos a asaltar personas que transitaban por ese camino, les quitábamos las camionetas o el coche, según el vehículo que le gustara al comandante, y a las personas las bajábamos, les quitábamos teléfonos celulares, el dinero que llevaban y las dejábamos a la orilla de la carretera llevándonos el vehículo, el cual uno que otro era rifado por el comandante".

"Refiere que habían puesto un retén falso deteniendo a dos unidades o camiones de pasajeros, que los bajaron porque, según, traían reporte de que iban a trabajar con el Cártel del Golfo, que los llevaron al punto en donde El Loco se encontraba, es decir en La Ribereña, y que ahí procedieron a matarlos, describiéndome la saña con la que El Cacharpas los había asesinado, ya que me indicó que les decía que ya estaban libres, que se podían ir, y cuando corrían les disparaba, además los ponía en un lugar parados y jugaba con ellos al tiro al blanco, que al Loco le indicaron que tenía que matar a cinco, y me dijo que si no lo hacía lo iban a matar a él, que por eso los había matado".

"[...] Eran como unas 60 personas bajadas de los dos autobuses [...], los apretamos a la fuerza para que cupieran, cerramos la redila y estaba la lona puesta [...], nos habló por radio mandándonos traer de regreso, al llegar nosotros ya tenían como a 20 nuevas personas a las que habían bajado de un tercer autobús [...], nos regresamos al punto en el monte, en donde la retroexcavadora estaba excavando [...]. La gente estaba apilada en la tierra, acostada bocabajo una junto a otra, así las acomodamos; las otras personas, las de la camioneta de redilas, permanecían ahí dentro encerradas, eran ya como las 12 del día de ese 26 de marzo de 2011. Enseguida empezó un festín [...], entonces se empezaron a escuchar disparos de pistola, gritos y quejidos de la gente, esto tardó como 15 minutos, disparo tras disparo, solo se escuchaba 'ay' y las risas [...]. El Cacharpas gritó 'agárrenlo, agárrenlo', fue cuando volteamos y vemos a unos pasajeros corriendo hacia el plantío de sorgo y ahí vi cómo le dieron tres balazos cayendo muerto, provocando más risas [...]; la máquina retroexcavadora empezó a funcionar echándose hacia atrás y hacia delante, echando tierra a los cadáveres de la gente que acababan de matar hasta que quedó cubierta la fosa [...]. Una vez que ya estaban todos estos, más o menos 56 pasajeros junto a la segunda fosa, el Cacharpas dijo: '¿CUÁNTOS ME FALTAN PARA QUINIEN-TAS?', entendiendo yo que quería ajustar 500 cabezas, o sea, 500 muertos para que se retirara. [...] Enseguida nos dijo que nos fuéramos a bañar y a comer [...], de regreso escuchamos nuevamente detonaciones de arma corta, de 9 mm, disparos uno tras otro [...]. La primera fosa que encontró la autoridad fue la segunda que se abrió, y la segunda fue la que se hizo primero".

La cárcel

Desde 2011, la PGR reveló que Los Zetas no habían sido los únicos responsables de estas matanzas y de la de Los 72 en San Fernando, que sus cómpli- ces eran policías municipales. Hasta 2014 proporcionó más información relativa a que 17 policías (de los 36 que había en el municipio) fueron encarcelados por señalamientos en su contra, desde haber ayudado a "halconear" e "interceptar pasajeros", hasta "entregar" detenidos.

"Sé que los policías y tránsitos de San Fernando ayudan a la organización de Los Zetas, porque cuando detienen a la gente no se la llevan al Pentágono, es decir a la cárcel municipal, se los entregan a Los Zetas. El mero bueno es un policía viejito y otro que se llama Óscar Jaramillo", se leía en la tarjeta informativa obtenida por la organización NSA.[85]

La procuraduría omitió aclarar que, para la fecha de ese informe, casi todos los policías habían sido absueltos y estaban libres. Esto me lo confirmó a principios de 2022, en una cafetería de Nuevo León, uno de los agentes liberados. De los tres que encontré en redes sociales después de rastrear los nombres de los 17 detenidos, él fue el único que respondió a mis mensajes. Me dijo que quería hablar, que nunca había contado su historia. Quedamos de vernos en un lugar que no fuera Tamaulipas, en una ciudad donde ambos teníamos conocidos que podían monitorearnos. El joven llegó nervioso y desconfiado, como yo. Su relato es otra evidencia de la ola de secuestros que las autoridades ocultaban.

"Ya me daba la idea de que algo grave estaba pasando, de hecho quise salirme porque pensé que esto estaba mal y se iba a poner peor, pero hubo un compañero que lo intentó y lo desaparecieron; no me acuerdo de su nombre, pero era chaparrito, gordito.

A lo mejor, como ciudadanos, como policías, tuvimos culpa de todo lo que pasó porque sí veíamos el desfile de camionetas; era lógico que eran *ellos*, pero ¿qué podíamos hacer nosotros?, ¿denunciar?, ¿con quién? Era ponerte la soga al cuello. Del presidente [municipal] yo no puedo decir nada malo, pero tampoco nada bueno.

Cuando empezaron a desaparecer personas, [los denunciantes] llegaban directamente conmigo, igual que con mi mamá, porque éramos los que estábamos en la oficina. Llegaron desde enero hasta marzo de 2011, que fue cuando venía gente de México y de otros estados a levantar quejas, a preguntar si sabíamos de un carro, de las personas que venían a bordo, porque hubo mucho robo de carro. Esos casos eran los que yo no podía atender, pero los pasaba a la [policía] ministerial; en ese entonces sí había ministerial y ahí tenían que levantar la queja, y esa queja se tenía que ir a la procuraduría, pero desconozco si se hizo algo porque era queja tras queja, todos los días, de personas que iban a buscar carros que se perdían con sus familiares.

---

[85] Tarjeta informativa obtenida por NSA. https://nsarchive2.gwu.edu/NSAEBB/NSAEBB499/TarjetaInformativa.pdf

Yo contestaba las llamadas que me hacían y les pasaba el número de la agencia del MP o, cuando iban personalmente, los llevaba hasta allá. Nunca levanté ninguna denuncia porque no me competía. Pero nunca vi que hicieran nada, ni el MP ni el presidente [municipal].

No se hizo nada [tampoco] después de los 72 indocumentados ni cuando mataron al secretario de Seguridad Pública y al MP. Ahí nada más hubo policía un tiempo: lo de los indocumentados fue como en agosto… En septiembre, octubre, tuvimos policía, pero noviembre, diciembre, ya no tuvimos. En febrero, volvieron a regresar, pero fue cuando los soldados empezaron a encontrar las primeras fosas.

[En abril de 2011] la secretaria del ayuntamiento nos citó a una junta. Llegamos todos, ella no se presentó y en ese momento la Policía Federal rodeó el área, entraron armados y nombraron a los que estábamos registrados en el C4.[86] 'Pásenle hacia el frente, entreguen sus pertenencias'. Nos sacaron a un pasillo y ahí nos tuvieron hincados con la cabeza hacia abajo dos horas, en las que no podíamos movernos ni levantarnos. Nos llevaron en un camioncito hincados a Ciudad Victoria, al hangar de la Policía Federal. Fue un maltrato psicológico durante todo el camino, que *nos iba a cargar la no sé qué* y que nos íbamos a arrepentir de lo que habíamos hecho. A la compañera Lupita la manosearon, mi mamá la defendió y uno de los federales le dio una patada en el pie. En ese momento éramos 16, faltaba un policía que no fue, pero lo agarraron después en Victoria.

Nos bajaron a golpes, nos hincaron; no sé cómo se enteraron de que mi mamá iba y me llevaron enfrente de ella para golpearme y decirle que me mirara bien porque era la última vez que me iba a ver. Me pegaban en las costillas, me apretaban los genitales, se subían arriba de mis piernas, me tumbaban, me pisoteaban. No eran golpes feos como con otros. Quiero pensar que porque tenía 19 años y todos eran mayores de 26, creían que por joven iba a decir algo. Me llevan a un cuartito chiquito, blanco, me ponen una cámara enfrente y me dicen 'vas a decir esto y esto', a lo que respondo: 'Yo no voy a decir eso porque no es verdad'. Me vuelven a golpear, querían que dijera que nosotros trabajábamos para *esa gente*, que éramos parte del grupo que habían agarrado días antes, que

---

[86] Centro de Comando, Control, Comunicaciones y Cómputo (C4).

nos habían encontrado con armas y drogas, que les pasábamos información; pero me negué.

Uno de la PF recibió una llamada, que ya nos estaban esperando.
Nos subieron a una camioneta y nos entregaron a la SIEDO. Había un
montón de periodistas tomándonos fotos cuando nos bajaron del avión,
nos levantaban la cara. Íbamos con golpes leves, no heridos, nos llevaron a un cuarto de oficina, nos tenían a todos en el piso, toda la noche
hasta que llegaron al otro día a tomarnos la declaración esposados.
Una muchacha me llevó con ella y me empezó a amenazar: '¿Sabes si
tu familia está bien?'. Le dije: 'En este momento no lo sé'. 'Vale más
que hables, si no ya no van a estar bien'. Lo único que dije fue lo que
yo hacía en mi trabajo: anotar en una bitácora las armas que entraban,
las que salían, a quién se entregaban, los vehículos, los kilometrajes, a
quién le tocaba el siguiente turno, mi libro de detenciones.

Yo llevaba un año en la policía, empecé a trabajar el día [28 de junio
de 2010] en que mataron al candidato [a gobernador] Rodolfo Torre
Cantú. Ese día me habló mi mamá, que tenía como 16 años trabajando
allí, estaba como secretaria del juez calificador que hace las multas y co-
bra, y fue la que me recomendó para el segundo turno. Nos tocaba recibir a los borrachos, a quienes llevaban por pasarse un alto; hacíamos la
papelería, el inventario, archivábamos y cobrábamos las multas. Cuando
eran casos más graves se les pasaba a los ministeriales.

El problema nuestro es que para registrarnos a nivel nacional como
policías del municipio nos inscribieron como C4, aunque ya no existía
desde que atentaron contra El Pentágono. Cuando la PF pide la lista de
policías iban nuestros nombres, pero nosotros no trabajábamos en la calle.

La [funcionaria] de la SIEDO me empieza a decir lo mismo que me
decían los marinos cuando de repente llegaban a las oficinas en San Fernando: '¿O sea que tú eres el que ve las cámaras y les avisas a *ellos* cuando
venimos?', y yo: '¿De dónde o cómo? Pero si ustedes quieren creerlo está
bien'. Ninguna cámara servía. La muchacha insistía también en que yo
pasaba información.

Fue una injusticia porque se llevaron entre la bola a don Lázaro,
que era el guardia del hospital y lo único que hacía era sacar el libro de
visitas y anotar quién llegaba, y a Elpidio, el guardia en la presidencia.
La mujer me vuelve a decir: 'Sabemos donde están ahorita tus familiares, hay gente afuera de tu casa esperando a que salgan y nada más

con recibir una orden de nosotros…'. A lo último creo que se cansó de amenazarme y cerró la declaración.

Nos mandaron a los separos, nos tuvieron tres días. Ahí por primera vez vi a los que habían detenido [por las fosas]. Estaban en un pasillo, de este lado tenían a las chicas, del otro a los chavos. Los vi todos sucios, unos ya rotos, había varios golpeados. Cuando me ven, porque me pidieron que les llevara la comida, dijeron: '¿Por qué andan trayendo niños del kínder?'. Yo parecía de 15 años, estaba muy delgado.

De la SIEDO llegamos al arraigo, como a un hotel. Ahí nos anuncian que nos habían llevado a investigación por secuestro, y por los colores de playeras te diferencian según el delito: el amarillo era delincuencia organizada, el rojo era secuestro, el blanco era trata de personas. Nos dan camisas rojas porque supuestamente había una persona que nos señalaba directamente de que la habíamos tenido secuestrada.

Estuvimos como mes y medio. El abogado de oficio nos dijo que en la supuesta denuncia no había nombres ni nada; primero manejaron que nos señalaba uno de *ellos*, y luego que no, que era alguien a quien habíamos secuestrado. Cuando se cumple el plazo del arraigo, nos dice el abogado que no se nos encontró nada. Nos quitan las esposas, abren el portón, estábamos libres… y afuera nos suben en camiones y, otra vez esposados, empieza el viaje. Ahí se nos hizo raro que nos metieran con los primeros detenidos, tontamente creí que nos iban a llevar a nuestras casas. Cuando se paró el autobús, se abrió un portón grande. Nos bajan con gritos, en filita, y un grupo de doctores y enfermeras nos desnudaron, que hiciéramos sentadillas, que levantáramos brazos, pies. Nos dieron uniformes cafés, nos dijeron a uno por uno: 'Estás aquí por delitos contra la salud, delincuencia organizada y privación ilegal de la libertad con modalidad de secuestro'. Ya eran varios delitos y ahora nos nombraban a todos como grupo, ya nos relacionaban con los primeros detenidos que eran como 20. Estábamos en la cárcel de Perote, Veracruz.

Ahí conocí a varios de este caso, estamos en el mismo expediente. A ese señor [el Kilo] lo vi ahí adentro de la cárcel: era muy alto, yo creo que de más de dos metros, con su cara de malo, todo tatuado; te imponía desde lejos. En la cárcel los chavos le decían comandante o jefe, lo respetaban. También tuve a dos de ellos de compañeros de celda, uno me contaba de su familia, porque [aunque] haya hecho lo que hizo, tiene sentimientos.

Como a los tres meses nos sacaron a medianoche y nos suben a un avión, nos maltratan. Una mujer policía me decía: '¿Por qué tan joven y haciendo estas cosas? Vas a un penal de máxima seguridad, ahí se te van a acabar los privilegios'.

Adentro del penal de Matamoros nos ponen en filita, hincados, las manos hacia atrás, los perros a cada lado me ladraban en los oídos, me caían encima sus babas, era un maltrato psicológico. Nos pusieron a hacer sentadillas, te volteaban, te agachabas, te tomaban fotos así, desnudos, y otra vez te vestían. Teníamos que ir corriendo agachados a la celda, empinados, las manos hacia atrás. Mucha gente se cayó. Don Lázaro se abrió la cabeza porque ya está grande.

Un federal me arrinconó, me empezó a manosear, a agarrarme todas las partes del cuerpo y me dijo: 'Te vamos a llevar con el Negro'; yo estaba tiemble y tiemble. 'Al Negro le gusta la carne fresca, tiernita como tú'. Y pues no aguanté y me puse a llorar. '¿Para qué lloras?, te va a gustar', y empezaban las *manoseaderas* ya entre dos. Cuando les dicen que me dejen, yo iba temblando y llorando.

De Matamoros salí un 8 de febrero de 2012, más o menos pasó un año. Fuimos todos al juzgado y el abogado de oficio nos empieza a leer: 'Por falta de pruebas quedan completamente libres'.

No había nada. La persona supuestamente secuestrada no existía. Aunque en las declaraciones mencionaban un número de patrulla, no era de ninguno. Afirmaban que trabajábamos con *ellos*, pero cuando nos hicieron el careo no dijeron 'este sí fue, este no'. Los videos de las cámaras de Transpais, que decían que habían grabado a policías llevándose personas, nunca aparecieron. Nada se comprobó y nos dejaron libres. Solo cinco se quedaron porque metieron un amparo y todavía no tenía fallo. Estuvieron como dos meses más.

Para salir nos suben a una camioneta y entre los choferes iban diciendo: '*Hijuesu,* ya los están esperando'. '¿Quién?'. 'Mira, voltea para la entrada'. O sea, el penal estaba sobre un baldío y había un tramo largo para salir a la carretera. Señala: 'Allá los están esperando las camionetas'. Se refería a que *esa gente* estaba en unas camionetas paradas. Como Matamoros era de un cártel y San Fernando de otro, entonces si nos dejaron salir iban a decir: 'Estos son zetas y nosotros somos golfos, vamos a darles'.

Estábamos muy nerviosos, ya sabíamos a lo que íbamos. El de la camioneta le pisa bien recio y le dice otro: 'No te pares, no te pares....', antes de llegar al centro se detiene la camioneta, abre las puertas y se bajan todos corriendo. Cuando me bajo ya no veo a nadie.

Yo me esperé mucho antes de volver a San Fernando. Tenía miedo, no sabía cómo me iba a recibir la sociedad: todo el mundo se dio cuenta de que nos llevaron por algo grave, pero gracias a Dios llegué y la gente me dio palabras de apoyo, sabían que yo no era malo, que no hice nada".

Entrevista con el expolicía
Mario Alberto Romero Hernández.

Los ¿polizetas?

Los 15 policías municipales varones detenidos en la redada de abril de 2011, acusados de ser cómplices de Los Zetas, respondieron a las preguntas de la SIEDO sobre su involucramiento en los asesinatos. Una versión extraoficial indica que la Policía Federal los detuvo sin una orden de la PGR, únicamente para hacerse publicidad, cuando todavía no se iniciaba una investigación en su contra ni se reuní. Ergo, al año salieron libres. La PGR no tenía (o no quiso tener) elementos en su contra. En los tribunales, estas son algunas de las respuestas que dieron los agentes en sus declaraciones:

"Niego los hechos que se me imputan, no conozco a las personas que mencionan, no conozco a ninguna persona que pertenezca a algún grupo delictivo, ya que solo me dedico a servirle a la comunidad prestando mi servicio como policía municipal [...]. Llegué a esta población en busca de trabajo, entrevistándome con el comandante Erick Vicencio Mártir, aclarando que este señor fue levantado por algún grupo delictivo sin saber el nombre de la organización, como el 17 de abril del año pasado, posteriormente ingresé a esa corporación policiaca desempeñándome como agente municipal, ingresando aproximadamente en el mes de abril del año pasado, teniendo como sueldo 2,150 [pesos] a la quincena; mis funciones consisten en auxiliar a la comunidad [...], trabajo 24 horas y descanso 24. Mi compañero anterior se llama Juan, pero se dio de baja por irse a los Estados Unidos".

"Soy cabo, mis funciones son estar al pendiente de los servicios que me ordene el comandante, atender los citatorios que haga el Ministerio Público, el Juzgado Menor, el Juzgado Mixto, hacer rondines en las escuelas, sin olvidar atender los llamados de urgencia que luego se realizan como, por ejemplo, cuando las amas de casa están siendo golpeadas por sus maridos, borrachitos que escandalicen o gente que esté haciendo sus necesidades en la vía pública, o cuando las personas están ingiriendo bebidas alcohólicas, llevando toda esa gente al juez calificador".

"Hemos tenido altercados [con los marinos], ya que han llegado a bajar elementos de las patrullas, los revisan y los tratan mal; entonces, por órdenes del comandante solo se patrulla en el día, y en la noche nos concentramos en la comandancia municipal".

"No intervenimos en ninguna detención o tiroteo con algún grupo delictivo por resguardar nuestra propia seguridad, ya que el arma que traemos a cargo no sirve, ya que no son las adecuadas para repeler una agresión, además de que cuando hay algún tiroteo [de] personal del Ejército o la Marina nos indican que nos retiremos a nuestras oficinas".

Los interrogatorios tenían las mismas preguntas. Ninguna se basaba en información específica sobre los hechos que la gente de San Fernando, otros detenidos o las víctimas le adjudicaban a ciertos policías. Todas eran muy genéricas, al igual que las contestaciones:

"PREGUNTA: ¿Si ha sido amenazado personal, telefónicamente, por correo electrónico, a través de mantas, postalmente, etc., para hacer o dejar de hacer algo que tenga que ver con sus obligaciones policiales?

RESPUESTA: A mí personalmente no, pero tengo conocimiento de que el alcalde y los otros compañeros que contestan el teléfono han recibido amenazas de muerte, de que van a colgar a elementos de la policía en los semáforos, ordenan que *se abran*, que abandonen el trabajo... Debo destacar que hace un año aproximadamente fueron a balacear la comandancia [...]. La segunda balacera fue en febrero o marzo de 2011, yo estaba dentro de las instalaciones con otros dos compañeros cuando se escucharon los disparos y tronidos fuertes. Sinceramente nos escondimos dentro.

RESPUESTA 2: No, pero a la oficina llaman personas que por la voz se nota que son niñas y se oyen claramente amenazando que nos van a matar o nos va a pasar algo.

PREGUNTA: Que diga si se le ha indicado no trabajar por determinadas calles, colonias, áreas, sin justificación.

RESPUESTA: No nos permiten salir fuera del área del pueblo, lo que es la ciudad, solamente no nos es permitido ir a los ejidos o zonas rurales, esto posterior a que nos echaron balazos en la comandancia....

RESPUESTA 2: A partir de las diez de la noche ya no salimos, a menos que sea una urgencia inevitable, como una riña entre cónyuges o algún pleito de cantina.

PREGUNTA: Que diga si ha visto que alguno de sus compañeros policías o agentes de tránsito acudan o se entrevisten asiduamente con tripulantes de algún vehículo en especial (vidrios polarizados, muy lujosos, personas ajenas al pueblo, gente armada, etc.).

RESPUESTA: Que yo sepa no.

PREGUNTA: Que diga el declarante si la gente que ve en San Fernando es extraña a la localidad.

RESPUESTA: En el día no, la gente allá se conoce entre sí y no he visto gente extraña. A excepción de la gente que se dedica a la pesca por temporada en la Laguna Madre, así también señalo como excepción a la gente que trabaja en las compañías que en San Fernando están instaladas, como IHSA, IESC, MASA[87] y muchas otras.

PREGUNTA: Que diga el compareciente si se le ha enviado o se ha apostado por su cuenta en alguna terminal de autobuses o sitio o lugar en el que haya habido autobuses de pasajeros.

RESPUESTA: Si he ido a la central es porque los funcionarios de las líneas de autobuses nos llaman porque gente borrachita quiere comprar un boleto, entonces se pide el apoyo y acudimos.

PREGUNTA: Que diga el declarante si se puso de acuerdo con sus compañeros o alguien lo o los aconsejó en caso de que alguna persona los interrogara.

RESPUESTA: Que no".

El fallo final en el expediente indica lo siguiente:

CONCLUSIÓN:

Luego, es claro que con esos medios de prueba no se justifica la pertenencia de los inculpados al grupo delictivo de Los Zetas [...]. Ninguno de los imputados admite su pertenencia al grupo delictivo, por lo cual es claro que sus declaraciones no son aptas para probar esta exigencia que señala el artículo 41 de la Ley Federal contra la

---

[87] Se refiere a Iberoamericana de Hidrocarburos (IHSA), del resto no encontré referencias.

Delincuencia Organizada, en relación con el 13, fracción II, del Código Penal Federal.

Por no haberse justificado su probable pertenencia y responsabilidad penal en la comisión del delito de delincuencia organizada [...], así como la diversa finalidad de cometer el delito de privación ilegal de la libertad en la modalidad de secuestro [...], se dicta auto de libertad por falta de elementos para procesar, con las reservas de ley *[bla,bla,bla]*.

H. Matamoros, Tamaulipas, 9 de febrero de 2012.
Tribunal Unitario del XIX Circuito.

Las olvidadas

Los policías liberados en febrero de 2012, antes de que se cumpliera el año de la detención, comenzaron a regresar a San Fernando. Únicamente dos personas permanecieron en la cárcel, las únicas dos castigadas fueron las mujeres policías del municipio. Ellas siguen presas en penales federales. Una es la madre del expolicía Mario Alberto Romero Hernández, quien sobre esto relata:

"Estando preso no supe nada de mi mamá. Lo primero que hice al salir fue ir con el defensor de oficio para preguntar por ella, ahí me dijo que la mandaron a Mexicali con varias chicas detenidas de San Fernando, y a [la compañera] Lupita la mandaron a Nayarit con otro grupo de muchachas. Y me explicó que con ellas iba a ser más tardado.

Hablé con Derechos Humanos para ver por qué las habían dejado a ellas dos, cuando a todos los hombres ya nos habían dejado libres por falta de pruebas y eran del mismo caso, con la misma acusación y las mismas pruebas, pero no vi que hicieran nada. El abogado me dijo: 'Es que esto depende de cada juez'. Total, que se empezó a alargar, porque si cuando había una notificación para nosotros, que estábamos en Matamoros, nos llegaba en una semana, con ellas eran meses; además, les habían cambiado cuatro veces de juez, y cada uno tiene que leer el expediente desde el principio.

Sé que Lupita está enferma de cáncer en fase terminal en la cárcel de Nayarit porque tengo contacto con su hija. Y con mi mamá hablo cada fin de semana, sé que está bien. Ahorita ya estamos en las últimas audiencias, ya para el fallo. El abogado dice que ya no hay absolutamente nada en su contra: mi mamá pidió careos con estas personas, se hicieron y ninguno la señaló ni a ella ni a Lupita.

Mi mamá ya lleva 11 años, pero está bien. Hubo un tiempo en que casi se me muere, se despidió de mí, me dijo que estaba muy agradecida porque el hijo que tenía era muy bueno y que me quería mucho. Gracias a Dios salió bien del hospital. Antes de que pasara esto, ella se había metido de lleno a una iglesia apostólica cristiana, y ahí en donde está sigue leyendo la Biblia y hablando de Dios con sus compañeras. Nunca ha tenido problemas en la cárcel, de hecho la quieren mucho y le dicen 'mamá."

Desde 2011 y hasta 2022 las dos "Lupitas" estuvieron presas; salieron 11 años después que sus colegas hombres. Otras mujeres que están encarceladas, que fueron entrevistadas por la revista VICE, se dicen inocentes: todas denuncian tortura. Una joven capturada por la marina en 2011, presa en el penal de Tecate, acusó a los marinos de su tortura y de violar a mujeres detenidas, a quienes sacaron de bares y de sus casas, y presentaron como zetas:

"No podía mover el cuello, caminaba como robot, y el estómago y el ombligo los traía llenos de llagas y quemaduras por los toques (…) En el arraigo te meten a un cuartito donde te torturan si los marinos quieren sacarte más información (…) Estoy acusada de delincuencia organizada y cartuchos. La delincuencia organizada la traigo por el parte informativo que hizo la Marina y porque dos personas (que no conozco) me señalan (…). Aunque nos detuvieron por separado, dicen que fuimos detenidos juntos; si nos ponen por separado no es delincuencia organizada. Te siembran pruebas, a mí me sembraron los cartuchos que nunca vi (…) En abril del 2017 cumplo siete años en prisión. No tengo sentencia final. Mi abogado piensa que pasaré más de 20 años en la cárcel". (https://www.vice.com/es/article/gvq8vw/testimonios-de-mujeres-zetas-ana).

Los tres comandantes

Édgar Huerta Montiel, el Guache

Comienza el video. Al fondo, el logotipo de la Policía Federal, el que se usaba en todas las detenciones que el secretario García Luna quería publicitar. Se escucha una voz en off que interroga a un joven —cara redonda, pelo casi a rape, inexpresivo— que cinco años antes era menor de edad. Nacido en Michoacán, el detenido, Édgar Huerta Montiel, se había iniciado en el Ejército Mexicano pero en menos de un año desertó de sus filas; ya como integrante de su nuevo ejército criminal —por lo que dijo en esa declaración—, condenó a muerte a muchos jóvenes, incluso a sus paisanos.

"—Soy Édgar Huerta Montiel, tengo 22 años, soy del 6 de enero del 89, originario de La Huacana, Michoacán.

—*¿A qué organización perteneces?*

—A Los Zetas.

—*¿Desde cuándo perteneces a ese grupo?*

—Desde hace como dos años y medio.

—*Cuéntanos, ¿cómo ingresaste?*

—Estaba en el ejército, duré un año y luego me salí, y luego me llevó mi primo Ricoché a Morelia, fue donde ingresé. *[Refiere escuetamente que antes estuvo en Guanajuato, después fue enviado a Mazatlán en apoyo a los Beltrán Leyva contra el Chapo, y en Michoacán peleaba con La Familia; después pasó por una diestra en Saltillo].*

—*¿Cómo es una diestra? Platícame de eso.*

—Es un centro de adiestramiento donde te enseñan lo básico, que es tiro.

—*Cuéntame, ¿qué hacían?, ¿cuánto tiempo estaban?, ¿cuáles eran las jornadas?, ¿cómo es el lugar?, ¿qué les enseñaban?*

—El lugar es plano, lo que pasa es que cuando nosotros llegamos llevábamos unas camionetas blancas cerradas, no veíamos para afuera y nomás [nos enseñaban] lo básico, que es el tiro; había unas siluetas de cabeza y les tirábamos. Nomás.

—*¿Con qué armas?*

—Con R-15 y Cuerno. […]

—*Cuéntame de San Fernando. ¿Qué hacías?, ¿desde cuándo? Cuéntame todo.*

—De San Fernando, lo de los autobuses, ¿verdad?, que fue órdenes de allá arriba, de Lazcano, que porque iban para *la contra*, para los del Golfo, y a esos todos los teníamos que bajar e investigarlos.

—*Cuéntame: ¿cómo ubicaron los autobuses? Todo lo que hicieron para darse cuenta.*

—Todos los días llegaba un autobús y todos los días bajaban a la gente y la investigaban, y los que no tenían nada que ver los soltábamos, pero los que sí, los mataban.

—*¿Y cómo saber si tenían algo que ver o no?*

—Por el lugar del que venían, el teléfono, sus mensajes, todo eso.

—*Y [...] ¿qué pasó con la gente de los autobuses?*

—A esos los mataron, fueron como seis autobuses, más o menos.

—*¿Cuál fue la orden?*

—Que los investigáramos y que si tenían algo que ver los matáramos. Yo era el encargado de ahí, de la plaza, pero la Ardilla es el superior, era el que daba las órdenes.

—*¿Cuáles eran tus órdenes? ¿Tú qué controlabas? ¿Qué mandabas hacer?*

—Yo controlaba ahí en San Fernando para que no entrara *la contra*, y cuando la Ardilla salía para Valle Hermoso, para Matamoros o Reynosa, yo le checaba la *guardia*.

—*Todos los autobuses que llegaban ahí a San Fernando, ¿tú eras el encargado de revisarlos?*

—No, el Kilo.

—*Pero ¿tú le ordenabas?*

—Ajá, por orden de la Ardilla. Lo que pasa es que los principales eran los que venían de Michoacán, que a esos los mandaban de La Familia, y de Sinaloa, de Durango también iban.

—*¿Y qué pasó con los migrantes?*

—¿Con los migrantes? Esos también iban para *la contra*, iban para el Metro 3[88] de Reynosa.

—*Platícame de las fosas. ¿A quién se le ocurrió? ¿Cómo las hicieron?*

---

[88] Samuel Flores Borrego, o Metro 3 (1972-2011), era un exjudicial que lideraba para el Cártel del Golfo "la plaza" de Reynosa; él ordenó el asesinato de un líder zeta en enero de 2010, crimen que dinamitó la alianza entre los del Golfo y Los Zetas.

—El Sombra tenía un traxcavo, una máquina; es el que hacía los hoyos, y ahí los enterraba.

—*¿Qué otras cosas tú haces, aparte de eso? ¿Qué otras cosas revisabas?*

—Tengo dos casas de seguridad con marihuana.

—*¿Cuál era tu objetivo? ¿Tú personalmente para dónde ibas? ¿Qué pensabas? ¿Solo ibas a llegar? ¿Qué ibas a hacer?*

—No sé, yo solo pensaba juntar un dinero para poner un negocio y salirme.

—*¿Qué planes tenían?, ¿qué proyectos?*

—No sé, lo que pasa es que yo andaba de vacaciones, desde hace como un mes. […] Yo me fui a Cuba a hacerme santo. […] Es una religión que se llama santería, santería cubana, y fui con mi esposa a hacernos santos.

—*¿En un templo? ¿Cómo es eso?*

—No, en una casa, una casa con muchos santos. Te limpian y todo eso, matan animales.

—*Y eso, ¿cómo para qué te va a servir? ¿Cuál era tu objetivo?*

—Era como protección.

—*¿Y crees que te sirvió?*

—No".

La noticia sobre su detención se dio a conocer el 16 de junio de 2011. Funcionarios de la Secretaría de Seguridad Pública (SSP) federal informaron a la prensa que el Guache confesó en su interrogatorio que cometió "al menos otros 600 crímenes, en los cuales las víctimas fueron sepultadas de manera clandestina".[89] En la declaración escrita que rindió, según los expedientes de la SIEDO, menciona de manera más detallada la cadena de mando de los asesinatos:

"La Ardilla me dio la orden del Lazca y yo le ordené al Kilo y al Sombra que bajaran a la gente de los autobuses y así se hizo, se bajó gente de aproximadamente seis autobuses de la línea Ómnibus de México, esto era por la mañana,

---

[89] Gustavo Castillo García, "Cae el presunto 'coordinador' de la matanza de migrantes en San Fernando", *La Jornada*, 18 de junio de 2011: www.jornada.com.mx/2011/06/18/politica/008n1pol.

como a las nueve o diez de la mañana, en la terminal que está al lado de la Farmacia Guadalajara [...]; se usaron una camioneta de redilas, de tres toneladas y media, rojas, una patrulla blanca con negro pick up de la policía de San Fernando que proporcionó un policía municipal moreno [...]; se les lleva al monte, en un paraje conocido como El Arenal, de la Ribereña, atrás del estadio de San Fernando, se les investigaba [...]. Se mataron como de 20 o 30 pasajeros por viaje, por lo que fueron como 180 muertos, de ellos como seis mujeres y los demás hombres; niños y ancianos no. Una vez muertos se hacía un hoyo con una máquina traxcavo y enseguida se les enterraba, para lo cual se les echaba cal para que no oliera, luego la tierra encima [...], el traxcavo se obtuvo en préstamo por parte de Tomás, el presidente municipal,[90] este presidente prestaba el traxcavo del ayuntamiento, supongo que no sabía para qué era, pero se lo prestaba al Sombra [...]. El presidente está puesto con nosotros, y al decir 'puesto' quiero decir que no hace nada para impedir lo que hacemos, que yo sepa no recibe dinero por parte de la organización, pero como no quiere problemas se hace de la vista gorda y nos deja operar [...]".

Martín Omar Estrada Luna, el Kilo

En fila, delante de un avión de la Marina, se ve a seis guapas mujeres con pinta de adolescentes y cuatro hombres rodeados de marinos. Es la imagen de la presentación del presunto autor de la masacre de los 72 migrantes y de los asesinatos "de 217 personas", que lleva por alias El Kilo, un joven de 34 años con vistosos tatuajes en el cuerpo, detenido con sus acompañantes. Ocurrió el 18 de abril de 2011,

Martín Omar Estrada Luna se crió en Estados Unidos, donde se hizo pandillero y forjó un historial delictivo por robar un auto en una escuela,

---

[90] El presidente municipal siempre negó estas acusaciones.

sacar un cuchillo en la calle[91] y conducir ebrio, por esto último fue encarcelado tres años. En 2008 fue deportado. Dos años después recibió entrenamiento para ingresar a Los Zetas, y pronto se convirtió en jefe de *estacas* en San Fernando.

El Blog del Narco publicó después de su arresto fotos encontradas en los celulares de otros detenidos que lo muestran en la intimidad, a él y su grupo. En unas se ve a Estrada Luna exhibirse sin camiseta, en un sillón o en una cama con algunas jóvenes, con actitud de malo, con sus compañeros de guerra, dentro de un auto o en el interior de viviendas. Las jóvenes se exhiben con poses sugerentes, algunas casi desnudas o en ropa interior. En otras, el Kilo presume su cuerpo fornido y tatuado con palabras, dibujos, nombres de mujeres, un Cristo crucificado y un rosario en el pecho.

Cuando fue detenido se reservó el derecho a declarar; después, confesó su participación en varios crímenes —nunca en los asesinatos de pasajeros de autobuses—. Dejó asentado que había sido torturado por la Marina.

> "Respecto de lo que hacen mención los marinos de que yo portaba armas y droga al momento de que me detuvieron, es totalmente falso, así como que yo fui la persona que bajó y mató a las personas que viajaban en los autobuses en los meses de marzo y abril, eso no es cierto, ya que COMANDANTE LEO me mandó como castigo a Méndez, sin embargo me enteré que COMANDANTE HUACHE Y/O GUACHI [sic], con las estacas de CACHARPA, CHIMUELO, LA MUERTE, LOBO, SOMBRA, fueron los que se aventaron dichos jales, ya que COMANDANTE COYOTE tenía información de que otra vez los de EL GOLFO estaban reclutando personas para adiestrarlos y reforzarse para seguir con la GUERRA, ahora bien, la primera vez que escuché que interceptaron un camión de pasajeros fue cuando COMANDANTE HUACHE y/o GUACHI decía a

---

[91] "'El Kilo' creció en Washington", *La Raza del Noroeste*, 25 de abril de 2011. https://www.larazanw.com/noticias/el-kilo-creci-en-washington/

las estacas que se acercaran a la central de autobuses, porque había detectado un chopo de gente, es decir un grupo de personas que iba para Matamoros, y que eran GOLFOS, una vez que los ubican, los levantan y se los llevan a la brecha conocida como LOS HUEYES/BUEYES y los comienzan a interrogar, donde varios de los pasajeros aceptaron que por necesidad se acercaron con personas de EL GOLFO que los iban a entrenar en la frontera e incorporarlos a sus filas, por lo que casi de forma inmediata los mataron, a unos de un disparo en la cabeza y a otros con un batazo en la cabeza, para después ser enterrados en distintas fosas que se hacían en la brecha de LOS BUEYES o EL ARENAL, ya que los dos son el mismo lugar; en otra ocasión que pasó lo mismo, fue de la línea de autobuses de Transpais, donde igual que la vez anterior [...] una vez que aceptan que van a jalar con los de EL GOLFO, los ejecutan de la misma forma. Tengo entendido que eso lo realizaron dos o tres veces más. Pero no sé cuántas personas hayan sido las que ejecutaron con precisión".

Salvador Alfonso Martínez Escobedo, la Ardilla

El 8 de octubre de 2012, la Marina mostró a Salvador Alfonso Martínez Escobedo, alias la Ardilla, de 31 años, quien había sido capturado dos días antes en Nuevo Laredo, Tamaulipas. Había hecho carrera dentro de *la compañía*: fue *halcón*, sicario, encargado de plaza, inspector de control, jefe de *estaca*, primero estatal y luego regional. Durante su presentación como jefe zeta de los estados de la zona noreste y autor intelectual de las masacres de San Fernando, alzaba el pulgar y sonreía, como si estuviera festejando.

En sus declaraciones ministeriales posteriores se deslindó de las matanzas de sus subalternos -argumentó que los castigó por indisciplinados- y, como los demás, tenía una justificación; llama la atención que aunque dijo que no sabía sí explicó los métodos con los que asesinaban:

"[...] Yo estaba físicamente en Ciudad Victoria y les transmitía las órdenes a través del sistema PIN de

BlackBerry, órdenes que yo recibía por el mismo sistema, pero en otro aparato, del Comandante 40, y él a su vez de Heriberto Lazcano Lazcano. De los hechos de San Fernando el responsable es el Guache, ya que él era el encargado de San Fernando [...], era a criterio suyo lo que decidiera [...]. Él nunca me dijo algo respecto de gente que bajaran de autobuses, ni que los iba a matar, ni mucho menos que los enterrara; yo me concentraba en la guerra y de eso nunca me dijo algo, yo me enteré cuando salió como noticia lo de las fosas, por lo que de inmediato me comuniqué con él y le pregunté qué onda con todos esos muertos y me dijo que [...] eran puros contras que había encontrado en su plaza, y que a todos los había enterrado en fosas, yo le dije que no la chingara, que estaba viendo la calentura que había, y ahora con eso se nos iban a venir problemas encima [...]; lo regañé, ya que ese acto era una calentura de oquis, innecesaria, y después lo mandé traer a Victoria para que me rindiera cuentas y ya ahí le di chiricuazo y patada, o sea le pegué como castigo. [...]

PREGUNTA: Diga el declarante si él o alguno de los miembros de su organización tiene amistad con el que entonces era presidente municipal de San Fernando.

RESPUESTA: No.

PREGUNTA: Diga el declarante si sabe o el Guache le dijo la manera o lo que se utilizó para matar a la gente de las fosas.

RESPUESTA: Sí, se ocuparon marros, ya que en ese tiempo no se tenía que hacer escándalo o ruidos, y por eso no se utilizaba la pistola. Se utilizaba el marro, con el que se les golpeaba en la cabeza, generalmente de uno a tres golpes y ya quedaban muertos.

PREGUNTA: Diga el declarante cuál es la otra manera de deshacerse de los cadáveres aparte de *enfosarlos*.

RESPUESTA: *Guisarlos*, que consiste en meterlos en un tambo y echarles diésel y prenderles fuego hasta que no quede nada".

El secuestrador-secuestrado

Edad: 26 años.
Estudios: Sexto de primaria.
Oficio: Campesino.
Ingresos: 450 pesos a la semana.
Dependientes económicos: Cinco.

Son los datos de Élfego Cruz Martínez, el primer detenido por el ejército el día 1 del operativo. En la ficha que la PGR difundió, el hombre de tez morena recién capturado ostenta una mirada fiera. Su retrato, con los de otras nueve personas presentadas por los militares el 2 de abril de 2011, era una muestra de "la pronta justicia" que, en el sexenio de Calderón, se ejerció al instante mismo del hallazgo de las fosas.

Sin embargo, al observar su historia con lupa, algo no cuadra. Una de las personas capturadas con Cruz Martínez señala que a este indígena oaxaqueño "lo bajaron de un autobús y lo engañaron para que entrara a trabajar con la organización, pero lo agarraron luego, luego, no tenía ni un día". Otros declarantes y víctimas no lo reconocen. Pero sigue en prisión de máxima seguridad porque los militares -según dijeron- lo encontraron con un pico, cavando una fosa; otra versión menciona que estaba armado.

A través de un teléfono prestado por un vecino en Oaxaca, desde su pueblo natal en los Valles Centrales, su mamá, zapoteca, analfabeta, relata una historia distinta a la versión oficial, la historia de la inocencia de su hijo:

"Mi muchacho salió de Oaxaca un día miércoles, fue en el 2011. Me dijo: '¿Sabe qué, madre? Yo voy a intentar irme a los Estados Unidos para que encuentre algo de dinero, para hacer una casa y que tengamos algo para comer, porque aquí vivimos bien jodidos, voy a intentar para ir'. 'Órale pues, hijo'. Hasta le conseguí por acá [dinero] y con los 5,000 pesos prestados se fue mi muchacho, salió el 30 de marzo. A los cuatro días que se fue me avisaron: 'Ve al teléfono [de la comunidad] que tu hijo te llama'.

—¿Qué te pasa, hijo?

—Me agarraron, me acusaron muy grave, dicen que yo maté, muchas cosas ahí se dicen y no es así.

Lo acusaron de que él andaba vestido de traje militar, me dice, que con varios calibres de armas que son grandes, que rodando [en] un carro robado y que andaba cargando cuchillos, muchas cosas que son peligrosas, pues, y que 'yo maté muchas gentes'. Me llevaron [dijo] a donde estaban enterrados muchos muertos y me dicen: 'Ahora escarba aquí donde lo enterraste, escarba'. ¡Híjole!, y 'ahí me ponen a escarbar', me dice, ¿y qué razón de sacar muertos?' 'Había unos muertos que estaban enterrados, pero se lo juro a Dios que yo no fui, yo no soy asesino, yo no soy matón', me dice él. 'Ora dicen que los hombres no lloran, pero ahora yo sí lloro', y empezó a llorar, 'yo no sé qué va a suceder aquí, pero aquí me van a matar, ahora tantos muertos que estoy sacando, pero yo, gracias a Dios, que mi huella no agarra'. Se salvó por las huellas [dactilares], que no agarraron, pues ellos [los militares] no intentaron matarlo a él. Por eso está vivo ahorita.

Sí lo torturaron, le pegaron bien feo, hasta lo dejaron privado, me dice: 'Yo pensaba que ya no iba a resistir, pero gracias a Dios que logré resistir otra vez, que estaba muerto más de lo que estaba vivo, así estaba yo', me dice, 'estaba muerto y me amarraron, me botaron a la camioneta'. Eso se lo hicieron los policías. Se lo llevaron a la cárcel o algo así, ahí lo encarcelaron como cuatro meses, y de ahí lo mandaron para Veracruz, de Veracruz a Chiapas, de Chiapas lo volvieron mandar otra vez a Tamaulipas; en Tamaulipas lo regresaron otra vez y lo mandaron aquí, a Miahuatlán de Porfirio Díaz, en Oaxaca. Ahí se encuentra ahorita, pero para saber dónde.

La verdad, yo no he ido ni una vez a visitarlo por la desgracia del dinero y además me piden muchos requisitos. Aquí no me pueden dar la constancia de referencia y la constancia de residencia porque las personas [de la comunidad] tienen que dar una copia de su credencial y el número de su teléfono, y eso es lo que no quieren aceptar las personas aquí, pues, les da miedo. Y ahí es lo que me está doliendo mucho.

Con mi Élfego hablamos cada ocho días, pero ahora que empezó la enfermedad... ¿cómo le dicen?... del covid, ahí fue que se suspendió la llamada. A veces me hablaba los domingos, a veces los martes o el jueves, el día que tocaba la visita, y yo le digo: '¿Cómo le hago para ir a visitarte, hijo?'. 'Usted tiene que sacar un formato de visita'. Y lo conseguí y ahí tengo que contestar muchas preguntas, y como yo no sé leer, ahí es que me estoy desanimando. Una persona busco para que me ayude. 'Pero usted va a necesitar dinero', me dice, y yo ahorita no tengo un peso y ahí necesita mi [acta de] nacimiento y la de él y su credencial, pero ¿cómo voy a conseguir credencial si tampoco aquí no se quedó?

Cuando me habló la última vez me dijo: 'Según dicen que me van a sentenciar', me dice, 'tengo abogados, pero no sé si me va a amparar, pero ya tengo diez años, ahorita ya me van a sentenciar. Yo no sé si el abogado me va a ayudar o quién sabe'. Fue en febrero [de 2021], pero ahorita para saber si ya lo sentenciaron o no.

Antes de que pasó andábamos nosotros trabajando con él en Culiacán, de allá se fue a Estados Unidos, pero no tardó mucho allá. Cuando regresó [a Oaxaca] se juntó con la muchacha, según se iba a los Estados Unidos que para conseguir algo para casarse ¡y mira la desgracia que nos sucedió! A los nueve meses que está en la cárcel nació el hijo. Él decía allá en la cárcel: 'Si quiere venir mi esposa que venga, pero aquí no vale que es mi esposa, aquí debo presentarla como amiga'; como él no está casado, solo *arrejuntado* nomás, apenas se iba a casar. La ingrata mujer ya tiene como diez años que se fue, se arrepintió y se casó otra vez. Pero tiene un hijo de él.

Dicen que Élfego está en una cárcel federal, y eso es por la PGR, y que es bien difícil entrar, por eso dice mi muchacho: 'No venga usted, no tiene caso porque me va a mirar con un [vidrio] transparente. ¿Qué caso tiene que vas a venir?, yo me encuentro en una parte de la cárcel que es de acero'.

Después que los agarraron todo aparece en el internet, no sé si fue el [día] 14, ahí salieron también dos muchachas que también agarraron cuando a él se agarró, y aparece mi chamaco. Las muchachas ya salieron porque aparecieron sus familiares, las apoyaron, mientras que él no tiene quién lo apoye. Ahí aparecen los carros y las armas y todos los que agarraron y la forma que se agarró. Se agarró cuatro días después que se fue y que me avisó que ya se agarró. Entonces, yo me imagino que sería como el 2 o el 3 o el 4 de abril. Búsquelo en internet".

Al declarar sobre su captura, Élfego menciona que el 31 de marzo, casi a las once de la noche, cuando su autobús hizo una parada en San Fernando, se bajó para usar el teléfono y comer unos tacos; en la terminal lo capturaron:

"Me trasladan sin saber hacia qué lugar, pero me interrogaron 'para quién trabajas', les contesto que para nadie, que si yo quería trabajar, yo les contesto que busco trabajo en Estados Unidos [...], me llevan de paseo, con los ojos vendados en la parte de atrás de la camioneta; al llegar a un lugar me bajan del vehículo y me llevan hacia una vegetación, entonces escuché un sonido de helicóptero y ellos dicen que eran *guachos*, 'suéltalo, vámonos', me quitan la venda de los ojos, me sueltan las manos y corren [...]. Llegan los soldados a interrogarme y preguntarme si era de *ellos* y les negué tal cosa, entonces los soldados me golpearon y quedé inconsciente porque ellos decían que era uno de *ellos*, me suben a un vehículo militar y me trasladan a la cárcel".

En las cartas que mandó a su madre desde alguna de las cárceles donde ha estado, Élfego, que terminó la primaria estos años, escribió sobre su desesperación porque el juicio se dilata y no aguanta el encierro, sus dudas sobre si le hicieron brujería y su satisfacción porque ahora sabe leer: "También quiero decirle que me están dando clases de computación o sea clases para saber usar una computadora ademas creo que ya me ban a empezar a dar un trabajito para poder mandarle cartas con el dinero que ire ganando no es mucho pero ocho pesos aca es como tener una gran fortuna que no quieres que se acabe (…) No sé qué será de mi vida cuando salga, me asusta mucho toparme con la realidad allá afuera, el licenciado a veces me da esperanza y otras veces me dice que no sabe nada, que tengo que esperar hasta la sentencia…".

Élfego podría no ser el único secuestrado por los Zetas que está detenido como responsable de las fosas.[92] Pronto cumplirá 12 años sin sentencia. A pesar de que denunció ante la CNDH que viajaba en un autobús Transpais y fue capturado en San Fernando, torturado y presentado como zeta; aunque cuenta con certificados médicos de la sordera que le causaron los golpes de los militares, y pese a que su nombre estaba incluido en la orden de liberación de los policías municipales, sigue en la cárcel.[93]

---

[92] En la recomendación de la CNDH consta que uno de los sobrevivientes liberados, al ver las diez fotografías que el fiscal de la Unidad Antisecuestros de la SIEDO le mostró para identificar a sus verdugos, "reconoció a tres personas que se encontraban en la misma casa de seguridad […] retenidos contra su voluntad". Y cuando se le preguntó, el fiscal dijo que esas personas señaladas "estaban consideradas como indiciadas en la indagatoria". No se supo si las liberaron.

[93] Hasta el cierre de este libro, en 2023, la CNDH no respondió a las diversas solicitudes de información sobre éste y otros casos que menciono en el libro.

CAPÍTULO 7:
LOS PODERES

La captura del Kilo, en 2011. Felipe Calderón anunció la detención en Twitter:
"No podemos permitir que los autores de estos crímenes queden impunes y, por eso,
los estamos llevando ante la justicia". Pero la justicia nunca llegó.

El deslinde

Nadie es responsable de las masacres. A ninguna autoridad le tocaba intervenir. Cada funcionario que entrevisté tenía un argumento para deslindarse de cualquier responsabilidad en estas matanzas.

Quien fue presidente municipal en San Fernando esos años negó haber tenido conocimiento de los hechos argumentando que no había denuncias. El ministerio público local explicó que tenía exceso de trabajo y falta de personal, porque habían asesinado a su antecesor. El gobernador de Tamaulipas culpó a la federación, que debía combatir la delincuencia organizada, y las autoridades federales le reviraban que nunca avisó o puso denuncia. Un alto funcionario del INM me dijo que su deber solo era regularizar a los migrantes, no cuidarlos. Quien fue titular de la División de Seguridad Regional de la Policía Federal, encargado de la protección en las carreteras, Luis Cárdenas Palomino, actualmente está preso en México y es sospechoso de apoyar a grupos criminales; su jefe, el entonces secretario de Seguridad Pública federal[94], Genaro García Luna, acaba de ser encontrado culpable en Estados Unidos de colusión con narcotraficantes y delincuencia organizada.

El titular del Cisen me respondió que, gracias a su intervención, se actuó en cuanto se tuvo el primer reporte. Pero fue demasiado tarde, el 1 de abril, meses después de que comenzaron los "incidentes" y cuando la mayoría de las personas secuestradas ya estaban muertas y sepultadas bajo tierra.

Las investigaciones federales se enfocaron en los Zetas y en las matanzas de los pasajeros de autobuses y de los 72 migrantes, aunque hubo muchos otros delitos y las complicidades abarcaron más sectores. La recomendación que hizo la CNDH solo se enfocó a las fallas forenses. Los más de 270 tomos que acumula la carpeta de investigación 197/2011, que contiene denuncias levantadas en distintos estados en diferentes momentos, son una evidencia de que en San Fernando, también, "fue el Estado". Por omisión, por dejar hacer, por complicidad.

En esta trama no solo participaron las compañías de autobuses y los funcionarios que no hicieron nada.

Las aseguradoras acumulaban reportes de autos desaparecidos con todo y sus pasajeros, que hacían llegar a las procuradurías; había denuncias que señalaban que las tiendas de conveniencia —especialmente los Oxxo— eran puntos en donde los jóvenes eran interceptados y llevados por la fuerza, o que sucursales bancarias –como el cajero del HSBC en la Plaza Principal de San Fernando o en Banco Azteca— eran los sitios de los que las personas estaban siendo desaparecidas sacaban sus ahorros, o que en esos negocios, u otros que reciben giros bancarios, se depositaban los rescates de los secuestrados que luego aparecieron en las fosas.

¿Qué correspondía hacer a la Comisión Nacional Bancaria y de Valores ante los extraños movimientos que ahí ocurrían? ¿Cuál debía ser

---

[94] La entrevista con el ex presidente muncipal y el argumento usado por el MP pueden leerse en el capítulo "Los poderes". El extitular del Cisen, Guillermo Valdés Castellanos, -como se mencionó- fue entrevistado para este libro. En tanto, el alto mando del INM en 2011 no autorizó ser citado. Genaro García Luna fue juzgado en una corte texana y encontrado culpable en febrero de 2023.

el rol del Ejército cuando quedó a cargo de la seguridad de poblaciones enteras? ¿Qué dependencias debían de dar respuesta a las llamadas telefónicas de auxilio a través del 911? ¿Qué tan cómplices eran Pemex y sus empresas contratistas por no hacer escándalos cuando les secuestraban empleados en esas tierras atractivas por su petróleo, gas y energía eólica? ¿Qué hicieron las cámaras de comercio, los empresarios y los sindicatos? ¿Cómo se operó ese silenciamiento? ¿Qué tan responsables son todos los que vieron, y nosotros que no hicimos nada?

Eso no está bajo investigación. Los únicos investigados son Los Zetas.

Esto es lo que, más de una década después de los secuestros de autobuses, me respondió el ex funcionario de la SCT[95] a quien iban dirigidas las denuncias sobre las desapariciones:

"No sé a qué te refieres con los oficios [...], llegaban 100 oficios diarios a la oficina cuando yo estaba ahí, y si llegó algún comunicado de eso [los secuestros de pasajeros] lo más probable es que se haya turnado a la Policía Federal [...]. Si es algo de incumplimiento por parte del permisionario, ahí sí le toca a la SCT y puede tomar alguna acción. [...] Hay muchas quejas de que tiran piedras a los autobuses y, aun así, cualquier queja o vandalismo, todo se enviaba a la Policía Federal por ser un tema de delito[...]. Todo lo que tiene que ver con el tema de delincuencia lo ve la Policía Federal, la SCT no tiene facultades".

Entrevista de 2022.

Este es el fragmento de una tarjeta informativa que entregó a la CNDH la Policía Federal, encargada de las carreteras, en la investigación a *posteriori* de los hechos:

"Algunos [transportistas] manifestaron haber tenido incidentes registrados de pasajeros que fueron bajados de sus unidades al hacer escala en San Fernando, sin tener los

---

[95] El ex funcionario pidió el anonimato como condición para la entrevista. Mencionó que desde los años 80 la Policía de Puentes y Federales se desincorporó de la SCT, y luego formó parte de la Policía Federal.

datos concretos ni conocimiento de denuncias formuladas ante la autoridad ministerial por los afectados."[96]

El presidente municipal

Tomás Gloria Requena fue el presidente municipal de San Fernando en los meses en que ocurrieron los secuestros de autobuses, a "veinte cuadras" del Palacio de Gobierno, y cuando se descubrieron los entierros clandestinos.

Él afirma que nunca vio nada, que se enteró por las noticias.

Gobernó San Fernando cuando estaba controlado por Los Zetas, bajo el mando del Guache, quien tenía como lugartenientes al Kilo y otros comandantes[97] que se paseaban armados con sus estacas por el poblado y limitaban las horas en que la gente podía estar en la calle, controlaban la economía y mandaban sobre funcionarios municipales —lo mismo regidores que empleados de obras públicas y la policía—, reclutaban jóvenes, asesinaban por capricho, repartían beneficios en las colonias. En esos mismos tiempos no se podía pedir en las misas por las personas desaparecidas, pues estaba prohibido mencionar esa palabra.

A Gloria Requena lo vi en agosto de 2018 en su oficina, en el edificio principal de la Confederación Nacional Campesina (CNC)[98] en la Ciudad de México —con baños averiados, cristales rotos, paredes con mosaicos desprendidos— cuando se sentían ya los aires del declive priista tras el triunfo presidencial de Andrés Manuel López Obrador (AMLO). En aquella entrevista presumía los padrinos políticos y amigos que habían

---

[96] La tarjeta informativa PF/DSR/CET/758/2011, del 8 de abril de 2011, suscrita por el coordinador estatal de la División de Seguridad Regional de la Policía Federal, informa que los autobuses Estrella Blanca dejaron de pasar por la carretera federal 101 de madrugada y comenzaron a viajar en convoy, mientras que la compañía Grupo Senda y su línea Transportes del Norte desviaron su ruta hacia Monterrey.

[97] En un primer organigrama elaborado por la PGR se mencionan como comandantes al Coyote, el Alacrán, Erasmo o Escarabajo, Gordo Flow, y un ex marino al que llamaban Diego o Degollado, quienes tenían bajo su mando a células de sicarios o distintos tipos de empleados.

[98] Creada en 1938, la Confederación Nacional Campesina es una organización ligada al PRI.

favorecido su carrera, como Heladio Ramírez López, Emilio Gamboa Patrón, Manlio Fabio Beltrones, los gobernadores priistas tamaulipecos (después investigados por narcotráfico) Tomás Yarrington y Eugenio Hernández, y hasta el propio presidente Enrique Peña Nieto. Su carrera política pronto daría un asombroso despegue.[99]

Pregunta: *¿Usted sabía que bajaban a la gente de los autobuses todos los días?*

Tomás Gloria Requena: Pues mira, es un tema que en su tiempo lo dieron a conocer los medios y al que le dieron seguimiento las instancias…

—*Pero si han exhumado de las fosas más de 300 cuerpos.*

—Fue un tema que nosotros planteamos en el sentido de, este, mira, yo les decía que a nosotros, o sea, tú conoces de las instancias de gobierno. Para el caso del ayuntamiento, nosotros atendemos todo lo que tiene que ver con el fuero común, el estado y el municipio, bueno, seguridad de mando y policía de un gobierno, y para ese entonces nosotros en el ayuntamiento no teníamos denuncias como tal.

—*Pero ¿usted no se daba cuenta?, ¿cómo? Si todo el mundo se daba cuenta.*

—Nosotros somos autoridad municipal, nosotros atendemos denuncias.

—*Pero toda la gente que pasaba por la secundaria se daba cuenta de lo que ocurría afuera de Transpais, de Ómnibus, ¿cómo usted no se enteraba?*

—Pues, cómo te diré, o tendrías que estar tú allá en San Fernando para que te hubieras dado cuenta de qué era lo que nosotros hacíamos.

—*¿Y qué hacían?*

—Bueno, te vuelvo a repetir, había una estrategia de seguridad, estaban la Sedena, la Armada [de México, que forma parte de la Semar], y fueron atendiendo todos los casos.

—*Cuando encontraron a las personas en las fosas, en abril de 2011, ¿cuántos meses habían pasado desde que usted asumió el cargo?*

---

[99] En 2021, Gloria Requena se pasó al Partido Verde Ecologista de México, que gracias a su alianza con el partido Morena (Movimiento Regeneración Nacional), el grupo en el poder, y el Partido del Trabajo, obtuvo una diputación federal que le dio un nuevo aire en la política. En 2022 fue nombrado subsecretario de Gobernación en el gobierno de Américo Villarreal Anaya, de Morena, en Tamaulipas, lo que causó críticas entre familias de víctimas de desaparición. Antes había anunciado su intención de contender para gobernador.

—Tres meses.

—*¿Usted no se dio cuenta de que todo marzo pararon autobuses y bajaron gente?*

—Te vuelvo a repetir, o sea, mientras no exista una denuncia…

—*El 24 de agosto de 2010 había ya la denuncia de un padre que buscaba a sus dos hijos, en enero denunciaron a unas personas desaparecidas de Guanajuato, ¿usted no las revisó?*

—No, la verdad es que yo no las tengo y no tenía acceso a eso. Yo no puedo preguntarle a la Policía Federal o a la Sedena las denuncias que tiene… El gobierno del estado es el que cuenta con las instancias del Ministerio Público, que es donde se presentan las denuncias, ¿verdad? Bueno, ellos eran.

—*Pero 17 policías municipales fueron encarcelados,[100] ¿no se daba cuenta de lo que hacían esos policías?*

—No fueron 17, fueron más, pero además fueron liberados.

—*¿Usted no sabe qué hacían sus policías?*

—En nuestro municipio, la policía es un cuerpo que está desde hace varias administraciones, ¿sí? Yo a la policía la recibí así como estaba y poquito *despuecito* los arraigan y luego los liberan. Digo, la información está bastante clara. Porque las autoridades fueron las que investigaron.

—*Clara, ¿en qué sentido? ¿Usted cree que son inocentes?*

—De acuerdo a la ley; si la ley los libera, quiero pensar que hicieron una investigación y, bueno, pues tomaron una decisión, ¿no? Un juez les dicta la libertad.

—*¿Y por qué se hacían los hoyos de las fosas con el traxcavo municipal?*

—Si tú ves, el ayuntamiento no tenía maquinaria entonces. No sé si en la actualidad tenga, pero entonces no teníamos en nuestro padrón maquinaria. Fue un comentario que salió [en las declaraciones][101] y lo investigaron. Yo declaré.

—*Aseguraron ante el MP que usted prestaba la maquinaria.*

—Yo no tuve conocimiento de una declaración al respecto.

—*¿Conocía al Kilo, al Guache? ¿Los vio?*

---

[100] El episodio se narra en el apartado "La cárcel".

[101] Lo menciona Edgar Huerta Montiel, el Guache; está en la sección de "Los tres comendantes". En otras declaraciones de detenidos mencionan a un regidor y al funcionarios de Obras Públicas.

—La verdad es que no.

—*¿No sabe quiénes son?*

—Te mentiría, todo es información que fluía en los medios...

—*¿Usted no los vio nunca en San Fernando?*

—Nunca los vi, y sí, efectivamente, como tú lo dijiste, hubo una mención. Yo declaré por el tema [del traxcavo] a la procuraduría, porque me entrevistaron al respecto y hubo una investigación de toda la maquinaria que teníamos en el ayuntamiento; había una confusión, se suponía que era nuestra maquinaria y no.

—*¿Y cuando veía que los Zetas controlaban San Fernando, cuando los veía haciendo rondines y dándole a la gente las instrucciones de qué hacer todos los días…?*

—Tú tienes mucha información, me parece que seguramente algún día de esos anduviste por allá, yo no alcancé a ver todo lo que tú viste, pero…

—*¿Pues dónde vivía?*

—En San Fernando, pero lo que sí sé es que en tiempo y forma tuvimos que estar nosotros de la mano de la estrategia de seguridad, que fue lo que nos pidió el gobernador y nos exigía la ciudadanía. Atendí todas las denuncias ciudadanas que yo tuve en lo personal.

—*¿Y de qué eran las denuncias?*

—De situaciones, por ejemplo, de cobro de piso, y nosotros turnábamos a las instancias correspondientes a los ciudadanos, garantizándoles siempre que tuvieran protección.

—*¿Protección de los policías que luego desaparecían gente, o de quiénes?*

—Nunca tuvimos la situación de los policías, porque aun cuando había una presunción, los policías fueron procesados y fueron liberados; y todos, por cierto. Y te digo algo: una vez que los liberan, los exentan de todo cargo que se había denunciado. Solo por ese hecho ya no eran acreditables y, como gobierno municipal, lo que hicimos fue liquidarlos conforme a derecho; el nuestro fue el único ayuntamiento que tuvo ese procedimiento al 100 por ciento, y luego la Policía Militar tomó el control de la seguridad pública.

—*¿Usted pidió ayuda cuando vio que bajaban a la gente de los autobuses?*

—Nunca vi nada.

—*Pues qué raro que no se haya dado cuenta viviendo allá de lo que pasaba.*

—Tú conoces bastante más que yo, desde luego, porque los medios reciben más información que…

—*¿Más que el presidente municipal?*

—En serio, en serio. Era un tema… Mira, por ejemplo, mi molestia: yo les preguntaba que cuántas denuncias pusieron, por ejemplo, las empresas de transporte. ¿Sí sabes que no hubo ninguna, no?

—*Hubo por lo menos dos.*

—Nunca me di cuenta, no sé en qué fecha fueron, la verdad, porque si te fijas yo tomo protesta el 1 de enero y eso sucede en marzo, son escasamente 90 días. Yo todavía ni siquiera…

—*¿Es posible que el presidente municipal no sepa lo que todos vieron?*

—Cuando dices todos, yo quisiera saber quiénes son todos.

—*Era a la luz del día cuando bajaban a la gente de los autobuses y ocurrió durante semanas, ¿no se daba cuenta?*

—O sea, en San Fernando, por ejemplo, cuando tú dices la luz del día…

—*Las siete de la mañana.*

—¿En dónde?

—*Donde están Transpais y Ómnibus…*

—Ahí en la calle hay tres taquerías, está su bodega, está Elektra, enfrente hay negocios, ¿tú crees que no se iba a dar cuenta la gente?

—*Por eso, la gente dice que sí sabía.*

—No hay denuncias.

—*¿Y usted no se enteró si todo el mundo lo vio y también veían a los policías?*

—Nosotros entregamos al MP federal patrullas, se entregó al personal, investigaron a las patrullas, entregamos todo el padrón. Se le dio seguimiento a todo, a todo. La verdad es que me sorprende que a tantos años… hoy… ¿fuiste a San Fer o qué?

—*Sí, cada año, con las caravanas* [*por el aniversario de la masacre de Los 72*]. *En una caravana de familiares, de hecho, vieron que la ropa ni siquiera la habían recogido de la escena del crimen para procesarla bien.*

—Eso sí no lo sabía, pero pues nadie quiere ir para allá, o sea, todo mundo estaba en el tema; el temor, la psicosis y este tema.

—*¿O sea que usted sí se daba cuenta?*

—¿Del miedo, del temor? ¡Claro! Todo el mundo teníamos miedo entonces. Te vuelvo a repetir, o sea, Tamaulipas tenía una mesa de coordinación, nos reuníamos periódicamente, nos reunía el gobernador, donde estaban la Sedena, la Armada, la Policía Federal, estaban todas las instancias de seguridad y ahí se informaba todo lo que estaba pasando.

—*¿Y al final qué se supo de las fosas? ¿Cuántos cuerpos eran?*

—La verdad no tengo el dato. Es un tema, por ejemplo, que se manejaba en la Comisión Nacional de Seguridad, de hecho tuvimos la visita del comisionado de derechos humanos de la Comisión Interamericana[102], pero tampoco nos permitieron acompañarlo al lugar; solo fueron él y un equipo de seguridad.

—*¿Usted nunca informó sobre los camiones?*

—Te vuelvo a repetir: era un tema del que no había denuncias, y cuando las denuncias se dieron...

—*¿Y nadie nunca le dijo nada?*

—No, de verdad que no. Nunca he mentido en ese sentido, jamás he mentido, digo, y sé que es una situación complicada. Lamentablemente no se tenían todas las condiciones para mantener... Quien conoce San Fernando sabe lo que vivimos y las condiciones en las que estuvimos. [*"Tráeme el agua, ¿no?, por fa", pide a un ayudante*].

—*Dice que 2010 y 2011 fueron difíciles, ¿qué pasaba en San Fernando?*

—Pasaba lo que estaba pasando en todo el país.

—*No, no en todo el país tienen el mayor número de desaparecidos. ¿Qué pasaba en San Fernando, quién controlaba?*

—Lo que yo sé es que el tema de la inseguridad golpeó a todo el país y estábamos metidos. Tamaulipas en general era una situación complicada, era parte de los 43 municipios [del estado] donde había constantemente temas de seguridad y yo ahí destaco mucho la participación de la Sedena y de la Armada, que lograron en seis meses del 2011 que hubiera más control del tema de seguridad con toda la estrategia que comentó el señor gobernador y el presidente de la República...

—*¿Y hay algo de lo que se arrepienta o por lo que sienta culpa?*

—¿Yo? No me siento culpable de nada, yo no cometí nada.

—*¿De no haber dicho, de no haber hecho más?*

—Informé en su tiempo y en su momento.

—*¿A quién?*

—A quien correspondía. A las instancias de seguridad pública del estado [...]. Lamentablemente me tocó ser presidente cuando se descubre

---

[102] Se refiere a la visita de la delegación de la CIDH, encabezada por el comisionado Felipe González, relator sobre los Derechos de las Personas Migrantes, y el secretario ejecutivo del organismo, Santiago Canton. En el apartado "La visita" menciono ese hecho.

todo lo que traía de, supongo, algún tiempo atrás. Y como responsable del gobierno municipal, en tiempo y forma estuvimos haciendo lo que nos correspondía, por eso estoy tranquilo. En San Fernando a mí la gente me conoce, saben cómo he hecho mi vida, yo sigo viviendo allá, sigue estando mi familia allá, no tengo nada de qué esconderme de lo mucho que se comentó y que tú me preguntas insistentemente.

Cuando nos despedimos, incómodo, nervioso, reflexiona de nuevo sobre el tema de la culpa y comenta:

—Si yo pudiera quitar algo de mi vida, quitaría el momento en que decidí irme de alcalde, te lo juro, porque yo estaba en la Cámara de Diputados federal, venía con mi carrera política ascendente y tenía buena presencia en la política nacional. Yo creo que me pude haber incorporado al partido o quedarme en una secretaría aquí en la Confederación [CNC]; sin embargo, mi formación política fue en mi municipio, venimos desde las Juventudes [Priistas] participando y crezco en San Fernando, y de ahí me vengo a Tamaulipas como dirigente estatal y luego me traen a México y me desarrollo aquí, y el gobernador del estado, entonces Eugenio Hernández, me pide: "Oye, vente de candidato, cabrón, a San Fernando". [...] Preguntabas que si me arrepentía de algo, pues sí, del momento que tomé la decisión; ya pasado el tiempo digo: yo no era la persona indicada para estar en ese momento en el ayuntamiento, porque yo iba de México, no tenía relación con temas de allá, más allá de mi familia, la política, no me metía en grandes situaciones de convivencia, y ese tema de convivencia fue lo que más afectó a San Fernando, se volteó mucho y sí fue una situación muy, muy, muy difícil. Si no hubiera sido por las instituciones de seguridad nacional no lo hubiéramos podido controlar.

—*¿Y qué se siente ser presidente cuando son Los Zetas quienes gobiernan en su municipio, y ponen toques de queda y dicen qué se debe hacer y qué no?*

—Qué quieres que te diga, no hay una expresión que te pueda dar al respecto. Afortunadamente las cosas han cambiado y es lo que celebramos quienes habitamos todavía en San Fernando, pues a pesar de todo, ahora es un municipio tranquilo, estamos recuperando la capacidad de producción de sorgo…

—*¿Qué le diría a los familiares de quienes fueron masacrados o desaparecidos en su municipio en el tiempo que usted estuvo gobernando?*

—Cualquier palabra que les pudiese decir no cambia su realidad. Quiero decirte que conozco a mucha, mucha, mucha gente que fue afectada, muchísima. Yo escuché mucho el tema de los migrantes, pero la verdad es que no se tiene conocimiento del daño que nos hicieron a los sanfernandenses.

—*¿Qué les hicieron, qué pasó?*

—Sufrimos una descomposición social muy fuerte, nos desmembraron el tejido social, muchísimas familias se separaron a causa de la inseguridad porque tuvieron que emigrar, otros muchos que se quedaron lamentablemente perdieron la vida… Son situaciones que los sanfernandenses nunca vamos a olvidar, lo vamos a tener siempre presente. [...] He estado con muchas personas de San Fernando que tuvieron lamentablemente una pérdida y, bueno, compartimos el mismo dolor, muchos saben lo que te estoy diciendo, no es algo que se…

—*¿Y los mil huérfanos que decían que había?*

—Sí, hay muchos huérfanos, no te puedo dar una cifra porque no es un dato que yo maneje, sí creo que hay muchos, pero no son chicos que hayan quedado huérfanos en la indefensión, o sea, tienen su abuela, un tío, una tía, algo así. ¿Me explico? […] A nosotros nos pegó mucho el tema de los migrantes. Nos identifican más por eso que por las fosas, ¿te fijas?

En la declaración ministerial que rindió Gloria Requena el 20 de junio de 2011, siendo aún presidente municipal, e incluida en el expediente 197/2011, se pueden leer sus respuestas:

"PREGUNTA: ¿Usted sabe la distancia que hay entre la presidencia municipal y la terminal de autobuses de la empresa Ómnibus?

RESPUESTA: Exactamente no la tengo, pero debe de estar como a 20 calles, aproximadamente.

PREGUNTA: ¿Existe ahí alguien o algún cuerpo colegiado que le informe a usted de las novedades de San Fernando o hay alguna persona que le esté informando?

RESPUESTA: Recibimos el parte de novedades de la Secretaría de Seguridad Pública, que lo rendiría el encargado de despacho.

PREGUNTA: ¿Este encargado le informó a usted de algún suceso respecto de que en el mes de marzo del 2011 en la terminal de la línea de autobuses Ómnibus de México y/o Noreste de San Fernando, aproximadamente a las 7:30 de la mañana, varios días, entre ellos el 24 y 26 de marzo del año en curso, gente desconocida bajó pasajeros de la línea Ómnibus, Autobuses de Oriente o Transpais, los tuvo enfilados a un lado del autobús, fueron maniatados y luego llevados a bordo de vehículos particulares con rumbo desconocido?

RESPUESTA: No, señor.

PREGUNTA: ¿Cuándo tuvo conocimiento de esos actos?

RESPUESTA: Una vez que le dieron manejo los medios de comunicación tras una denuncia de un familiar de uno de los pasajeros, no recuerdo la fecha.

PREGUNTA: ¿Qué medidas tomó como autoridad al respecto?

RESPUESTA: Nosotros recibimos la información, escuchamos las investigaciones, estuvimos al tanto, y solo notificamos al estado de los acontecimientos de manera personal y telefónica con el secretario general de Gobierno, licenciado Morelos Canseco Gómez, en Ciudad Victoria, Tamaulipas.

PREGUNTA: ¿En el mes de marzo usted prestó alguna máquina excavadora, retroexcavadora, a alguna persona, sea ciudadano o de cualquier rubro físico o moral?

RESPUESTA: No, señor, en el acta de entrega-recepción del ayuntamiento consta que el municipio no cuenta con maquinaria de ningún tipo".

El ministerio público

Quien estaba a cargo de la agencia del MP en San Fernando aquel fatídico 2011 no aceptó dar una entrevista argumentando que todavía en ese momento (año 2022) la investigación seguía abierta, y que más adelante él escribirá su propia historia.

La justificación que pudiera dar sobre el rol que jugó durante la temporada de masacres, cuando estaba a cargo de las diligencias ministeriales en el municipio y era el representante de la procuraduría de justicia estatal, acaso quedó registrada en los expedientes DC-PGJE/002/2015 y DC-PGJE/004/2015 que contienen quejas en su contra. En defensa propia, mencionó el ambiente de terror que tenía de rehén a todo el municipio:

> "Que el suscrito llegó como titular de la Agencia del Ministerio Público a San Fernando, en fecha 12 de marzo del año 2011, cuando se dieron una serie de acontecimientos como los secuestros y homicidios de los pasajeros de autobuses que venían del sur con rumbo a la frontera, por lo que en San Fernando y en todo el estado de Tamaulipas fueron tiempos en donde había una preocupación constante por las acciones de ciertos grupos de la delincuencia organizada que operaban en dicha ciudad. Por tal motivo, la ciudadanía, en general por temor a que les pasara algo, no acudían a denunciar ante la Agencia del Ministerio Público; aunado a esto, también se tenía conocimiento en el pueblo de que habían balaceado las oficinas de la procuraduría [...]. Por cuestiones de trabajo que había tenido con motivo de las fosas no había revisado los expedientes de años anteriores [...]. Hago mención que si se pretende sancionar al suscrito por cuanto hace a la dilación en la integración de dicho expediente, el tiempo que se dejó de actuar fue por causas ajenas a mi persona, ya que, como al principio hice mención, antes de que llegara a la agencia y en el transcurso que estuve al frente de la misma imperaba un ambiente de inseguridad en dicha entidad [...], se le dio trámite [al expediente] conforme la carga de trabajo lo fue permitiendo".

Una de las quejas es por inacción ante la desaparición de dos hermanos de apellidos ███████████, ocurrida el 11 de enero de 2011, cuando pasaban por San Fernando en una camioneta blanca Ford Ranger 2002. El abogado de la familia lo acusa porque le "hizo llegar un ticket que se encontró en el vehículo abandonado, en el cual se leía el nombre de una persona a quien se le realizó un giro [de dinero] en fecha 19 de enero", y aunque solicitó una investigación sobre quién recibió el depósito y su relación con la camioneta y sus tripulantes, no se hizo. El MP se justificó así:

"[Que en la fecha] que recibió dicho escrito en el municipio de San Fernando no había elementos de la Policía Ministerial asignados a la comandancia, así como tampoco había personal de la Unidad de Servicios Periciales, por tal motivo la investigación que se debía llevar a cabo no se realizó, ya que no había elementos para que la realizaran; así mismo quiero manifestar que en esas mismas fechas llegó personal de la PGR para llevarse en calidad de detenidos a todos los elementos de Seguridad Pública por su posible colaboración con elementos de la delincuencia organizada [...]; quiero agregar a mi declaración unas impresiones sacadas de internet acerca de los hechos violentos que se suscitaron en la ciudad desde el año 2010 y de manera muy en particular la muerte violenta de los 72 inmigrantes que fueron localizados en una bodega, a manos de la delincuencia organizada, y a consecuencia de estos hechos perdiera la vida en ese entonces el Ministerio Público investigador, así como su sobrino, el cual fungiera en ese entonces como director de Seguridad Pública en el municipio, y los cuales fueron encontrados sin vida en Comasaltas del municipio de Méndez, Tamaulipas, y en el segundo de los actos a comentar me refiero a los 193 cuerpos sin vida que fueron localizados en el interior de fosas clandestinas a partir de marzo de 2011 hasta aproximadamente agosto del mismo año, fechas en las cuales el suscrito ya estaba como titular de dicha agencia, por lo que solicito a este órgano de control que tenga a bien valorar con dichas pruebas si mi proceder puede ser motivo de alguna sanción, todo esto en el entendido de que si resultare responsable por algún acto de omisión o dilación fue sin dolo de mi parte o por causas ajenas a mi persona, ya que en todo momento y durante mi permanencia en San Fernando estuvo en peligro mi vida y aun y con todo esto se hizo lo humanamente posible con los medios que tuve a mi alcance con la intención de llevar a cabo la debida integración de la averiguación previa anteriormente señalada.

PREGUNTA: Que diga el declarante aproximadamente el número de averiguaciones y/o actas circunstanciadas que en ese tiempo se tramitaban ante la Agencia del Ministerio Público Investigador en San Fernando, Tamaulipas.

RESPUESTA: [...] No lo puedo precisar, ya que en esas fechas prácticamente el trabajo se realizaba fuera de la oficina, en los levantamientos de cadáveres, y además las condiciones de inseguridad no nos permitían laborar después de las seis de la tarde en la oficina".

La visita

Cuando se dio a conocer la matanza de los 72 migrantes en 2010, el gobierno mexicano prácticamente no permitió que personal diplomático centroamericano ingresara a Tamaulipas. Pasada la contingencia tardó meses en soltar una autorización a los integrantes de la Relatoría sobre los Derechos de las Personas Migrantes de la CIDH para visitar el país. La misión se pactó por anticipado para julio del 2011; pero justo en abril estalló "San Fernando 2". Uno de los diplomáticos participantes tomó nota sobre lo que vio en la "zona cero" del terror migrante.

"Cuando llegamos a Reynosa había una caravana increíble de carros militares: fácil había entre diez *jeeps* y 20 camionetas de la Marina con la metralleta grande encima del techo. Sabía que la cosa era complicada por el contexto de Tamaulipas, yo había estado en el ejército colombiano, pero tampoco nos encontrábamos en un país con un conflicto armado declarado. Cuando nos montamos en la camioneta, el tipo de la Armada [de México] que manejaba se echó la bendición para salir. '¿Pues para dónde carajos vamos?'. El trayecto era doblar media cuadra y volver a doblar, y estábamos ya en el hotel pegado a la frontera y al aeropuerto. [...]

Al día siguiente salimos por carretera a San Fernando y el dispositivo de seguridad de nuevo era una locura, ese montón de camionetas artilladas. Entramos en esos caminos de terracería que se comunicaban con la carretera principal a Reynosa, eran zonas de periferia con casitas muy, muy pobres, muchas con disparos en los vidrios o abandonadas. Estuvimos caminando con la gente de la marina y del gobierno, viendo los espacios donde supuestamente habían encontrado restos. Se veían marcas de que ahí eventualmente hubo una fosa o algo, se veía el desnivel, pero para la cantidad de ciento y pico de fosas que hubo, eso no era nada. Fue poco lo que pudimos ver. Creo que estaban en la labor de cuidarse las espaldas y de que no viéramos mucha *vaina*.

Nosotros habíamos peleado mucho ir a donde habían aparecido las fosas y ver la bodega donde habían encontrado los restos de los 72 migrantes. Cuando llegamos a esa casa de seguridad, como finca, se acercó un tipo, era como un cuidador, y dijo: 'No tengo permiso para dejarlos pasar'. Fue bastante frustrante la experiencia, no nos dejaron aunque desde la gestión de la visita habíamos metido presión para ver el lugar de los hechos y cómo había sido preservada la escena del crimen, qué salvaguardas se habían tomado. Luego, por algo que había pasado de seguridad, nos sacaron de ahí en avioneta a Reynosa.

Justo antes de nuestra visita, entre marzo y abril de 2011, hubo varios secuestros masivos de migrantes. La visita era para ver la seguridad de los migrantes en tránsito. En Reynosa fuimos a tres estaciones de autobuses para tratar de entender más del *modus operandi* de los secuestros; me acerqué con los que vendían los boletos, con los que ayudaban en los autobuses y no, nadie te daba información, una *omertá* absoluta, como que los secuestros eran una invención, como si 'aquí nadie habla nada, aquí no ha pasado nada'. También se notaba que el operativo de seguridad en las terminales era mínimo. Ya había reportes de dos secuestros de 40 personas y de buses enteros con gente secuestrada; el dispositivo de seguridad ahí y alrededor debía ser mayor, pero no. Eso habla de la falta de control, incluso de la colusión probable de las autoridades. [...]

Un día hablé con el comandante de la Marina que coordinaba nuestra seguridad y la de Reynosa; quería saber, en conversación informal, sobre los secuestros masivos de migrantes, y él decía: 'Nosotros tenemos el dispositivo de seguridad de la ciudad, pero nuestra base no está en Reynosa. Los Zetas, los del Cártel del Golfo, no sabemos dónde están, no sabemos cuántos son; presumimos que están más hacia la sierra, hacia las afueras, entre Reynosa y San Fernando, pero no nos metemos en esa zona'. Solo ponían retenes móviles en diferentes partes de la ciudad que dejaban de 15 a 30 minutos y luego los movían. Me impactó esa concesión del control territorial por parte de la Marina, como que había un acuerdo tácito: 'Nosotros no nos metemos y ellos no se meten'.

Pero si el patrón se está repitiendo: los secuestros en las estaciones, la gente tratando de cruzar [la frontera] por ahí, las casas de seguridad, ¿cómo es que no hay más control, mayor reacción o prevención?

Las explicaciones con relación a las masacres, los secuestros y las fosas vinieron más por el lado de la PGR y de Cancillería, que eran nuestro punto focal para la visita. La línea oficial del Estado siempre era que se trataban de hechos llevados a cabo por Los Zetas. Ni se hacía tanta mención al Cártel del Golfo. Cuando se hacía alusión a algún funcionario involucrado había un reconocimiento tácito, menor, de que sí podría haber agentes del Instituto Nacional de Migración o policías locales que colaboraban o estaban coludidos, pero siempre decían que 'eran algunos agentes corruptos', y no un porcentaje significativo. Tampoco había una explicación muy clara respecto de los mecanismos de depuración de miembros del instituto, y de investigaciones penales ni hablar.

Sabíamos, y nos lo comentó un tipo de la PGR, que la gente de Migración estaba coludida con Los Zetas o los del Golfo. Especialmente en Veracruz recuerdo casos en los que terminaron llevando a los migrantes secuestrados a Tamaulipas o Reynosa, a San Fernando o Nuevo Laredo. Yo les preguntaba: ¿Cuántos procesos penales hay abiertos contra esos agentes? Y había cero o dos investigaciones, algo pírrico para toda la información que existía de involucramiento de agentes con ese *modus operandi*: bajarlos de los autobuses o de [el tren] 'La Bestia',[103] sea por

---

[103] Se le llama la Bestia a los trenes de carga que cruzan México, en cuyo techo se transportan personas migrantes que corren el riesgo de sufrir accidentes, mutilaciones,

gente vestida de civil o tipos que cuidaban el tren o agentes del Instituto, llevarlos a casas de seguridad, a catacumbas de los cementerios, y entregarlos a los cárteles, y luego que fueran desaparecidos. O también sacarles el teléfono de los familiares de Estados Unidos con quienes iban, y eso podía significar obtener [como rescate] por cada migrante cientos de dólares, hasta 5,000 o más. O dejarles cruzar la frontera solo si pasaban mochila con droga.

Los Zetas y el Golfo encontraron otra gran fuente de financiamiento en el secuestro y el control del tráfico de migrantes por rutas establecidas para el trasiego de drogas. Era un negocio sumamente lucrativo que genera un nivel impresionante de corrupción. El patrón de abusos, de violaciones a derechos humanos, ha estado presente durante mucho tiempo. La posición geográfica de México, como ruta obligada para los migrantes, las condiciones de los países de origen, los impedimentos que pone Estados Unidos como país de destino, generan este escenario macabro perfecto. Y el recrudecimiento de la situación fue de 2008 en adelante, coincide mucho con la presidencia de Calderón y este enfoque de guerra contra las drogas.

Por nuestras visitas a San Fernando, a Reynosa, a Oaxaca y Veracruz, donde encontramos mucha gente sosteniendo carteles con fotos de sus familiares desaparecidos, pudimos ver esos puntos que la CNDH ya había identificado y publicado en una lista de 'focos rojos'[104] de secuestros de migrantes a lo largo del país, y aun así, cuando llegabas ahí era como tierra de nadie: porque el Estado mexicano no tenía la capacidad para controlar o porque estaba coludido.

En ese momento nos reunimos con el secretario de Seguridad Pública, que era Genaro García Luna, quien tenía responsabilidad en las investigaciones y en prevenir estos hechos [...]. A los cinco años salieron sus escándalos. ¡El tipo que nos daba el principal reporte de las acciones de seguridad que se estaban tomando para supuestamente prevenir que

violaciones, ser reclutados por el crimen organizado o asesinados. Los victimarios muchas veces también son funcionarios públicos.

[104] *Informe especial sobre secuestro de migrantes en México,* CNDH, 2011: appweb.cndh.org.mx/biblioteca/archivos/pdfs/Var_51.pdf

estos hechos no se siguieran dando resultó que estaba coludido con los cárteles del narcotráfico!

San Fernando es uno de los escenarios de mayor violencia cometida contra los migrantes en la historia reciente. Es una de las mayores expresiones de barbarie humana posible. ¡La violencia que se empleó para matarlos fue de lo más grotesco y lo más grande en términos numéricos! Tuvo un impacto muy grande en mí: no necesito abrir las carpetas que me dieron de la PGR, por error o de manera calculada, con las fichas de los levantamientos de cadáveres, para acordarme de esas imágenes, de los restos de migrantes y de cómo los destrozaron, les habían reventado la cabeza a golpes… y ese ensañamiento, esa violencia, la maldad que hubo en la muerte de estas personas. No hay nada equiparable a estos hechos y a las cosas que les suceden a los migrantes que nunca son reportadas. San Fernando es un montón de signos de interrogación abiertos".

Entrevista a Álvaro Botero Navarro,
quien era el abogado especialista de la Relatoría
sobre los Derechos de las Personas Migrantes de la CIDH,
e integrante de la misión llevada a cabo en México
del 25 de julio al 2 de agosto de 2011.

El agente

Nos encontramos en un restaurante tipo cafetería, de sillones abultados, en Texas. Es un hombre latino, moreno, con un look de pandillero que encubre a un miembro de la agencia antidrogas estadounidense [la DEA] que estuvo infiltrado entre Los Zetas, y dedicó años a investigarlos. Habla ese español de quien creció en el lado americano, con palabras imprecisas por la traducción literal del inglés. En mi libreta subrayé una definición que dio: *"sadistic orgy".*

"Desde 2009 había alertas de que bajaban gentes en la carretera a Reynosa, a Matamoros. Teníamos reportes de que ocurría por La Joya; hasta pusimos una alerta de que era peligroso viajar en autobús. El pretexto que nos daban en México [las autoridades] era: '¿Cómo vas a creer? ¿Crees que las familias no van a decir nada si su familiar no llega?'.

Pero las instrucciones del gobierno [mexicano] eran que no lo publicaran, que lo trataran de minimizar. Eso ha sucedido en la frontera de Tamaulipas y Nuevo León todo el tiempo, [a Los Zetas] les han dejado el control, lo que pasó no era nuevo. Lo único diferente es que se descararon para hacer atrocidades. Empezaron a matar. La policía nunca ha tenido el poder ni cuando entra el ejército.

En toda esa zona que controlaba Miguel Treviño [Morales, el Z-40],[105] el juego de los cárteles se ensució cuando entraron Los Zetas. Era una mezcla de alcohol, terror, machismo por la pelea contra el Cártel del Golfo. Es lo mismo de las atrocidades, de las guerras, ya les vale madre, tienen todo el poder, saben que lo tienen.

A Treviño le gustaba matar a tablazos. Cuanto más brutal eres, más vas a ascender en el cártel. Esa es su mentalidad. Es casi un honor. Lo que puedas imaginarte hacer para matar a alguien, más vas a avanzar, y el que sigue va a intentar ser más cabrón.

Los bajaban de los autobuses para bajarles el dinero, o la camioneta, intimidar a la gente. O porque estaban aburridos, no tienen nada mejor que hacer, querían hacer algo. Los formaban como si estuvieran en el ejército, los separaban, los ponían a pelear, no para ver quién era más cabrón; para divertirse: eran *sadísticos*. Estaban drogados. Miguel estuvo presente en una de las masacres, creo que en la de Los 72, o al menos una o dos veces.

Los Zetas eran admirados por su disciplina como ejército, pero empezaron a reclutar a tantos pandilleros que por años se han peleado, y les dan dinero, drogas, pistolas, poder, y se sienten invencibles. Son chavos sin esperanzas de futuro y hacen lo que les da la gana, matan como en un videojuego. Allí se trataba de ver quién era más *sadista*. Esas [de San Fernando] ya eran pandillas sin disciplina.

La primera razón para revisar los celulares [de los pasajeros capturados] era para ver si tenían familiares en Estados Unidos, para pedirles dinero; les llamaban y decían: 'Tengo a tu familiar'.

---

[105] Miguel Ángel Treviño Morales era el líder de Los Zetas en Tamaulipas cuando ocurrieron los hechos aquí relatados y siempre se le ha descrito como sanguinario. Fue capturado en 2013 y años después condenado a 22 años de prisión por el delito de delincuencia organizada. En 2022 obtuvo un amparo para que no se le juzgue por el mismo delito en otra causa judicial.

En 2012, 2013, llegaron centroamericanos a Nuevo Laredo y Reynosa, y Los Zetas ya controlaban el tráfico humano, dejaban que las mujeres cruzaran el río [Bravo], pero a los hombres se los quedaban. Luego me decían ellas: 'No sé qué le pasó a mi esposo, le hablo, está transformado'. Porque los hacen que se peleen, que miren matar, que maten, los drogan. Yo enfocaba a mis agentes, les decía que no solo se enfocaran en [investigar y perseguir] drogas o dinero, nosotros nos enfocábamos en personas desaparecidas, nos enfocábamos más en inocentes.

El gobierno mexicano no hizo nada, no hicieron nada antes, dejaron por décadas que los cárteles se controlaran ellos mismos, y por años resultó bien. Lo único diferente es que Los Zetas se descararon, empezaron a desaparecer gente, a ser más *sadísticos*. Esto viene de décadas".

La inteligencia

"We have a problem...". Con estas palabras, el exdirector del CISEN, Guillermo Valdés Castellanos, informó al entonces presidente Felipe Calderón Hinojosa sobre los secuestros de pasajeros que su agencia acababa de descubrir aquel viernes 31 de marzo de 2011. En este relato, el ahora exfuncionario da su versión sobre cómo se enteraron de los hechos. A todas luces llegaron tarde.

"[…] Fueron los dos primeros datos que se obtuvieron, una denuncia en Morelia [sobre un viajero secuestrado] y otra denuncia igual en el consulado americano de Matamoros. […] Se empezó a contactar a las autoridades de Tamaulipas, y el secretario de seguridad, [el general Ubaldo Ayala], le dijo al del Cisen que sí había rumores de que estaban secuestrando camiones. Y el del Cisen dijo: '¿Cómo que había rumores y usted no había dicho nada?'. 'pues sí, pero no investigué'. No le dio importancia, era un irresponsable.

A mí me contactan a las once de la noche ese viernes; hablo con el secretario de Gobernación y con el presidente y le digo: '*We have a problem*, van tres días desapareciendo camiones y yo creo que esto va a ser un problema muy grave'. Teníamos el antecedente del 2010.

Convocamos al gabinete de seguridad el sábado a las seis de la mañana. El gobernador de Tamaulipas estaba en una fiesta en Pachuca

[…]. El sábado en la mañana se ordenó un vuelo de un helicóptero del ejército para que hiciera un reconocimiento en los alrededores de San Fernando […] le empiezan a disparar […], sale una partida del ejército hacia el lugar y es ahí que encuentran a mucha gente secuestrada y a mucha gente muerta. […] Había para entonces, si no me falla la memoria, 192 asesinados. [Los Zetas] llevaban tres días secuestrando camiones.

[…] Lo que estaba ocurriendo es que el Cártel del Golfo en su guerra contra Los Zetas estaba en desventaja en cuanto a gente e hizo un pacto con La Familia Michoacana. Por eso los Zetas estaban deteniendo los camiones que venían de Morelia, bajo el supuesto de que todos los varones que pudieran ir en esos camiones eran presuntos sicarios.

[…] Es muy fácil decir 'el Cisen sabía y no hizo nada' y te juro que no era el caso, […] nuestro papel era muy incómodo para todo mundo […]. Cisen fue el que investigó, detectó y detonó la búsqueda y el encuentro de este segundo evento de secuestro de migrantes y no migrantes. Cisen no tiene como tarea la investigación detallada en campo de estas tareas, esa era responsabilidad de la Policía Federal y del Ejército. Nosotros hacíamos trabajos de apoyo de inteligencia estratégica […], no era nuestra responsabilidad estar llevando la cuenta de los desaparecidos, esas [tareas] le tocan a la procuraduría del estado. Y la prevención en las carreteras, el cuidado en las carreteras, a la Policía Federal […]. El presidente municipal no estaba despachando en San Fernando, llevaba varias semanas ausente. Decía que por tema de seguridad estaba viviendo en Ciudad Victoria o no sé dónde.

[…] Nuestra responsabilidad era apoyar las tareas de información […]. Nuestra prioridad era juntar información sobre Los Zetas […], toda su estructura operativa desde Chiapas hasta Tamaulipas en vinculación con los polleros porque habían tomado el control de todas las organizaciones que tradicionalmente traían centroamericanos […], ya retenían a migrantes hasta que llegara el dinero de los parientes, y si no pagaban el monto extra solicitado [1,200 dólares] era cuando los mataban […].

A raíz del segundo evento de San Fernando, en 2011, y la información de los campamentos, fue todo un proceso que culminó en la desarticulación de los […] seis grupos regionales que conformaban los Zetas […].

Yo me acuerdo, lo oí de una o dos gentes que rescataron vivas ese sábado: los bajaban del autobús, […] les pedían que matara a su vecino, al que estaba a un lado. A golpes, les dan un mazo… y mataban… cosas terribles, atroces, que te hablan de un nivel de… no sé, de deshumanización. Terrible. ¿Por qué lo hacen? Están locos… no sé. No era la avaricia normal. Aquí había un odio terrible y un descontrol espantoso del tipo de violencia que ejercían".

Entrevista de 2022.

La embajada

¿Cuánto sabía el gobierno de Estados Unidos y qué tan cómplice fue de lo que pasaba a 144 kilómetros de su frontera, en ese Triángulo de las Bermudas que era San Fernando, a solo dos horas en automóvil de las ciudades texanas de Brownsville o McAllen?

¿Cuál fue su rol tras tener conocimiento —como sus cables diplomáticos lo indican— de que su consulado había emitido informes sobre los secuestros y extorsiones en las rutas migratorias de Tamaulipas, y que éstas se habían convertido en botín de las organizaciones criminales trasnacionales? ¿Qué acciones se tomaron cuando supieron de la existencia de fosas de migrantes con 200 cadáveres desde ocho meses antes del hallazgo de 2011?

¿Qué hizo el gobierno estadounidense cuando recibió la alerta de que, al menos, dos de sus ciudadanos fueron bajados a golpe y pistola en la carretera 101 y desaparecidos? ¿Qué información exclusiva obtuvo de los reportes de los agentes que tenía infiltrados entre Los Zetas y del monitoreo constante de las operaciones del grupo y cómo la usó?

¿Qué tanto sabía cuando era obvio que familias sanfernandenses comenzaron a mudarse a Texas para salvar sus vidas, incluidos presidentes municipales? ¿O que migrantes en tránsito a la frontera, traumados por lo que veían en el camino y víctimas del endurecimiento de las políticas migratorias, empezaron a cambiar sus rutas de viaje a través de sitios más peligrosos, o se quedaban en México?

¿Qué significó que Los Zetas tuvieran parientes y socios comerciales de ese lado de la frontera, y familias y casas en Texas, como en el caso de la familia Treviño? ¿O que el temido Kilo y otros sicarios hubieran sido pandilleros en Estados Unidos y, ya en México, con su barbarie lograran reducir el cauce migratorio?

¿Que el propio gobierno norteamericano dio entrenamiento a integrantes del grupo militar de élite del Ejército Mexicano del que surgieron Los Zetas? ¿Y que -a pesar de las evidencias del aumento de la violencia y las protestas de las víctimas en la calle- se empeñó en seguir financiando la fallida "guerra antidrogas" en México en la que distintos grupos se disputaban "el control de las drogas" y no se contemplaba la seguridad ciudadana?

¿Qué tan responsable es por tener recluido en una cárcel al exjefe del Cartel del Golfo, Osiel Cárdenas Guillén, con quien pactaron beneficios a cambio de que entregara millones de dólares e información, un acuerdo que desató la furia de sus antiguos aliados Los Zetas y desató el exterminio de gente inocente? ¿Y que esta no fue la primera vez que esa estrategia cobró cientos de vidas? ¿Por qué no condicionó su apoyo cuando supo que agentes del INM secuestraban a migrantes?[106]

¿O cuando sus propios agentes contrabandearon 2 mil 500 armas a México, para hacer un experimento[107] que les permitiera conocer sus rutas, algunas de las cuales terminaron en manos de grupos criminales como Los Zetas que las usaron para matar?

¿Cuál fue su papel si en Washington desoyeron las críticas contra el "súper policía" con el que echaron a andar la cruzada antidrogas calderonista, Genaro García Luna, y lo respaldaron?

Al igual que muchos cables diplomáticos permanecen testados, con secciones enteras censuradas aun cuando fueron desclasificados, todavía hay muchas respuestas pendientes sobre el papel que jugó Estados Unidos en estos hechos.

Empezando por su política antidrogas de los últimos 50 años impuesta en América Latina, región que sigue sufriendo su impacto, en la que importa más atrapar a líderes del narcotráfico, alimentar ejércitos de

---

[106] Información obtenida por un cable.

[107] En 2009 la Agencia de Alcohol, Tabaco, Armas de Fuego y Explosivos de Estados Unidos implementó el operativo "Rápido y Furioso", que dejó una estela de muertes, como la de un agente estadounidense asesinado por Los Zetas en San Luis Potosí.

delatores y confiscar propiedades y cuentas bancarias, pero a los crimenales no se les investiga por las masacres, asesinatos, desapariciones, fosas y el terror que han causado fuera de suelo estadounidense, y hacer justicia a sus víctimas.

Algunas de las piezas claves de este rompecabezas son:

¿Qué tanto sabían? Según información consignada en agosto de 2010, un memorándum secreto de la Oficina de Inteligencia e Investigación del Departamento de Estado[108] revela que conocían los efectos de la "guerra contra las drogas":

> "La ofensiva de Calderón ha ejercido presión sobre los cárteles, pero también ha tenido consecuencias no previstas: por ejemplo, la remoción de los líderes de las organizaciones del narcotráfico ha llevado a personas con menos experiencia y disciplina a ocupar esos vacíos, contribuyendo a un pico en los asesinatos relacionados con las drogas".

> Cable 20100800 de Estados Unidos.

En enero de 2011, en otro cable diplomático mencionaban la evidente corrupción entre agentes del estado mexicano y grupos de tráfico de migrantes (ese mismo año, otro reporte menciona que 7 agentes de migración estaban coludidos con el Cártel del Golfo en los secuestros de migrantes en Tamaulipas):

> "Evidencias circunstanciales indican que las autoridades de migración y las policías locales con frecuencia se hacen de la vista gorda o están coludidos en estas actividades [facilitando migración ilegal, extorsiones, secuestros y tráfico]".

> Cable 20110131 de Estados Unidos.

---

[108] National Security Archive: https://nsarchive2.gwu.edu/NSAEBB/NSAEBB445/docs/20110131.pdf.

¿Sabían lo que pasaba en las carreteras que conectaban las fronteras? Al menos desde 2010 hacían seguimiento sistemático de la violencia en Tamaulipas, como lo muestran sus cables diplomáticos, y tenían reportes de ciudadanos que eran víctimas de la violencia.

"En enero [de 2010], un misionero estadounidense en una camioneta fue asesinado a tiros en una de las barricadas; en septiembre de 2010, otro estadounidense fue sacado de un autobús y asesinado; a una variedad de ciudadanos estadounidenses les robaron sus autos, según una advertencia consular de los Estados Unidos en octubre, sin mencionar los innumerables residentes locales y mexicanos que viajan consumidos por las pandillas, ya que en 2010 y principios de 2011 la anarquía gobernó el camino".[109]

Gary Moore, investigador y periodista estadounidense

¿Cuál es el grado de responsabilidad que tienen por la violencia? Un reportaje de investigación apunta a que el involucramiento del gobierno estadounidense en tragedias como la de San Fernando es mayor de lo que se piensa, por haber echado gasolina (gracias a su política de compraventa de información de detenidos) al odio a muerte entre cárteles:

"[...] Los Zetas fueron leales a [Osiel] Cárdenas Guillén hasta febrero de 2010, cuando trascendió el acuerdo negociado por su sentencia. [...] Cuando la organización descubrió que había estado entregando información al gobierno de Estados Unidos, declaró la guerra al Cártel del Golfo por la traición. El conflicto provocó una explosión de violencia en regiones de México y a lo largo de la frontera con Texas [...].

'No previmos la violencia, y eso nos pesa', dijo un agente federal que no estaba autorizado a hablar públicamente.

---

[109] Gary Moore, "Inside the black hole", *Horizon*, 8 de septiembre de 2011. https://garymoore22.wordpress.com/2011/09/08/inside-the-black-hole/

'No entendimos la dinámica sobre el terreno... y mucha gente murió, muchos inocentes'".[110]

The Dallas Morning News.

Uno de los autores del reportaje, el periodista mexicoamericano Alfredo Corchado, veterano en la cobertura sobre México y la frontera, y quien por sus investigaciones recibió una amenaza de Miguel Ángel Treviño Morales, el Z-40[111], explicó:

"Fue una investigación de mi colega Kevin Krause y tu servidor en 2015, que empieza cuando un informante del gobierno americano, que ya conocía, me llama, nos vemos en la ciudad de Dallas y [...] me dice al despedirse: 'Te entrego esta caja, creo que vas a encontrar cosas muy interesantes'.[111] Esa noche, leyendo los documentos —eran de varias agencias norteamericanas: la DEA, Homeland Security—, me quedé sorprendido del contenido: eran cientos de páginas de documentos confidenciales que demuestran que hubo un acuerdo entre Osiel Cárdenas Guillén, que entonces era el jefe del Golfo, y el gobierno americano, donde Osiel tiene que darle básicamente 50 millones de dólares —no solamente en efectivo, también ranchos, avionetas, dinero que había escondido principalmente en Tamaulipas—. Pensando que esas transferencias iban a ayudar a que saliera de la cárcel, parte de ese dinero lo aportaron Los Zetas, pero cuando se dan cuenta de que su intermediario [el abogado de Osiel] era informante y le estaba dando [datos de] inteligencia a los norteamericanos, ahí detona la guerra.

Estamos hablando de 2008 a 2011, es cuando oficialmente está la guerra. Hay quienes le llaman 'la guerra de Calderón', yo le llamo 'la guerra entre cárteles'. Creo que a la persona que me dio estos documentos le pegó en la conciencia saber el papel que había jugado Estados Unidos...Al final a Osiel le dieron 25 años de cárcel; a mucha

---

[110] Alfredo Corchado y Kevin Krause, "Deadly deal", *The Dallas Morning News*, 14 de abril de 2016: http://interactives.dallasnews.com/2016/cartels/.

[111] Lo cuenta en su libro *Medianoche en México* (Debate, 2013).

gente le sorprendió que no fueran más por los crímenes que había cometido, por el hecho de haber lavado tanto dinero y amenazar a agentes norteamericanos. Tanto yo como otras personas que entrevistamos quedamos convencidos de que este arreglo entre el gobierno y Cárdenas Guillén había detonado la guerra de los cárteles. O sea, matanzas como la de San Fernando y otras matanzas que se escucharon mucho en esa época.

Ese investigador, ese informante estaba convencido de que eran *collateral damage*, o sea, mucha gente inocente pagó el precio... todo esto detona el desmadre que hemos vivido y cubierto. Algunos agentes norteamericanos tenían conciencia de eso. Otro informante nos dijo: 'Nunca nos imaginamos que fuera a detonar este tipo de violencia, que fuera tan cabrona'.

Hay gente que siempre ha dicho que el Plan Mérida ayudó a Estados Unidos a que estos grandes cárteles se fraccionaran y, a la vez, se hicieran mucho más sangrientos.

Y esa teoría de que con el Plan Mérida iba a mejorar la situación en México todavía está a debate. El plan de Estados Unidos era tratar de influir en construir un sistema nuevo de *institutional building*, o sea, fortalecer instituciones a muy largo plazo, y como hemos visto México pagó un precio muy, muy alto. Muchas personas perdieron la vida, entre ellos muchos migrantes.

Básicamente, al tener que contribuir con 50 millones de dólares [para la libertad de Cárdenas Guillén], esos cárteles, Los Zetas, el Golfo, tuvieron que moverse a otros negocios y jugaron un papel mucho más importante en el cruce de personas, de migrantes, y no solo en el caso de San Fernando. De repente, ya no solamente se dedicaban al cruce de drogas, sino de cualquier cosa que pasara por Tamaulipas.

Me acuerdo de que, a la persona que me dio los documentos, San Fernando se le quedó muy grabado, y el hecho de que no eran los sicarios los que estaban pagando el precio, sino gente inocente, como los migrantes. Yo le preguntaba: '¿Por qué quieres compartir esto conmigo? *Why me?*', y luego me explicó: 'No solo porque tú cubres y sigues estos temas, también porque tú, como migrante, conoces el precio que los migrantes están pagando'".

Entrevista de 2022.

Las fechas (2008-2011) del enfrentamiento entre Los Zetas y el Cártel del Golfo coinciden con el estallido de "la guerra" que menciona la gente de San Fernando.

¿Qué hizo el gobierno estadounidense cuando la fallida política antidrogas que financiaba y por la que aplaudía en público a Calderón convertía a México en un baño de sangre? Una serie de cables filtrados por WikiLeaks en 2011 (con el número 20110205) mencionan una anécdota. Luego de que en estos mensajes se criticara el caos del gobierno calderonista y el récord de asesinatos que había alcanzado, la jefa de la diplomacia estadounidense Hillary Clinton y la canciller Patricia Espinosa se reunieron para el control de daños. La mexicana le solicitó ayuda porque Calderón contaba con el 54 por ciento de aprobación, pero casi el 70 por ciento de la población lo culpaba por el empeoramiento de la seguridad y le pidió que coordinaran un mensaje público para exhibir los logros presidenciales (como el hecho de que 20 de los 36 capos de la droga habían sido arrestados o estaban muertos). En esa ocasión hablaron de la masacre de los migrantes. Clinton le dijo que sí, que desde el principio ella misma y el presidente Barack Obama habían "dejado en claro que Estados Unidos comparte una responsabilidad por el rol e impacto de la delincuencia organizada trasnacional en México. Destacó la admiración del presidente Obama por el compromiso y valentía de Calderón frente a ésta". Acordaron reforzar el fondeo de la Iniciativa Mérida, compartir una misma narrativa para apoyar la estrategia de seguridad mexicana, y gestionar una visita de Calderón a Estados Unidos. Y mantuvieron su apoyo.

El ofendido

Miguel Ángel Treviño Treviño Morales, alias el Z-40, era el líder de Los Zetas en Tamaulipas en el tiempo de las masacres. Más allá de la descripción de sanguinario, sádico e hiperviolento que le adjudican quienes lo investigan, era también parte de una red empresarial, en la que participaba su familia en Estados Unidos, dedicada a lavar dinero mediante la cría de caballos pura sangre. Cuando fue capturado en julio de 2013, la noticia alborotó a muchas familias cuyos hijos habían desaparecido en territorios bajo su dominio; muchas esperaban que confesara dónde los tenía. Ese año, dos mujeres se atrevieron a entrar al penal del Altiplano a preguntarle por sus seres queridos. Cuando salieron tenían un coctel de emociones, entre miedo, enojo, desolación, asco, tristeza y humillación.

"En un inicio el estómago me hacía así como burbujas porque tenía muchas ganas de decirle, preguntarle, y solamente se nos quedaba viendo, sosteniendo la mirada muy fija. En cuanto salió, él dijo que nadie le había notificado y preguntó que de qué se trataba esto. Le dijeron que era una diligencia que se iba a llevar a cabo; preguntó: '¿De cuál averiguación me estás hablando?'. 'La 197'. Supo cuál era y dijo que no iba a declarar nada, le dijeron 'es que tu abogado no contesta, pero te vamos a asignar a este defensor de oficio'. Nos sacaron de la sala y en esos cinco minutos el defensor de oficio le ha de haber dicho que la diligencia se trataba de los desaparecidos.[112] Cuando volvimos se puso grosero, más prepotente, estaba muy alterado.

Nos dijo: 'Ahora a todos los desaparecidos me los quieren achacar, a todos los muertos me los quieren aventar. ¡Ahora resulta!'. [...] El defensor de oficio y el de SIEDO no estaban coordinados, era un desmadre entre los dos, y el enviado de la subprocuraduría de Derechos Humanos dice: 'Se está llevando mal la diligencia, no es así'. En cuanto lo escucha, este señor voltea y por el vidrio pregunta: '¿Quién es el de la chamarra roja?', y el pendejo de SIEDO contesta: 'Son víctimas', y entonces sigue: '¿Y el de negro también?' [se refiere a un acompañante de ellas], 'sí, el de negro también es víctima', y voltea y me ve desafiante a mí sentada así, y a mi compañera. El MP nos puso en riesgo, nada más le faltó darle mi nombre y mi dirección.

Como se empezó a poner más tensa la cosa, mi compañera se levanta, se jala algo que iba a sacar de la espalda, yo me imagino que traía la foto de su hijo, alcanza a decirle 'por favor', pero nuestro acompañante la jala y la sienta: 'No, espérate'. El ambiente estaba ya pesado, y él se empezó a burlar de nosotros con sus gestos. Y nos dijo: 'No me interesa hablar de eso'.

Yo le dije: 'Señor, por favor, yo solamente quiero hacerle una pregunta', y me barre con la mirada que tiene pesada, retadora, te

---

[112] La averiguación previa 197/2011 contiene denuncias de desapariciones ocurridas en la zona noreste del país, especialmente en San Fernando, Tamaulipas, y municipios y estados colindantes.

intimida, no le tiene miedo a las autoridades. Al defensor de oficio le dijo: '¿Y tú qué, eres defensor de oficio de aquí?'; a los MP: '¿Ustedes son de SIEDO, de qué parte de SIEDO?'. Así, pero con muchos huevos.

Los MP estaban asustados, y más cuando les dijo: 'No les voy a firmar nada', y pretendía irse. 'No me importa', decía prepotente, y se movió y los policías que lo escoltaban se le quedaban viendo. 'Te regresas, no te puedes ir, no se ha acabado esto', le dijeron los MP.

El defensor de oficio empezó a discutir con los de SEIDO: 'Él tiene sus derechos, él le está diciendo que no va a firmar nada, no puedes llevar a cabo ni siquiera una diligencia ni llevarte una constancia ni te voy a firmar'. Como que tenía mucho miedo el defensor de oficio también, y el Z-40 seguía en su postura de 'ya me voy, no me importa y ellos qué hacen aquí, a mí nadie me notificó y sé mis derechos y no tengo por qué decirles nada'.

Salimos de ahí sin nada. No nos dijo nada, no quiso hablar.

Los 20 minutos o media hora que estuvimos ahí se me hicieron eternos. Nosotras queremos saber los datos sobre nuestros familiares desaparecidos. A él lo señalan policías municipales que estuvieron involucrados [en Nuevo León, en Tamaulipas, en Coahuila], que recibían órdenes de él, y de gente de entre ellos, jefes de *la plaza* que decían que tenían que pedirle permiso primero al Z-40, y él ordenaba lo que se hacía o no se hacía con las personas que se quedaban detenidas.

Cuando le dijeron a qué íbamos, él dijo: '¿Me van a poner otra vez 300 fotos?, ¿o 3,000 o cuántas, 3,000 fotos? […] No quiero que me pongan las 3,000 fotos que me pusieron en SEIDO'.

Como SEIDO no le notificó como nos había prometido, por no violar sus derechos no pudimos preguntarle. Al final le dije que si, por favor, le podía hacer una pregunta solamente, y solo se me quedó viendo, no contestó más, y ya burlándose preguntó: '¿Me puedo ir?'. Cuando vio que mi compañera iba a llorar y le dijo: '¡Es que, señor…!', él se empezó a burlar y se fue. Le valió".

Entrevista de 2013.

El desamparo

A San Fernando no se le enderezó la suerte cuando la policía fue suspendida, los Zetas buscaron nuevos escondites y el gobierno federal —a través del ejército, la marina, la policía— asumió la tarea de la protección ciudadana. A un mes de que oficialmente terminaran las exhumaciones, una patrulla de la Policía Federal fue asignada a dar un recorrido por la cabecera municipal. En su reporte quedó consignado el aire de desolación en el ambiente y el desamparo de la gente:

> "A nuestro ingreso se encuentra el poblado de San Fernando, donde se encuentra el CETIS número 126, la afluencia de alumnos es muy baja. [...] En este lugar donde se localiza la mayor parte de los ranchos, anteriormente se exhibía la crianza de ganado bovino y algunas propiedades con almacenes de grano [...]; esta zona presenta el mayor número de calles pavimentadas [...]; es muy común ver viviendas abandonadas, algunas fueron dejadas con puertas y ventanas abiertas, otras están tapadas con tablas y pedazos de cartón, y en las últimas los accesos fueron clausurados con ladrillo y cemento.
>
> Se realizó una búsqueda de las mencionadas pintas con la leyenda 'YA ESTAMOS AQUÍ. SOMOS EL CÁRTEL DEL GOLFO', sin lograr obtener resultados positivos; no se omite mencionar que es poco común observar a personas caminar en la vía pública. Asimismo se procedió a realizar un recorrido en la zona oeste de este lugar, encontrando que esta es la zona menos favorecida económicamente y donde existe el mayor número de establecimientos cerrados, habiendo incluso gasolineras abandonadas.
>
> Los dueños de algunas casas de esta zona están iniciando la construcción de bardas en el perímetro de su domicilio, no se omite mencionar que de este lado del poblado es donde se observó el mayor número de calles sin pavimentar y predios abandonados [...].
>
> Se realizó un recorrido pie a tierra por algunas calles donde se observó el escaso tránsito peatonal, como el

cruce de la calle Nicolás Bravo esquina con Heroica Matamoros, donde se escuchó a un grupo de tres personas [...], quienes sostenían una plática referente a que la familia de la primer persona se encontraba en búsqueda en las diferentes fosas de un familiar desaparecido en el mes de mayo, debido a que un grupo de personas llegaron a su domicilio a bordo de dos mini van y sacaron del inmueble al familiar hoy desaparecido, no sin antes agredir a los habitantes de la vivienda y sacar a la víctima a golpes, lo hirieron con arma de fuego en la pierna [...].

Se procedió a retirarnos del poblado (17:30), ya que refieren los habitantes que después de esa hora es cuando más violencia se ha registrado y los enfrentamientos son muy probables [...]. No se observó la presencia de elementos de policía, así como tampoco de rondines del ejército".

Reporte del 20 de junio de 2011.

SEGUNDA PARTE

Te busqué entre los destrozados,
hablé contigo.
Tus restos me miraron y yo te abracé.
Todo acabó.
No queda nada.
Pero muerta te amo y nos amamos,
aunque esto nadie pueda entenderlo.

Canto a su amor desaparecido,

Raúl Zurita

CAPÍTULO 8:
EL DESPRECIO

La fosa clandestina en la que fue enterrado Carlos Osorio Parada,
incluida en el expediente que tiene su familia.

El inventario

Desde el hallazgo de la primera fosa el 1 de abril de 2011, hasta la número 47 en mayo, cuando suspendió el conteo público, el gobierno federal admitió la existencia de 193 cuerpos.

Ese mismo mes, un tráiler refrigerado trasladó 120[113] de esos cadáveres a la Ciudad de México, bajo el argumento de que las morgues locales eran insuficientes. De estos, 112 correspondían a hombres, tres eran

---

[113] En los distintos dictámenes de identificación que el Equipo Argentino de Antropología Forense entregó a las familias de las víctimas es posible leer este dato: "Sobre el total de 193 restos recuperados, al menos 120 o 121 de los mismos fueron trasladados desde los servicios periciales de Tamaulipas a la Ciudad de México, bajo jurisdicción de la

mujeres y cinco de sexo pendiente de precisar. La abrumadora mayoría había muerto joven: 69 tenían entre 20 y 30 años; y 25, entre 31 y 40. Solo seis superaban los 40 años. Del resto no se pudo establecer la edad. Algunos llevaban escasos días muertos, otros diez meses.

Las primeras revisiones mostraban la fijación de sus asesinos por matar con golpes en la cabeza: 94 murieron de esa forma, 21 a balazos, "dos por traumatismo torácico, uno por laceración de tráquea, otro por trauma profundo de cuello por objeto punzocortante, otro por decapitación y dos sin determinar"[114] pues ya eran esqueletos. En algunos casos fueron víctimas de múltiples brutalidades.

Un grupo tenía más posibilidades de ser identificado que el resto: se trataba de 17 con la piel marcada con tatuajes, y otros siete que entre sus pertenencias llevaban documentos de identidad —credenciales, licencias, boletos de autobús— o teléfonos anotados.

Nunca se supo la cifra exacta de cuántos cuerpos más se quedaron en Tamaulipas; además, las siguientes excavaciones se hicieron en secreto.[115] Para ese entonces ya habían ido a parar a la fosa común de los cementerios municipales, 30 en Ciudad Victoria, y 35 en San Fernando. Aún se desconoce bajo qué criterio se decidió a cuáles mandarían lejos, a bordo del tráiler refrigerado, a cuáles dejarían, y por qué separaron a parientes o amigos que viajaban juntos antes de ser asesinados.[116]

En la Ciudad de México, la morgue local fue utilizado como bodega temporal para los cuerpos en descomposición recién llegados; una

---

entonces Dirección de Servicios Periciales de la PGR". Esto demuestra que no se pudo establecer la cantidad de cuerpos recuperados.

[114] Basado en un reporte interno de la SIEDO.

[115] Existen varios testimonios al respecto. El periodista Juan Alberto Cedillo escribe en *Las guerras ocultas del narco*: "Cuando se desenterró el cuerpo número 193, el ministerio público recibió la orden desde la capital del estado de no contar públicamente los cuerpos. La búsqueda terminó oficialmente con esa cantidad de víctimas. Los siguientes días sacaron al menos un centenar de cuerpos más, los cuales volvieron a enterrar, pero ahora en una fosa común del panteón municipal".

[116] Un reporte interno de la SIEDO del 15 de abril de 2011 mencionaba: "Con relación a los 23 cadáveres localizados, el 8 de abril, por instrucción del delegado de procedimientos penales, no se tendría intervención de la PGR y serían trabajados en San Fernando [...] y el director de averiguaciones previas de la PGJE [...] consideraba que este hallazgo no tenía relación con los anteriores, por lo que no se daría intervención a PGR".

funeraria particular se encargó de su embalsamamiento. Diez meses después, 77 de los cadáveres fueron enterrados en la fosa común del Panteón Civil de Dolores,[117] junto a donde reposaban los cuerpos no identificados de 12 de los 72 migrantes masacrados. Que seguían catalogados como NN.

Lo normal era que continuaran las investigaciones —uniendo piezas de las indagatorias en campo y los interrogatorios a detenidos con las denuncias que se recibían sobre personas que no habían llegado a sus destinos— hasta dar con la identidad de las víctimas asesinadas.

Sin embargo, las decisiones burocráticas que se tomaron: separar los cuerpos, fragmentar la información, armar por grupos de cadáveres distinas averiguaciones previas, y cavar nuevas fosas como siguiente destino para los cuerpos que ya habían estado en fosas, alejó esa posibilidad.

En este tramo operó la "desaparición administrativa": aquella que comete el Estado cuando, al recuperar a alguien de una fosa, vuelve a desaparecerle por sus malos procedimientos o por no hacer lo que le toca. En este tramo de la cadena de impunidad muchos cuerpos no identificados quedan secuestrados; algunos para siempre.

El Panteón de Dolores

El último día del sexenio de Felipe Calderón, a las 8:30 horas, ministerios públicos y peritos de la PGR llegaron al Panteón Civil de Dolores de la Ciudad de México. Cruzaron las 240 hectáreas de ese sobrepoblado cementerio, donde cohabitan entierros de siglos pasados con recientes, y se detuvieron cuando toparon, al fondo, con un descuidado baldío delimitado por una barda.

Buscaban un montón de tierra cubierto por una lámina. Debajo estaban enterrados 66 cuerpos y tres restos de los 120 que habían sido trasladados desde Tamaulipas. A unos pasos de distancia, bajo un montículo chato, estaban sepultadas 12 víctimas, también sin identificar, del grupo de 72 migrantes. Ninguna señal, código o cruz indicaba la existencia de esas tumbas.

Los funcionarios se pasaron el día exhumando, sacando bolsas con cadáveres, revisando etiquetas, seleccionando. Salieron al atardecer, después de haber cremado a diez de los cuerpos. Habían convertido

---

[117] Quedó uno, de nacionalidad salvadoreña, en una cámara de congelación.

en cenizas a William Rodríguez Alejandro, Bilder Osbely López Mérida, Delfino Cusanero García, Erik Raúl Velásquez Vail, Gregorio Can Escun, Jacinto Daniel López, y los hermanos Marvin y Miguel Ángel Chávez Velásquez, todos de nacionalidad guatemalteca, junto a los hermanos guanajuatenses Israel y Luis Miguel Gallegos Gallegos.

¿La justificación?: "Razones sanitarias".[118]

Oficio: SEIDO/UEIDMS/TU/0692/2012[119]

AL C. JEFE DE LA UNIDAD DEPARTAMENTAL DE PANTEONES EN LA DELEGACIÓN MIGUEL HIDALGO
P R E S E N T E .

En cumplimiento al acuerdo dictado dentro de la averiguación previa al rubro citada y con fundamento en [...] el Reglamento [de la Ley General de Salud para la] "Disposición de Órganos, Tejidos y Cadáveres de Seres Humanos", por medio del presente se informa que el día 30 de noviembre de 2012 a las 8:30 horas se llevará a cabo una EXHUMACIÓN PREMATURA de una persona del sexo masculino que en vida llevara el nombre de MARVIN CHÁVEZ VELÁSQUEZ, persona que se encuentra relacionada con la averiguación previa citada al rubro. Teniendo como destino final la CREMACIÓN, la cual se llevará a cabo en el panteón a su cargo. Así mismo solicito asigne personal para dicha exhumación.

ATENTAMENTE
"SUFRAGIO EFECTIVO. NO REELECCIÓN"
EL C. AGENTE DEL MPF, UNIDAD ESPECIALIZADA
EN INVESTIGACIÓN DEL DELITO EN MATERIA DE SECUESTRO
LIC. JOSÉ MANUEL ROJAS CRUZ

---

[118] Marcela Turati, "Fosas de San Fernando: Evidencias se vuelven humo", *Proceso*, 22 de diciembre de 2012. https://www.proceso.com.mx/nacional/2012/12/22/fosas-de-san-fernando-evidencias-se-vuelven-humo-112353.html

[119] UEIDMS es la Unidad Especializada en Investigación de Delitos en Materia de Secuestro.

Esa mañana, un grupo de antropólogos trabajaba en una fosa contigua y presenciaron la operación. Un panteonero que estuvo presente días después me contó un detalle: "Los cuerpos que sacaron ya estaban irreconocibles, estaban muy cocidos en esas bolsas blancas con las que los enterraron y que los cocen muy rápido. No eran cuerpos completos. Cuando vinieron nos dijeron que los iban a trasladar, por eso los incineraron".

> "Los cuerpos se encontraban uno encima del otro, en bolsas de cadáveres de mala calidad que se encontraban ya en mal estado, completamente en contra de las recomendaciones sobre buenas prácticas o protocolos forenses de inhumación de restos no identificados, toda vez que invisibiliza y dificulta recuperarlos en caso de ser identificados y atenta contra la conservación de los mismos [...]. La fosa [...] estaba cubierta de planchas de metal, sin observarse ninguna inscripción o codificación que las identificara como correspondientes a este cuerpo o a las cuatro averiguaciones previas federales en donde se incluyen estos 120 cuerpos [...]; rodeada de otras fosas comunes, la indicación sobre qué fosa excavar provino de los sepultureros".[120]

Reporte del Equipo Argentino
de Antropología Forense

La burla

En diciembre de 2012, en el Aeropuerto Internacional La Aurora de Guatemala aterrizó un avión que portaba ocho[121] urnas fúnebres. En el si-

---

[120] Estos párrafos se repitieron en los dictámenes de 37 cuerpos. "Dictamen integrado de identificación y causa y modo de muerte de los restos", escrito por el EAAF en el marco de la Comisión Forense, que se abordará en el capítulo 9 de este libro. Este órgano creado en 2013 permitió al EAAF y a diversas organizaciones que representan a víctimas de México y Centroamérica participar en los procesos forenses de identificación humana en coordinación con la PGR.

[121] Ocho eran víctimas asesinadas en San Fernando.

tio lo esperaban las angustiadas familias que la Cancillería del país centroamericano había convocado. Una fotografía que publicó un diario local[122] mostraba su desolación: un campesino indígena, con el ceño fruncido, la boca apretada, y un gesto de desconcierto y tristeza, sostiene una urna de madera. También lleva dos rosas amarillas y, doblada, una bandera celeste de Guatemala que le acaban de dar. Detrás de él caminan dos mujeres desconsoladas: una parece gritar, otra llora con el rostro oculto por un paliacate. Años después conocería a varias de las personas protagonistas de esa historia, quienes hasta el día de hoy son perseguidas por ese día de pesadilla; así es como una viuda lo recuerda:

"Cuando entré al Ministerio de Relaciones Exteriores de Guatemala fue traumático ver una mesa con diez cajitas pequeñas, ¡diez cajitas! Mi tío solo me agarró de la mano, sabrá qué cara tendría yo, y me dijo 'tranquila, *mija*'.

Ellos hicieron un acto protocolario, se miraban personas influyentes, empezaron a darnos palabras, a explicar que ahí estaban las cenizas de nuestros familiares y que podíamos pasar por ellas. Como si fuera un banquete, ¡ay, Dios mío! Fue una burla.

Me recuerdo que un señor se paró y reclamó: '¿Pero dónde están las pruebas?', y yo dije: 'No me voy a llevar nada sin pruebas porque ese no es mi esposo'.

'Mire, es que sí tenemos un álbum fotográfico —dijeron—, pero es muy traumático que ustedes lo vean'.

Esas fotos fueron lo peor que he visto en mi vida: muchos cuerpos sin ropa, sobre la tierra, se miraban grises, todos mezclados. En una fotografía estaban apilados: las piernas, los brazos, el tórax, así como un manojito de algo, de varitas, uno tenía la pierna desgajada. Pero no identificaban quiénes eran, a ninguno le especificaron: 'Este es tu familiar'. Como que ellos pensaron: 'Hay que darlos así, estos son brutos y no van a decir nada y se van a ir tranquilos con su caja'.

Pero si tuvieron tiempo de tomarles fotos cuando estaban recién exhumados, y de tomar las muestras de ADN, ¿por qué de una vez no los

[122] Omar Archila, "Llegan al país cenizas de ocho migrantes masacrados en México", *Prensa Libre*, 7 de diciembre de 2012: https://www.prensalibre.com/guatemala/migrantes/llegan-pais-cenizas-migrantes-0-824317591/

clasificaron?, ¿por qué no dijeron de este cuerpo se tomó tal muestra y aquí está la foto?

No les importó hacer un reporte, como si hubieran sido animales, pero ni a los animales los tratan de esa manera. Por eso yo no creí y, de hecho, ni siquiera creo. No sé si realmente es. Me dolió coger la cajita de mi esposo; tanto tiempo que tardé esperándolo vivo. Me regresé a sentarme, yo llorando.

Había unos viejecitos de Quiché con su traje típico, ni siquiera entendían de lo que les estaban hablando, nadie les traducía. Me indignó. Cuando pasan los viejitos agarran dos cajitas, porque cada una estaba con la fotografía que nosotros les dimos, en grande, para que buscaran a nuestro familiar. Un señor que estaba a la par me dijo: 'Son los únicos dos hijos que tenían'.

Antes, cuando me llamaron para explicarme que mi esposo estaba enterrado en México, pero no en una tumba normal, sino en una fosa común, y que lo iban a desenterrar y a cremar para enviarlo a Guatemala —me recuerdo que fue el señor Olivas del Ministerio de Relaciones Exteriores—, al solo mencionar la palabra cremarlo le dije: '¿Por qué? Yo no quiero que lo quemen'. Me dijo que era orden de México. 'Yo necesito verlo', le dije asustada, y me respondió que, por el tiempo [que había pasado], el cuerpo ya no estaba igual.

Cuando me llamaron de México para insistir en cremarlo, que porque si no no podrían regresármelo, me puse necia con que no. Me vine a Quetzaltenango a buscar un enlace de Relaciones Exteriores para decírselos en persona, y me dijeron: 'Es orden de México, es su protocolo'. En la oficina de Derechos Humanos pedí que avisaran a México que quería los restos completos para identificarlo por mis medios. Pero, a pesar de que yo hice todo lo que estuvo en mis manos, lo cremaron.

Cuando íbamos saliendo con nuestras cajitas estaban afuera los medios de comunicación, como si fuéramos personajes de circo. Me regresé con ese señor Olivas y le dije: 'Usted es un desgraciado, ¿cómo se le ocurre traer a esos abusivos aquí? Sáqueme por otro lado'.

Me sentía tan ofendida, esa entrega fue muy humillante. Además, al incinerarlo borraron para siempre evidencias que me permitirían identificarlo.

Antes de que me lo dieran, desde que supe que estaba desaparecido, lo soñé todos los días. Lo soñaba como perdido, luego en un túnel oscuro donde tenía que bajar unas escaleritas y había bastantes personas debajo de la tierra. Nunca se me va a olvidar otro sueño: en una casita de madera con piso de tierra lo vi sentado, a la par estaban una almohada blanca y un montón de rosas. Le dije: 'Mi amor, ¡está vivo! ¿Está bien?'. 'Sí —me dijo—, ella me está cuidando'. Y a la par estaba la Virgen de Guadalupe. Él se recostó en la almohada blanca, de la que salió una luz, y cuando volteé ya no estaba. Desde ese momento yo sentía la angustia, no quería creer que estaba muerto.

Cuando me entregaron sus cenizas, yo dormía todo el día, no les daba comida a los niños, no quería que se me acercara nadie, quería estar sola en mi cuarto, en la oscuridad. En la noche yo abría la puerta para que él entrara, porque tenía miedo de no escuchar cuando tocara".

> Licy Santos, esposa de Bilder Osbely López Mérida,
> entrevistada en 2021.

A Licy le costó diez años confesarle a su hijo —que tenía cinco años cuando Bilder fue asesinado— que su papá había sido incinerado. Guardó el pesado secreto durante ese tiempo "para protegerlo", porque en Guatemala la incineración ha sido tradicionalmente rechazada. Hasta el año 2021 pudo decirle: "De tu papi solo me entregaron cenizas". Al hablar con su hijo adolescente, dice, "pude sentir como que algo pesado se liberó dentro de mí".

Desde 18 días antes de las cremaciones, diversas ONG y colectivos de víctimas se comunicaron con la CIDH y la CNDH para que impidieran la cremación. Pero ninguna intervino.[123]

---

[123] En el oficio enviado a la CNDH y a la CIDH señalaban: "La esposa y los familiares de Bilder Osbely López Mérida no desean que el cuerpo de su familiar sea incinerado […], se opone a la creencia y religión que ellos tienen y mencionan que para ellos es fundamental que se entregue el cuerpo completo de su familiar […]. La familia no fue debidamente informada del procedimiento de identificación que se llevó a cabo para concluir que su esposo había sido encontrado, y se le dijo a la familia que debían aceptar los restos y recibirlos incinerados ya que la Ley General de Salud [de México] no permitía el traslado". Entre los firmantes estaban la FJEDD y el Comité de Familiares de Migrantes Fallecidos y Desaparecidos de El Salvador (Cofamide). La CNDH registró el oficio con el folio 121493.

Los (h)errores

Cada desaparición implica una tortura para quienes buscan a la persona durante el tiempo que dura su ausencia. Duele el silencio de las autoridades encargadas de investigar el paradero del familiar extraviado; el daño se intensifica con cada pista falsa; se siente más fuerte cuando son esas mismas autoridades las que engañan. Cada nueva mentira es como una patada en el alma.

La revictimización que sufrieron las familias de los 72 migrantes masacrados en 2010 en el proceso de identificación de sus parientes la vivieron también, como si fuera parte de un mismo guion, quienes tenían parientes en las fosas de 2011.

Un ejemplo: en 2010, la Cancillería mexicana había repatriado a 16 hondureños a las prisas, guiada solo por las huellas dactilares, sin completar los análisis interdisciplinarios que avalaran sus identidades, y poco a poco se fue descubriendo que en aquel país fueron enterrados muertos de otras nacionalidades, y que otros que ya habían sido identificados quedaron en México en el anonimato. En 2011 también hubo identificaciones erróneas y procesos revictimizantes.

"Cuando llegó, estaba en una caja donde la policía nos prohibía que el ataúd fuera abierto. No quisimos seguir las recomendaciones y abrimos y encontramos nada más una bolsa, un paquete con arcilla, y no había cuerpo en el ataúd".

Gloria Aires, tía del brasileño Juliard Aires Fernandes, uno de Los 72, entrevistada en 2014 en la Ciudad de México.[124]

"Aunque dieron orden de que no se abriera ese ataúd, cuando iban a enterrarlo pidió que lo abrieran para despedirse. ¿Y qué halló? Piedras, bolsas de arena y un pedazo de carne de animal. ¡Eso era lo que tenía! Esa fue la denuncia que hubo. Y también la de una señora que levantó [la tapa] y, según dijo, le llegó una mujer, no su hijo; y otra que el suyo tenía tatuajes, pero le llegó uno limpito, sin tatuajes. Uno es de Olancho,

---

[124] Marcela Turati, "San Fernando: Opacidad, con ayuda de la CNDH", *Proceso*, enero de 2014.

otro es de La Ceiba. Son engaños que han hecho por parte de la Cancillería porque ellos no revisaban ni ponían cuidado".

Edita Imelda Maldonado Moncada,
cofundadora del Comité de Familiares de Migrantes
Desaparecidos de El Progreso, Honduras, entrevistada en 2021.

"Me quedé viendo [el cuerpo] y pienso: 'Qué raro, no es'. Lo que estaba ahí era como una masa, sin cabello, y mi hija tenía su cabello largo, no como ese. Se le miraban los dientes. Como que le echaron cal a todo, como una momia blanca, sin pelo. Mi sentir de madre me dice que no es. Siempre he dicho que tengo mis dudas porque a la fecha nunca me entregaron algo que fuera de ella, ni ropa ni fotos del cuerpo. Ya fui tres veces a México, en la PGR abrieron una caja de cartón donde tenían su DUI [documento único de identidad salvadoreño]. ¿Si no hubiera ido a México cuándo me lo hubieran entregado? ¿Por qué se lo guardaron? Dicen que tienen unos molares del cuerpo que me entregaron sueltos, pero ¿cómo sabré de qué cadáver son? [...] Sabemos que en la PGR tuvieron muchos errores, entregaron cuerpos que no eran; sabemos que en Honduras los ataúdes traían objetos, no eran cuerpos, y cuando nos dieron la caja no nos dejaron ver los cuerpos que nos entregaron. Llevo dos años pidiendo la exhumación de mi hija. Si me hubieran entregado fotos yo hubiera aceptado la realidad, pero ¿cómo voy a confiar si no tengo evidencias de que es mi hija? [...] Hasta que sepa si ella es la que está enterrada, le daré gracias a Dios y lo aceptaré".

Mirna del Carmen Solórzano Medrano,
madre de Glenda Yaneira, salvadoreña víctima
de la masacre de Los 72, entrevistada en 2015.[125]

"En la entrega del cuerpo por las autoridades mexicanas le dieron a doña Mirna una hojita con nada más que el nombre de Glenda, una ficha con

---

[125] Marcela Turati, "Viven en la incertidumbre víctimas de masacre", *Pie de Página*, 10 de septiembre de 2015: https://enelcamino.piedepagina.mx/ruta/viven-en-la-incertidumbre-victimas-de-masacre-2/.

el documento de identidad de El Salvador, y eso no le dice nada, no hay un vínculo entre el papel y el cuerpo que le estaban entregando a una madre que, para empezar, no estaba esperando que le dijeran que su hija estaba muerta. Fue tan poco digno. Además, El Salvador no cuestionó, no protege a sus ciudadanos, simple y sencillamente sigue lo que dice México y le dice a la señora: 'Aquí está el cuerpo de su hija, cuidadito con andar abriendo el ataúd porque se puede ir presa'. [...] Ella se guardó muchos años la duda. Cuando supo que en Guatemala habían entregado cuerpos equivocados, entonces se atrevió a decir: 'Yo tampoco creo que ella sea Glenda'".

Claudia Interiano, Fundación para la Justicia
y el Estado Democrático de Derecho (FJEDD),
El Salvador, entrevistada en 2022.

En 2011, el *déjà vu*:

"Una vez de la PGR le marcaron a mi suegra desde Morelia, le dijeron que fuera a reconocer a su hijo, que sí estaba en las fosas. A ella no le gustó que las pruebas de ADN estaban como en 70 [por ciento de probabilidades]. Le enseñaron una base de datos, que porque ya tenían todo resuelto, pero le acomodaron los nombres mal. Ponían 'fulano es su papá y fulana su mamá', y no estaban bien ni esos nombres ni la edad de mi esposo. Cuando les dijimos, nos cambiaron de computadora y ya no pudimos ver más.

El cuerpo que le enseñaron a mi suegra ya no tenía pelo. ¿Y cómo iba a ser? ¿Por qué iba a estar así? Le enseñaron fotos bien borrosas, no se veía nada, y no le quisieron mostrar la ropa que vestía. Y según nos enteramos, cuando sacaron los cuerpos todos traían ropa, y la PGR nos dijo que no. Con la ropa seguro rápido íbamos a reconocerlo. Ella les reclamó, les dijo que no lo reconocía, le dijeron que le volverían a marcar y pasaron los años y ya no llamaron. Luego ella les marcaba, decían que los siguen buscando, vivos o muertos. Pero no creo. Cuando miramos en la tele que encuentran otra fosa llamamos y siempre nos dicen que no está ahí".

Joven recién casada de Michoacán, cuyo esposo
fue forzado a bajar de un autobús, entrevistada en 2015.

"La persona del MP me dijo: 'Su hijo era parte de Los Zetas, pero a él lo mataron los del Golfo'. ¿Pero cómo? Yo me hubiera dado cuenta si trae dinero, si se ausenta de la casa por meses. Y no pasó mucho tiempo cuando nos dijo que siempre no, que no fue por eso. Que no era cierto".

Padre de una víctima procedente de Guanajuato,
entrevistado en 2015.

"Llegan dos ministeriales buscando a Vero, que su esposo está desaparecido, y a doña Engracia, que su hijo también está desaparecido con los demás, y las sacan del taller que teníamos y les dicen: 'El Árabe acaba de declarar que reconoce que calcinó a seis del grupo y entre esos están sus familiares, digan cómo iban vestidos para entregárselos'. A Vero se le prende el foco: '¿Para qué quieren información de cómo iban vestidos si se supone que los encontraron calcinados y que se les quemó la ropa? ¿Cómo me vas a entregar el cuerpo así, sin pruebas, si están calcinados?'.

Entonces salimos todas y pedimos que nos informen a todas, para saber de los nuestros también, y empezamos a preguntarles bajo qué circunstancias encontraron esos cuerpos, cuándo y cómo. Les dije: '¿Y cómo determinaron que eran ellos?'. Que si de las bases de datos de los autobuses habían sacado un registro, que si ellos verificaron que se desaparecieron en ese punto donde trabajaba el tal Árabe.

Como todas empezamos a preguntar, los ministeriales se enojaron y se fueron, y hasta el día de hoy no nos han entregado esos cuerpos. Si nosotras hubiéramos accedido nos los hubieran dado así nada más para callarnos la boca o no sé".

Evelina, hermana de Samuel Guzmán Castañeda,
joven de 19 años, del grupo de desaparecidos
de San Luis de la Paz, entrevistada en 2021.

"Según dijeron, en abril de 2011 levantaron la osamenta completa, pero en el manejo que hicieron, después nos enteramos, perdieron su cráneo y hay piezas que no [se] corresponden con él. No lo entregaron completo y no nos dijeron".

Guanajuatense anónima,
entrevistada en 2016.

"La experiencia que tenemos con los psicólogos que nos mandaron del gobierno fue revictimizarnos porque, como de fregadazo, nos decían: 'Tienen que asimilar que ellos ya están muertos'. La misma fiscalía quería que aceptáramos que nuestros desaparecidos estaban muertos para que ya no los buscáramos".

> María Ángela Juárez Ramírez,
> esposa de Valentín Alamilla Camacho, uno de los 23
> jornaleros desaparecidos, entrevistada en 2021.

"A las familias guatemaltecas les hicieron que firmaran documentos, les decían: 'Si no firmas no vas a volver a ver a tu familiar, tienes que autorizar la cremación, solo así puede venir porque hay riesgo sanitario'. Por la situación en que fueron asesinados y porque fueron cremados, fue muy doloroso para las familias. Y más porque acá en Guatemala la gente está acostumbrada a inhumar el cuerpo completo, dicen que quemar a alguien es pecado, no creen que pueda ser su familiar porque no están viendo el cuerpo de su ser querido".

> Rosmery Florinda Yax Canastuj, FJEDD,
> Guatemala, entrevistada en 2022.

"A mi mamá le dio sentimiento porque así, igualito, en cenizas, le mandaron a mi papá del otro lado cuando murió por un accidente, y decía: '¿Cómo es que mis dos hijos corren la misma suerte?'. No queríamos recibirlos así [incinerados], pero me dijeron que como los cuerpos ya estaban descompuestos y contaminaban por donde iban pasando, que solo así los iban a dar. Mi mamá hasta me dijo: 'Si así te los van a dar, ya mejor ni los recibas, ¿para qué?'".

> María Guadalupe, hermana de Luis Miguel
> e Israel Gallegos Gallegos, guanajuatenses
> hallados en las fosas, entrevistada en 2016.

"Algunas familias decían que habían tenido que sacar un préstamo, dar en hipoteca su ranchito, su tierrita, endeudarse, para que el familiar pudiera emigrar y que después, cuando lo mataron, tuvieron que pedir otro préstamo para ir a recoger los restos a la frontera porque los cónsules ahí se los dejaban. Las historias eran terribles. Como las de las familias indígenas que recibieron restos cremados sin que lo hayan autorizado, en medio de un espectáculo que armaron [ante la prensa] los consulados para entregárselos sin respeto.

Un familiar de una comunidad indígena nos dijo: 'Nos entregaron un polvo', y como no tenía ninguna prueba de que ese polvo fuera su hijo, en su casa pusieron un plástico blanco encima de la mesa y vaciaron el polvo para encontrar los dientes, buscando alguna muestra que les dijera que eso que les habían entregado era su hijo. Y no encontraron ni siquiera los dientes".

Ana Lorena Delgadillo, FJEDD,
entrevistada en 2022.

Las dos cajitas

En un pueblo ovejero de Guatemala, rodeado de cuatro montañas, una anciana vestida con una larga falda azul tejida con hilos coloridos y un blusón rojo, llora en idioma mam a sus tres nietos muertos en México. Aunque eran seis los muchachos que salieron juntos a Estados Unidos, al pueblo llegaron primero los ataúdes de dos. Un año después, esta anciana y su familia recibieron a los suyos, sus nietos Marvin y Miguel Ángel Chávez Velásquez, pero solo sus cenizas dentro de cajas del tamaño de una sandía. Tres años más tarde llegó el cuerpo del tercer nieto, Osvaldo Mencho López, a quien la inexplicable burocracia mantuvo retenido. A Cajolá, municipio de Quetzaltenango, los muertos arribaron por tandas, espaciados, aunque los cadáveres habían sido sacados de las mismas fosas tamaulipecas, pese a que el gobierno de Guatemala reportó a su similar mexicano de inmediato su desaparición y envió las muestras genéticas de quienes les buscaban.

El dolor golpeó por oleadas con cada entrega. Encontrarle razón al sinsentido de condenar a dos hermanos a la cremación sembró más muerte y dudas en la familia, como me narró, en Cajolá, su pueblo, el tío de los muchachos.

"Marvin era de 27, Miguel estaba en 17, cuando se fue por la *necesidá*, porque no hay trabajo acá, el 11 de marzo se fueron para allá. Lástima que fracasaron ellos en el camino. Se fueron de Cajolá: Marvin, Miguel, Osvaldo, Élmer, Marciano y Raulo. Jóvenes todos, iban a trabajar para allá. El Marciano era el guía. Ese rato estaba en 40,000 quetzales [el viaje, más de 5,000 dólares]. Cuando ya está en la frontera se cancelaron acá. Pero se fracasaron.

¿Qué fecha fue que dieron la última llamada? Dijeron: 'Ya nos quedan cuatro días para llegar a la frontera'. Nosotros pensamos sí está siguiendo su camino, luego no supo. Al siguiente días no sabemos dónde está, ahí se perdió el control. Ahí nos damos cuenta, cuando vinieron el MP de Guatemala preguntando: '*¿Quién* es la casa de Marvin y Miguelito? Está muerto. Ahí *traenos* un documento' *[llora la abuela con las niñas y las mujeres sentadas a su alrededor]*.

Llegaron los MP de Guatemala a decir que sí fallecieron, como [a los] cinco, seis meses: Marvin y Miguelito, sobrinos, hijos de mi hermano Jorge.

A los pocos días llamó en Guatemala con la mamá de Raulo, en la mera capital, en Relaciones Exteriores dijeron que es cierto que están muertos. Antes de traer los primeros, todos tomarlo *deene* [ADN]. Ellos comprometieron traer su cuerpo, lastimosamente solo restos de su cuerpo. Trajeron cenizas.

Después mandaron a Derechos Humanos de México para que nos persiga.[126] Era un día domingo cuando lo vino. Solo que traían su uniforme, pero ese es el problema, que no los preguntamos el nombre. Me obligaron a firmar documentos para que no haya problemas [por la cremación]. Son tres señores ellos. Dijeron que para qué va a seguir buscando cuerpos o restos, mejor hay que firmar un documento que se cancela, hay que firmar.

Tanto miedo.

Lastimosamente, ese rato no entró la llamada a la licenciada Lorena[127] que nos encontramos en Guatemala, la que ayuda. Entonces

---

[126] Según su versión, personal de la CNDH llegó a presionarlos para que firmaran la autorización para la cremación. Queda la duda sobre si realmente eran de este organismo o pertenecían a la PGR. Esa visita coincide con la fecha en que las 18 organizaciones mexicanas y centroamericanas solicitaron que se detuviera la cremación.

[127] Se refiere a Ana Lorena Delgadillo, directora de la FJEDD en México.

firmé el documento. Comunicamos con licenciada Lorena que entregó otros documentos para que no se aprovechara de gente de Guatemala, para que cancelaran [la cremación]. Yo como estoy exigiendo cuerpos de mis sobrinos, lástima que me sacaron mi firma.

Por la entrega de esa ceniza, el mamá de Marvin lloró y después se enfermó. Pues aquí casi más no recibimos ceniza, recibimos puro cuerpo. En cenizas los trajeron, no sabemos por qué. Si es la verdad o es la mentira, no nos dijeron.

Nosotros lo pensamos, tal vez no es ceniza del Marvin o del Miguel, pensamos: '¿Si es tierra?'. Pedimos foto, ropa, y de allá solo dieron esa ceniza. Por eso que nos *claren* en embajada de México qué es la verdad o puras mentiras. Fueron a traer ceniza allá en la capital. Vino y fuimos a enterrarlo. Viene la gente de Cajolá a visitar, bastante gente y rezo de Acción Católica. La gente comen donde hay un muerto, primero nos cocemos el maíz y casi [damos] de comer tres tiempos: desayuno, almuerzo y la cena.

La mamá se enfermó mucho por los dos sus *hijo*, por la tristeza, porque ella nomás lloró. Se desmayó. La fueron a curar. Y después el marido de la señora salió a tomar, mi hermano Jorge Chávez Vail por estar tan pensativo de su vida se perdió. Tomó mucho por la tristeza de sus dos hijos, tomó bastante y después se murió. Murió de alcohol. La señora cada rato se enferma porque, la verdad, tanto pensamiento de sus dos hijos y su esposo que se perdió casi al mismo tiempo.

Dicen que cuando hay muertos espantan. Pero aquí, gracias a Dios, nunca ha soñado si está muerto. Dice mi mamá que se descuidó, se cayó, se golpeó, y Marvin vino por sus sueños, le dijo: '¿Se lastimó? Déjalo, estamos lejos'. Yo también hablo con mis sobrinos, ¿dónde están?

Marvin tiene tres hijos: la primera tiene 17, la segunda 11, la tercera siete. Cuando se fueron ese año estaban chiquitas. Están un poco pensativas porque no está su papá. La esposa está enferma de pensar que no ha visto su esposo, le dejaron chicos los patojos, y es mamá y papá. Estaba trabajando [limpiando] casa de gente. Miguel tiene un hijo, tiene seis años. Estaba en dos años [cuando salió de aquí]. Su esposa, la muchacha se fue, ahorita está con su mamá. Pero ya está casada. La nena se quedó con su abuela allá en la casa de Miguel.

Cada lunes a jueves, dos veces a la semana, se enciende sus candelitas y [les ponen] sus flores. Creen que todavía están vivos, no hay fotos, no hay ropa, no hay nada, se los entregaron así. Solo Relaciones Exteriores lo entregaron, 7 de diciembre de 2012. Ni le pidió perdón.

Estamos *endudando* sobre eso. ¿Por qué lo *enquemaron*? No sé. Más doloroso porque solo llegó ceniza, la costumbre es cuerpo. En Cajolá no queman cuerpo porque somos humanos. Todavía estamos pidiendo a México que entreguen los datos. Faltan encontrar documentos para decir de Marvin y Miguel, saber la verdad o mentira. La mamá igual que yo está en duda. No sabemos mucho si es cierto o no".

Antonio Mencho Vail,
entrevistado en 2016.

La diplomacia

Desde "San Fernando 1", las cancillerías centroamericanas desconfiaron del gobierno mexicano por la falta de transparencia en los procesos de identificación de las víctimas de la masacre de los 72. Su pregunta sobre cómo pudo ocurrir una matanza de esa magnitud nunca encontró respuesta. En un viaje a El Salvador, en 2016, hablé con diplomáticos centroamericanos que vivieron de cerca esa tragedia y la que siguió.

Así fue la experiencia en Guatemala:

"La información nos llegó muy a cuentagotas. Yo llegué quizá tres días después de la masacre [de Los 72] como ministro del Interior; logré hablar con la embajadora [Patricia Espinosa, secretaria de Relaciones Exteriores], y con el secretario de Gobernación [Francisco Blake Mora], él nos proporcionó información sobre el sistema de justicia, que no tenía un interés en agilizar los procesos.

Fui al D. F. y a Tamaulipas, nos enseñaron los cadáveres, estaban en una morgue, unos en camillas, y pregunté por qué no se hacía la necropsia. Vimos en los cuerpos las características de las masacres ocurridas en Guatemala. Por ejemplo, estaban maniatados, algunos tenían los nailon en el cuello […], unos estaban ahorcados con una soga que se amarra y se va apretando con un palo de escoba. Al menos vi un par de víctimas así, que es una táctica que usaron los kaibiles en el conflicto en Guatemala.

Los kaibiles son los soldados de élite que formaron a Los Zetas; surgieron durante nuestro conflicto armado, en los años 80, eran militares guatemaltecos que venían con la formación de la Escuela de las Américas,[128] en Estados Unidos, donde reciben cursos incluso de torturas, que ellos llaman 'de interrogatorio', y decidieron crear su unidad de élite.

En términos militares, son unidades para aniquilar, pasas por el curso de francotirador, manejo de explosivos, interrogatorios, operativos en vehículos, en selva, en marcha, paracaidismo, combate de selva, contraguerrilla. Tienen un alto componente de sobrevivencia, de salvajismo y de cero corazón. Los Zetas fueron formados cuando el Estado mexicano le pidió ayuda al guatemalteco para crear una unidad de élite. No tengo claro en qué año. El Estado guatemalteco le dice 'tenemos a los kaibiles', y empiezan a formar una unidad militar mexicana que, al principio, estaba del lado del bien, y luego se voltearon y se pasaron a Los Zetas.

Y ahora los kaibiles son el tipo de soldados que Los Zetas reclutan porque te saben usar un fusil, saben tácticas de guerra. Les pagaban 2,000 dólares.

En Tamaulipas algunos cuerpos de los migrantes tenían señales de tortura, estaban golpeados, quedaron con rostros desfigurados. También fuimos al lugar [de la masacre]: era un terreno baldío, una casa abandonada, sin techo.

La PGR nos dio muy poca información, la obtuve básicamente a través del sistema de inteligencia mexicana, el Cisen, que nos compartió los puntos en donde Los Zetas abordaban a los migrantes, y Tamaulipas era uno de los más fuertes. Pero estos migrantes iban en buses, las autoridades migratorias los bajaron y los entregaron a Los Zetas. En Guatemala nosotros logramos detectar que las familias comenzaron a recibir llamadas de extorsión para el rescate, les estaban pidiendo como 5,000 dólares.

Nosotros le preguntamos al Cisen: '¡A ver!, ¿cómo es que ustedes tienen detectados a estos grupos criminales?, ¿por qué no abordaron antes el tema?'. Nos dijeron que habían pasado la información y que, en teoría,

---

[128] La Escuela de las Américas era un famoso centro de entrenamiento sostenido con fondos públicos estadounidenses donde se enseñaba a militares de élite de Latinoamérica. Se les enseñaban prácticas ilegales de contrainsurgencia como la tortura, la desaparición, y técnicas de interrogatorios, y la "neutralización" (asesinato) de sus objetivos.

estaban trabajando en un operativo de gran magnitud para desmantelar la estructura de Los Zetas.

Pero no teníamos ninguna explicación desde la lógica criminal de por qué estas personas fueron asesinadas de esa forma: ¿Por qué, si cada persona les permitía ganar 5,000 dólares y la vida es una garantía para darles el dinero, fueron asesinadas así?

Logramos repatriar a las víctimas casi tres semanas después, debido al retraso de toda la parte legal por la cuestión forense que, supongo, lleva la PGR. De hecho, la mayoría de los cuerpos se entregaron en una caja sellada.

Luego de este hecho no hubo ningún acercamiento del gobierno mexicano hacia las autoridades de Honduras, Guatemala y El Salvador. Los diplomáticos de Ecuador y El Salvador me dijeron que a ellos los llevaron a Tamaulipas y que en el hangar [las autoridades mexicanas] casi los secuestraron: no los dejaron salir ni ver, les dijeron que era muy peligroso y de inmediato los regresaron en el mismo avión.

Ya no nos fue proporcionada información. Tuvimos que trabajar con la Pastoral de Movilidad Humana de Guatemala para que se comunicara con la pastoral mexicana y así trabajar de alguna manera, a través de la iglesia.

Hubo muy poca recepción del gobierno mexicano para ver qué se podía hacer en materia migratoria. Porque en materia diplomática no les gustaba tener que reconocer que en su país hubo una masacre de migrantes perpetrada por el crimen organizado; por eso eran muy dados a que las cosas no avanzaran. Y no avanzó nada. México no quiso dar información ni poner una mesa de trabajo conjunta.

Cuando encontraron las fosas, en 2011, la información ya no era tan fluida, solo teníamos datos aislados sobre la posibilidad de que en esas fosas hubieran migrantes guatemaltecos".

Carlos Noel Menocal Chávez,
exministro de Gobernación de Guatemala.

La vivencia en El Salvador:

"Cuando pasó lo de las fosas, México nos mandó decir que estábamos locos, que ahí no había migrantes. Por vía diplomática, con carta en la mano, les aseguramos que teníamos indicios de que sí, por la fecha en que ocurrió y por lo que decían los familiares, pero en la Secretaría de Relaciones Exteriores ni siquiera se molestaron en contestarnos.

Desde la masacre de 'San Fernando 1' hubo un cierre de información, lo que sabíamos era por los medios. En 'San Fernando 2' fue peor: nos dijeron que todos eran mexicanos. Me dolió cuando nos enteramos de que habían repatriado a seis hondureños de esas fosas, entonces no era cierto que solo eran mexicanos.

Comenzamos a revisar casos reportados al banco de datos forense para ver qué personas salieron de aquí por esas fechas. Por vías no oficiales logramos saber que en la morgue tenían una de las personas desaparecidas salvadoreñas que aparecía en nuestras investigaciones, lo descubrimos por sus tatuajes. Empezamos a enviar notas para que nos hicieran caso.

La fiscalía de México le pidió a la nuestra —y nos saltó a nosotros, a Cancillería— que reuniera a las familias para ver unas fotos y supimos que llevaron a un forense. Hasta que finalmente logramos conseguir las fotos [de los cuerpos] e identificamos los tatuajes pudimos pedir la repatriación. Ahí se probó cómo en México nos habían mentido, nos siguen mintiendo, me da la impresión de que todo está podrido.

Si pedimos muestras de restos para cotejarlas, dicen que no, que mandemos perfiles genéticos. No hacen exhumaciones ni permiten que participe el EAAF [Equipo Argentino de Antropología Forense], con el que tenemos un convenio, y en el que sí confiamos. Cuando nos dicen que ya identificaron a alguien y pedimos que nos digan cómo o con qué [metodología], nos contestan que su palabra es suficiente para confiar […]. No hay manera de establecer una identificación por vía científica de ambas partes porque dicen que no tienen la obligación de darnos información, que te conformes. Encontramos por lo menos a 14 [salvadoreños] usando nuestra base de datos. Nos queda la interrogante: si los que siguen en la fosa común de allá son o no salvadoreños. No ha sido posible saberlo. México no lo permite".

Funcionario de la Cancillería salvadoreña
que pidió el anonimato.

Las amenazas a los García

A los deudos mexicanos no les fue mejor. El maltrato institucional era una constante: en casos como el de la familia del migrante José García Morales, el único viajero de San Luis de la Paz, Guanajuato, encontrado. Cuando recibió el cadáver, la SIEDO no le permitió revisar los restos que les dieron para enterrar. Lo hizo bajo amenazas. Durante seis años, a la esposa y los hijos de José les carcomió la duda sobre a quién o qué habían enterrado.

"Yo tenía 14 años cuando dijeron que habían encontrado un cuerpo por prueba de ADN y que pertenecía a mi papá. Fue en noviembre de 2011 cuando nos hicieron la notificación.

A principios de diciembre mi mamá viaja al DF, porque, según, la PGR iba a mostrarle el cuerpo, pero llegando ahí le dijeron que no podía verlo por una cuestión de salud. Y así mil excusas.

Ella trató, quiso pelear que la dejaran ver el cuerpo, le dijeron que si no lo quería recibir sin verlo lo mandarían a la fosa común, y le dieron una fecha para recogerlo. Y luego la cambiaron que porque había habido un error.

Mi hermano acudió el 10 de diciembre a la PGR, pidió que le dejaran ver el cuerpo. A Ana Lorena [Delgadillo, abogada del caso] no la dejaron entrar. A solas, a él le dijeron que si insistía en verlo podía ir a la cárcel. Por pánico, por la amenaza, aceptó ese cuerpo que estaba sellado. Cuando les pidió la ropa, le dijeron que estaba desnudo, con cal, irreconocible. Y así lo enterramos. Pero nos quedamos con la duda. Por muchos años no supe si había enterrado a mi papá.

Estudié para abogada, me peleé mucho tiempo con el MP, exigí que lo exhumaran porque era nuestro derecho saber si era. Primero decían que faltaban permisos, luego que los permisos ya estaban, pero que no. Así hasta 2017".

Entrevista de 2018 con Jimena García,
hija de José García Morales,
actualmente defensora de Derechos Humanos.

El castigo

Con sus manos amasó y echó al comal cientos de pupusas que vendía cada día para no volverse loca durante los meses en que su Charly estuvo desaparecido. En el portón de su casa, en un cantón salvadoreño, Bertila Parada me muestra fotos del hijo que le mataron en San Fernando. Comienza con las imágenes de la infancia y sigue con otras que le quitan la ilusión. Forman parte de un dictamen forense: es la fotografía de la tumba en la que su hijo fue sepultado como el cuerpo número 3 de la fosa 3, tras haber sido exhumado de la brecha El Arenal; luego, la señalización de su entierro en la fila 11, lote 314, del Panteón Municipal de la Cruz en Ciudad Victoria.

Son imágenes de cuando lo hallaron, antes de que las autoridades mexicanas castigaran a Bertila por oponerse al infame destino que la burocracia había dictado para su hijo.

"Aquí está Carlos Alberto en la playa… Aquí se ve de pequeño… Aquí de payaso, él tenía su ángulo artístico… Aquí con su hermano… Aquí en la marcha de la independencia… Este es él, estos son sus amigos… Y esta es la banda de guerra, ya tenía sus 12 años… Aquí se gradúa de noveno año… Acá es él con sus lentes oscuros… En esta estábamos en un cumpleaños del papá… Aquí con todos los amigos de este lugar en 2011… Yo con mi hijo… En esta otra se ve la diferencia: este es el estado en el que caí, un estado depresivo tremendo *[llora]*, así cambié… Y esta es mi nieta, la niña por la que se fue; la muchacha quedó embarazada, le faltaban dos meses para nacer a la niña, él quería para ellas una mejor vida, darles casa. Ya tiene tres años.

Él me decía: 'Aquí no hay trabajo, nada que hacer, debo ayudarles, ya no quiero que usted trabaje, quiero darles más'. Y por su hija partió el 14 de marzo de 2011 con cinco personas de aquí, una ya había llevado a otros antes. Solo traía 200 dólares, el trato era que llegando allá iban a pagar.

Salió el 27 de marzo en la mañana rumbo a Monterrey. Estando en la terminal nos habló. Ese sábado me dijo que había *gente mala*, grupos de la delincuencia; se oía triste. Yo le dije que iba Dios adelante, que Él lo iba a acompañar. No dudo de que Dios lo acompañó.

El 27 le habló [también] a su hermano que lo esperaba en Estados Unidos para decirle que ya había comprado el boleto de autobús. A las cinco de la mañana, cuando debía llegar a la frontera, la señora que lo fue a esperar [a la terminal] se comunicó con mi hijo: que ninguno con camisa roja había llegado. Él tenía que llevar camisa roja para que lo reconociera.

Sentimos la desesperación de no saber nada de su paradero, él no dejaba de ninguna manera de llamar, yo sentía que algo estaba pasando. Caí en la cama, me llegó el dolor y la desesperación porque ya desde mucho antes había oído en las noticias lo de Los 72, que fueron una bomba.

En el bus dijeron que no se habían llevado a nadie y nosotros no teníamos llamada de alguien que quisiera dinero, solo silencio total.

Mi otro hijo llamó a la Embajada de México, ahí solamente se burlaban de él. Comenzamos a reunir documentos, fotos, pusimos la denuncia en El Salvador, fueron casi cuatro meses para que saliera la denuncia. Hubo trabas, todo se entrampó, pedían que denunciáramos a la persona [el coyote] que salió con él. Quedamos esperando, esa espera larga, torturadora.

A los dos meses nos llamaron para que pagáramos, que porque estaba en Houston, y dimos 100 dólares.

En diciembre de 2012 recibimos una nota de la fiscalía de El Salvador, que nos presentáramos el papá y yo a Asuntos Internacionales y ahí nos dijeron: 'Ustedes dieron ADN, tienen un hijo desaparecido, dieron positivo con los restos de las fosas'. Quedaron con informarnos sobre la repatriación. A los tres días me llamaron: 'Que me presentara a firmar a Cancillería porque México iba a cremar los restos'. Así, directo, sin piedad. La licenciada no quiso escuchar mis preguntas: '¿Y si no firmo?'. 'México como sea lo va a hacer por asunto de salubridad'.

Me aterraba pensando que lo iban a cremar. Yo sabía que estaba muerto, que ya no lo iba a tener conmigo. Soy la madre, aun muerto era como si estuvieran destrozando algo mío. No era justo. Exigía al gobierno mexicano el cuerpo, no cenizas, lo hacía a gritos queriendo que me escucharan el Día de la Madre.

Estaba yo en Cofamide [Comité de Familiares de Migrantes Fallecidos y Desaparecidos de El Salvador], que se contactó con la Fundación para la Justicia [FJEDD], que metió un amparo en 2013, y en eso México manda una nota diciendo que nunca dijo que lo iban a cremar: 'No lo vamos a cremar porque ni lo tenemos'.

Fue cuando mi vida dio un vuelco. Pasó un año y medio de silencio, en esos meses mi hijo estuvo desaparecido. Eso me lleva al colapso, me llevan al psiquiátrico, mi deseo era desquitarme con la vida, poner una bomba a la embajada, que alguien me escuchara y me ayudara. Estuve un año con antidepresivos, medicinas para dormir. Año y medio después apareció mi hijo, cuando me dijeron de la Cancillería: 'Siempre sí. Aquí está'.

No se me quita pensar que por lo del amparo me castigaron perdiéndolo.

El único documento que me dieron es este que dice dónde estaba enterrado, en qué cementerio, el lugar y el lote. Ahí decía Tamaulipas. Pedí fotos de evidencia de que era él y en Cancillería me dijeron que no iba a aguantar verlas, que eran muy fuertes. Pedí y pedí y pedí evidencias, una foto, algo, y no querían. Entonces supe que de Tamaulipas mandaron 120 cuerpos [a la Ciudad de México], los demás se quedaron allá, y en Tamaulipas dejaron a Carlos, y que mi hijo fue reconocido unos seis a siete meses después de muerto.

¿Por qué no me lo dieron en ese tiempo? No lo sé. Antes del 10 de mayo de 2013 ya lo habían encontrado nuevamente, pero todavía siguió una larga espera hasta 2015".

Entrevista en 2015.

Bertila es la madre de Carlos Alberto Osorio Parada. El Estado mexicano ensayó con ella las estrategias de la impunidad con la intención de castigarla, confundirla y derrotarla. Pero no pudo. Y en 2015 logró acunar de nuevo el cuerpo de Carlos. Con su lucha por conocer la verdad, en el futuro ella se convertiría en un faro para muchas familias, para descubrir más verdades.

CAPÍTULO 9:
LA VISIÓN

Abuela guatemalteca muestra la credencial del nieto que busca.
No tienen otra foto suya..

México es una maquinaria de entierros. Una abrumadora mayoría de víctimas no identificadas terminan en alguna fosa común del país y corren el riesgo de quedar olvidadas para siempre, aunque sus familias las busquen.

Sobre los cuerpos de San Fernando pesaba esta misma condena.

Ante este escenario, ¿cómo podía una campesina de Guanajuato o una vendedora de pupusas en El Salvador enfrentar el sistema que desaparece a las personas desaparecidas y recuperar, de entre las decenas de cadáveres anónimos rescatados de San Fernando, el cuerpo de quien tejieron amorosamente en sus entrañas? ¿Cómo llevar a casa a aquellos NN, por quienes sus madres, sus hijas, sus esposas se convirtieron en sabuesos que rastrean muertos por todo el país, pero que las instituciones tienen retenidos? ¿Cómo abrir esas tumbas sin identificar para ver si ahí yacen los huesos de los suyos?

Esa fue la pregunta motora de un convenio que cambiaría la suerte de muchas de las víctimas enterradas en el Panteón Civil de Dolores y en Tamaulipas. Surgió de la visión de la antropóloga forense Mercedes Doretti —Mimi, como le llaman—, una de las fundadoras del Equipo Argentino de Antropología Forense (EAAF), grupo que se constituyó en la década de los 80 para buscar personas desaparecidas durante la dictadura militar argentina; en un inicio se especializó en investigar los crímenes del pasado, y después llevó sus técnicas de identificación humana a decenas de países en los que se cometieron atrocidades, como El Salvador, Guatemala, Croacia, Irak, Chile, Zimbabwe y el Congo, donde existen miles de cuerpos NN.

Su participación en la trama de San Fernando comenzó a gestarse muchos años antes de que este municipio fuera sinónimo de brutalidad. Inició en otra frontera, en el estado norteño de Chihuahua, cuando Ciudad Juárez era la capital mundial de la desaparición de mujeres y maquiladora de feminicidios, una pesadilla de corrupción e impunidad que engendró batallones de madres guerreras que, ante la inoperancia y el comportamiento criminal de las autoridades, se dedicaron a buscar a sus hijas.

Una cadena de iniciativas surgidas en Ciudad Juárez y en distintos países comenzó a sincronizarse bajo un mismo objetivo: recuperar los cuerpos de familiares amados que desaparecieron lejos de casa cuando iban hacia Estados Unidos.

En este propósito tuvo un rol fundamental la abogada Ana Lorena Delgadillo, que entonces trabajaba para el EAAF, quien recuerda cómo en 2005, cuando estaba con Doretti en la ciudad chihuahuense revisando osamentas y esqueletos, en el Semefo imperaba el desorden.

"En 2005, cuando empezamos en Chihuahua, no había listados unificados de personas desaparecidas ni de restos sin identificar; hallamos también negligencias en la identificación o la clasificación de los restos [...]. Por parte de la procuraduría estatal había tortura, maltrato, chantajes y manipulaciones a las familias, una tremenda complicidad de los agentes del Estado en las desapariciones, y también madres con hijas desaparecidas oponiéndose con mucha fuerza a toda una maquinaria represora y de impunidad.

Cuando concluimos el proyecto y ya habíamos buscado a todas las familias que tuvieran casos de mujeres desaparecidas, aun así teníamos restos sin identificar y ya no había por dónde más buscar".

Ana Lorena Delgadillo, FJEDD.

"[En Juárez] nos quedaba un grupo muy grande, como 50 restos femeninos, que no lográbamos identificar. Nos dimos cuenta de que si no incluíamos el tema de migración interna y migración trasnacional —porque Juárez es un polo de maquila que atrae trabajadores de distintas partes de México, incluso de Centroamérica— no íbamos a poder identificar a las víctimas de feminicidio. Entramos al tema migratorio de ese modo. Hicimos un cálculo de cuáles eran los principales estados desde los que la gente migraba a Chihuahua, les pedimos que nos mandaran los listados de mujeres desaparecidas más o menos desde el año 2005, pensamos que tenían denuncias en sus estados de origen y ahí fue la sorpresa: vimos que los mecanismos interprocuradurías y el cruce de información no estaban funcionando, que los listados no estaban actualizados".

Mimi Doretti, EAAF.

"Nos llamó la atención el cuerpo de una chica hondureña a la que aventaron del tren y que estaba en Juárez. En ese entonces no era un tema que sonara mucho, el de las personas migrantes muertas en el camino. Ahí nos dimos cuenta de que [en el Semefo y en las fosas comunes] podía haber población de otros países. Un día llega Mimi y nos dice: 'Hay una publicación de un antropólogo de una morgue en Arizona, donde dice que tienen cerca de 700 restos rescatados en el desierto… algunas de las chicas que buscamos podrían estar allá'. Y agarramos el coche, fuimos a la morgue de Pima, conocimos al antropólogo Bruce [Anderson] y nos dimos cuenta de la dimensión de la tragedia. Él nos dice: 'Se puede identificar a algunos que traen una credencial o a los que encontramos frescos, pero hallamos a muchos en huesitos'. Decía que aunque daban información no había voluntad de los Estados para tener una identificación masiva. Mimi dijo: 'Si les traemos los resultados de las muestras de los familiares de los desaparecidos, ¿nos permitirían el cruce [para el contraste genético]? Porque estamos trabajando con el mismo laboratorio de Estados Unidos', y dijeron que por supuesto que sí".

Ana Lorena Delgadillo, FJEDD.

"Cuando la violencia se había vuelto más fuerte en Chihuahua, que fue el momento en que llegó el Ejército [en 2008], dijimos: 'No podemos hacer nada más acá, terminemos y veamos qué podemos hacer por el lado migratorio'.

    Con Ana Lorena decidimos iniciar un diagnóstico de nueve meses, más o menos, y nos fuimos por toda la región, por el sur de los Estados Unidos y a distintos lugares del norte mexicano, al sur de México y a Centroamérica, para hablar con distintos actores y tratar de entender cómo funcionaba el tema migratorio, qué pasaba con los desaparecidos migrantes, qué sistemas había para tratar de buscarlos e identificar sus restos [...]. Hablar con familiares, forenses, abogados, ONG, para iniciar un proyecto: la creación de un mecanismo trasnacional de intercambio de información forense de migrantes desaparecidos y de restos no identificados que pudieran corresponder a migrantes".

Mimi Doretti, EAAF.

Fue entonces cuando ambas mujeres comenzaron un diagnóstico del que surgió el Proyecto Frontera, en 2008, que tiene por objetivo comparar los perfiles genéticos de familiares de migrantes desaparecidos con el ADN de cuerpos NN recuperados en los diferentes países por los que pasan que presuntamente son de migrantes.

    "Tenemos que ser nosotros quienes les llevemos la información de las personas desaparecidas a los gobiernos". Con esta consigna de Doretti comenzó a gestarse una red de complicidades hilvanada con mucho esfuerzo, voluntad política y un mismo deseo: regresar los cuerpos a su tierra natal y poner fin al sufrimiento de quienes les esperan.

    Para la antropóloga forense, "el objetivo final era ir armando una telaraña, un sistema regional de comparación de datos". Abandonar el viejo esquema forense, que contrasta solo un resto con una muestra que se sospecha puede ser del familiar, y saltar a un cruce masivo: cada resto con todo el universo de muestras de familias que han reportado la ausencia de una persona. "Crear algo sistemático que permitiera la identificación de mayor cantidad de personas".

En El Salvador y Honduras, quienes tenían parientes migrantes desaparecidos en el trayecto hacia Estados Unidos ya habían fundado colectivos de búsqueda integrados especialmente por madres, hijas, esposas y hermanas, quienes como Antígonas modernas, cumplían la ley de la sangre de buscar a quienes aman, aunque esto significara rebelarse contra el Estado. Eran ninguneadas, llamadas locas, invisibilizadas. Ningún gobierno las ayudaba.

"En el comité ya sospechábamos: 'Si mi hijo está desaparecido hace años y no se ha sabido nada de él, probablemente esté muerto'. Mi hermano fue asesinado en México y gracias a Dios que los medios de comunicación dieron la noticia se supo, pero en los otros casos no sabían si estaban vivos, si estaban muertos. Entonces dijimos: '¿Pero cómo buscamos entre los muertos en México?'. Un día pensamos: 'Sería bueno que tuviéramos un banco forense y expertos que nos ayudaran a contrastarlo'. Fue uno de los primeros sueños que Cofamide echó a andar, y gracias a Dios llegó el momento en que vino el equipo de México.

Teníamos los casos de más de 100 familias que habían llegado pidiendo ayuda para buscar a sus familiares desaparecidos. Nosotros ya empezábamos a movernos con Cancillería y el Servicio Jesuita a Migrantes. Puedo recordar a Ana Lorena que llega y dice: 'Hemos sabido que aquí en El Salvador hay una organización que busca migrantes desaparecidos y nosotros tenemos la idea de formar un banco forense. Conozco un equipo antropólogo argentino que ha trabajado antes en El Salvador para identificar restos cuando la masacre de El Mozote y otras'. Entonces nosotras pensábamos: 'No, pero eso cuesta mucho dinero'. ¿Cómo íbamos a hacerlo si apenas sobrevivíamos, si teníamos un rinconcito de oficina prestado? Pero avanzamos, avanzamos, hasta que un día se creó el primer Banco Forense en El Salvador. Lo conformamos Cofamide, Procuraduría para la Defensa de los Derechos Humanos, Cancillería y el EAAF".

Lucía Elizabeth Contreras, Cofamide
(Comité de familias de migrantes desaparecidos).

"Cuando nos encontramos con las familias de Cofamide nos dijeron que el proyecto era tremendamente necesario. Fueron muy contundentes: '¡Eso es lo que veníamos pidiendo en las caravanas que hacemos a México, esto lo dijimos ya ante el gobierno mexicano; en la última caravana estuvimos diciendo que nosotros queríamos un banco de información genética para cruzar información!'.

La primera tarea fue saber cuáles eran las personas desaparecidas; como hay mucha extorsión en El Salvador, la gente cambia mucho de teléfono. Teníamos listas enormes que tuvieron que limpiarse primero. Llegaban muchas familias, todas voluntarias, a ayudar. Nos juntábamos en una oficinita chiquita, prestada, y entre todos a buscar y a llamar por teléfono para ver si las personas seguían viviendo allí. Como en muchos números no nos contestaron dijimos: 'Hay que irlos a buscar a sus casas'. Nos repartimos por grupos y cada quien cubrió varias colonias".

Ana Lorena Delgadillo, FJEDD.

Las buscadoras centroamericanas

En la vecina Honduras, desde 1999 se había creado el Comité de Familiares de Migrantes Desaparecidos de El Progreso (Cofamipro), coordinado por mujeres que conducían un programa de radio para hablar de personas desaparecidas rumbo a Estados Unidos. Ellas también inventaron un formato para documentar los casos (registraron 600) e inauguraron un sufrido e innovador método de investigación: organizar caravanas de madres que viajaban a México para buscar por cuenta propia a pie, repartiendo volantes, indagando en todos los sitios si alguien ha visto a sus hijos, maridos, hermanos.

La primera caravana tuvo lugar en diciembre del año 2000, desde El Progreso hasta Tapachula. Ellas caminaron con las fotos de los rostros de aquellos ausentes por quienes lloraban, preguntando a cualquier persona, con la esperanza de encontrarlos.

Cuando las contactaron para el nuevo proyecto forense tenían un largo camino recorrido.

"En 1999, después del huracán Mitch, nació el comité. Llamaban a la radio para ver si habían llegado ayudas a colonias, aldeas, caseríos, y Radio Progreso fue visitando todos los lugares, y lo que halló fueron personas que se habían ido, que habían desaparecido en el camino, y fuimos levantando encuestas, haciendo expedientes medio sencillos porque no sabíamos cómo hacerlos.

Lo primero era marcar la fecha del día de la denuncia y el año, después el nombre de la persona desaparecida, cuándo nació, cuándo se fue, en qué año, mes, día, y después preguntábamos: '¿Tú tuviste comunicación con la persona?', así, entonces decían ellos: 'Sí, tantas veces'. 'Dígame dónde comenzaron [la ruta] y dónde fue lo último que supo'. 'La última vez fue de tal lugar, de tal parte'. '¿Y qué le dijo la persona?'. Eso nosotros lo escribíamos: '¿Y de qué color es él o ella?' —nunca decimos era, porque no está muerto, siempre decimos es—. Preguntamos el color de los ojos, si es zurdo o es derecho, si tiene cicatrices o algo *pa'* ver cómo es, el pelo, todo. Ya de último: '¿Dónde vive el familiar y usted qué es de él?'.

Era una hojita bien chiquita que llenábamos, y así fuimos levantando esos expedientes que guardamos en una cajita de cloverpran [cartón] en el gavetero. En el 2000 nosotras también nos empezamos a movilizar e hicimos la primera caravana a Tegucigalpa para que el gobierno nos reconociera y pusiera una comisión que nos ayudara en la búsqueda de nuestros desaparecidos, pero nos contestaron que no se podía porque no había personal suficiente ni dinero. Entonces nosotras dijimos: 'Vamos a aventarnos'.

En el mismo año, en diciembre, nos tiramos hasta la frontera con México. No teníamos dinero: pedimos ayuda tanto para el bus, la comida, dormimos en la Casa del Migrante en Guatemala, luego en Tecún Umán, y nos metimos hasta Ciudad Hidalgo [Chiapas], ahí nomás en la procesión de la Virgen de Guadalupe e hicimos ese caminar con la fotografía de nuestros hijos en el pecho, con pancartas, también consignas. Eso nos ayudó bastante: las caravanas.

Siempre trabajábamos doble, trabajábamos aquí con las uñas, y todo era gratuito, nosotras éramos voluntarias. Ana Lorena, cuando la conocimos, miró en qué calamidad estábamos, que [las] cajitas de cartón eran escritorios y comíamos tortillas heladas porque no teníamos estufa, nos reconoció que teníamos una importante información y la tomó en cuenta".

                    Edita Imelda Maldonado Moncada, Cofamipro.

La telaraña

El germen del Proyecto Frontera avanzaba por los países del Triángulo Norte centroamericano: Honduras, El Salvador y Guatemala. Cada vez más colectivos de familias de migrantes desaparecidos, organizaciones de derechos humanos y gobiernos se convencieron de la importancia del cruce de datos masivo sin importar las fronteras y comenzaron a compartir su información.

"Descubrimos que en ese momento no podíamos hacer nada por el lado de [acceder a] los restos, porque esos quedaban en las distintas morgues que les tocaban en México o en Estados Unidos, pero —recuerda Doretti— sí podíamos trabajar en mejorar la cantidad y la calidad de los datos de migrantes desaparecidos con los países y las comunidades de origen. De ahí fue que empezamos a crear estos bancos forenses de migrantes en países o comunidades importantes".

Hasta que llegó la hora de concretar el proyecto. Fue en agosto de 2010, en El Salvador. Y quiso el destino que el día en que las familias y las forenses se reunieron para la primera toma de ADN llegara una información terrible.

"Amanecimos justo ese día con la gran noticia de la masacre de Tamaulipas, de los 72, que nos tomó de sorpresa. Con la tensión de las tomas de la muestra, este balde de agua fría nos puso a correr a todos. El equipo argentino también estaba muy preocupado y, al mismo tiempo, era superoportuno ese banco [forense] porque sabíamos que la migración es día a día y que entre esos restos podrían estar salvadoreños. Y de hecho así fue".

                    Lucía Elizabeth Contreras, Cofamide.

"Me acuerdo de la angustia entre las familias a las que estábamos haciendo la toma y la trizteza, porque no sabían si sus familiares podían estar en la masacre. Nunca imaginamos que los restos de [los parientes de] algunas personas que íbamos a conocer ese día iban a estar entre los 72. Aunque para entonces ya se sabía de la cantidad de secuestros que ocurrían, ya había un informe de la CNDH, y acababa de haber una audiencia en la CIDH en la que los curas alertaban sobre lo que pasaba". [129]

Ana Lorena Delgadillo, FJEDD.

La siguiente toma de muestras fue en Honduras, donde algunas personas lloraban solo de pensar en la posibilidad de que sus familiares pudieran estar muertos, abandonados en una tumba sin nombre, tenían la sensación de traicionarlos o de estar tentando a la suerte al buscarlos entre muertos. Pero todas llenaban las fichas con información sobre la persona que buscaban. Era mejor saber.

"Se invitaron a montón de familias, se les decía para qué, ellos se ponían a llorar, 'no, mi hijo, mi hija, mi familiar no está muerto, ¿por qué?', se les decía que era para descartar, que si no aparecía en esas pruebas entonces habría que seguirlo buscando vivo, y gritaban las consignas de cuando íbamos a México: 'Vivos se los llevaron, vivos los queremos'".

Edita Imelda Maldonado Moncada, Cofamipro.

En 2012 tocó el turno a Guatemala. Llegaron familias de diferentes lugares del país: Quetzaltenango, Quiché, Chichicastenango, que contaban con traductores del idioma maya quiché. Al hecho de que les quedaba lejos el lugar donde desaparecieron sus seres queridos, se sumaba la dificultad para comunicarse.

"Guatemala mostró la vulnerabilidad de las familias: no solo están lejos de donde fue la desaparición, ni siquiera pueden comunicarse. Aunque

---

[129] El diagnóstico de la CDNH era de que 20 mil migrantes eran secuestrados en México cada año.

llevábamos traductores vimos esa desesperación, ese dolor. Ahí llegó una familia que buscaba a su único hijo y había dejado empeñado el terreno para poderle pagar al coyote, y ahora el coyote los estaba persiguiendo para que le pagaran y les quería quitar el terreno, siendo que el hijo seguía desaparecido. Y supimos de una señora que se fue a vivir a un quiosco con sus hijos porque le quitaron hasta la casa por la deuda. La desgracia no terminaba. Cuando estábamos llenando las fichas [ante mórtem] le pregunté a un papá cuáles eran las enfermedades congénitas que tenía y me dijo 'insomnio y depresión'. Lo traen así, a flor de piel".

Ana Lorena Delgadillo, FJEDD.

La fundación

En México, al mismo tiempo, surgió una organización que fortaleció la telaraña de apoyos entre países, y se dedicó a acompañar el proceso desde lo jurídico: la Fundación para la Justicia y el Estado Democrático de Derecho (FJEDD). A Delgadillo —la abogada que había representado a estudiantes encarcelados tras la huelga de la UNAM, e investigado desde instituciones de gobierno casos de violaciones a los derechos humanos y los feminicidios en Ciudad Juárez— la movía una inquietud al crearla: ¿Cómo conseguir justicia para las familias de personas migrantes?

Su convicción era que, si las familias no se involucraban a nivel legal y exigían derechos, difícilmente la situación iba a cambiar, porque no habría consecuencias para quienes actuaron mal. "Si no hacemos que haya una vinculación trasnacional de familias centroamericanas con México en el tema judicial no va a suceder nada", era su lógica.

"La fundación", como se le conoce, surgió el 1 de abril de 2011 para acompañar judicialmente a las familias centroamericanas en la búsqueda de sus parientes desaparecidos.

"¿Por qué no hacemos una alianza?", propuso la abogada. Un vínculo trasnacional al que se sumarían los comités de familiares y mecanismos como el Proyecto Frontera.

Así nació la fundación, justo el día en que el ejército estaba descubriendo las fosas de San Fernando. Y al poco tiempo harían de ése su primer caso, a partir de la llamada de una periodista, corresponsal de una agencia extranjera, quien desde Tamaulipas se comunicó con Delgadillo para informarle que los soldados estaban sacando los restos y enterrándolos en otro lugar, y que eran cientos, más de los que reconocían oficialmente.

Pero a pesar de que se tenían ya los bancos de datos de familiares buscadores, el proyecto se topó con un gran obstáculo: el gobierno mexicano. La PGR se rehusaba a compartir información.

Junto a Doretti, la abogada se acercó al titular de la Subprocuraduría Jurídica y de Asuntos Internacionales, Alejandro Ramos Flores, con 300 casos documentados de migrantes desaparecidos, y posteriormente al subprocurador de Derechos Humanos, Miguel Ontiveros Alonso, para proponerles la firma de un convenio, "un mecanismo trasnacional de comparación de restos de ADN y una búsqueda internacional", que no llegó a concretarse.

"[Ramos] decía: '¿Y qué certeza tienen de que hayan desaparecido aquí en México? Pudieron haber desaparecido en el Suchiate o en el Río Bravo'. Lo que hizo fue defenderse porque, si se abría esa puerta, se iban a venir como cascada [otras peticiones]. Ya tenían entonces un montón de casos de mexicanos desaparecidos, imagínate abrir la puerta [para buscar] a migrantes", recuerda Delgadillo.

Las víctimas mexicanas y centroamericanas pedían su intervención.

La audiencia

El 23 de marzo de 2012, en la sede de la CIDH en Washington D. C., se otorgó una audiencia sobre restos de migrantes no identificados. Fue entonces cuando Delgadillo y Doretti, con el padre Pedro Pantoja y familiares de personas desaparecidas, participaron en un acto público en el que se enfrentaron al gobierno mexicano y pidieron que les permitieran la identificación de las personas asesinadas en San Fernando. Empezó Doretti:

"En los últimos seis años, en México han muerto más de 47,000 personas [...], [hay] más de 8,800 cuerpos no identificados y al menos 1,230 cadáveres recuperados de 310 fosas clandestinas [...]. La realidad hace necesaria más que nunca la aplicación de nuevos mecanismos forenses, por eso solicitamos: La formación inmediata de una comisión multidisciplinaria de expertos forenses internacionales independientes para colaborar con sus pares mexicanos en la identificación de restos aún no identificados recuperados en agosto de 2010 y en abril de 2011 en el municipio de San Fernando".

Siguió Delgadillo con un diagnóstico de la crisis forense:

"No hay criterios homologados para recabar la información [forense] y los cruces pueden traer resultados inexactos o erróneos [...]. Las instituciones no comparten información entre sí, presentan números diferentes, no se coordinan entre estados [...]. Son las familias quienes están investigando y llevando la información a los ministerios públicos, arriesgándose [...]. Múltiples instituciones atienden; ninguna resuelve. [...] PGR está rebasada y no tiene suficientes ministerios públicos... México discrimina, no investiga la desaparición de los más pobres [...]; no los busca vivos, espera a que aparezcan sus restos. [...] Es una tragedia humanitaria, en cualquier país democrático habría un antes y un después".

Tomó la estafeta Candelario Castillo, padre de uno de los 22 jornaleros migrantes aún desaparecidos del grupo que salió de San Luis de la Paz:

"No tuvimos apoyo del gobierno mexicano para la búsqueda [...]. Las autoridades nos cierran las puertas. No quieren darnos información, simplemente no los están buscando [...]. No, no confiamos en la PGR".

Por parte del gobierno mexicano estaban presentes Max Diener, subsecretario de Asuntos Jurídicos y Derechos Humanos de la Segob; Alejandro Negrín, director general de Derechos Humanos y Democracia de la SRE; Rodrigo Archundia, titular de la Unidad Especializada en Investigación de Delitos en Materia de Secuestros de la SEIDO, y la química Isabel Pérez Torres, de la Dirección General de Servicios Periciales de la PGR.

Una larga explicación presentada por la perito de la PGR puso como ejemplo de profesionalismo el proceder de la institución ante la masacre de los 72 migrantes:

"[...] Se contó con protocolos que permiten la conservación de evidencia del delito, preservar el lugar de los hechos y hallazgos [...], se entregó la evidencia al MP [...], la intervención pericial fue fundamental tanto para la identificación de las víctimas como para la investigación eficaz [...], se obtuvieron perfiles genéticos que se cotejaron con información de los países centroamericanos [...]. De los 72 cadáveres localizados, 60 han sido identificados, quedando pendientes 12 [...]; el Estado mexicano implementó una amplia coordinación a través de cooperación internacional con los países de Centroamérica".

Siguió el representante de la SEIDO:

"El trabajo que hemos hecho hasta este momento no puede generar duda".

Cerró la Cancillería:

"México desde luego está abierto a cualquier colaboración. [...] Es un poquito difícil llegar a una solución al respecto...".

Al salir de la audiencia, el pesimismo no se podía ocultar:

"No hay ninguna voluntad política ni comprensión del dolor de la gente ni medición del holocausto de la población migrante masacrada, tampoco una investigación sobre los criminales. Como este gobierno ya está de retirada, le vale madre.

Ante nuestros argumentos sobre las fosas clandestinas, las malas investigaciones y el dolor de las familias, argüían que tienen los mejores laboratorios para investigar, que tienen la preparación del primer mundo latinoamericano y mandaron a una triste bióloga a que diera un discurso sobre el ADN. ¡Una respuesta tonta! Y al final, la negación total".

Sacerdote Pedro Pantoja.

"El gobierno de México pide clemencia por su gente a Estados Unidos, pero no tiene clemencia con los nuestros. Tenemos muchas esperanzas de que en esas fosas hagan peritaje los forenses".

Rosa Nelly Santos, Cofamipro.

El mensaje

Dos meses después de la audiencia, el 13 de mayo de 2012, irrumpió en el panorama otra masacre de migrantes, esta vez en Cadereyta, Nuevo León, donde fueron hallados en un camino vecinal los torsos de 49 personas. Una muestra más de la obscena exhibición de brutalidad y el cruel ensañamiento contra los cuerpos de las víctimas ejercido por los criminales.

Los cadáveres de los 43 hombres y las seis mujeres no estaban completos, habían sido arrancados sus brazos, piernas y cabeza por los grupos que secuestran, despedazan y masacran a migrantes para proclamar su señorío sobre las rutas del tráfico ilegal de personas. Ellos, los migrantes mutilados, se convirtieron en un mensaje entre bandas.

Resultaba imposible identificar a las víctimas, se apresuró a decir el gobernador priista de Nuevo León, Rodrigo Medina, a quien hicieron eco sus funcionarios, que pronto arrojaron los cuerpos a una fosa común.

Se repetía la historia ya conocida: la mayoría de las víctimas eran migrantes y su último rastro de vida se ubicó en Tamaulipas. Esto se supo debido a que una familia de Honduras recibió la llamada anónima de una mujer desde México; le dijo que entre los enterrados había un familiar suyo, descubierto porque portaba una identificación. Y él no iba solo, viajaba con siete vecinos también del departamento de La Paz.

Según las leyes de la probabilidad, para estas familias no cabía la esperanza de rescatar a sus migrantes de una fosa municipal ubicada a tres países de distancia, y mucho menos contradiciendo la palabra del gobierno mexicano que —con el respaldo de su homólogo hondureño— negaba que los cuerpos fueran de los parientes reclamados. Pero la llamada anónima de la samaritana, con la unión de fuerzas de las madres, esposas y hermanas de los vecinos ausentes, apoyadas por las integrantes de Cofamipro, quienes les guiaron para que tocaran en México las puertas correctas con los albergues de migrantes y la fundación, torció —para bien— el desenlace de esta historia.

Aquella telaraña de contactos y voluntades tejidas alrededor del Proyecto Frontera se activó. Tras los hechos de Cadereyta, recuerda Doretti, surgió la oportunidad de insistir en la urgencia de crear una mesa de trabajo para abordar de manera conjunta, la PGR y el EAAF, esta nueva masacre y las dos de San Fernando.

"[La procuradora general] Marisela Morales", recuerda Delgadillo, "nos proponía que le diéramos toda la información de las familias centroamericanas, con lo que hay en los bancos forenses, que la apoyáramos en el proceso de documentación, que pagáramos los gastos de todas las personas para que las entrevistaran de nuevo aquí y les sacaran muestras, pero no se comprometía a dar acceso a la información [de la PGR] ni aceptaba otros peritos. Al final nos dijo: 'Que el siguiente gobierno les dé la respuesta'".

El sexenio calderonista terminó en noviembre de 2012 sin una solución satisfactoria para las familias y cerró con un último acto de prepotencia y desaparición forzada: la cremación de diez cuerpos masacrados en San Fernando, de cuyas cenizas nunca se podrá obtener una identidad.

El gobierno entrante, encabezado por el priista Enrique Peña Nieto, heredó las marchas callejeras de las víctimas organizadas en el Movimiento por la Paz con Justicia y Dignidad (MPJD), surgido en 2011,[130] y de las madres el 10 de mayo para exigir la búsqueda de sus hijos, así como la presión de familiares centroamericanos que pedían que se analizaran los cuerpos NN masacrados.

Pero no todo estaba perdido. Con el cambio de gobierno llegaron nuevas oportunidades.

---

[130] En marzo de 2011 fue asesinado Juan Francisco, hijo del poeta Javier Sicilia, quien bajo el lema: "Estamos hasta la madre" convocó a las familias mexicanas de víctimas a distintas caravanas del dolor que recorrieron México; así surgió el movimiento que —por la fuerza que adquirió— logró sentar a dialogar al presidente Calderón.

La firma

Con el político priista Jesús Murillo Karam, quien fue nombrado titular de la PGR, arribaron el político panista Ricardo García Cervantes, a quien le encargó la Subprocuraduría de Derechos Humanos, y como coordinadora general de Políticas Públicas, Eliana García Lagunes. Ella era una antigua militante de izquierda que participaba en el movimiento de víctimas de la violencia que irrumpió en la agenda pública desde 2011.

La abogada y la antropóloga dieron de nueva cuenta la pelea con la PGR para firmar un convenio que les permitiera revisar los cuerpos de las masacres. Esta vez contaron con el apoyo del subprocurador y de García Lagunes, pero enfrentaban resistencias de los responsables de la Dirección General de Servicios Periciales (encabezada por la química Sara Mónica Medina Alegría) y de la Subprocuraduría Jurídica y de Asuntos Internacionales de la PGR (a cargo de Mariana Benítez Tiburcio), donde seguía trabajando el personal que antes había rechazado el acuerdo.

Los mayores puntos en tensión eran: la validación de peritos independientes como pares que no estarían subordinados a la PGR y también de sus peritajes; la confidencialidad de la información; el permiso para la participación de las familias de las víctimas en el proceso y el derecho a que se les dieran las copias de los dictámenes de sus parientes identificados; que las notificaciones se hicieran personalmente en cada país en embajadas mexicanas, donde estuvieran presentes los ministerios públicos mexicanos que hicieron la investigación para responder las dudas de las familias, quienes deberían tener todos los gastos pagados. También el costo del proyecto entero.

Tras infinidad de discusiones y un enfrentamiento de puntos de vista —pues la PGR planteaba reservar su información incluso para las víctimas—, finalmente, en 2013, se instituyó la Comisión Forense, y con esta se estrenó una nueva forma de intercambio de información y trabajo entre peritos oficiales e independientes. Como quedó publicado:

DIARIO OFICIAL DE LA FEDERACIÓN 04/SEPTIEMBRE/2013:

CONVENIO DE COLABORACIÓN PARA LA IDENTIFICACIÓN DE RESTOS LOCALIZADOS EN SAN FERNANDO, TAMAULIPAS, Y EN CADEREYTA, NUEVO LEÓN, QUE SE LLEVARÁ A CABO POR CONDUCTO DE

UNA COMISIÓN FORENSE, QUE CELEBRAN LA PRO-
CURADURÍA GENERAL DE LA REPÚBLICA [...] EN LO
SUCESIVO LA "PGR"; EL EQUIPO ARGENTINO DE ANTRO-
POLOGÍA FORENSE, [...] EN LO SUCESIVO EL 'EAAF'...

**Además de Murillo Karam y Doretti, firmaron el convenio diez organiza-
ciones, la mitad centroamericanas, como la Cofamipro y la Cofamide, y
también participó la FJEDD.[131]**

"Y finalmente se logró. En la firma del convenio, al lado del procurador
están sentadas las familias de Centroamérica, ellas firman el convenio y
tienen la voz cantante en este evento".

Ana Lorena Delgadillo, FJEDD.

"Ciertamente estábamos metiendo a las compañeras argentinas y la fundación hasta la cocina de la PGR en el tema forense. Por eso hubo tanta
oposición".

Eliana García Lagunes, exfuncionaria de la PGR.

"Esta Comisión Forense se crea para dar cuenta de tres masacres: las
dos de San Fernando, Tamaulipas, y la de Cadereyta, Nuevo León que
arrojaron un total de 317 restos para ser analizados, con 126 identificaciones previas. De manera que recibimos 190 restos para investigar. Es
interesante el trabajo de la Comisión Forense porque es una primera
forma de intercambio de información y es un trabajo, codo a codo, con
los peritos oficiales".[132]

Alicia Luisiardo, EAAF.

---

[131] Firmaron también la Casa del Migrante de Saltillo, Coahuila; el Centro Diocesano para
los Derechos Humanos Fray Juan de Larios, también de Saltillo; la asociación civil Voces
Mesoamericanas, Acción con Pueblos Migrantes de San Cristóbal de las Casas, Chiapas; la
Mesa Nacional para las Migraciones en Guatemala (Menamig); la asociación Misioneros de
San Carlos Scalabrinianos en Guatemala; el Centro de Derechos Humanos Victoria Díez de
León, Guanajuato, y el Foro Nacional para las Migraciones en Honduras (Fonamih).

[132] Dicho en el conversatorio "Antropología forense y derechos humanos: los casos de
México y Argentina", INAH, 1 de octubre de 2020. https://www.youtube.com/watch?-
v=Kmq3qI-28to&ab_channel=INAHTV.

La Comisión Forense

Desde que se suscribió el convenio de colaboración y hasta la actualidad, peritos de distintas disciplinas, de la PGR primero, ahora llamada FGR, y del EAAF, han trabajado de manera conjunta, alrededor de una misma mesa, para identificar los cuerpos NN y regresarlos a su hogar. Un proceso que nadie esperaba que fuera tan largo y complicado.

El primer punto a resolver entre los peritos de la PGR y las agrupaciones independientes fue cómo organizarse. De parte de la sociedad civil y de las familias, en las reuniones estuvo presente personal de la FJEDD, en ocasiones Delgadillo, y por el EAAF acudió Doretti, acompañada por miembros de su equipo o personas expertas invitadas. Del lado de la dependencia asistían funcionarios de Servicios Periciales y de la Subprocuraduría de Derechos Humanos. Y cuando fue necesario acudieron los MP que hicieron las investigaciones, expertos y diplomáticos y las propias familias. Toda persona que se requiriera para completar la información fragmentada.

Inicialmente se enfrentaron dos posturas: la PGR no consideraba necesario exhumar la totalidad de los cuerpos, solo hacer comparativos de los bancos genéticos de los restos y contrastarlos con las muestras de ADN de las familias. Pero cuando el EAAF comenzó a descubrir errores en los cuerpos que habían sido entregados, exigió partir de cero.

"Se dio una tremenda discusión, fue muy duro [...]. No se podía confiar en los ADN que tenía el Estado [...]. Al final pudo ganar el sentido de la verdad, de que lo que más convenía para el proceso y para respetar el derecho de las familias era volver a testear los restos", dice Delgadillo.

Lograrlo fue un proceso lento, por los excesivos trámites burocráticos, y difícil, debido a la falta de voluntad política y al exceso de trabajo acumulado en Servicios Periciales.

"Al mismo tiempo que trabajábamos las identificaciones de 'San Fernando 1' y 'San Fernando 2', estábamos trabajando los cadáveres de Colinas de Santa Fe, en Veracruz, y las fosas de Tetelcingo [en Morelos], y encima recibimos la consigna de la Comisión Forense", recuerda una funcionaria anónima de la PGR sobre la carga de trabajo. Ella admite que se sorprendió al descubrir que los cuerpos de Tamaulipas que desde 2011 tuvo bajo su poder el Semefo de la PGR se habían quedado olvidados, sin los análisis que correspondían para identificarlos. "No sé si fue olvido o incompetencia".

Les llevó años, dice Delgadillo, que en los estados dieran los permisos necesarios para exhumar los restos. También enfrentaron la resistencia de los ministerios públicos a compartir datos y de los peritos oficiales a debatir y a sustentar con argumentos científicos sus decisiones.

"Ahí pude entender por qué Servicios Periciales está así: bajo la sombra del Ministerio Público, la ciencia supeditada al poder. Se asumen más como servidores públicos que como científicos", agrega la abogada. "Si no tienen independencia técnica real, no podrán servir a la verdad y hacer que la ciencia esté al servicio de los derechos humanos".

La situación en el Panteón Civil de Dolores fue igualmente compleja, pues en la fosa había más de 50 cuerpos que debían ser exhumados de forma individual, mediante un proceso que garantizara la protección de los restos y que se pudieran tomar muestras de ADN, señala García Lagunes.

Lo que unía a los restos de Tamaulipas y de la Ciudad de México era el "maltrato institucional", según Delgadillo: "Fue horrible ver tanta violencia, tanta injusticia, tanto olvido, que después de haber muerto como murieron fueran enterrados como no identificados, como olvidados, como los que no importan".

A medida que exhumaron los cuerpos se plantearon otro problema: ¿dónde resguardarlos? En la Ciudad de México fueron trasladados al Semefo del Tribunal Superior de Justicia, pero cuando por fin llegaron a Tamaulipas se encontraron con una nueva dificultad.

"Se adelantaron, ya habían exhumado y tenían todo revuelto", explica García Lagunes. "No habían aventado los restos en una misma fosa común, como en la Ciudad de México, sino que habían hecho fosas individualizadas en parcelas, pero a la mera hora revolvieron en esas fosas restos de cuerpos distintos. Y fue un trabajo mucho más complicado encontrar las coincidencias, saber de qué cuerpo era qué". En tanto, en San Fernando, la gente vio apresuradas las exhumaciones en el panteón muicipal. Se rumora que los cuerpos fueron cambiados de sitio.

Pese a los buenos augurios, la Comisión Forense no pudo construir el rompecabezas de las identidades perdidas con la celeridad que esperaba, debido a la burocracia y obstáculos internos, las diferencias entre los dos equipos forenses y, sobre todo, la negativa de la SEIDO a compartir información clave —como las denuncias de todo el país de personas desaparecidas en esos tramos carreteros— que ayudaría a darle identidad a los cuerpos y entender la mecánica de los asesinatos.

Se apegaba al Código Federal de Procedimientos Penales, que ordena la secrecía de la información. "Pero es una legislación inferior a la Ley General de Víctimas", precisa García Lagunes. "Cuando llegué a la PGR, unas denuncias estaban como actas circunstanciadas, otras como averiguaciones previas pero completamente olvidadas [para] que nadie hiciera nada, [se decían] mentiras a los familiares, [había] ocultamiento, excepto en los casos emblemáticos del Movimiento por la Paz para no quedarle mal a Calderón. Los desaparecidos fueron desaparecidos también de sus investigaciones, sus denuncias".

La insistencia de los peritos independientes del derecho de las víctimas a tener información del proceso de identificación generaba tensión.

"Los primeros años era bastante complicado hacer entender a la PGR nuestra relación con los familiares, que para nosotros son centrales en el proceso, no había mucha tradición de que los forenses se involucraran con ese trato", cuenta Doretti. "Es importante establecer un vínculo de confianza porque no hay nada que ocultar, nada que no pueda decírseles, los familiares agradecen que uno sea lo más honesto posible con ellos".[133]

Fue hasta junio de 2015, después de un largo y cansado forcejeo, cuando la SEIDO por fin mostró la información que retenía y que no quería que conocieran las familias ni sus representantes. Ahí estaban las maletas, las pertenencias que completaban los rompecabezas de las identidades. Sin embargo, el acceso no fue suficiente porque la información sobre los cuerpos estaba fragmentada.

"Así como dividieron los cuerpos y mandaron unos a San Fernando, otros a Ciudad Victoria y otros a Ciudad de México, pasó lo mismo con las investigaciones. La información sobre los 120 o 122 restos que fueron traídos a Ciudad de México quedó dividida en cinco averiguaciones previas distintas dentro de SEIDO, y además hubo otras 13 averiguaciones en la procuraduría de Tamaulipas, que no contienen investigaciones, porque a esos cuerpos se les mandó directo a la fosa común", narró un informante anónimo.

---

[133] Cecilia González, "En México solo confían en el Equipo Argentino de Antropología Forense", Red/Acción, 19 de febrero de 2019: https://www.redaccion.com.ar/en-mexico-solo-confian-en-el-equipo-argentino-de-antropologia-forense/.

Cuando hubo acceso a los documentos —aunque todavía no estaban completos—, la comisión entró en una nueva dinámica. En ese momento el EAAF pudo reconstruir, a partir de documentos y de testimonios, la historia de cada cuerpo y su recorrido. "Un trabajo", puntualiza Delgadillo, "que no hacían las instituciones".

También aumentaron las identificaciones, y se hicieron evidentes los errores. La fragmentación de información, por ejemplo, había ocasionado que parientes asesinados y enterrados juntos no fueron identificados al mismo tiempo porque su información quedó dispersa en distintas averiguaciones previas. O que nunca se debieron de ordenar las cremaciones de cuerpos.

"A una reunión a la que fuimos a Querétaro cuando estaba el procurador Murillo Karam, en 2014, se acercó conmigo y me dice: 'Licy, lo siento mucho porque con su esposo todo se hizo mal, ese fue un grave error que se cometió [cremarlo], pero nos va a servir de mucho para no cometer los mismos errores'. Yo me quedé así de '¿usted cree que con una disculpa van a quitar todo lo que hicieron mal?', así le dije. Y me dijo: 'No, yo lo sé que no, pero sentí la necesidad de acercarme aquí con usted'. 'Pues yo no necesito sus disculpas, yo necesito que haga su trabajo'.

Uno con el dolor ya no se fija ni con quien está hablando y uno expresa lo que siente, o sea, obviamente se lo dije con respeto, pero fueron palabras un poco más fuertes y después me puse a pensar que fui una maleducada, pero ellos fueron peor. Lo que yo quiero es justicia, recuperar la dignidad de él porque no es justo lo que pasó, el dolor que mis hijos pasaron, todo lo que yo he vivido, o sea, no es justo, y me parece mucho más injusto que aun habiendo pedido que me presentaran más pruebas y todo [pedir que no lo incineren], ellos hicieron caso omiso a mi petición, no les importó nada".

Licy Santos, esposa del guatemalteco
Bilder Osbely López Mérida, entrevistada en 2021.

Las dolorosas notificaciones

¿Cómo se le explica a alguien que su pariente fue asesinado a golpes por viajar por una carretera donde asesinaban? ¿Qué pasa si la víctima quiere saberlo todo? ¿De qué manera se le cuenta de la existencia en los dictámenes de un marro como arma criminal?

La Comisión Forense desarrolló distintos protocolos, uno para impedir que las familias de las víctimas sufrieran otro golpe al recibir la notificación de que su ser querido, a quien buscaron por años y con quien hablaban desde el corazón todo ese tiempo, ya no vive, lo mataron en Tamaulipas.

Este procedimiento obliga a que el aviso se dé en persona, no por teléfono de manera cruel y burocrática, sin posibilidad de aclarar dudas. Que se realice en un lugar digno y que estén presentes todos los funcionarios y peritos que puedan dar respuesta a cada una de sus preguntas. Que las víctimas tengan soporte emocional, médico y psicológico, y que vayan acompañadas de todas las personas que necesiten tener a su lado. Que se les muestren las evidencias, las pertenencias del familiar, los resultados de los análisis. Que se les paguen los gastos de traslado y se les regrese a casa en vehículos, no en transporte público, porque la conmoción que causa la noticia es riesgosa. También, que el Estado que no protegió a los jóvenes que por cruzar una carretera, o por vivir en San Fernando, fueron asesinados, les pague el funeral. En suma, que no se repita el maltrato institucional.

"Los familiares nos decían de una manera muy brutal: 'Nos entregan cajones cerrados, nadie nos explica nada, no tenemos la menor idea de si adentro están los restos de nuestros hijos o hay un perro o un gato, y eso es lo que tenemos que aceptar'. Nosotros decíamos: 'Esto es algo que se tiene que corregir, no hay ninguna razón para que sea así'. […] Entonces, de las primeras cosas que tuvimos que acordar en la Comisión Forense fue cómo se iban a hacer los dictámenes. Hasta ese momento, la PGR no hacía dictámenes integrados multidisciplinarios. […] El punto [para hacerlos] era, por un lado, que no quedara a decisión del Ministerio Público resolver decisiones forenses porque es un abogado o abogada, no es forense. Queríamos llegar a una versión consensuada […] que no tuviera diferencias dentro de los dictámenes de las mismas disciplinas porque permanentemente veíamos, por ejemplo: el médico decía este tiene una edad de entre 30 y 40, el antropólogo decía tiene entre 25 y 35, y el odontólogo decía entre 23 y 28; al final [por los cálculos errados y contradicciones], se excluían cuerpos de los casos. Queríamos que fuera una versión consensuada, multidisciplinaria y que fuera integrada, que hubiera un resumen inicial de unas 30 o 40 páginas con todas las conclusiones de las distintas disciplinas para llegar a la identificación, y eso entregarlo a las familias y explicárselo en persona. […] Si ante lo peor que te puede pasar en la vida, que se muera un hijo o una hija, alguien muy querido, uno quiere hablar con el médico o con alguien administrativo del hospital, en una situación de desaparición que ocurre en otro país, las dudas y los interrogantes son muchísimo más grandes. Con más razón todavía [los encuentros] debían ser presenciales, con peritos, entregándoles copias del dictamen y, si ellos querían, que pudieran ver los restos, que era el otro tema [del] que las familias decían: '¿Por qué nos entregan el cajón cerrado?'".

Mimi Doretti, EAAF.

Y así comenzó a hacerse, con una ética del cuidado, como recuerdan las defensoras, desde Centroamérica y en México, que han ayudado a las familias en ese momento en que el corazón parece romperse al conocer la verdad:

"Mercedes Doretti les pregunta [a las madres] si recuerdan que hace algún tiempo se les tomó muestras [de ADN], que el objetivo era hacer la búsqueda en vida, pero también en restos, de su ser querido, y que pues, lamentablemente, su familiar fue hallado en una fosa en San Fernando. Al momento de enterarse, muchas obviamente entran en llanto, en crisis, necesitan llamar a sus familiares, si quieren se hace una pausa. […]. Cuando quieren retomar, se les explica cómo fue hallado, el número de fosa, cómo fueron encontrados los restos, se les muestran fotografías, el mapa y el recorrido que hizo [la persona] desde el lugar de origen hasta donde llegó: 'Y mire, él salió, caminó tanto tiempo, estuvo hasta acá, ya estaba a poco de cruzar la frontera'. Se hace como un proceso muy detallado, paso a paso del recorrido de la persona migrante hasta donde lamentablemente fue asesinada".

Rosmery Florinda Yax Canastuj, FJEDD, Guatemala.

"Si hay fotos les vas diciendo: 'Aquí tenemos unas fotos, si ustedes las quieren ver, perfecto; si no, está muy bien, este expediente es de ustedes. Pueden hacer las preguntas y comentarios que deseen'. Hay gente que sí quiere ver las fotos en ese momento, otra dice que las ve después".

Claudia Interiano, FJEDD, El Salvador.

"Recuerdo una notificación en Quetzaltenango, que la señora al inicio no creía que era su esposo, pero luego va viendo las fotografías y a través de unas piezas dentales lo reconoce. Fue muy fuerte cómo primero decía que no era hasta que, con dolor, dijo que sí. Es un contraste, el dolor que implicó para ella llegar a la verdad. Llevaba años con la duda. O familias indígenas que no comprendían muy bien, aunque había traductora, pero cuando les empezaron a enseñar las fotografías una madre reconoció las prendas de su hijo. Son momentos muy duros, aunque ellos comienzan a cerrar un ciclo de incertidumbre y el duelo pasa a la etapa de aceptar la muerte de sus seres queridos.

Recuerdo a una señora de Huehuetenango, cuando fuimos a la Fuerza Aérea a recibir los restos de su hijo y otros cinco o seis cuerpos de la masacre de San Fernando; no podía pararse desde que entró. Cayó al piso muerta en llanto, se tocaba el estómago y decía: 'Te llevé en mi vientre nueve meses y ahora te vengo a traer acá'. Se tocaba el estómago como símbolo de tanto dolor. Por eso es muy importante contar con paramédicos y psicólogos".

Rosmery Florinda Yax Canastuj, FJEDD, Guatemala.

"Cuando se les dice que a su familiar lo encontraron, aunque muerto, y que se puede repatriar en tal fecha, ya deja ese corazón de estar sangrando, llorando, pensando: '¿Dónde estará, qué estará haciendo, estará preso, dónde me lo tendrán, estará comiendo?'".

Edita Imelda Maldonado Moncada, Cofamipro.

"[A mi papá] lo enterramos en diciembre [de 2011], pero sin la certeza de que él era. Con la Comisión Forense se hizo la revisión del caso; ya con el equipo argentino supimos que tenía dos actas de defunción y dos actas de embalsamamiento, pero no tenía cadena de custodia y tampoco existía mucha documentación.

Hasta el 18 de mayo de 2017 hicieron esa exhumación. Muy apenitas se logró. En el panteón nos acompañaron personas del Colectivo Justicia y Esperanza, del Alto Comisionado [de Derechos Humanos de la ONU], la Fundación para la Justicia. Me acuerdo que no se iba a abrir el ataúd, ahora por restricciones de Salud.

Cuando nos trasladamos al Incifo-DF,[134] el MP no nos quería dejar entrar a pesar del acuerdo que teníamos. Yo peleaba que era un derecho estar presente, pero no querían. Nos acompañaban del colectivo cinco compañeras de San Luis de la Paz, ellas tambien querían presenciar, y el MP no nos dejaba usando un argumento estúpido: que yo le alcé la voz. Pero al final lo logramos; entramos. Entonces frente a nosotras vimos que abrían las bolsas y ahí estaban sus pertenencias, que antes nos negaron que tuviera: su camisa, su pantalón, su cinto, su hebilla marcada con la J y García.

Era el cumpleaños de mi mamá: ese momento era como su regalo. Aunque fue muy doloroso y no era un alivio porque seguía la duda de saber qué pasó. Porque él no se lo merecía. Luego nos volvieron a llamar: desafortunadamente las pruebas genéticas resultaron positivas, que sí era. Nosotros esperábamos que no fuera. La notificación fue el 7 de septiembre. Nos lo entregaron en octubre. Al fin sabemos dónde está. Sus restos descansan. Mi mamá está un poco más tranquila; sin embargo, nunca va a dejar de doler por la manera en que ocurrió, lo que le hicieron. Porque por ser migrante no lo toman en cuenta. Él desapareció con 22 personas, y fue el único hallado. Era jornalero en México y emigraba también. Lo encontraron en la fosa 1. Era el cuerpo 1".

Jimena García, hija de José García Morales,
uno de los 23 jornaleros de San Luis de la Paz desaparecidos.

---

[134] Instituto de Ciencias Forenses.

La verdad

Del trabajo del EAAF con los peritos de Servicios Periciales de la PGR surgió un dictamen que señalaba las deficiencias estructurales del área, propias de una institución utilizada políticamente, indica la exfuncionaria García Lagunes; eso hizo necesario un plan de reingeniería basado en tres informes: el mencionado del equipo argentino, uno de un equipo que habían contratado, y otro de la Cruz Roja, "también demoledor".

"Encontramos que había una gran incapacidad profesional, que quienes estaban ahí [en la PGR] tenían una experiencia obsoleta, que no había mecanismos de capacitación y actualización, que se debían generar procedimientos de multidisciplinariedad. [...] Y la incapacidad de coordinación interna, cada uno trabajaba por su lado, esa era una falla fundamental en Servicios Periciales. Pero se fue Murillo y tiempo después me fui yo".

El procurador se fue en medio de los señalamientos de fabricación de mentiras para dar por terminada la investigación de la desaparición de los 43 estudiantes de la Escuela Normal Rural de Ayotzinapa, ocurrida en Iguala, Guerrero, en 2014. Por ese caso también salieron de la institución otros funcionarios, como la titular de la Dirección General de Servicios Periciales, Medina Alegría, y varios de sus peritos más cercanos, quienes se prestaron a manipular evidencias. El titular de la Unidad de Secuestros de la SEIDO de entonces, Gualberto Ramírez, y algunos de sus subalternos son investigados, acusados de tortura para inculpar a criminales en la trama y desviar las investigaciones.

El plan de reingeniería nunca se concretó. La Comisión Forense, no sin obstáculos, sigue en funcionamiento.

El proyecto, sin embargo, valió la pena. Haber logrado implementar protocolos de notificación, incorporados después a la Ley General de Desaparición Forzada y Desaparición Cometida por Particulares —expedida en 2017—, informes integrados multidisciplinarios, y un trabajo conjunto entre familias de las víctimas y sus colectivos, peritos independientes y oficiales, y distintas instituciones del Estado, son motivos de satisfacción para Doretti, ya que permiten trabajar de manera más eficiente y transparente, y avanzar en la identificación de restos.

"Pero igual creo que tendríamos que haber identificado a estas alturas muchos más. Pienso que deberíamos haber terminado hace tiempo con la Comisión [Forense]. Los problemas continúan para [lograr] la identificación, en gran medida por toda la fragmentación de los sistemas de justicia y forenses en la región, que hacen muy difícil el cruce de la información. Se tiene que estar cruzando con un montón de pedacitos de bases de datos porque no hay todavía grandes bases de información forense. Creo que se ha mejorado mucho en estos últimos años, pero México todavía tiene pendiente crear la Base Nacional Forense".

De los 190 restos que recibieron para ser analizados, procedentes de San Fernando y Cadereyta, han logrado identificar casi un centenar, labor que incluye también la revisión de identificaciones previas que, en algunos casos, demostraron que eran erróneas. Esas equivocaciones se tuvieron que notificar a las familias, que pensaban que ya habían encontrado a su ser querido, dejándolas otra vez con el alma quebrada.

"En la medida en que se producen identificaciones, vamos tejiendo la cantidad de hipótesis de posibles identidades de los cuerpos que han sido encontrados en las distintas fosas, sobre todo de San Fernando. [...] Obviamente, también es la caída de una versión oficial, el porqué de estas masacres y las personas que estaban involucradas en las mismas. La evidencia científica se pone sobre la mesa para construir la verdad", dice Alicia Luisardo, del EAAF.

Exhumar los restos de las fosas clandestinas tiene como finalidad darles un entierro digno, concluye Doretti. "Somos forenses, somos técnicos, pero tenemos claro que trabajamos para ayudar a dignificar vidas: las de los desaparecidos, las de sus familias y las de las sociedades donde vivimos".

Capítulo 10:
La exhumación de verdades

Proceso de identificación de restos óseos en una morgue mexicana.

Con el acceso a la documentación de todos los cuerpos sacados de las fosas, a los testimonios de las personas que reportaron la desaparición de uno o varios familiares, a los interrogatorios de testigos y presuntos criminales, y a las diligencias contenidas en la investigación, el equipo argentino exhumó, también, otros secretos sobre las masacres: descubrió la segunda tragedia que sufrieron los cuerpos rescatados de San Fernando y las familias que los buscaban.

Pudo ver desde dentro cómo opera el sistema que desaparece personas, no solo cuando sus asesinos las matan y entierran, sino cuando las autoridades las borran de los registros, o exhuman sus restos, pero no buscan a sus familiares; eso si antes no los convierten en cenizas.

Con la Comisión Forense, el trabajo de la PGR en general, y los procedimientos de la Coordinación General de Servicios Periciales en particular, se pusieron a examen. El descubrimiento fue que al menos 31 de 63 cuerpos analizados podrían haber sido identificados[135] si desde 2011 hubiera existido voluntad de hacerlo. Y cada uno de los días transcurridos entre la ausencia de la persona que se ama y su recuperación se ve reflejado en las enfermedades físicas o mentales que se desarrollan en quienes las buscan, la ruptura de sus matrimonios si no es la desintegración de la familia entera que no puede cargar con tanta pena, la deserción escolar de los más chiquillos, el destrozo de los planes compartidos, la ausencia del hogar de la madre que se dedica a buscar, la bancarrota porque lo que se gana se invierte en financiar la búsqueda o en pagar las extorsiones.

Otro descubrimiento perturbador para muchos, especialmente para los familiares —como el señor Arturo Román, el paramédico defeño que busca a sus dos hijos secuestrados desde 2010, o la señora Margarita Cepeda Alcalá, a quien le desaparecieron a sus tres hijos sacados por la fuerza de su casa, entre muchos otros—, fue que, en 622 denuncias por desaparición, la PGR no abrió una carpeta de investigación para iniciar la búsqueda de las personas por quienes sus parientes suplicaban; solo un acta circunstanciada, una constancia.[136]

Quedó también al descubierto cómo la unidad de investigación de secuestros de la SEIDO, en la que recae indagar las desapariciones cometidas por integrantes del crimen organizado,[137] es un área en donde las personas desaparecidas permanecen igualmente secuestradas; su enfoque se basa en perseguir criminales y no en el acto humanitario de devolver cuerpos a sus hogares para que puedan ser llorados, para que los familiares salgan de la incertidumbre y continúen con sus vidas.

Su método de fragmentar los cuerpos en distintas carpetas de investigación sirve para ocultar información, y aleja las posibilidades de conocer

---

[135] El corte de caja de los hallazgos es el 27 de octubre de 2019, según un documento de la Comisión Forense incluido en la recomendación 23VG/2019 de la CNDH.

[136] Dato procedente de la recomendación 23VG/2019.

[137] Incluidas las investigaciones sobre la desaparición de los 43 estudiantes de la Escuela Normal Rural de Ayotzinapa, ocurrida en septiembre de 2014, y en la cual ha quedado al descubierto el mentiroso montaje para ocultar la verdad, orquestado desde la PGR, con un rol relevante de la SEIDO, la Agencia de Investigación Criminal y la Unidad Servicios Periciales.

la verdad. Además, los datos contenidos en las investigaciones de esos asesinatos no han sido suficientes para brindar justicia a las víctimas.

Los hallazgos permitieron ver que estos no fueron hechos aislados de incompetencia, sino una constante, forman parte del engranaje del mecanismo de impunidad que oculta evidencias, fabrica pruebas, inventa identidades, produce mentiras y desaparece a desaparecidos.

Huarache, el más buscado

El descubrimiento de las fosas fue posible porque lo buscaban a él, al soldado José Antonio Huarache Julio, según varias fuentes. Sin embargo, aunque el ejército obtuvo la confesión de su asesino, que le indicó dónde lo había enterrado, y su cuerpo fue recuperado en una fosa, esto permaneció en secreto. Nadie lo entregó a su familia. Cinco años después de haberlo dejado olvidado, o escondido, cuando de entre los muertos condenados al anonimato lo rescató la Comisión Forense, ahora sí fue enterrado como un héroe.

"Llegó aquí un viernes en la noche, nuestra boda fue el sábado 26 de marzo, el domingo se quedó aquí y se fue el lunes 28 de marzo en la tarde, como a las tres, y en la noche salió de Toluca, creo que en un Ómnibus.

Aunque llevábamos diez años juntos y estábamos casados por lo civil y con las tres niñas registradas, pidió permiso para venir a casarse porque le agarró la idea de que nos casáramos por la iglesia. Desde que se regresó a Reynosa ya no supe nada de él.

Después nos enteramos de que él habló con amigos de la zona donde tenía que llegar. En la última llamada les dijo que ya iba llegando a San Fernando para que fueran por él a la terminal de Reynosa.

Como el jueves de esa semana, me llamó su capitán para preguntarme si él se iba a presentar, porque sino se le iba a dar de baja. Yo le dije que se había ido desde el lunes, y me dice: 'Pues aquí no ha llegado, necesitamos que se reporte o lo vamos a dar de baja'.

Le avisé a su hermano, me dijo que iba a investigar, más tarde me llamó y me dijo: 'Ya vine a la zona militar de Tenango, y sí, antes de ir a Toluca se vino a reportar; ya fui a la terminal de autobuses, me dieron el número del camión en el que se fue, el número de asiento, pero la señorita me dijo que el camión fue reportado como secuestrado en San Fernando'.

El sábado ya estábamos haciendo el reporte en Zinacantepec y en la misma semana fuimos a la PGR y se dejaron pruebas de ADN del hermano y de su mamá.

El capitán nos dijo que si el camión había sido secuestrado muy probablemente era por la delincuencia organizada. Nos dijeron que iban a seguir buscando. No tardó mucho en que nos llamaron: habían encontrado su credencial de elector en una casa, pero ya no había rastros de nadie; después nos dijeron que habían encontrado fosas, pero a él no lo habían hallado.

De las pruebas que se hicieron a todos los cuerpos encontrados ahí, su ADN no había salido en ninguno de ellos. Y así se quedó la situación.

Fue mucha la incertidumbre de no saber qué había pasado con él. Había gente que nos decía que lo habían visto en lugares, que lo tenían trabajando para el crimen organizado, que lo veían llegar aquí en las noches, pero que se quedaba afuera de la casa, no entraba. Historias que la gente cuenta [*sonríe con amargura*]. Sus familiares llorando que si lo tenían con vida ojalá que lo tuvieran bien, que le dieran que comer y tuviera dónde dormir y pasar las lluvias...

En 2014 nos vuelve a contactar la SEIDO y una comisión de personas que se interesaron en el caso de Tamaulipas y que quisieron entregar la mayor cantidad de cuerpos que aún estaban sin reconocer.

Nos vinieron a buscar y otra vez a tomar ADN a su mamá, a su hermano, y ahora también a mis hijas, que ya no estaban tan chicas como cuando las dejó: de seis, cuatro y dos años. Se llevaron las pruebas. Como a los 20 días mandaron unas camionetas por nosotros y allá nos dieron la noticia: un cuerpo coincidía con su ADN.

Entonces supimos que a él lo encontraron desde 2011, cuando trajeron los cuerpos [a la Ciudad de México], y los restos que no fueron reconocidos quedaron en una fosa común en un panteón; y ahí estaba él. Nunca nos supieron explicar por qué no nos lo entregaron en aquel entonces. ¿Por qué no lo encontraron la primera vez si se supone que ese cuerpo ya estaba ahí desde el principio?

Esos temas como que los abordan muy por debajo del agua. Me imagino que no nos entregaron el cuerpo en ese entonces por la situación,

porque, de por sí, la gente estaba muy espantada y muy atenta a ese tema [de las fosas] y decir exactamente cuántos cadáveres encontraron no le conviene al gobierno. Entonces esperaron a que las aguas se calmaran para entregar los demás cuerpos.

Esos cinco años yo pensaba que podía estar vivo, pero mi sexto sentido me decía que ya no porque, por los días que lo encontraron, en abril de 2011, yo había soñado con él. Estábamos como en el mar, en una lancha, y me decía: 'Ya me voy, ya no voy a regresar'. Yo le decía: '¿Por qué?'. 'Es que yo ya no puedo regresar, ahí te quedas con las niñas. A donde voy es un lugar donde no pueden ir ni tú ni mis hijas'. Y se fue. Se notaba tranquilo. No sé si haya sido porque, casi, casi, se fue bendecido, porque nos bendijeron en el matrimonio, él se confesó. Me imagino que por eso su tranquilidad. Para mí esa fue la despedida.

En octubre de hace cinco años lo enterramos. La familia se organizó para contratarle música y todo, y vinieron de la zona militar a rendirle honores".

Entrevista de 2021 en un lugar
del Estado de México que se pidió omitir.

Las pistas

En 2022, cuando conseguí ver las fotos de los objetos que contenían esas maletas guardadas en cajas, apiladas en el depósito en donde por cuatro años fueron abandonadas, como restos de un naufragio del que nadie quiso enterarse,[138] encontré las pistas que hubieran permitido descifrar identidades de algunos de los cuerpos NN. Y varios de los casos, yo —y la PGR desde antes— ya los conocía.

Un registro, que encontré en los tomos 65 y 66 de la carpeta de investigación de las fosas, mencionaba que en un maletín se halló un acta de nacimiento, verde, creada por autoridades mexicanas, legible. También se encontró una decena de credenciales. Un boleto de camión

---

[138] Hasta el 15 de enero de 2016 la PGR recuperó las cajas con el equipaje abandonado en la Terminal de Autobuses de Reynosa.

con el nombre del pasajero extraviado. Cuatro fotografías de un mismo bebé, sonriente; en una posa con un mameluco claro con puntiagudas orejas de conejo.

Otra serie fotográfica me llamó la atención: una placa, con una cadena de bolitas metálicas, como las que portan los soldados con sus datos inscritos, junto al permiso de la Sedena para viajar al Estado de México a celebrar su matrimonio (en el que se lee el nombre de la novia y del futuro esposo) y un depósito del Banco Nacional del Ejército, Fuerza Aérea y Armada de una orden de pago. Eran las pertenencias del soldado Huarache.

Una persona anónima que participó en la Comisión Forense me contó sobre las circunstancias en las que recibieron el equipaje: "Algunas maletas estaban en la terminal de ADO en San Fernando, ahí se quedaron, donde a los pasajeros los fueron bajando; la central no supo qué hacer y las guardó. Y había de todo, la mayoría eran mochilas, algunas eran más grandes, como deportivas. Cuando las abrimos encontramos lo que llevas a un viaje: pasta de dientes, cepillos, ropa... Uno traía hasta sus cervezas caguama en la maleta. Ahí estaba también la placa del soldado Huarache, una cadena de bolitas con su nombre y el permiso que le dio la Sedena para que fuera a casarse. Por eso supimos de su existencia y su historia, y se hizo el contacto con su familia y lo identificamos. Era tremendo. Muchos viajaban con fotos de sus hijos, de su familia, porque iban a migrar, y algunos llevaban cartitas de amor de 'papá, que te vaya bien, te quiero'".

Fotocopia de las fotografías del equipaje abandonado
en Reynosa, y registrado desde 2011 por la PGR.

La maleta de Osvaldo

En el cementerio de Cajolá, en Guatemala, se encuentra una tumba marcada con una cruz de madera pintada de blanco, en la que se lee en letras azul celeste: *"osbaldo Mencho Lopez Nacio 1 de disiembre de 1991 fallecio 14 de nobiembre —2,015".* A unos pasos están sepultados sus primos Marvin y Miguelito, cuya fecha de incineración quedó marcada como el año de su muerte: 2012.

La familia del difunto tiene un expediente grueso y un dictamen con el logo del EAAF que le permite conocer cómo, después de tres años varado en México, se logró la identificación de los restos de Osvaldo, el único del trío de primos que faltaba aún por regresar.

Cuando el EAAF encontró entre los expedientes negados por la SEIDO las 97 fotografías de maletas que un perito tomó en 2011 en la Terminal de Autobuses de Reynosa, pidió la recuperación de las cajas con el equipaje y su traslado a la Ciudad de México, y contrastó su contenido con los restos que aún quedaban sin identificar para los que no había pistas de identidad.

Al abrir una mochila encontró unas credenciales con la imagen de un joven con el pelo engomado, y el nombre y la dirección de Osvaldo. En estas ponía que era veinteañero, guatemalteco, soltero, agricultor, y que sabía escribir y leer.

En una se veía un cuadro borroso en el que apenas se distinguía la silueta del joven, del que resaltaba el blanco de los ojos y su peinado con gel, con las puntas del pelo paradas, y una descripción en la que se leía:

"1. Cédula de vecindad a nombre de Osvaldo Mencho López, emitida por Guatemala (con fecha y lugar de nacimiento).

2. Tarjeta de visitante local, expedida por el INM de México, a nombre de Osvaldo Mencho López (indicando nacionalidad guatemalteca y fecha de nacimiento)".[139]

Eran evidencias que habían pasado por la plancha de la morgue de Matamoros, y habían sido examinadas por peritos y documentadas, pero por años habían sido ignoradas. Impidiendo identificaciones, prolongando la agonía de las familias que los buscaban. Una nota-reclamo,

---

[139] Dictamen del EAAF realizado en el marco de la Comisión Forense del 27 de agosto de 2015.

firmada por Doretti, se puede leer en el dictamen de aquel cuerpo por cuatro años clasificado como el número 38 de la fosa 1:

> "Sin duda la documentación que presentamos habría acelerado significativamente la identificación del Sr. MENCHO LÓPEZ entre las víctimas de las fosas clandestinas de San Fernando. Esto hubiera ayudado a la investigación y, por sobre todo, habría cumplido con el derecho a la verdad, el duelo y el acceso a la justicia de sus familiares".

En 2019, en mi segundo viaje a Guatemala para hablar con familiares de los pasajeros de los autobuses que fueron asesinados, Santiago de Jesús Mencho Vail y su hermano Antonio, papá y tío de Osvaldo, respectivamente, me contaron las tragedias que desencadenó la tortura de la larga espera:

Tío: "Osvaldo se fue a Norte de Carolina a cambiar casa de su papá, era de techo como este *[señalan el adobe]*. Ana Lorena lo encontró, dice que encontraron un pozo clandestinos, ahí sacaron a Osvaldo. Yo pienso que lo agarraron mal los Zeta, en San Fernando, Tamaulipas. Tal vez ladrones, o no sé. Como pidieron *DN* lo encontraron. Estaba en la capital de México, tal vez lo enterraron en el cementerio. Por eso te digo, estamos exigiendo para que los encontramos.

Cuando recogemos el cuerpo dicen que tienen ropas, pero está manchada con lodos. No sé si lo lavaron: pantalón negro, zapatos negros, playera gris. Iban seis en el viaje, Marvin y Miguelito llegaron en ceniza. Después llamaron Relaciones Exteriores, que sí, que Osvaldo apareció, que ya lo encontró. Osvaldo lo entregaron en cuerpo, a él lo trajeron completo. Sí era, pero no quedamos bien. Preguntamos, venía en cajas, cajas no podemos abrirlas. Dijeron que sí, que sacaron una muela, la cabeza está quebrada".

Papá: "La mamá de Osvaldo enfermó por pensar de él, muchos gastos para curar, queremos ayuda en los gastos. Una vez ya mero se murió mi pierna. Son seis meses, nos tomaron el remedio para un amargo, 'si no le volamos la pierna'; un año logró para curar. ¿Por qué? por nervio, el susto, la pensada. La mamá también se desmayó por tanto pensamiento.

Osvaldo cuando murió era uno de seis hijos; se murió Osvaldo, y Raúl (su hermano) por el alcohol, después de Osvaldo.

Nos quedó unos días pendientes, con la duda, pregunté a la doctora de Argentina si es la verdad, que en la caja viene Osvaldo. '¿Quiere verla?', dijo, entramos a un cuarto, había muchas mochilas y bolsas de gabacha. Le encontraron qué llevaba en la mochila en México: un Colgate, un cepillo, un espejo, pantalones, playeras, una cadena de medallas.

Todo lo que estaba. Es la verdad, es la mochila. Ahí sí confirmó. Le encontraron dos o tres documentos. Está su cédula de identidad. Por el documentos en la mochila, por eso aparece. Cuando encontraron su mochila en el bus, eso está en la mochila".

El "descuido" a Leo

Uno de los casos en que la Comisión Forense descubrió que las autoridades "olvidaron" datos sobre cuerpos que podían haber sido identificados, es el de Leonardo Ventura, narrado en "El sobreviviente". Según don Filemón, su padre, en la PGR "tenían todo para reconocerlo pero lo enviaron a la fosa", él les aportó pistas que le dio el hombre que estuvo secuestrado con él. Como varios familiares de víctimas, desconfiaba de las primeras entregas. Fue a partir de 2015, cuando intervinieron los "argentinos" o "la licenciada Lorena" o "la fundación"[140] —como la gente les llama—, que descubrieron lo que las autoridades ocultaban.

Papá: "A los 15 días, el 26 de enero de 2011, llama una señora diciendo que no lo esperáramos, que está muerto. 'No está en las fosas, está en una brecha en el ejido, pero no vengan a Tamaulipas, está muy peligroso'. Ella dijo que Leonardo le pidió a su esposo que si salía libre nos avisara: que estuvo cinco días vivo, secuestrado en San Fernando, pero el sábado en la mañana lo habían matado en una brecha, en un ejido. Que el otro muchacho con el que viajaba murió al principio por un golpe. Que su esposo sí pudo escapar, pasó por el hospital, estaba todo golpeado".

---

[140] Así se refieren los familiares de las víctimas al EAAF, a la FJEDD y a su directora, Ana Lorena Delgadillo.

Mamá: "Él *[se refiere a su esposo]* andaba con la idea de ir a ver al señor en persona, yo le decía 'no vayas, no vayas'. ¿Cómo iba a saber si no eran de *ellos* mismos?".

Papá: "En 2013 le llamé a la señora, le dije que quería conocer a su esposo. Me dijo 'bájese en la parada tal, en la ciudad tal', y de ahí me llevó a su casa. Me enseñó fotos de cómo regresó su esposo con las manos sangradas, que lo amarraron con alambres, que los agarraron porque eran desconocidos. Su esposo me dijo: 'A su hijo lo bajaron el sábado por la mañana en la camioneta donde nos traían, fue cerca de un poblado llamado Francisco Villa. El problema fue que tu hijo dijo que había sido militar y ellos odian a los soldados, supuestamente por eso lo mataron. Al otro muchacho en cuanto lo agarraron lo golpearon y, aparte de eso, se convulsionó cuando vio que degollaron a uno.

Yo al principio sí dudaba [de ese relato] y decía ¿por qué me están diciendo esto?, pero la realidad sí coincide. Desde las exhumaciones del 8 de abril del 2011, a Leo lo habían localizado, eso nos explicaron los argentinos, de acuerdo a como sucedió: lo encontraron en unos matorrales, en una brecha y sí, cerca del ejido Francisco Villa. No estaba enterrado.

Como sabíamos la historia, desde el principio, en 2011, cuando pusimos la denuncia dijimos el lugar donde nos habían dicho que quedó Leonardo, y esa información era para que lo identificaran y no lo hubieran llevado a la fosa común".

Mamá: "Desde que levantamos el acta dimos los datos de Leonardo. Era alto: 1.90, piel blanca, pelo corto desde que estaba de militar, ojos como verdes, cara ovalada, cicatriz del apéndice, diente quebrado, fracturado, un tatuaje de sol en el hombro derecho, y también llevaba tatuada 'Amina', su primera hija del primer matrimonio, también 'Marisela'. Después tuvo otros tres hijos. Se ve la negligencia por parte de las autoridades".

Papá: "Años y años… tardaron años en resolver".

Mamá: "Con las fotografías podían identificarlo. Mandamos fotos escaneadas, datos, todo al Semefo de Matamoros, a Tamaulipas, y no hicieron caso".

Papá: "Si hubieran investigado bien y si hubiera relaciones entre una dependencia y otra, no hubiera llegado a la fosa común. Si el gobierno hubiera querido actuar desde el momento que mataron a los 75 centroamericanos, esto no hubiera pasado. Además, ¡cinco días lo trajeron con vida!, ¡podrían haber hecho algo pero no ayudaron!".

Mamá: "El 2 de febrero nos dieron la noticia de que sí coincidían los ADN. Los argentinos nos dijeron que faltaban unas vértebras y algunos huesos. Vamos a seguir exigiendo que encuentren todo. Yo no sé por medio de quién exigir. Sentimos mucha impotencia".

Papá: "Mi hijo se dedicó a reparaciones de joyería, era muy bueno para calar el nombre en oro y plata. Trabajó en una compañía restauradora de hoteles, tenía visa, le daban *suite* de empleado. No le alcanzaba [el dinero] cuando iba a nacer su niña y se metió a trabajar de militar. Ahora mi hijo me necesita: él es de Leonardo [*señala a un niño chiquito que ve las caricaturas a todo volumen en la televisión y está sentado en el sillón de enseguida*] y una niña de brazos se quedó sin registro, y ahora ese es el problema. Tengo que estar fuerte por mis nietos, no nos podemos dejar vencer".

Entrevista de 2016 con Filemón Ventura Martínez,
comerciante de 63 años, y María Belén Tavera Calvillo,
de 58 años; su hijo, Leonardo Rafael Ventura Tavera,
de 25 años, fue desaparecido el 11 de enero de 2011 y asesinado.

La "incompetencia exquisita"

En México existe una forma de fabricar y mantener la impunidad que el periodista John Gibler denomina la "incompetencia exquisita". Es aquella que aparenta incompetencia profesional y técnica, pero vista de cerca no se compone de hechos aislados, sino de una suma de prácticas institucionalizadas, cuidadosamente desarrolladas, elaboradas y ejecutadas por agentes del Estado en todos los niveles para producir impunidad. Para que la persona desaparecida no sea encontrada.

En el caso de las fosas, a partir de 2015, y especialmente en 2016, diferentes familias comenzaron a recibir los cuerpos de sus seres queridos

asesinados. La causa de que los cadáveres estuvieran tantos años en la morgue, siendo que en 2011 habían sido exhumados, salió a la luz cuando la CNDH pidió a la Comisión Forense las conclusiones del trabajo que hasta 2019 había realizado.

Al analizar 63 cadáveres, la comisión encontró que, en 29 casos, la PGR y la procuraduría estatal cometieron una serie de errores de este nefasto catálogo:[141]

—Retrasar el cotejo de muestras genéticas en algunos casos por más de cuatro años. (Lo que afectó, por ejemplo, a la familia Mencho López, de Guatemala, que recibió por tandas al trío de primos desaparecidos).

—Autorizar incineraciones que nunca debieron hacerse.

—Mezclar osamentas de distintas personas.

—Extraviar pertenencias de las víctimas que hubieran permitido conocer su identidad.

—Entregar erróneamente cuerpos a familiares de víctimas, aun cuando el análisis genético resultó negativo.

—No cotejar las muestras de ADN enviadas por Guatemala en 2011 o por algunos gobiernos estatales ni comparar las fichas dactilares enviadas por el Departamento de Justicia de los Estados Unidos en 2012.

—No contrastar las listas de nombres de pasajeros desaparecidos que se tenían.

—No relacionar los nombres de las personas que viajaban juntas, cuando el cadáver de alguna era identificado, para buscar a sus compañeros de viaje entre los NN.

—Pasar por alto avisar a algunas familias cuando sus parientes eran identificados.

—No tomar en cuenta en su investigación las credenciales e identificaciones que portaban los cadáveres; tampoco buscar pistas de identidades dentro de las maletas abandonadas.

—Perder evidencias y partes de los cuerpos.

Y un largo etcétera.

---

[141] Recomendación 23VG/2019, páginas 96-100.

"Estas prácticas", indica Gibler, "tienen el doble efecto de producir una narrativa oficial que no corresponde a los hechos y de hacer inmensamente difícil una investigación seria después. El resultado de la investigación oficial es siempre la impunidad. Alguien externo que llega a analizar una investigación oficial piensa: 'Estos idiotas no saben nada'. Pero no es cierto. Saben bien lo que hacen y lo llevan a cabo con esmero. Son fabricantes de impunidad y son artesanos de la incompetencia exquisita".[142] Producen, también, falsas 'verdades históricas'.

El tercer entierro de Manuel Antonio

El cuerpo de Manuel Antonio Realegeño Alvarado, aquel cuerpo que la cancillería salvadoreña de inmediato identificó por sus inconfundibles tatuajes, fue exhumado tres veces. La primera, cuando lo hallaron en San Fernando; la segunda, cuando lo rescataron de una fosa común en la Ciudad de México y lo entregaron a su familia; la tercera, para confirmar su identidad y colocarle los huesos que le faltaban.

Esta última —a diferencia de las anteriores— se hizo bajo la ética del cuidado.

"En 2013, en mayo, fue cuando recibimos por primera vez los restos de él. El ataúd iba sellado, no sé con qué lo habían asegurado, y nos dijeron: 'Tienen prohibido abrirlo', que porque el cuerpo iba a despedir un tóxico que nos podía envenenar.

Cuando nos mostraron las fotos, aunque no pudimos verle la cara, lo reconocimos: en la parte del cuello tenía un sol, creo que le dicen la representación del bien y el mal, es negro con blanco. También tenía dos iniciales, JM, porque era su amor de niño, Jazmín, y él, Manuel, aunque contaba que se lo había hecho por las iniciales de mi mamá y de mi papá, María y Jorge [*sonríe al recordar la carrilla entre hermanos*]. Tenía además unas letras, SIVAR, una abreviatura de El Salvador.

Había un tatuaje que nunca le vimos porque era en la parte púbica. En el pecho llevaba cinco estrellas. En la parte de la espalda, vimos

---

[142] Al cierre de este libro seguía sin rectificarse la entrega equivocada de un cuerpo.

sus tatuajes de Bob Esponja y Patricio, era la caricatura que le gustaba cuando era niño, no sé por qué, le parecía graciosa *[sonríe con el recuerdo]*. ¡Ah!, y pudimos reconocer también el tribal con el que se había tapado unas letras que le quedaron feas; se había escrito María, por mi mamá, y decidió tapárselas después de que llegó deportado. En la espalda tenía unas manos con un rosario que significaban la creencia religiosa.

Aunque teníamos el deseo de verlo íbamos a acatar la orden, pero unas primas, por la inquietud, abrieron la ventanilla. Se lograba ver la silueta de la cabeza hasta los hombros, pero como estaba empaquetado de plástico, de su cara no pudimos ver nada ni reconocer si en verdad era él. Aunque habíamos visto las fotos nos quedamos con muchas dudas, no lo reconocimos ni nos entregaron nada de pertenencias, aunque sí el acta de defunción donde nos detallaban que había muerto de un traumatismo craneoencefálico, de ruptura de piso derecho o izquierdo, el día de la autopsia y el procedimiento para conservarlo. Estuvimos dos noches velándolo.

Cancillería nada más se hizo responsable de la mitad de los gastos, lo demás [lo pagamos] nosotros y mi hermana en Estados Unidos con ayuda de amigos de él.

Cuando me enteré de que existía el Comité Forense, yo pedí una revisión del caso para que se me certificara que en verdad los restos correspondían a mi hermano.

En 2015 me citaron a la embajada mexicana y llegaron las autoridades de México, de Derechos Humanos, gente de Cancillería, y me representaron allá Cofamide. Me dieron un informe y un expediente que llevaba fotos de él. Eran en blanco y negro, no tan nítidas, pero pude notar que sí, que efectivamente era él.

En ese nuevo informe que nos dieron ahora estaba lo que sí le encontraron: el pantalón azul, el cinturón, el centro blanco que llevaba antes de su camisa. Una cosa curiosa fue que cuando él se despidió de mí le dije: 'Nomás podás te comunicás conmigo', y me dijo que sí. Lo vi que se fue a la tiendita y compró una cajita de Trident, y esa cajita se la encontraron en el pantalón.

Para mi sorpresa nos informaron de que los restos que enterramos en 2013 iban incompletos, sin nosotros saber. Nos dijeron que otro cadáver tenía dos pies derechos y posiblemente el suyo se lo entregaron a otra familia. Que tendrían que hacer una nueva repatriación.

En noviembre de ese mismo 2015 fue cuando ya me entregaron esa parte. Esa segunda vez tuvimos un mejor acompañamiento. Ahora sí me explicaron que habían hecho la comparación del ADN para poder averiguar de quién era esa parte del cuerpo. Ahora sí hubo una custodia de los restos para que no hubiera un percance en el camino, que los cambiaran por otros. Y fue más rápida la repatriación porque las autoridades mexicanas ya sabían que se habían equivocado.

Mi mamá siempre estuvo con ese pesar de que la primera vez no pudo darle la despedida que hubiera querido, y lo enterró sin tocarlo.

Esta vez una persona del comité forense abrió la caja y le dijo a mi mamá que podía tocar los huesos y así lo hicimos. Mi mamá lo tocó, le habló a los huesitos, los besó.

Aunque pasan los años y el dolor se siente siempre, después de que le entregaron esos huesitos ella pudo sentir esa paz que no había tenido. Tocarlo tal vez nos ayuda a conectarnos con el ser querido. Tal vez sentir que abrazamos una parte de él es empezar a sanar".

Entrevista de 2021 con Alma Realegeño,
hermana de Manuel Antonio.

Las preguntas de Bertila

Bertila Parada se desgranó en preguntas cuando le notificaron la muerte de su hijo Carlos Alberto, su Charly. Quería saberlo todo, acompañarlo, a través de las respuestas sobre su muerte, en ese camino en el que estuvo solo. Ella no quería que la protegieran de esa información letal, quería apropiarse de todos los datos y hacer lo que antes le habían negado: ver, reconocer y tocar a su amado hijo. Estaba necesitada de verdad.

"Yo quería saber cómo había muerto mi hijo. Cuándo más o menos había sido encontrado. Qué es lo que tenía: si llevaba documentos, dinero, prendas que podíamos reconocer. Pero no: solo estaba su calcetín, el bóxer y la manga larga. Quería saber cómo fue su muerte. Yo me pongo a pensar en todo lo que vivió, en el tormento que sufrió, yo lo presentía todo, quería saber cómo fue, por eso les pedí: 'Contéstenme todo lo que pregunte'.

Me dijeron que la muerte fue por un golpe contundente de este lado *[dice mientras se toca la sien del lado derecho]*. De eso murió. La antropóloga me dio información bien veraz: que un 99.98 por ciento del ADN era compatible. Me enseñaron algo de ropa: alguna que no era de él. Le cambiaron los documentos que llevaba".

Bertila Parada.

"Cuando fuimos a la notificación con el equipo argentino estaba el psicólogo Carlos Beristain,[143] había doctores por si le pasaba algo a la señora Bertila, estaba su esposo, que había viajado a México, y ella pudo ver los restos de Carlos. Ella siempre dijo: 'La ciencia me puede decir que sí es, pero hasta que yo no lo vea, no lo voy a creer', y en efecto, ella pudo verlo y cuando lo vio dijo: 'Sí es él'".

Claudia Interiano, FJEDD, El Salvador.

"Ella estuvo esperando tres años, diez meses y un día, y no tenía prisa. Eran las diez de la mañana. Mimi tomó la palabra. El equipo argentino tenía lo más importante en esa sala, la confianza de la gente, también Ana Lorena y las abogadas y amigas que conocen los entresijos, los dolores y las peleas. Empezó diciendo: 'Estamos reunidos para dar cuenta de un hecho lamentable' [...]. La mañana fue pasando así, en las explicaciones y preguntas; poco a poco, avanzamos. De las evidencias más generales a las que iban cerrando el círculo. Paso a paso, como algo que se digiere poco a poco. La mayor parte de las veces, alguien explicaba y Bertila asentía o preguntaba. Ella estaba empeñada en la ropa. '¿Qué camisa llevaba? ¿Tenía una roja?'. No. Al otro lado de la frontera esperaba alguien de parte del hermano para ir a recogerlo y llevarlo con él. La camisa roja, que ella le había comprado, era la señal. Así que, decía ella, iba vestido así, sí o sí. Mientras los forenses trataban de explicar que la ropa no es determinante para identificar a la persona, ella no estaba preocupada por eso, ya sabía que se hicieron pruebas de ADN y no dudaba

---

[143] Médico vasco y especialista en acompañamiento psicosocial a víctimas.

de que fuera él. Pero buscaba entender: no se cambia la ropa de la gente que es detenida, a no ser que quieras ocultar su identidad.

En el mar de confusión y preguntas sin respuesta, ella tenía dudas específicas: '¿Qué día pasaron los hechos?', le preguntaba al ministerio público. Esa pregunta puso contra la pared la información de los demás a partir de lo que ella ya sabía: que su hijo subió al bus el 27 y ya no llamó más. '¿Qué pasó con los policías que detuvieron a los migrantes cuando iban en el bus, antes de entregárselos a los Zetas? ¿Qué pasa con la investigación?'. Ella siguió las noticias en la televisión y en el boca a boca, quería saber, y no solo que la escucharan o le dijeran que la comprenden. Quería respuestas que evalúan al Estado. Otras preguntas, también precisas, se las hizo a Mimi. '¿Cómo murió? ¿Tiene muestras de huesos rotos, de tortura?'. Esas otras eran para tener un lugar para el dolor".[144]

Carlos Beristain, médico.

"Cuando doña Bertila preguntó qué le hicieron a Carlos, Mimi le dijo: 'Para eso habrá una investigación, porque de eso se tiene que encargar la fiscalía, pero nosotros lo que sabemos es que tiene un golpe en el cráneo, parece que fue dado con un mazo, pero nosotros no podemos decir qué pasó, como científicos, eso tiene que verse en la investigación'. Y entonces ya la gente va comprendiendo que aquí no va a terminar este asunto, sino que continúa una etapa diferente en un área distinta, que es la investigación. Esa notificación cambió drásticamente a Bertila, y empezó otro proceso, definitivamente. De cargar siempre con medicamentos, ahora se le ve distinta".

Claudia Interiano, FJEDD, El Salvador.

"Mimi pasaba de puntillas por las cosas que no se hicieron. Y, por tanto, que no se hicieron bien, aunque este acto no era para meter el dedo en el ojo a nadie. Su mensaje no era para la familia, sino para sus compañeros de viaje del Estado mexicano [de la PGR]. Ella decía: 'No se dice [en los

---

[144] Tomada de un escrito personal, sin título, que realizó el autor tras la notificación; su publicación en este libro fue autorizada.

documentos oficiales] cuántos dientes se fueron para genética. No se especificó el tipo del cabello. Y hay versiones distintas del color' […]. Las caras de los agentes del Estado no dibujaban muecas".

Carlos Beristain, médico.

"A Bertila la admiro, pero no se lo digo. Ella sacó primero de primaria, aprendió a leer con la tarea de sus hijos. Se hizo sorbetera[145] porque no teníamos trabajo. Cuando el procurador de Derechos Humanos no le hacía caso pidió en el cíber que le redactaran una nota y se la llevó. Ha hecho tantas cosas tomadas de su propia iniciativa. Nadie le iba a decir 'si quiere, le buscamos a su hijo'. Ha tenido una responsabilidad muy grande. Cada vez que lee una noticia como la nuestra piensa en todo lo que la gente tiene que recorrer. Tiene una fe tan grande que todas las puertas se le abren.

Antes de que Charly se fuera, nosotros le hicimos ver los peligros del camino, porque se hicieron famosos Los Zetas, eran noticia a diario. Le dije eso, y él contestó: 'No voy a comprometerlos a ustedes a nada ni voy a permitirlo, si la suerte así quiere, así va a ser. Ustedes tranquilícense'. Sacando las conclusiones, me imagino que por la fuerza de la contundencia del golpe [que lo mató], él no ha de haber querido comprometernos.

Él estuvo una semana esperando pasar hasta que avisó: ya compré el *ticket*, voy a abordar el bus. Esperamos a que llegara, calculando el tiempo empezó la desesperación por ver qué pasaba. Preguntábamos por un lado o por otro, queríamos saber una razón. Su hermano lo esperaba, vive en Oklahoma, allá se la ha pasado demasiado terrible. Vino una persona que dijo: 'Yo sé dónde está, pero necesito dinero para que lo liberen'. Le dije de qué lado en la espalda tiene un lunar, pregúntele. Pero era mentira, Charly no tiene lunar.

Cuando los argentinos vinieron a hacer una prueba [de ADN] les dije: 'Hay que hacerla, nosotros queremos la verdad, eso es lo que buscamos'".

Jorge Osorio Mena, padre de Carlos, esposo de Bertila.

---

[145] Fabricante de nieves.

"Después de estos ires y venires, Jorge, el padre, tomó la palabra. Había estado callado, escuchando. Lleva 35 años con ella. Y tiene esas verdades calladas de los hombres que en pocas palabras lo dicen todo. 'Usted dijo al empezar esta mañana: estamos reunidos para dar cuenta de un hecho lamentable. Pero yo digo que no es lamentable, sino un éxito que hayamos llegado hasta aquí'".

Carlos Beristain, médico.

"La experiencia de la repatriación, de saber que ya está aquí, da más tranquilidad. Ella le pone su ramo de flores y se calma, o yo paso por la tumba. De la incertidumbre de no saber dónde está, a saber, hay mucho espacio, aunque quisiéramos que vivo se lo llevaron, vivo lo queremos".

Jorge Osorio, padre de Carlos, esposo de Bertila.

Los dos Baudilio

La primera tortura es el asesinato del ser querido. La segunda, la cadena de procedimientos criminales que lleva a cabo el Estado mexicano desde el hallazgo de los cuerpos hasta su nuevo entierro. Había una tercera, pero tras la creación del Comité Forense las familias de las víctimas se salvaron de ser pateadas nuevamente en el alma al momento de recibir los restos.

Tratadas con humanidad, sus preguntas encontraron respuesta, como lo vivió don Baudilio Castillo, quien desde Guatemala buscaba a su hijo, llamado también Baudilio. Ese día, en el cuaderno de papel amarillento donde llevaba la bitácora de la desaparición y búsqueda de su hijo, escribió: "fallecio 30-03-22 y 05-04-2,11 lo ayaron fosa".

"Para el 13 de abril sale en la prensa en portada: 'Matanza en México, guatemalteco se halla entre las 116 víctimas de masacre en Tamaulipas'. Ya después de la masacre el coyote no contestó.

Cuando mi patojo se fue era Semana Santa, yo esperé para denunciar porque tenía la esperanza de que estuviera secuestrado. Tardé seis años en saber que en la masacre sí estaba él. Me lo entregaron el 20 de

mayo de 2017. Para mí fue un milagro encontrarlo… Fíjese que en ese tiempo no conocía a nadie, y entonces yo me quedé así, '¿qué hago y dónde voy a poner una denuncia?'. Y mire que yo pasaba llorando, le pedía a Dios encontrarlo, en mi forma de pensar pensaba en buscar trabajo y venir a México a buscarlo, 'tal vez está preso', decía yo, 'voy a ir a buscarlo a San Fernando o por ahí cerca', mi imaginación era buscar en Tamaulipas.

Iba a empezar a trabajar para financiarme, tener cómo moverme, dónde dormir, para ir a buscar donde hay una cárcel, porque tal vez está preso, o algo pasó. Ya después mi señora me dijo: 'No te *vayás* porque es peligroso, te puede pasar algo'.

Esperé, ya simplemente le pedí a Dios, porque mi familia estaba triste, yo lloraba.

Desde ahí empecé a averiguar yo mismo por mi propia cuenta. Fuimos con esos que dicen que son adivinos, son brujos, ¿y sabe qué nos decían?, que lo tenían encadenado, que lo drogaban, y que él ya no iba a volver porque estaba perdido en la drogadicción.

Una señora a donde fui, ella fumaba el puro, y nos dijo: 'Él está preso, pero no puede salir'. '¿Será posible?', le decía yo, '¿no considera que él está muerto?'. 'No, si él estuviera muerto en una cajita aquí adentro del puro apareciera'. Eso fue en 2012, 2013. Ella al final dijo algo: '¿No ha preguntado en algún consulado?'. Le voy a ser sincero, yo no sabía ni para qué servía un consulado, un ministerio de Relaciones Exteriores; ahí ella me abrió la cabeza.

Venía yo al consulado a preguntar y andaba yo viendo quién tenía más conocimientos en estos casos y nadie me daba razón. Mis sueños eran que él aparecía en una casa de lámina con techo, dentro de un techito, no estaba el cuerpo pero había, así, muñequitos como con luz, un montón, y no podían salir porque estaban debajo; aparecía él ya como sombras luminosas que no podían salir. Y yo en mi imaginación decía: 'Dios mío, él está muerto'.

De repente, en noviembre de 2016 me llamaron con el alcalde auxiliar. 'Preséntese a la Embajada de México —me dijeron—, ¿qué se le dificulta a usted para llegar?'. 'Fíjese, seño, que se me dificulta el dinero, no tengo para viajar'. 'No tenga pena, se le va a dar *pa'* su pasaje'.

Desde ahí empieza el milagro. En ese tiempo a nadie conocía yo. Ahí es cuando yo conocí a la fundación de justicia, a la licenciada

Rosmery, al Equipo Argentino de Antropología Forense, al equipo psicosocial de Guatemala, llegó el Ministerio Público de Guatemala y los de México, Gerardo Lerin Revueltas y don [Édgar] Leonel Pérez Sotelo, y ahí conocí que eran de la SEIDO, de investigación de secuestro. Estaba uno de los bomberos, no sé si de la Cruz Roja Internacional, y estaban otras familias porque nos iban a tomar muestras de ADN, y ya después me tomaron un acta de declaración el señor de apellido Buenrostro de la Embajada de México, con ayuda de la licenciada Rosmery.

En ese momento nos atendieron bien, pero le voy a ser sincero, ni sabor a la comida del Pollo Campero que nos dieron, teníamos hambre pero lo que queríamos era información.

Ahí estaban los doctores forenses que me tomaron mi ADN y a mi señora. Ahí yo mencioné que yo tenía dudas de que mi patojo estuviera en la masacre de 2011, llevé el periódico, lo mostré, la fecha en que sucedieron los hechos y la última vez que él habló conmigo.

El licenciado Buenrostro dijo: '¿Y las notificaciones a quién se las vamos a dar?, ¿tiene usted su abogado?'. La licenciada Rosmery dijo: 'Yo soy de parte de la fundación, si quiere yo voy a ser su abogada, las notificaciones aquí pueden llegar'. Ya ahí puse yo a la fundación como mi abogado.

Y cabal, a principios de marzo la licenciada Rosmery me dijo: 'Fíjese, don Baudilio, que le tengo información'; que me presentara el 15 de marzo de 2017 a la Embajada de México. Llegué y vi que ya estaba el equipo de antropología y el investigador encargado de SIEDO, don Leonel y Lerin Revueltas.

Como yo en la denuncia pedí que me mandaran toda la información, ¡cabal!, todo se me concedió: ahí estaba un gran tomo, más de 300 hojas había. Por eso digo que fue un milagro, porque a Dios gracias también me dio la cabeza cómo redactar y pedir todo lo que yo necesitaba. Ahí venía el informe médico forense, y parte de la información de quienes participaron, que [ya] habían capturado. En ese tomo decía que un trabajador del Oxxo vio cuando dos patrullas que decía Policía Municipal de Tamaulipas subieron parte de la gente. Pedí las fechas en que sucedieron los hechos, en qué fecha levantaron el cuerpo, y el tomo decía ahí: cadáver 14, fosa número 1.

'Dios mío, está muerto, ¡ahí está!', dije yo. Esos eran los datos de él y todo lo que pasó. Entonces, cuando vi, empecé a llorar, y yo pienso:

'Ahorita viene la parte psicológica, vienen los golpes'. Yo mejor me dediqué a llorar, a llorar, a llorar, mi señora igual.

Entonces, seño, quiero dar una recomendación: cuando alguien reciba noticias así no conviene que le estén somatando la espalda [se da palmaditas], no es correcto. Por experiencia le digo, siente uno que le golpean el corazón; uno está golpeado en ese momento de la parte de adentro: aquí [se toca el corazón] y aquí [la sien]. Mejor dejar que llore la persona, que saque sus sentimientos. Cuando una persona está golpeada de noticias así hay que dejar que llore, y ya después se le puede dar una pastillita, un poco de agua.

Lo que más golpea es la forma que dice el hechor. Dice la Comisión Forense que científicamente la causa de muerte fue con golpe contuso con craneoencefálico severo. Lo del cráneo me lo explicaron también, y cómo calculan la edad: en la dentadura, porque él tenía 22 años… y vieron que era hombre por la cadera, eso yo no lo sabía, que identificaban a la mujer porque es más ancha de cadera y que uno de hombre no.

Según el dictamen decía que tenía de siete a 15 días de muerto cuando lo localizaron el 15 de abril. Entonces yo hice sumas y retrocedí: él habló como el 28 [de marzo]; coincidía con la fecha, posiblemente al día siguiente lo bajaron del bus.

Yo hice todas esas preguntas para que se quedara uno satisfecho, porque tenía dudas.

Yo pedí fotografías; ahí estaba cuando lo levantaron a él, ahí estaba en la morgue: ahí estaba su cuerpo y su ropa. Por eso yo digo que para mí es un milagro que hasta la ropa vino. De suerte, el de la morgue le quitó la ropa, no tiró el pantalón, el calzoncillo, el pañuelo, la camisa, los calcetines; la lavó, la secó y la metió ahí en la bolsa y le puso una cinta, todo eso fue ventaja para la investigación.

A él lo reconocieron por medio de la ropa: traía uno que le dicen en México pantalón de mezclilla; como le gustaba montar toros, lo tenía descosido, y mi esposa lo lavaba y lo conocía. Por suerte ese pantalón llevaba, y la camisa, el calzoncillo y un pañuelo que él cargaba adentro. El pañuelo tenía cuadritos como el mío. Ni yo me acordaba, pero la mamá sí.

La mamá tiene información muy importante porque desde que nace registra el cuerpo del niño. Como es su hijo lo abraza, lo besa y hasta le lava la ropa, si a él le duele algo, ella lo cura. Desde que nació lo está viendo, todos los golpes que se ha dado, por eso todo es importante.

Ya estaba desfigurado en las fotografías, pero más o menos da [que era] él. El que lo fue a buscar dejó escrito que lo llevaron al anfiteatro de Matamoros y a [la Ciudad de] México porque pensaban que era mexicano; era alto. Él venía dentro de los primeros 70 [cuerpos] que mandaron porque él fue de la fosa número 1. Lo embalsamaron. Cada que buscaban [cuerpos] lo sacaban, lo limpiaban, sacaban ADN, lo embalsamaban y volvía a estar en la fosa. Hasta que presenté la denuncia y lo hallaron casi todo completo de sus huesitos.

Así lo encontramos. No se perdió. Fue un milagro.

El equipo de antropología fue a hacer las pruebas de campo donde él estaba, que decía que él estaba en el cementerio del Panteón Civil Dolores, y venían las fotografías: él estaba en el módulo 3, hasta abajo de muchos.

Yo no sabía nada de ADN y la seño en ese momento me dijo: 'Le voy a explicar del ADN, a él le abrimos un poco aquí', le hicieron un canalito en el hueso del fémur para sacar el líquido que tenía adentro, con eso y con la prueba de la sangre que a nosotros nos hicieron [...]. Le di mi ADN al equipo de antropología y esa información la mandaron, y ahí fue que le cortaron para sacar la prueba, que tenía un 50 por ciento de él y un 50 por ciento de mi esposa, y que coincide. ¡Es que era él!, y eso hace un 99.9 por ciento, nos explicaron.

Me convencí de que sí era él, esa es la prueba científica. Y ahí es cuando yo digo que no es conveniente, cuando pasan masacres, quemar a las personas, porque si yo lo quemo en cenizas, ¿entonces cómo averiguar?, ¿cómo van a hacer la prueba de ADN? Es borrar la evidencia y aquí empieza la investigación, la forma científica en cómo murió la persona.

En Guatemala, la cultura es ver sus huesitos y no cenizas, porque entonces la gente no cree que es él. Cualquiera puede decir que quemaron un poco de basura o un palo y las cenizas de un palo vienen. Por eso no es correcto que los quemen, mejor que lleven los huesitos, así como los encuentran entregarlos.

Después, la licenciada Rosmery me llamó para decirme que iban a traerlo en un avión al aeropuerto de Guatemala el 20 de mayo de 2017. Me dieron los gastos del velatorio y le puse banda de música, sus marchas fúnebres. Como él era soltero incluimos sus bombas[146] porque, allá

---

[146] Pirotecnia, fuegos artificiales.

donde vivo, cuando se va al cementerio con alguien que fue soltero se van quemando bombas. Es como si fuera su casamiento.

Él era soltero, bueno fuera que me hubiera dejado un montón de hijos. Salió de mi aldea, Santa Rosa, el 15 de marzo de 2011, iba a Luisiana a trabajar como cualquiera que se va a superar. Un dólar vale siete quetzales.

Un avión del Ejército mexicano los llevó porque no solamente era él, eran siete; seis de Quetzaltenango, de un lugar que le dicen Cajolá.

En el aeropuerto los siete estaban así, en línea. 'Dios mío', dije yo, y todos llorando, y si usted conoce a la gente de Cajolá ellos hablan en mam, les estaban traduciendo, y a mí me dio un sentimiento, así como me golpearon a mí los golpearon a ellos; y todos estamos golpeados de esa misma forma, injustamente.

Y a cada quien [lo llamaban] por orden y el del Ministerio Público les explicaba, y ahí estaba el médico forense también, el Ministerio de Relaciones Exteriores de Guatemala, el equipo psicológico de Guatemala, el Equipo Argentino de Antropología Forense entregando los cuerpos, estaba don Leonel Pérez Sotelo y Lerin, de SIEDO, ahí fue donde yo le pregunté que si iba a seguir la investigación, no me dijo nada y así quedó.

Estaba mi esposa, mi nieto, mis hijos, mi nuera, mi consuegra, porque me dieron para pagar un transporte, un busito para llevar a mi familia; entonces llevé testigos de la aldea para que vieran que era real, y todos estaban ahí.

Y mi nieto, que ahorita tiene 16 años, él lo vio también y dijo: 'No es justo lo que le hicieron, que se siga la investigación'. Entonces dijo mi hijo: 'Mire, papá, revisémoslo'. Y abrimos la caja. Nuestra obligación es revisarlo pa' saber. Entonces vino el médico forense, luego lo destapó, le quitó el plástico y ahí venía el cuerpo de él acostado.

Nosotros lo identificamos, además de con el ADN y la ropa, terminamos de aclarar: por los dientes tipo palo. Los dientes ya se le estaban cayendo, tenía unos podridos, otros cariados, pero cuando lo recogieron estaban cabal los dientes.

Y por las características supimos: [en la morgue] le calculaban 23, él tenía 22; de altura 1.68 y era ésa; y el ADN dijeron que era hombre, y sí, por la cintura. También así lo identificamos: por los sentimientos. Vine yo y le toqué la cabeza y coincidía mi sangre con él, me jalaba así como

se siente el contacto con su hijo. Si yo lo toco se siente el contacto que hay entre el hijo y uno. Y me dio lástima porque sí, sí sentí que era él, me dijo que era él. También yo le toqué la cabeza como quien dice: 'Soy papá'.

Le dije que estaba agradecido con Dios, y con todas esas personas que abogaron por él sin conocerlo, que las cosas no se iban a quedar así, que iba a investigar y que se iban a aclarar porque injustamente lo golpearon y por eso es que estoy aquí pidiendo justicia".

Entrevista de 2021.

CAPÍTULO 11:
LA SIGUIENTE BÚSQUEDA

Familiares de los primos Osvaldo Mencho López y Marvin y Miguel Chávez Velásquez, asesinados en San Fernando, arreglan su tumba en Quetzaltenango, Guatemala.

Cuando el impacto de las fosas y el olor de los cuerpos aún estaba fresco en las memorias, San Fernando volvía a la normalidad.

Esos años la población siguió asentada sobre un polvorín de brechas y caminos siempre en disputa entre empresas criminales y distintos ejércitos, y descubría verdades que se publicaban en las noticias: reconocía rostros de vecinos detenidos —presentados a la prensa como multiasesinos por uniformados con pasamontañas—, y a las novias de aquellos *comandantes* que los tuvieron presos, o los policías de memoria maldita que secuestraban personas a la vista de todos y pronto volvían a topárselos de nuevo en las calles.

No todas las familias sanfernandenses que habían huido volvieron; unas se quedaron a vivir en Texas, las más ricas mudaron para

siempre su residencia a Nuevo León. Los empleados de las compañías petroleras ahí seguían, y se estrenaron los de las empresas de energía eólica, que reanudaron sus inversiones cuando la violencia ya no estaba desbocada.

La gente intentaba volver a su normalidad y reacomodarse. Lo mismo familias de víctimas que de quienes se emplearon con los asesinos.

En 2015 ya se empezaba a hablar en público de las personas desaparecidas, ya se les comenzaba a rezar en las misas; aunque aún se hacían a escondidas y bajo blindaje policiaco-militar, iniciaron las incursiones de peritos forenses y enfermeras para las tomas de muestras genéticas de las familias que aún pasaban las noches en vela esperando a sus ausentes.

Al mismo tiempo comenzaba a abrirse paso entre las grietas la verdad de lo que había pasado a los pasajeros de autobuses, a los que mucha gente vio secuestrados a bordo de camionetas que se dirigían hacia los parajes intransitables de los que no se volvía. Las familias de estas víctimas, en San Fernando, en todo México, en Centroamérica, en Estados Unidos, empezaban a recibir explicaciones de qué les había pasado a los suyos y qué les habían hecho.

La incómoda verdad que se abría paso iba encontrando su propio cauce.

La normalidad

A San Fernando comenzaron a regresar desde 2012 algunas de las personas que habían sido encarceladas, o habían huido para esconderse de las autoridades. También volvían quienes se habían ido para sustraerse a las venganzas que se desataron tras la captura de la célula criminal con marca zeta que controló la vida en la región.

En los viajes que hice entre 2016 y 2019 por el municipio encontré personas que aún tenían miedo de cruzarse con vecinos que se habían involucrado en la trama criminal y el festín de muertes. Otras que todavía esperaban, como almas en pena, a sus parientes desaparecidos. Pero la vida parecía haber vuelto al cauce de la normalidad. En la calle de las terminales de autobuses y del Oxxo y de los comercios del centro siempre vi gente, la Laguna Madre se mantenía como el sitio favorito para ir a nadar

mientras asaban pescados, la gente —amable— daba la bienvenida al turismo y a los viajeros que pasaban por el municipio.

Pero, bajo la superficie de la vida cotidiana, corren dolorosas memorias y señales de alerta. Todavía es una realidad marcada por las muertes y las desapariciones.

"A los policías que estaban en la denuncia se los llevaron, pero ya salieron; algunos regresaron, acá andan. La gente les tenemos miedo, pero hasta ahorita no se han metido con la ciudadanía. Ahí están unos vendiendo enchiladas. No están en el mismo rollo.

Y de la *gente mala*, la mayoría han estado saliendo y cada vez más se regresan a seguir extorsionando".

"El daño continúa, no fue nada más en esa época. A uno de los policías lo vimos pronto apoyando a la candidata a diputada en las campañas. Otro trabaja en una empresa de seguridad en Victoria, otro que era tránsito se fue a Estados Unidos, otro estaba en el Banorte y ahora trabaja en una empresa de seguridad, otro volvió a su ejido y uno que era tránsito vende vehículos. El ████████ se va a Matamoros cuando llegan Los Zetas. Unos viven en Matamoros, Reynosa, Nuevo Laredo, otros se fueron al otro lado. Otro que no estuvo implicado vive en Mission, Texas; fueron absueltos por un juez federal. Solo quedó 'la morena' [la mujer policía] en el penal de Tecate".

"En la foto de la detención, en el internet las puede ver: a ████ la detuvieron con el Kilo, su familia todavía está en San Fernando *[muestra una fotografía de las jóvenes detenidas]*. La ██████, esta que sale en la foto, tuvo un hijo del Kilo, era menor de edad, la soltaron. Otras de las detenidas eran conocidas de La Ribereña, como ████ y ████, esta de acá cumplió la condena, vino, vio al niño y se fue a vivir con sus hermanas. La que andaba con el Perro era ████; ella sí volvió y está estudiando".

"Unos [policías] sí se fueron porque nadie les quiso dar trabajo, y de los que se quedaron unos pusieron negocios o trabajan en talleres. La gente ya los ve normales. Creo que a dos los desaparecieron y otro falleció.

Los policías dicen que fueron obligados, otros dicen que lo hicieron por dinero. Ya volvió Óscar Jaramillo, el comandante;[147] era uno de los dos que te agarraban y te ponían si les caías gorda, si no te dejaste esposar o les contestabas".

"Una de las huercas que andaban con el Kilo se fue a Victoria, allá *se enfrió*[148] y ya está aquí. A una de las huercas la estuvieron buscando los de la Marina, y algún infiltrado avisó, y la mamá la sacó de aquí. Dicen que luego la desaparecieron. Las familias se beneficiaron porque acalambraban a las demás gentes, recibían materiales y mucho, mucho beneficio. Ahorita todavía anda aquí *La Letra*, creo que todavía algunas de ellas les consiguen muchachas a *las guardias*".

"La gente es temerosa. Yo prefiero agachar mi cabeza antes de decir algo porque no sabes si todavía tienen nexos o están enredados".

"Ya no hay *levantones*, secuestros, volvió la normalidad después de mucho tiempo. Ahora todavía los ves, pero en realidad no te hacen daño a menos que des información que les haga daño. *Ellos* andan en su monte".

"El inversionista ya no viene ni le apuesta a San Fernando, aunque es buena plaza para todo, y no lo hace porque se quedó la idea de que no hay condiciones de seguridad, porque a punta de pistola le quitan en un instante todo lo que hizo. A la fecha nos miran con miedo. La mayor parte de la gente de dinero mejor huye, viven en Monterrey y San Pedro ante el temor de sufrir un secuestro y que le quiten cinco, diez millones de pesos".

"Entre *ellos* se fueron matando y relevando. Cuando pescan al jefe lo sustituyen por otro. Actualmente estamos en paz, entre comillas. Antes no

---

[147] El comandante Óscar Jaramillo fue mencionado en la tarjeta informativa que la PGR entregó en 2014 al National Security Archive. Fue liberado con el resto de policías varones; la gente asegura que ya falleció.

[148] Dícese de quien deja pasar un tiempo hasta que se calma la situación.

podíamos salir, ahora ya te permiten tener negocio. De San Fernando se fue mucha gente y mataron a muchos.

Y tal vez la gente de esa época que hizo eso está muerta, pero sus cárteles siguen, y si se sienten amenazados, van a seguir, porque nunca se han ido. Ahora vemos libres a los que secuestraban, mataban o extorsionaban, por eso mejor no dices nada.

La gente estaba cansada, por eso decimos: vamos a ver si con AMLO cambia todo".

"Les digo a los huerquillos que van de cacería que, si ven, avisen, porque hay tantas familias llorando que serían felices de encontrar [a la persona desaparecida].

Acabo de sacar cuatro cuerpos hace como cinco meses, son de los que quedaron abandonados, enterrados. Y en la fosa común del panteón, lo que está todavía ahí enterrado es de El Arenal y de varios eventos que hubo.

Un día, un niño me ve y me avisa: 'Hay un muerto allá'. Lo busqué con la ley y no lo hallamos. Hasta que me dice que mejor él me llevaba; nos metimos, había llovido y una corriente de agua destapó la tierra donde estaba el cráneo. Después alguien anónimo me mandó otra ubicación. 'De donde sacaste ese, a 250 metros hay otro'. Y sí, a 200 metros estaba ese otro, y cuando soltaron los perros encontraron otros: un hombre y dos mujeres que se llevaron a Matamoros. Allá se les sacan muestras; si hay respuestas en la base de datos se habla a las familias.

La gente de aquí tiene miedo de denunciar. Conozco a una señora a la que le perdieron un hijo, y aunque viene la PGR a tomar declaración, ella no ha presentado denuncia por temor de lo que le pueda pasar. Este es un pueblo chico, si te echas un pedo todos se enteran.

Ha pasado tanto tiempo que, donde hallaron las fosas, la vegetación creció, se te cierra la brecha, que está por el tinaco grande, pero ahora ya pusieron una cámara con mucho *zoom*. Ahí llega y sale la brecha, llegando a La Joya, o si sigues vas a Méndez; o sea, que son corredores largos. En la madrugada ya te da gusto que por ahí andan los soldados. Te da gusto que te cuiden".

"Hace como un año, cerca del basurero, dicen que un pepenador encontró una bolsa con credenciales de pura gente desaparecida. Había unos huesos cerca".

"En el ejido La Joya hay una fosa a simple vista, hay una osamenta. También rumbo a El Arenal. Cuando he llevado a familias a buscar a donde están las fosas, tienes que ir con capucha y chaleco antibalas, y llevar rines que sí entren".

"Cuando se menciona alguna situación de riesgo tomamos nuestras precauciones: seguimos moviéndonos a los ejidos, pero ya no nos trasladamos en la noche, solo estamos en las horas de día, vestimos y nos identificamos como sacerdotes en todos lados. Gracias a Dios no hemos tenido situaciones de atentados o de víctimas. Solo en 2013 o 2014, al mediar en la entrega del rescate por un *levantón*, me quitaron la cartera, tomaron documentos, indagaron mi nombre, a qué me dedicaba, me golpearon por acompañar al hermano que iba a pagar el rescate. No puse denuncia, no estaba el ambiente para andar poniéndola. A lo mejor abusé de confiado, pensé que me iban a respetar, pero eran de otra comunidad. Ya he vuelto, paso con la misma camioneta, y no hay ningún problema.

En el momento más difícil, cuando más se ausentó la gente, de 80,000 pobladores quedaron 40,000. [Ahora] las familias han regresado, las casas se volvieron a habitar, ya debe haber unas 50,000 [personas]. La gente vuelve a salir, también regresan las actividades productivas, que no han subido como antes pero sí hay más concurrencia en ejidos y comunidades alejadas.

No puedo descartar que haya habido 'eventos', situaciones lamentables, que hacen sentir el retroceso; parece ser que no se han ido del todo, no al 100 por ciento, pero ahora son más comentados porque la gente está cansada de que pasen esas cosas.

Quedamos muy marcados por la inseguridad, a veces en las noticias solo para llamar la atención ponen que en San Fernando ocurrieron cosas que no pasaron aquí, y el pueblo cuenta historias urbanas, anécdotas, a veces le agrega.

La gente lo que menos quiere es ahondar en esto que les dolió tanto. El pueblo ha intentado darle vuelta a la página".

Sacerdote Hilario del Pozo Noyola, entrevistado en 2016.

La valiente

En una esquina de la Plaza Principal de San Fernando existe desde 2018 una placa en homenaje a Miriam Elizabeth Rodríguez Martínez, una madre coraje que tras el secuestro de su hija Karen en 2012 se convirtió en investigadora y vengadora del crimen, en una mujer que se atrevió a romper el silencio de lo que ocurría en el municipio, en protectora de las víctimas.

Ella investigó el paradero del cuerpo de su hija y logró que encarcelaran a los integrantes del grupo que la asesinó.

Se dedicó desde entonces a ayudar a otras familias de personas desaparecidas, hasta que el 10 de mayo de 2017, el Día de las Madres, fue asesinada frente a su casa.

Los homicidas de su hija la mataron después de que escaparon de la prisión a donde fueron condenados con las pruebas que Miriam obtuvo tras rastrearlos uno por uno, acercarse a sus familias, ubicarlos, detenerlos y entregarlos a la justicia.

Gracias a ella, el gobierno comenzó a hacerle caso a muchas familias sanfernandenses durante los años que siguieron bajo la dictadura zeta.

A Miriam nunca la conocí en persona. En uno de mis viajes a San Fernando, una señora con dos hijos desaparecidos me sugirió contactarla, pero la madre activista estaba en Ciudad Victoria presionando a las autoridades para que salieran de su parálisis y exhumaran los cuerpos de las nuevas fosas que ella iba descubriendo.

Por teléfono, ese verano de 2016 me dijo: "Somos 400 personas en el grupo de desaparecidos, secuestrados, levantados. Nos empezamos a unir hace año y medio, y estamos empezando a registrarnos como ONG".

De todas las personas con quienes hablé en el municipio, era la única que conservaba documentación sobre las víctimas y que denunciaba públicamente lo que ocurría. La gente, para protegerse, pedía el anonimato, pero ella daba su nombre.

"En Victoria tengo anotadas 173 víctimas indirectas, en San Fernando tengo 400, pero hay muchas más. Cada día se acercan más [personas] porque esto no para, es diario. Y de que hay más, hay más, pero no tengo a las demás", me dijo con su acento norteño.

Quedamos en que la buscaría en mi próximo viaje. Pero tardé mucho en regresar. Cuando volví, a Miriam ya la habían asesinado.

Nunca pude ver la lista de víctimas que prometió enseñarme. Tampoco pude corroborar la cifra de mil niños y niñas huérfanos mencionados por una diputada que solicitaba recursos estatales para atenderlos. Después supe que en 2016 envió una lista con más de 350 nombres de personas desaparecidas en San Fernando, un escrito de 13 páginas en el que pedía a la PGR que acudiera al municipio, pero los mandos de la Subprocuraduría de Derechos Humanos no aprobaron la visita y tampoco permitieron que se abriera una investigación de esos casos.

Miriam causó un hondo impacto entre la gente de San Fernando. En muchas entrevistas mencionaban su activismo como un parteaguas en la historia de sometimiento y terror de la población.

En la placa levantada en su honor en 2018 quedó escrito:

"Aprendí que el coraje no es la ausencia de miedo
sino el triunfo sobre él. [...] Ojalá podamos tener el coraje
de estar solos y la valentía de arriesgarnos a estar juntos [...]".

"En su momento, cuando empezaron a encontrar fosas no había peritos para tomar el ADN. Comenzaron a poner más atención cuando a Miriam le desaparecieron a su hija y ella empezó a denunciar, y a buscar familiares con hijos desaparecidos y secuestrados.

Porque del gobierno le pidieron que, para escucharla, tenía que llevar una cantidad de familias y ella rebasó la meta".

"La señora Miriam vino a ser como un ángel guardián de San Fernando. Incluso se cree que la mataron [los] del gobierno. Ella hizo que corrieran a muchos MP porque estaban coludidos, vendidos, y daban mucha lata. Ella daba pruebas, buscaba, exigía, iba más arriba y arriba".

"Un muchacho que participó en el asesinato, de los que Miriam agarró, los llevó a donde estaban las fosas. En los videos se ve que el sicario los conduce a unas brechas, les muestra dónde están las fosas, allá por el basurero viejo de San Fernando, en la colonia Paso Real. La señora Miriam estaba vestida de morado. Iba también la marina, una licenciada de antisecuestros y la gente del MP.

La clave era un tractor viejo. Ahí encontraron la mitad del cuerpo de la hija de Miriam".

"Cuando Miriam empezó a enfrentarlos [a los secuestradores], la gente sabía que la iban a matar, pero la respetaban. La única que los enfrentó era ella. Todo el mundo decía: 'No la mataron los grandes a los que encarceló, la mató el gobierno y culpan a los que se escaparon'. Miriam exigía mucho al gobierno, exigía justicia para la gente. Aparte de ella, todos tienen miedo. Gente que estuvo secuestrada no va a dar información. Hay gente que pidió asilo político".

"Cuando asesinaron a Miriam, ella estaba haciendo trámites para llevar a Guanajuato a un muchacho que mataron aquí. A la familia que estaba ayudando le tocó estar en sus servicios funerarios".

"Miriam recabó una lista de mil personas; ella fue sola tocando puertas de casa en casa dentro de San Fernando para recabar los nombres de todas las personas secuestradas o desaparecidas, que iba anotando en su libreta".

"Cuando salieron de la cárcel, ella ya sabía que tenían la consigna de matarla. Traía un yeso porque se había caído, se lo había quitado dos días antes. Su esposo dice que quedó con la mano en la bolsa, como a punto de sacar la pistola y defenderse. Como que trató de protegerse con el carro de afuera. Los 11 balazos fueron por la espalda, ni uno de frente".

Las buscadoras

Otras personas continuaron con la búsqueda iniciada por Miriam Rodríguez Martínez, tanto de personas desaparecidas como de fosas. La señora Rosy Cisneros busca a su hija Dulce Yameli González desde enero de 2012. Ambas fueron sacadas de la *boutique* donde trabajaban; ella se salvó ese día, no así su hija, de 20 años. Aunque la familia pagó varios rescates, nunca liberaron a Dulce.

Como muchas otras madres buscadoras que salen a rastrear fosas con su colectivo, ha descubierto zonas de exterminio en distintos lugares de Tamaulipas. Ella también se ha metido a las cárceles para entrevistarse con los secuestradores de su hija y pedirles información, hasta ahora sin resultados.

"Cuando muere Miriam, al colectivo que fundamos le pusimos su nombre por respeto a ella, pero su hijo no quiso y decidimos cambiarlo, así que mejor le pusimos Madres Unidas por Nuestros Hijos San Fernando-Tamaulipas.

De San Fernando tenemos anotadas 3,000 [personas desaparecidas], de las que 70 son mujercitas, hasta donde tengo mi inventario; todos los demás son varones o hasta niños. Tengo una bebita de ocho meses extraviada que se llevaron con su mamá y su papá en 2010.

Lo pesado fue en 2010 y 2011, pero la gente todavía tiene miedo de hablar, por eso no busca a sus familiares; hasta ahorita que hacemos búsquedas, ya la gente se está acercando.

Abrimos seis pozos en San Fernando y nos quedan siete pozos sin abrir. En El Arenal también tenemos mucho para exhumar. Como es mucho lo que hay, no me doy abasto; con las fiscalías del estado y federal llevamos 300 fosas exhumadas.

Ya hemos trabajado El Arenal, La Joya, San Vicente, Pancho Villa[149], La Laguna, muchos puntos.

En San Fernando encontramos puro cuerpo completo, no hemos encontrado ni una *cocina*, donde los calcinen o exterminen; de esos solo no estaban completos tres en El Arenal, ahí había como tres cabezas.

Sacamos cuerpos casi por lo general de 2010 y 2011, y podría haber hasta de 2012.

También tenemos que estar alertas en el panteón municipal, que ahora es ministerial, porque tenemos ubicados unos pozos clandestinos dentro, donde fueron enterrados [cuerpos] como en una zanja de 15 a 20 metros de largo, que dicen que se hizo en el 2010 y que ahí iban y los sepultaban.

Se ve que fueron desde 2010 porque, a raíz de las exhumaciones, ya identificamos empíricamente todo entierro que está violado, como esos. Urge que trabajemos el panteón ministerial y esos pozos que queremos que abran. Son, como decimos, fosas clandestinas dentro del panteón, pero no están dentro de la fosa común... Imagino que va a salir mucho [cuerpo] completo.

---

[149] Son los mismos lugares donde se hallaron las fosas de 2011, y donde se interrumpieron las exhumaciones.

Todavía después de que [las autoridades] habían terminado de excavar quedaron muchos. Cuando un señor al que le secuestraron su hijo fue, excavó y lo sacó. En 2012 también hubo muchos [secuestrados], ya en 2013, 2014 y 2015 comenzó a bajar un poco.

En 2018 ya habíamos organizado una toma [de muestras de ADN] con la PGR, se llevaron como 300. Y esta vez [en 2021], el equipo argentino se llevó otra vez casi 300 muestras.

Buscando encontré otra zona de exterminio en La Bartolina [en el municipio de Matamoros, vecino a San Fernando]; ahí estamos hablando de cuerpos de larga data: si acaso hemos sacado dos completos y no totalmente; todo lo demás que encontramos ha sido pura calcinación de huesos, puro fragmento, pura partícula".

Entrevista de 2021.

El santuario del martirio

Por varios años, los días 23 de agosto un grupo de sacerdotes y religiosos, a bordo de una camioneta, entró a San Fernando; dejando atrás la iglesia de la Plaza Principal tomó un camino de terracería que cruza los campos de sorgo hasta llegar a la bodega abandonada, sin techo ni puertas, donde fueron encontrados los cuerpos de los 72 migrantes asesinados, de quienes 14 eran mujeres.

Junto con defensoras de derechos humanos, cuidadoras de albergues de migrantes y periodistas, en distintos años conmemoraron el aniversario de lo que llaman el "holocausto migrante".

Durante la peregrinación de 2016, por primera vez un grupo de periodistas de San Fernando pudo ingresar a la bodega. A la hora de las apuradas bendiciones, porque los curas tenían miedo de que los agarrara la noche en esas peligrosas carreteras, los reporteros y algunos de sus familiares se acercaron para pedir la protección que da el agua santificada. La mayoría no publicó la información; quienes sí lo hicieron no firmaron sus notas. El miedo seguía albergado en sus cuerpos.

En la conmemoración de agosto de 2017 un vistoso dispositivo de policías estatales con armas largas les abrió paso en cuanto entraron a la ciudad y los escoltó hasta que terminó la ceremonia religiosa.

En el rancho donde se cometió el crimen, aún con la pared de block gris lacerada con los orificios de bala que quedaron como recuerdo de los crímenes que ahí se cometieron, los religiosos, vestidos con sus sotanas y hábitos de monjes, se hincaron para besar la tierra en señal de reverencia hacia las personas asesinadas. Entonaron cantos católicos, leyeron el Evangelio y encendieron veladoras. Colocaron una sobre el esqueleto de un auto oxidado y desvalijado, al que le creció vegetación por dentro y que usaron como altar.

Antes de irse rociaron con agua bendita las paredes de concreto gris y sembraron una cruz de madera tallada por manos de migrantes con 72 cruces rosas, una por cada "mártir" asesinado.

En esa ocasión, esto fue lo que se escuchó en el santuario:

"Traemos el dolor, las voces, los clamores, los sentimientos,
los brazos extendidos desde el día de ayer por las esposas y familiares
de hermanos nuestros masacrados en este territorio […]. Quisimos
venir a tocar la tierra donde fueron masacrados sus esposos, sus hijos,
sus hijas, llevamos el rostro de ellos. Les hemos jurado que estaríamos
acá, ahí donde fue derramada la sangre, porque no solamente
queríamos consolarlas sino abrir caminos de justicia".

"La tierra que era maldita ahora es bendita
con la sangre derramada".

"Amén".

El memorial de San Fernando no es el único que existe en México para recordar la violencia contra las personas migrantes; en distintas partes del país se han realizado actividades que conmemoran esos hechos que nunca deberían repetirse. En la Ciudad de México, en agosto de 2020 se instaló un antimonumento con la inscripción "+de72", y las frases: "Migrar es un derecho humano" y "Nadie es ilegal en el mundo".

El sueño de Bertila

A 2,038.5 kilómetros de distancia de San Fernando, una madre salvadoreña no se conformó con enterrar a su hijo más chico muerto a golpes mientras buscaba un futuro mejor. Cuando Bertila Parada por fin pudo recuperar a su hijo Carlos —tres años, diez meses y un día después de que supo de su muerte—, ella se aferró a obtener información sobre todo lo que su *Charly* vivió en el camino a Estados Unidos, sobre sus asesinos, y el porqué las autoridades no le dieron acceso a la investigación.

Para conocer la verdad aceptó una propuesta de la fundación: tramitar un amparo en México para obtener una copia del expediente judicial que integró la SEIDO sobre las fosas clandestinas.

Tras un litigio de otros tres años, donde el tiempo transcurrido fue proporcional a los obstáculos enfrentados, en marzo de 2016 el caso fue resuelto a su favor por la Suprema Corte de Justicia de la Nación (SCJN). Los cinco magistrados reconocieron por primera vez como víctimas a las familias de migrantes, así como su derecho a la protección de la justicia mexicana y a acceder a las indagatorias sobre sus seres queridos.

Ese día, al salir de la audiencia, con la emoción del triunfo y presa de una mezcla ambigua de sentimientos —alegría, tristeza, esperanza, cansancio y dolor por lo irreparable—, Bertila se derrumbó en un rincón y comenzó a llorar.

"Siempre he querido saber toda la verdad, aunque me duela; por eso he estado luchando. No quiero enterarme por otros, quiero ser la primera en saber lo que le pasó a mi hijo en el camino, en este país donde nos robaron todo motivo de vivir.

En 2011 a Carlos lo mataron y fue reconocido unos seis o siete meses después. ¿Por qué no me lo dieron en ese tiempo? Como madre quiero saber por qué el Estado mexicano me mintió desde un principio. Primero, en 2012, dijo que a mi hijo era necesario quemarlo por salubridad. Pero mi hijo no venía sucio, no venía maloliente, ¿qué era dañino para ellos? La segunda mentira: que sí lo tenían y luego que no lo tienen.

En septiembre de 2014, con la Comisión Forense y el equipo argentino fuimos con el procurador Murillo Karam, el señor nos gritaba como si estuviera en el mercado. Decía apurado: '¿Qué quiere usted, señora, qué quiere?'. Me temblaba la voz —nunca había estado frente a alguien

importante, pero yo pensaba 'tengo que hacerlo'— y le dije: 'El pedido es que traigan los restos de Tamaulipas y que el EAAF los exhume'. Y me decía: '¿Y qué más?', así, a gritos. 'Y quiero llevarme a Carlos Alberto Osorio Parada a mi país'. '¿Que qué?'. Para el señor [procurador] fue un huacal de agua porque él pensaba que ya lo tenía yo, era una sorpresa que todavía estuviera en México. 'Este es mi hijo y me lo quiero llevar', y subí la foto.

Ahí le habló a alguien y en un avión lo mandó traer.

Y han ido mintiendo cada día, los tres años, mentira tras mentira, y luego siguió la espera hasta 2015.

Pude identificar a mi hijo hasta los tres años con diez meses después. Lo reconocí por su físico de la cara, por sus dientes, por sus pies. ¿Cómo me decían que no podía mirarlo porque no lo iba a reconocer, si es mi hijo?

Ahora quiero saber la verdad: ¿por qué y quiénes lo mataron? Mi hijo iba con sueños gigantes, hacer un dinero, una casa, porque no había oportunidades en el país; no venía a robarle nada a México, ni quitarles nada.

Si yo fuera alguien pudiente no me hubieran hecho esto. Estaban jugando conmigo; me siento atropellada, humillada como persona, lo hicieron por ser humilde. Yo tengo primer grado de estudios, pero por mi hijo me convertí en psicóloga, abogada, investigadora, defensora; ahora aconsejo a los compañeros de Guatemala y Honduras. Por lo mismo que somos madres tenemos garras escondidas.

Siempre ha sido doloroso venir a México, al poner el pie en este país me vienen grandes sentimientos. Aquí fue donde nuestros hijos desaparecieron, donde la vida nos cambió y nos robaron algo: nos robaron la vida; falta Navidad, falta disfrutar la comida. Ningún dinero, ninguna reparación va a cubrirnos.

Aunque estoy cansada, me he sentido contenta y ahora me voy con la maleta llena de esperanzas. Este día que la Corte dio su fallo favorable me hace sentir emocionada, porque se acerca la verdad: ¿qué le pasó a nuestro hijo, al esposo, al papá, al pariente que se quedó en el camino?

En la etapa más dura de mi vida, cuando Carlos estaba desaparecido, tuve un sueño que cualquiera podría decir que yo estaba loca. Había una mesa redonda de madera, cinco hombres de negro, de corbata, bien vestidos, todos serios. Tenían una plaquita a un lado de la camisa, y

yo iba leyendo cada una: 'Justicia', 'Justicia', 'Justicia', 'Justicia', 'Justicia'. Yo pensaba: '¿Será Centroamérica y sus cinco países?'.

Hoy que entré a la audiencia y cuento cinco sillas y veo a esas personas de negro, puedo ver que en esta batalla, en la gran lucha, con la pérdida que tuve, que Dios estuvo ahí, me estuvo consolando. No la pasé sola. Mi hijo estuvo ahí, sentado conmigo y ¡ganamos, ganamos, ganamos! Está más cerca la justicia, para mí y para todos".

Entrevista de 2016 con Bertila Parada,
realizada en México.

La cascada

Durante años, las familias buscadoras mexicanas han dicho en público que ellas no quieren justicia, que solo quieren verdad, que se conforman con saber dónde quedaron los restos de sus hijos e hijas sepultados. Saben que solo con esa promesa de impunidad los asesinos les permiten buscar. Sin embargo, cuando ya tienen consigo el cuerpo de su ser querido, en muchas comienza a abrirse paso el deseo de justicia. Como si fuera un último acto de amor para con quien le fue arrebatada la vida.

Y esa convicción es contagiosa, se comporta como cascada. Como una cascada de justicia.

"La búsqueda de justicia para cada quien es diferente. Después de la entrega mucha gente de acá de El Salvador dicen: 'Ya no quiero seguir en eso, es demasiado dolor, ahí se lo dejo a Dios'. O hay gente que ha dicho: 'A quienes hicieron esto les tienen que hacer lo mismo que le hicieron a mi hijo', y es válido decirlo, somos seres humanos, les da rabia y cólera. Una señora se quedó muda casi nada más desapareció su hijo, ya casi no habla, le dijo a su hija que ella no iba a continuar [con la exigencia de justicia]. Doña Bertila y Alma [Realegeño] dijeron: 'Yo sí quiero seguir con esto'. Porque la gente siente una indignación y dice que tienen que pagar los responsables.

Y lo que es justicia para el sistema no necesariamente lo es para ellas. Por ejemplo, reconocer legalmente a la niña de Carlos sería un

proceso de reparación para doña Bertila, porque se fue antes de que naciera su niña".

Claudia Interiano, FJEDD, El Salvador.

"Ya conforme van asimilando empiezan las preguntas sobre el tema de justicia: 'Bueno, ¿están investigando? ¿Ya hay personas detenidas? ¿Hay personas condenadas? ¿Quién está investigando? ¿Qué van a hacer? ¿Cuándo lo van a traer? ¿Quién va a pagar porque yo no tengo dinero?'. Todo ese tipo de cosas, obviamente acompañadas de mucho dolor. El tema de justicia siempre resalta dentro de las preguntas: 'Yo quiero que hagan justicia'".

Rosmery Florinda Yax Canastuj, FJEDD, Guatemala.

"Cuando están más serenos y digiriendo lo que está pasando les dicen: 'Este es su expediente, si usted quiere consultarlo, es suyo'. Cada quien lleva sus ritmos y procesos de diferentes formas. Una familia me dijo: 'guárdelo usted, no me lo quiero llevar', pero después de un viaje a México me dijo: 'licenciada, ahora sí lo quiero'". Pasaron años para esto. Hay quienes tienen muy bien repasado su expediente, ya se aprendieron todito, fechas, nombres, todo lo tienen bien presente. Muchas de las familias casi no pueden leer bien, y con el expediente es como que aprenden a leer, es como tocar a su ser querido a través de las páginas, es algo tangible, es como un pedacito de lo último que sabes de tu amado ser querido. Aunque haya cosas terribles, por muy dolorosa que sea la verdad, es preferible saberla y conocerla".

Claudia Interiano, FJEDD, El Salvador.

El examen

Las familias mexicanas y centroamericanas de víctimas de San Fernando, unidas con la fundación, exigieron a la PGR un informe sobre lo que habían investigado, siete años después del hallazgo de las fosas. Un MP les entregó un escueto documento ese año, 2018, y otro al siguiente, cuando el sexenio de López Obrador ya había comenzado.

La tarjeta informativa que me mostró conmocionado, en Guatemala en 2019, un familiar que por años había insistido en conocer los avances en las investigaciones, tiene datos mentirosos, obviedades y listas de acciones que debieron haberse completado en 2011, pero que aún —según lo escrito ahí— no concluyen.

Algunos de los "avances" más importantes son nuevas evidencias de la impunidad:

PGR TARJETA INFORMATIVA I

"Guatemala, a 23 de mayo de 2018.

—Se han recabado declaraciones de los operadores de las líneas ADO y Ómnibus de México,

—Se han practicado inspecciones ministeriales en el lugar de los hechos,

—Se han recabado otras declaraciones a testigos que tenían sus negocios frente a la terminal de autobuses en San Fernando, Tamaulipas; por ejemplo, al empleado del Oxxo y [al] de una tienda de Telcel,

—Se recabaron las declaraciones de los indiciados, se practicaron diligencias de confronta,

—Se han girado diversos oficios a la Policía Federal para la investigación de campo correspondiente,

—Se practicaron diversas intervenciones telefónicas,

—Se han girado diversos oficios solicitando información a diferentes dependencias,

—Se han practicado diferentes intervenciones periciales en retrato hablado, criminalística, genética, etcétera,

—Se llevaron a cabo los aseguramientos correspondientes,

—El 4 de septiembre del 2013 se publica en el Diario Oficial de la Federación el "Convenio de Colaboración para la Identificación de Restos Localizados en San Fernando, Tamaulipas, y en Cadereyta, Nuevo León" [...]. Aun cuando se hicieron esfuerzos para lograr la identificación de todos los cadáveres, aún faltaba lograr la identificación de 66,

razón por la cual se crea la Comisión Forense, lo que marca la diferencia de cómo se hacían las cosas con anterioridad [bla, bla, bla]".

En el rubro de cuál es la explicación de esas muertes indican:

"Se tienen identificados cuatro modos de operar:

1. Los privan de la libertad porque creen que van a reforzar al cártel contrario,
2. Los privan de la libertad para exigir un rescate,
3. Los privan de la libertad y no solicitan rescate, y
4. Los contacta un 'pollero', que se los pone al coyote, y para pasarlos por la frontera sin la documentación, pagan la cantidad en dólares la mitad, y la otra mitad al llegar a los EUA, pero en la frontera los roban o los matan. Lo anterior porque muchos migrantes llevan dinero para pagar al coyote, algunos todavía contestan al teléfono o después de privados de la vida siguen extorsionando a sus familiares.

CONSIGNACIÓN POR LOS DELITOS DE HOMICIDIO:

El 29 de enero de 2013 se ejerció acción penal dentro de la indagatoria 174/2012 contra 23 probables responsables, de los cuales destacan (a) Wache, (a) Ardilla, (a) el Kilo y (a) la Sombra, por los ilícitos de Homicidio Calificado en agravio de 122 personas y Violación de las Leyes sobre Inhumaciones y Exhumaciones".

PGR TARJETA INFORMATIVA II

"Ciudad de México, a 5 de abril de 2019.

Existen diversas líneas de investigación; sin embargo, a efecto de dar puntual respuesta a las solicitudes me permito informar lo siguiente:

1. Del total de 196 cuerpos se han identificado hasta el momento 128. [...]¹⁵⁰

3. El número de personas consignadas hasta el momento por el delito de Delincuencia Organizada es de 72, precisando que 17 son policías del municipio de San Fernando, Tamaulipas [*oculta que fueron liberados en 2012*]. El número de personas consignadas por el delito de Homicidio Calificado es de 23 por la PGR, y cuatro por la PGJ-Tamaulipas.

4. La averiguación previa continúa abierta y se siguen investigando los diversos delitos referidos.

5. Existen diversas líneas de investigación, entre ellas una que vincula al expresidente municipal de San Fernando, [...] que probablemente sí pudo haberse allegado de una retroexcavadora, en la temporalidad en la que duró su mandato. [*Nada indica que a Tomás Gloria Requena se le siguiera investigando*]. [...]

7. Se han recabado declaraciones de los operadores que conducían los autobuses de los cuales fueron bajadas las víctimas migrantes.

8. Se ha solicitado a diversas líneas de autobuses que proporcionen información respecto a personas que hayan bajado de los autobuses.

9. Se ha solicitado un cruce de información de los listados de desaparecidos proporcionados por las líneas de autobuses contra las denuncias presentadas por víctimas indirectas en la búsqueda de sus familiares".

---

¹⁵⁰ Los puntos no incluidos aparecen en el apartado anterior, fueron calcados.

Los secretos exhumados

A pesar de que en marzo de 2016 la SCJN reconoció que Bertila Parada y Alma Realegeño —y con ellas todas las familias de migrantes masacrados— tenían el derecho de poseer una copia de los expedientes judiciales, cuando la PGR fue obligada a cumplir esa orden solo compartió copias con menos del contenido de uno de los tomos de la averiguación, y además con información obsoleta. La investigación en ese momento superaba los 240 tomos, algunos con más de 900 páginas.

La pelea legal duró otros tres años. Hasta 2019, las víctimas y sus representantes legales consiguieron que la PGR comenzara a entregar los expedientes. Cuando la abogada Ana Lorena Delgadillo revisó la investigación, descubrió a qué se debía la renuencia de la procuraduría a compartir la información:

"Una de las cosas más difíciles en la Comisión Forense fue la interpretación de lo que para la PGR y para cada quien es confidencial o no, y no entendían que estamos hablando de casos graves de violaciones a los derechos humanos que no pueden quedar ocultos.

Por fin, en 2019 logramos que a las víctimas les dieran su expediente, lo tuvimos que pelear como fundación por la vía judicial en lo que fue el litigio más largo de mi vida; duró ocho años solo tener unas copias.

Con el trabajo en la Comisión Forense entendí por qué no nos las querían dar: porque esos expedientes revelan tremendas negligencias. Al leerlos te das cuenta de que al Estado mexicano no le importó absolutamente nada ninguna de las masacres, porque de haberle importado hubiera puesto a sus mejores investigadores a ver qué estaba pasando y ya habría resultados. Pero no solamente no le importaron, además, hubo una intención de cubrir a alguien con la no investigación.

La SEIDO es la delincuencia organizada institucionalizada y eso también se prueba cuando tú ves los expedientes. ¿Por qué no nos los querían dar? Porque había mucho que ocultar, porque fueron muchos los errores que se cometieron, porque fue mucho el maltrato a las víctimas, porque fue mucha la negligencia y porque quienes los tenían eran parte de eso, y siguen siendo parte, porque muchos continúan trabajando allí.

Esas son piezas de la verdad que nos faltan: ¿A quiénes estaban encubriendo? ¿Por qué nunca se investigó al Estado como responsable y como partícipe de estas masacres? ¿Quién estaba en San Fernando? ¿Cuál era el papel del Ejército? ¿Qué pasa con el Instituto Nacional de Migración que ni siquiera se nombra en los expedientes? ¿O con el Cártel del Golfo? ¿Dónde está la CNDH? ¿Por qué no hay nadie sentenciado?".

Entrevista de 2022.

La sanadora verdad

La historia es una espiral. La práctica de la Comisión Forense para localizar a población migrante desaparecida, y reconstruir sus cuerpos, se nutrió de la experiencia adquirida al trabajar en los feminicidios de Ciudad Juárez, que a su vez se nutrió de la labor de identificación de personas detenidas-desaparecidas durante la dictadura militar argentina, la cual se originó en la investigación de atrocidades en otros países.

En 2022, la antropóloga forense Mercedes Doretti ya no vivía en México, a donde se había mudado para encabezar la identificación de los cuerpos de las fosas localizadas en Iguala y la investigación sobre el paradero de los 43 normalistas de Ayotzinapa, desaparecidos en 2014. En videollamada desde su nuevo hogar habla de la historia de la Comisión Forense y —guardando detalles sobre la experiencia porque mantiene un acuerdo de confidencialidad hasta que el proyecto termine—[151] explica por qué es importante la recuperación de los seres humanos que fueron desaparecidos y la restitución y entrega de sus cuerpos.

Y del poder curativo que tiene la verdad.

"El haber recuperado a su familiar y saber qué fue lo que sucedió, poderlo enterrar y llevarle flores, poder tener toda la información posible, saca [a los familiares] de esa situación de tortura, de no saber qué pasó

---

[151] No hay una fecha establecida para su conclusión.

o no pasó, y seguir sin dormir y buscando. Después siguen los reclamos de justicia, otras cosas más, pero por lo menos la incertidumbre terminó.

Ese conocimiento de que, a la larga, esto va a ayudar a la familia en el camino de la verdad, es lo que hace que uno [como forense] diga: 'Voy a abrir esa puerta, me voy a sentar frente a la familia', y voy a transmitir esa información […]. En todos estos años yo he visto que en la mayoría de los casos, no importa cuán horrible sea [la notificación de la muerte], si lo que yo estoy comunicando es parte de la verdad, a la larga produce un alivio en las familias, no del todo porque lo que estamos encontrando es que su ser querido fue asesinado. […] Pero cuando uno ve a los mismos familiares un año o dos después, están distintos y te lo dicen.

Para mí, el tema de la desaparición es importante porque está ligado a la historia que vivimos en mi propio país. Me marcó la última dictadura militar, la gente que desapareció en Argentina, empezar a trabajar en estos primeros casos y entender ahí el fenómeno de la desaparición; también ponerme a leer de la desaparición en Guatemala, de lo que significa la muerte por desastres naturales, o la muerte durante la Segunda Guerra Mundial en los campos de concentración, cuando nadie recibía los cuerpos de vuelta y, en general, no había un proceso de identificación. Nos pasábamos muchos libros y leíamos sobre duelos sin restos y empezamos a hablar con los familiares para entender qué les pasaba y escucharlos.

De escuchar a los familiares y de distintas lecturas es de donde sacamos la mayor parte de la metodología que utilizamos hoy en día, esto de hacer dictámenes, de mostrar los restos, de los cruces masivos [de datos], salió de esos primeros años, de tener los ojos muy abiertos, de escuchar mucho o tratar de escuchar lo más posible.

¿Por qué es importante lo que hacemos? Son heridas abiertas de toda la sociedad, no solamente de las familias [de las víctimas]. Sobre todo cuando hay casos masivos, como sucede en México, con un número de desapariciones tan alto, es [un indicador de] que cuando las cosas no están funcionando, ni el aparato de justicia ni el aparato forense, obviamente el nivel de violencia es muy elevado.

En el caso de México creo que es mucho más complejo por el crimen organizado. Pero en todos los lugares que me ha tocado trabajar hay una herida abierta. Quien diga que no se tiene que investigar porque eso abre las heridas no entiende que las heridas seguirán siempre abiertas,

y generalmente quien lo dice es gente que no quiere tener ningún tipo de justicia.

Una vez en Zimbabwe, donde estábamos trabajando sobre unas matanzas muy graves, un señor me dijo: 'Nosotros tenemos un lugar para los muertos, cuando no están ahí ninguno de nosotros puede descansar'. Así de simple. 'Acá los tenemos que enterrar, tenemos que hacer así las cosas y cuando eso no sucede no podemos descansar, cuando la gente no se muere, no se entierra y no se conmemora como tiene que ser, no podemos descansar'. Necesitamos que la gente se muera como se tiene que morir, que haya una memoria sobre eso, que haya un reconocimiento social y si no ocurre hay un malestar social. Muy simple, pero muy claro".

Entrevista de 2022.

La impunidad

Hasta marzo de 2023 de los 131 cuerpos exhumados en las fosas de San Fernando en 2011 y asignados a la Comisión Forense, 73 ya habían sido identificados y 58 permanecían como no identificados.

De las 74 personas que habían sido detenidas y presentadas por el gobierno federal como responsables de las fosas -especialmente de las llamadas "masacres de los autobuses"- más de 11 años después, 36 fueron encontradas culpables en su proceso judicial. De éstas sólo 18 purgan penas; las 13 restantes ya pagaron sus penas. Cinco fueron absueltas.

En la cárcel siguen 38 personas detenidas sin condena. Entre estos están los líderes de Los Zetas en San Fernando y el campesino Élfego Cruz Martínez, que había sido secuestrado un día antes.

La investigación que en todo este tiempo realizo la SEIDO sólo consideró los delitos de secuestro, delincuencia organizada, portación de armas y de cartuchos de uso exclusivo de las fuerzas armadas y delitos contra la salud. Ninguno de los detenidos ha sido culpable de asesinato o desaparición de personas. Ninguno funcionario público está por haber participado, no haber prevenido, o por callar y permitir que las masacres ocurrieran.

Por las víctimas encontradas en las fosas de 2011, y las personas que continúan desaparecidas, nadie paga una sentencia.[152]

Las familias de las víctimas no han sido reparadas.

La hoguera ardiente

En el jardín de un antiguo seminario, la Residencia Universitaria Marista en la ciudad de Guatemala, un grupo de personas —la mayoría mujeres campesinas centroamericanas— discuten la pregunta que les acaban de asignar en una actividad del taller al que asisten y que lleva por título II Encuentro Regional de Familiares de Migrantes Desaparecidos y Ejecutados. Estamos en agosto de 2018. Quienes asisten se reconocen por las tres heridas que comparten: *la de la vida, la de la muerte, la del amor*.[153] Son familiares de personas desaparecidas o asesinadas en México que quedaron marcadas por las matanzas más escandalosas, por terribles, y por ser las más silenciadas y menos castigadas.

Están familiares de algunos de los 72 migrantes ejecutados y abandonados a la intemperie, también quienes recuperaron a sus parientes de las improvisadas fosas de San Fernando —o siguen esperando que los hallen—, y aquellos que tuvieron que recibir a sus seres queridos incompletos, después de que fueron arrojados mutilados en una carretera en Cadereyta. Y están además familiares de víctimas de los asesinatos que siguieron —como la que llevó por nombre un número: la masacre de nueve guatemaltecos en Güémez, Tamaulipas, en febrero de 2014,[154] y también de otras tragedias que no merecieron una nota en la prensa.

En esta residencia se concentran los sufrimientos más terribles generados por la "guerra" mexicana. Están aquí sobrevivientes del cúmulo de ausencias. Quienes extrañan a las personas desaparecidas o asesinadas, quienes las mantienen presentes en la memoria, las penan en vida y buscan para ellas justicia.

---

[152] Estos son datos de la FJEDD.

[153] Del poema "Llegó con tres heridas" de Miguel Hernández.

[154] Fueron identificados en febrero de 2015. Estaban en una fosa con otras tres personas que permanecen sin identificarse.

El día anterior, en el momento de la bienvenida, se presentaron desde el lugar de la mutilación, el dolor y el atropello, siempre a partir de quienes les arrebataron. Sus voces se escucharon como una letanía:

"Mi familiar apareció muerto en la fosa 1... Nuestros desaparecidos son 22, yo vengo por mi tío... Yo vengo por mis hijos... Yo tengo tres... Lamentablemente encontré a mi papá en las fosas y, al igual que todos, busco justicia... Mi hijo Carlos fue encontrado en las fosas clandestinas de San Fernando... Estoy aquí en búsqueda de mi hermana desaparecida hace ocho años... A nosotros ya nos entregaron, pero los cremaron, y estamos pidiendo justicia para que no se quede impune... Mi hijo era un patojo de 22 años que no tenía ni el valor de robar una gallina... Vengo representando a nueve personas de Guatemala que nos acaban de entregar... Soy hermana, prima y amiga de varios de los 72 masacrados de San Fernando, Tamaulipas, en 2010... El 24 de diciembre de 2011, en Veracruz, desapareció mi hijo junto con su novia, vengo del Colectivo Solecito... Soy presidenta de Sabuesos Guerreras de Sinaloa y busco a mi hijo, desaparecido en 2017... Desde hace 20 años fundé una casa de migrantes en Saltillo, estoy en territorio de matanzas...".

Abrió el encuentro Pedro Pantoja, el sacerdote incansable que fundó un albergue de migrantes en Saltillo y puso su cuerpo como escudo para que no se los arrebataran los hombres armados que querían secuestrarlos; quien viajaba cada año a San Fernando para conmemorar el asesinato de Los 72; quien alertó a la CIDH del "holocausto" que veía. Pronunció un discurso encendido, incendiado, en el que habló de complicidades, de la corrupción que permite a los criminales no ser detenidos en los retenes militares de las carreteras y secuestrar migrantes.

Terminó con consignas que emocionaron, que arrancaron aplausos:

"Somos sentimiento revolucionario y sentimientos de esperanza... Somos una lucha regional, una sola familia humana... Nuestra esperanza tiene estrategia... Se está incendiando una búsqueda de justicia para buscar consuelo compartido... Nuestra lucha tiene que ser una lucha divina y fuerte porque tenemos que descubrir quiénes y por qué lo hicieron, y saber: ¿por qué este holocausto?".

En su turno, Ana Lorena Delgadillo, la defensora que desde la FJEDD apoya a los colectivos de familiares de víctimas migrantes para que se empoderen, se independicen, y sus integrantes se asuman como personas defensoras de derechos humanos, utilizó la metáfora de un mar formado por distintos ríos para mostrar la riqueza de experiencias reunidas en ese encuentro: "Cada uno aquí es distinto, con diferencias, unos se dedican a buscar, a documentar, a dar acompañamiento... Somos mares en distintos procesos".

A lo largo del pasillo que lleva al salón han colgado en un tendedero fotografías de los y las ausentes. Carteles con los rostros de sus *tesoros* arrebatados, que las familias convierten en parte de su vestimenta y de su equipaje durante el tiempo que dura la búsqueda. A través de esas fotografías de los seres queridos que faltan, todos los reunidos se conocen. Las imágenes de los corazones extraviados en su paso por el infierno en que se convirtió México en este siglo XXI.

El grupo 1, este que se encuentra ahora en el jardín alrededor de una banca circular de piedra, es el de familiares que "ya encontraron", ya recuperaron los cuerpos de quienes habían desaparecido en México, y que, como el poeta chileno Raúl Zurita, pueden decir: "Te busqué entre los destrozados,/ hablé contigo./ Tus restos me miraron y yo te abracé./ Todo acabó./ No queda nada./ Pero muerta te amo y nos amamos,/ aunque esto nadie pueda entenderlo".

En este verde y húmedo remanso en los límites de la ciudad, rodeado de bosques, tienen como asignación reflexionar: "¿Ahora qué sigue y cómo?". La gente está reunida alrededor de una hoja de rotafolio en la que tienen que anotar las respuestas. En la banca están Bertila, la madre de Carlos Alberto, *Charly*, y Mirna, la madre de Glenda Yaneira, quien carga la duda a cuestas de si enterró a su hija o a otra persona; de pie está don Baudilio con los maltratados recortes del diario con las noticias de las fosas con las que intuyó que ahí podía estar su Baudilio. También están Jimena y su madre, de San Luis de la Paz, la única familia del grupo de los 23 migrantes guanajuatenses desaparecidos que encontró a su familiar, y otras mujeres del grupo que esperan a los suyos; tres hondureños cuyos hermanos fueron mutilados en Cadereyta; una pareja de campesinos de Cajolá, silenciosos: son el padre y la madre de Osvaldo, quien solo habla mam.

Hay personas que encontraron a sus familiares, una en Arizona, otra entre los nueve guatemaltecos asesinados, y varias que ya saben el fatal destino de la persona amada, pero aún esperan sus restos.

Estas fueron las reflexiones de este grupo que sobrevivió al dolor más extremo:

"Primero es el pensamiento de búsqueda, de saber dónde está, porque tú necesitas encontrar primero a tu familiar, y cuando encuentras, buscas justicia: ¿Por qué sucedió? ¿Por qué lo hicieron si solo iban caminando? ¿Por qué esa atrocidad si los derechos humanos trascienden fronteras?".

"Ahora tenemos dos trabajos más: luchar contra nuestro país y luchar contra México. Saber las leyes de México, que son más difíciles. Conocer del caso significa conocer los papeles".

"Tenemos la fortuna de que el caso de doña Bertila llegó a la Corte y nos van a dar la copia de los expedientes. Ganamos el derecho a tener el expediente, ir armando todo, ir comprendiendo, llevarlo a la Corte tal vez".

"Yo no preguntaba quién fue o por qué lo hicieron, yo nomás quería sus restos y traerlo a El Salvador. Gracias a Dios sí se pudo. Pero con la repatriación vino el proceso de saber la verdad: ¿Qué le pasó? ¿Por qué lo desaparecieron y entregaron a grupos criminales?

Esos papeles tan borrosos cuentan la historia de la masacre, de las fosas en general, no exactamente la de Carlos. He leído que iban en autobuses, los bajaron por una tienda Oxxo. Y me detuve, no pude leer *[se le quiebra la voz]*. Si quieres saber la verdad tienes que leer cosas duras, qué le pasó a nuestro hijo *[comienza a llorar]*".

"Es un impacto psicológico del corazón y de la mente para el que no está capacitado para leer esos papeles. Un hijo mío que está capacitado para eso y leyó, se dio contra las paredes. *[Se dirige a Bertila:]* 'La felicito, señora, usted está bien y tiene vida. ¡Dios la bendiga! Yo no sabía. Dios la puso en el camino. Si usted no hubiera interpuesto un amparo, mi hijo no hubiera venido entero el 20 de mayo de 2017, hubiera llegado en cenizas. Le doy gracias y le digo: 'Si logra ganar,

ganamos todos'. Somos 195, y el gobierno va a reparar el daño de todos. Los 72 de 2010, los nuestros de 2011, los 49 de 2013, los siete de 2014'".

"Solo Dios da la fortaleza para seguir. La herida está en el corazón, en el alma. Yo no tuve el valor necesario para leer cuando a mi madre le entregaron [la información sobre] qué pasó, pero mi hermana sí lo leyó. Yo no tengo la capacidad psicológica para enfrentar eso. Pero a ellos [del gobierno] no les conviene que salga la verdad, por eso está fragmentada.

¿Cómo podemos organizarnos? ¿Cuáles ejes debemos tomar para ir hacia el horizonte correcto? Van a haber piedras que nos quieran tumbar".

"Yo no vengo por mi hermano, con mi hermano venían 48 gentes; yo vengo por todos los de Cadereyta, y así tenemos que hacer siempre: representar a cada una de las masacres, no venir por un caso personal. Así tiene que ser. ¿Cómo, aunque me resuelvan mi caso, voy a dejar a otros? ¡O todos o nada!".

"Yo me pregunto sobre esas personas que mataron en Tamaulipas, ¿con qué finalidad los mataron a ellos que iban a buscar trabajo? Por eso no hay que perdonar. Si mataron a un padre de familia que se fue para buscar un medio de ayudar a sus hijos, mataron la oportunidad para unos hijos".

"Queremos verdad, justicia y reparación. No fueron animalitos ni caballos. Hay que respetarles su dignidad".

"La información que me dieron es mínima, muy pequeña. Yo quiero que haya más evidencia de la ceniza. ¿Cómo va a creer uno que sí son nuestros familiares? Hay que pelear para que el dictamen sea más amplio. ¿Y por qué lo cremaron?

Yo llegué al Ministerio de Relaciones Exteriores: 'Que su hijo tiene que ser cremado; si no, olvídese de tenerlo'. La ley de México no lo permite traer, tiene que ser cremado. ¿Y por qué no tomaron foto?, ¿una prenda? Él lleva un puente en el diente. Por lo menos para uno verlo. Para saber".

Delgadillo, organizadora del encuentro, va y viene recorriendo los grupos, que están distribuidos en distintos lugares. Ya escuchó a las familias que

siguen buscando a sus familiares en México, y desde hace rato se detuvo a escuchar la discusión del grupo 1.

[Habla la abogada:] "Es una cosa muy perversa del gobierno causar mucho sufrimiento, durante años. Una herramienta es que haya dictámenes claros que realice gente en la que confiemos, como la Comisión Forense. En México pudimos abrir la puerta, tener peritos independientes y talleres donde nos fortalecemos; si no, sería muy duro. Hay un pendiente: no tenemos todos los casos acabados, ni los restos identificados".

"Gracias a Dios, Bertila que se adelantó con los amparos y con pedir información complementaria, evidencias, características, fotografías. El MP que levantó a mi patojo fue un milagro de Dios que puso su ropa en la bolsa y que le pusieron 'cadáver 14', y no lo dejaron en San Fernando y se lo trajeron a México con toda la ropa, los documentos, las bases clínicas, cuándo lo levantaron, a qué hora, quiénes. Y así fue como no se perdió.

Supuestamente hicieron un crimen perfecto, pero no fue así, porque el que hizo la fosa dijo [en su declaración] dónde estaba, por la presión de conciencia, por eso sabemos dónde quedó. Fue un milagro".

"Verán, por veces ya no quiero saber la verdad, porque ya voy para abajo y el sistema nervioso no está bien. Ya necesito quizás un examen del corazón, cómo nos funciona, todo lo que hemos ido viviendo. Pero no me doy por vencida: quiero saber la verdad. Qué pasó. Ya será mi decisión que no lo quiera leer".

"Cuando pasó esto yo era ignorante, me sentía supersola. Nosotras en 2013 fuimos con doña Bertila a la Corte suprema, así nos involucramos. Llegar a conocer a esta señora tan fuerte, a Bertila, me enseñó mucho, y ciertos ángeles en el camino que se han involucrado.

Mi caso no está resuelto, sigue; yo no tengo pruebas que los demás recibieron. Hasta hace un año pude ver las fotos de mi papá, mis hermanos y mi hermana, que eran de los 72. Ahí vencí el miedo a ver las fotos de mi familia. Estos ocho años mi mamá sigue viendo y diciendo: '¿Será mi hijo?'; sigue con esa agonía, esa pesadez, si son o no son los que enterró. Mi familia, primero Dios, se exhuma este año, y cuando ya sepamos la verdad sigue pedir justicia".

"Al principio que nos dieron la información de la gran masacre, fueron si mucho cinco minutos [en la notificación]. Solo eso. De México nos vinieron a decir lo mismo que venía en los periódicos. Pero si uno sabe las leyes puede decir: 'Señor, haga su trabajo'. Cuando fuimos con Ana Lorena y el equipo argentino [EAAF] tardaron una mañana en decirnos, en darnos la notificación y explicarnos todo".

"No tenemos la capacidad de leer, psicológicamente no estamos bien. Ahí tenemos una debilidad y fallamos. Hay que tener carácter, gallardía, valor, ver quién sí puede leer. No todos".

"También es importante ver quién puede expresarse, hablar y perder ese temor. No podemos quedarnos callados y no hacer preguntas, quedarnos con las dudas".

"¿Y no podemos meter un amparo para que vayan por los 17 policías que están libres?".

"Me baja la guardia cuando dice que los 17 policías están libres. ¿Están libres? ¡Entonces es un juego!".

"En México, las autoridades lo humillan a uno, piensan que como familiares vamos tras el dinero; si con dinero se pudiera regresar la vida de mi esposo, ahí sí lo exigiera, pero no están entendiendo la parte del sentimiento, de que uno necesita justicia y si hay culpables saber por qué no están detenidos, y si están detenidos por qué no están sentenciados aún, y dónde están los funcionarios públicos que ordenaron las cremaciones, porque no cualquiera da una orden de ese tipo".

"No es crimen organizado, es crimen autorizado donde las autoridades están metidas hasta el cuello. No solo en Tamaulipas, Cadereyta, en las fosas clandestinas. ¿Y las autoridades?".

"¿Cómo es posible que se rían de nosotros? Entonces, ¿no hay autoridad? Están golpeando a más familias. Si de aquí en adelante Dios me da vida, seguiré peleando esta lucha de encontrar justicia. Por eso digo que es necesario que las familias estén unidas, que nos ayudemos.

Es importante para que, de hoy a mañana, no vaya a haber más casos igual. Porque México es paso de migrantes y hay mucha gente que lucra con ellos y secuestra a muchas personas, y no quiero que otra persona vaya a estar llorando como yo. Yo me esfuerzo y soy hombre y lloro, pero si dijera 'hasta ahí nada más', entonces no estoy luchando por mi hijo, estoy dando lugar a que se olvide y se trata de que no se olvide.

Es duro recordar esos hechos, es duro leer esa información, ver las fotos, los golpes, a los mismos señores que supuestamente lo hicieron decir cómo lo hicieron. Duele el corazón y aquí *[se toca la cabeza]*".

"Veo el panorama algo dudoso: las esperanzas se mantienen siempre para llegar a la justicia y que los culpables sean castigados, porque nuestros hijos dejaron niños huérfanos, como la hija de mi hijo a la que le faltaban dos meses para nacer *[llora]*. Sí nos importa la justicia porque no eran delincuentes, iban buscando oportunidades para una mejor vida, y se encontraron en esos caminos indefensos. Eran hombres, pero ante esos monstruos eran unos niños. De alguna manera quiero que se haga justicia. Y sí: ¡Vamos todos juntos o nada!".

"Ellos lo que quieren es que bajemos la guardia, pero se van a aburrir; una madre nunca se cansa. Podemos estar muy enfermos, quizás sin levantarnos de la cama, pero si es por nuestros hijos como sea, quizás a gatas pero vamos. Agarramos fuerzas".

"Estas desapariciones nos cambian radicalmente la forma de vivir, de pensar. A los muertos les tengo mucho respeto. Es más, es algo muy fuerte para mí ver en un velorio a una persona que falleció, pero he roto esa barrera, y ahora en Guanajuato salimos a buscar fosas para ayudar a otras familias".

"Yo sí les decía a mis compañeras: '¿Saben qué? Lo que no nos mata nos hace más fuertes'. Con todas las experiencias por las que fuimos pasando, y con los talleres de psicología, de derechos humanos, de informarnos sobre lo que teníamos derecho a exigir, nos fuimos fortaleciendo".

Ese año 2019, la justicia aún no se asomaba. De los detenidos que desde 2011 Felipe Calderón presumió en redes su captura, ninguno había sido sentenciado por esas matanzas.

[Insiste la abogada:] "Y si existen 250 tomos del expediente, ¿cómo es que no tienen ni una persona sentenciada? Ese es motivo de otro peritaje para el expediente. Ya logramos en el caso de las fosas que acepten que hagamos un peritaje".

"Honestamente, yo me admiro de todo lo que he logrado porque, a partir de ahí, retomé mis estudios, me metí otra vez a la universidad para ser abogada, y todo por la injusticia que cometieron con mi esposo. Y no lo hago por mí, sino por esa gente que yo veo que no sabe defenderse, eso es lo que me empuja".

"Somos un sentimiento revolucionario aunque nos dicen: 'Ya cállate'. ¡Y ya les ganamos aunque nos ponen trampas!".

"Yo pensaba que solo a mí me había pasado eso, que solo yo sufría, y cuando tuve contacto con más familias yo dije: 'No me pasó solo a mí', y empecé a comprender la situación.

Yo decía que odiaba a los mexicanos y cuando tuve la oportunidad de conocer a personas de aquí de México que han perdido a familiares, comprendí que aquí también pasa eso, que no toda la gente es mala y que en todos lados estamos expuestos a ser víctimas".

"La justicia es esto: evitar que sigan los hechos, que se paguen esos daños que hicieron. Porque si yo dejo que sigan los hechos, ¿qué estoy haciendo? Violentar más personas, golpear más personas, enfermar más personas psicológicamente, que se mueran las personas. En la justicia hay una balanza, quiere decir que es igual por igual.

Si [alguien] hizo algo malo, pues que pague esos daños, y no digamos la autoridad, tiene que pagar el triple por dañar, porque sabe, porque es autoridad, porque están por el pueblo y para el pueblo, para cuidar a la ciudadanía, y si alguna está metida, peor todavía".

"Las autoridades estaban organizadas con *ellos* y no les convenía que supiéramos. El gobierno nos está mandando mensajes psicológicos para que nos muramos, para que nos debilitemos. Y si lo hacemos, si morimos, ¿después quién va a pelear? Hay que estar por encima, insistiendo, insistiendo, y no dejarnos morir, porque ya murieron varios, ¿y quién va a abogar a nombre del que está muerto?

Esta es una forma de desesperación, hasta que uno pare. Por eso pienso que no hay que dejarse enfermar. ¡No hay que morirse!".

Se escuchan los gritos:

"¡No hay que morirse!".
"¡Está prohibido!".
"¡Prohibido morirse!"

La reunión grupal termina con risas por ese nuevo decreto de inmortalidad hasta encontrar la justicia. Al final del encuentro, juntas, todas las personas asistentes —quienes encontraron al *tesoro* perdido, quienes siguen buscando y quienes acompañan a estas familias— se dan un abrazo de caracol, en capas sobre capas de amor.

En las paredes quedan unos letreros escritos:

Somos una hoguera ardiente
Una Flor que nace de la muerte
Un nuevo modelo de mujer
Dolor, esperanza, lucha
Seguimos luchando
Nuestra esperanza es REVOLUCIONARIA

Epílogo:
El tomo 221

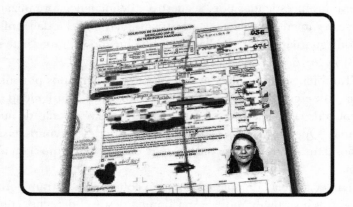

*Vista del tomo 221 de la averiguación previa sobre las fosas,
que contiene las órdenes para investigarme.*

"Marcela, necesitamos hablar contigo. No te puedo decir mucho por teléfono, tampoco digas nada, pero de la PGR te espiaron". Aquella llamada que recibí a mediados de 2021 me cortó de golpe la alegría de esa noche de fiesta. Cuando volví al bar, mis amigas notaron en mi rostro que algo no estaba bien. De regreso a casa empecé a temblar, a llorar, quise vomitar de asco, de miedo, de rabia, aunque cada tanto me pasaba por la mente otra frase que me daba alivio: "No estoy loca, no estoy loca, lo que me pasaba era real".

Semanas después, en una oficina de la Ciudad de México pude ver las evidencias: el tomo 221 de la averiguación previa ▇▇▇▇▇ ▇▇▇▇/197/2011, la investigación a los asesinos de San Fernando, que en la carátula anunciaba el tema: Secuestro. Al pasar las hojas del archivo

411

digital encontré mi fotografía, en una fotocopia de la solicitud que hice a la Secretaría de Relaciones Exteriores para obtener mi pasaporte, un documento que incluía mis datos personales. Mi nombre. Mi dirección. Mi fecha de nacimiento. Mis huellas dactilares.

Descubrí que en este volumen de la investigación judicial sobre las masacres que investigo aparezco como sospechosa. No solo yo, también Ana Lorena Delgadillo, la directora de la FJEDD, y Mercedes Doretti, la titular en México del EAAF.

En un documento, un funcionario de la SEIDO señalaba que las tres éramos investigadas por "secuestro y delincuencia organizada", y con ese argumento exigía a la compañía celular Telcel toda la información que guardaba sobre las llamadas que hicimos durante siete meses de 2015 y 2016. Y la empresa cumplió.

También solicitó a la Cancillería papeles firmados por mí. A la propia PGR escritos firmados por Delgadillo. Pidió a la Unidad de Inteligencia de la Policía Federal que indagara en las sábanas de nuestras llamadas. Que ubicara las coordenadas de dónde estuvimos, las veces que nos llamamos o nos encontramos, y cuando hablamos con alguna víctima.

La "evidencia" de nuestra supuesta colusión en la trama criminal que las tres investigábamos —Ana Lorena desde el derecho, como representante de algunas víctimas, Mimi desde la ciencia, participando en la Comisión Forense, y yo por mi cuenta desde el periodismo— era un papel que dejé en la casa de una madre que buscaba a su hijo desaparecido y que la PGR negaba que hubiera aparecido en las fosas, aunque el vecino con el que viajaba sí estaba.

Era una hoja de mi libreta donde le anoté mis teléfonos celulares, mi nombre, la revista para la que trabajaba, para que ella y sus dos vecinas, cuyos hijos habían viajado también en esas rutas de la muerte de Tamaulipas, supieran a quién le habían dado la entrevista que se publicaría en la revista *Proceso*. Renglones abajo dejé otro dato: el nombre de Delgadillo. Le expliqué que su fundación representaba ("gratis", así lo dejé escrito) a las familias de los migrantes desaparecidos en San Fernando, e incluí su celular.

Con los años que llevo investigando derechos humanos tengo la práctica de anotar a las víctimas las referencias de lugares —casas de migrantes, comisiones de derechos humanos, colectivos de familias

buscadoras, organizaciones sociales o despachos de abogados--, donde pueden tener la información que necesitan para no perderse en los caminos de la burocracia que conducen a la impunidad. Caminos por los que se ahorran varios años del sufrimiento que significa esperar una respuesta por la vía oficial.

A las familias que encuentro, en México y Centroamérica, cuyos casos pudieran estar relacionados con Tamaulipas les dejo los datos del EAAF o de la FJEDD. De Ana Lorena me hice amiga de tanto que nos topamos indagando las mismas fosas; admiro cómo defiende a las víctimas ante las autoridades, su terca insistencia, cómo usa el derecho para obligar al Estado a cumplir sus obligaciones.

Gracias a dos becas de periodismo yo había logrado invitar a otros colegas para investigar el destino de aquellos cuerpos que vi, afuera de la morgue de Matamoros en 2011, donde mi alma quedó atorada. En 2015 procesamos los archivos forenses que tenía desde dos años antes, y con la ayuda de Juan Carlos Solís los pasamos a una base de datos, y rastreamos periódicos, marcamos rutas de dónde podíamos localizar a las familias de las víctimas y recorrimos el Bajío en mi auto para encontrarlas.

Escribimos en equipo varios textos sobre los distintos errores que cometió la PGR en las fosas, las incineraciones de cuerpos que no estaban correctamente identificados o cuyas familias sospechaban que no eran sus parientes, la negligencia para cuidar a los viajeros que pasaban por la carretera 101, el ocultamiento de identidades de los cuerpos como aquel cadáver que llevaba una identificación en el bolsillo del pantalón, sin que nadie avisara a su familia. Entrevisté al subprocurador de Derechos Humanos Éber Betanzos, le hablé de mis hallazgos, le pregunté para mi reportaje sobre las responsabilidades penales que podrían tener los funcionarios involucrados en esas desapariciones, declaró que los investigarían.

Una de las series de reportajes se publicó en agosto de 2015. La acompañaba un recuadro de los editores de *Proceso* que señalaba que correspondía a la PGR informar a una familia, cuyos datos no revelamos, de aquel cuerpo del joven identificado que la PGR no había entregado.

Sé que la publicación causó ira al interior de la PGR. Sé que Amnistía Internacional y la oficina del Alto Comisionado de la ONU para los Derechos Humanos pidieron cuentas a la Coordinación General de Servicios Periciales. Sé que volvió a paralizar los trabajos de la Comisión

Forense —fue una nueva excusa de los funcionarios públicos— y que, otra vez, pagaron las víctimas.

Seis años después de la publicación, a mediados de 2021, veía en el tomo 221 que la PGR anexó ese reportaje como evidencia de algún delito que no se especifica. Que argumentando nuestro supuesto vínculo con el crimen organizado -gracias al papel con mi nombre y el de Delgadillo-pidió nuestras comunicaciones telefónicas y geolocalización de febrero de 2015 a abril de 2016, para indagar con quién tuvo contacto cada una. En mi caso, a quién entrevisté, qué caminos recorrí, quién pudo haberme pasado la información.

En el expediente no hay explicación alguna para incluir a Doretti, quien ese entonces, con su equipo, desmontaba las mentiras que la PGR había inventado sobre el caso de los 43 estudiantes de Ayotzinapa desaparecidos y participaba en la Comisión Forense. Pero también fue acusada y espiada.

Coincidencia o casualidad, ese mismo 2015 estuve incluida en la lista de periodistas contra quienes el Estado mexicano -en mi caso el Cisen- habría utilizado el *malware* espía Pegasus, como dio a conocer en 2021 la revelación periodística global #PegasusProject.

La noticia de ambos espionajes me dieron respuestas a incidentes que había vivido. El hackeo que sufrimos antes de lanzar una investigación de San Fernando en el sitio web #Másde72, las llamadas anónimas o los visitantes extraños que querían confundirme con información falsa sobre el destino de los 43 estudiantes -caso que también investigaba-, mis celulares y la computadora que enloquecían y se comportaban de manera anómala, la mujer que me retrataba con su cámara una tarde que saludé a Doretti al final de una conferencia, los bloqueos desde la PGR negándome información que debía ser pública.

"(El espionaje) contó con el aval del entonces titular de la Sub-procuraduría Especializada en Investigación en Delincuencia Organizada (SEIDO), Gustavo Rómulo Salas Chávez. (...) junto con el entonces director general del Cuerpo Técnico de la SEIDO y actual comisario general interino de la Secretaría de Seguridad y Protección Ciudadana, José Sigifredo Valencia Rodríguez; el exfiscal Antisecuestros de la PGR Gualberto Ramírez Gutiérrez y la excoordinadora de Servicios Periciales de esa misma dependencia, Sara Mónica Medina Alegría.

"El agente del Ministerio Público encargado del caso San Fernando, Édgar Leonel Pérez Sotelo, autorizó de manera directa todas las diligencias que se practicaron", publicó la revista *Proceso* sobre la persecución en contra nuestra.

Para colmo Salas había encabezado la Fiscalía Especial para la Atención de Delitos cometidos contra la Libertad de Expresión. Y algunos de los firmantes de las órdenes para investigarnos están en la lista de funcionarios que formaron parte de la trama criminal de fabricación de mentiras, torturas o montaje de evidencias del caso Ayotzinapa. Así es su *modus operandi*.

*

"En México es más peligroso investigar un crimen que cometerlo", dijo una vez mi amigo, el poeta y periodista John Gibler. La política de Estado es la impunidad. El tomo 221 es una muestra.

La PGR nos investigó con celeridad y pidió a las compañías telefónicas nuestros datos de manera EXTRAURGENTE y CONFIDENCIAL, pero tarda meses, si no es que años, en hacer diligencias o en solicitar los registros de llamadas o la geolocalización de las personas reportadas como desaparecidas, aunque esa información hubiera ayudado a ubicarlas de inmediato. En cambio, se apuró a investigar a quienes indagamos los hechos.

El 24 de noviembre de 2021, en la Ciudad de México, Delgadillo, Doretti y yo denunciamos estos hechos, acompañadas de familias de las víctimas de las historias que en este libro he relatado: Baudilio Castillo, Bertila Parada, Alma Realegeño, Licy Santos Mérida, en nombre de muchas otras, y de acompañantes solidarios como el obispo Raúl Vera y las defensoras Blanca Martínez y Grace Fernández.

"Frente a lo sucedido y frente a esta impunidad sistémica, la actual Fiscalía General de la República tiene la oportunidad de depurar el área de delincuencia organizada, fortalecer la Fiscalía de Derechos Humanos y reformar el sistema de investigación de casos que implican graves violaciones a los derechos humanos y así fortalecer el derecho a la justicia y la verdad de las víctimas, de sus familiares y de la sociedad. También tiene la oportunidad de dictar lineamientos internos para que estos hechos no se vuelvan jamás a repetir en contra de ninguna víctima,

defensora, perito independiente y periodista, que nos ayudan a conocer la verdad de los hechos", fue nuestro mensaje final para el gobierno de Andrés Manuel López Obrador.

La averiguación en nuestra contra sigue abierta. Aunque el espionaje fue ilegal, representa un acoso judicial, viola los derechos de las víctimas a ser representadas, la defensa de derechos humanos y atenta contra la libertad de expresión, la PGR defendió ante la CNDH su proceder argumentando que nos investigó -no dijo espió- porque en el reportaje me burlé de la institución.

No me queda duda de que en la dependencia donde nos inventaron esa acusación tienen miedo de que los cuerpos encontrados en las fosas hablen. De que sus familias se den cuenta de que el crimen organizado está dentro del gobierno y de que pierdan el miedo, tomen la palabra, comiencen a organizarse y exijan justicia.

Quienes lo hicieron saben que al desenterrar la verdad —desde el periodismo o las ciencias forenses independientes o la defensa de los derechos humanos—, además de estar ayudando a una familia a recuperar a su ser amado, se exhuman también evidencias, las complicidades que permitieron esas muertes, las huellas dactilares de quienes impiden que esas víctimas vuelvan a casa.

El tomo es el reflejo del miedo que tienen a la transparencia y al periodismo de investigación que en este país, donde la justicia no existe, muchas veces cumple la función de comisión de la verdad en tiempo real. Una verdad imperfecta y fragmentada todavía para mucha gente que pide que borremos sus nombres porque sienten miedo. Porque los pactos de impunidad siguen intactos. Porque hablar, investigar o publicar es castigado.

Defender la verdad es una lucha por la vida. En las zonas de silencio las personas están siendo desaparecidas, obligadas a abandonar todo y salir, o tienen que buscar a sus familiares en fosas, como en San Fernando. Por eso hay que echar luz a estas historias para que no se repitan.

No he tomado acciones legales hasta ahora. Mi denuncia de hechos —de lo que he llegado a conocer investigando estas masacres, de los distintos tipos de perpetradores que las cometieron y de las complicidades que las hicieron posibles e intentan mantenerlas ocultas— es este libro.

Agradecimientos

Sin la cadena de amigos, familiares y colegas queridos que me acompañaron y cuidaron no hubiera sido posible este libro. Comienzo con Araceli Téllez, quien desde la terapia narrativa me sacó de la hoja en blanco, las parálisis creativas y me acompañó en cada tramo de escritura. A quienes me leyeron y con sus consejos mejoraron este libro con sus comentarios: John Gibler, por la compañía a la distancia y la lectura fina; Ricardo R. Eanes, Javier Garza, Pere Ortín, el primo Chino y Raquel Gutiérrez. A Efraín Tzuc por ser un crack en acceso a información pública y ganar para mí los archivos a los que la PGR/FGR me negaba el acceso. A Judith Santopietro, por darle las necesarias pulidas al manuscrito, y a Silvia Isabel Gámez por la edición independiente en el último y laborioso tramo. A Ernesto Muñiz, por su propuesta de portada. A Queso, por el diseño de este libro, y la solidaridad y creatividad desde que emprendimos el proyecto Másde72. A Sandra Rodríguez, cómplice de la aventura de escribir este libro, y a Abel Barajas.

Un lugar muy especial para mi familia, papá, mamá, hermanos, cuñadas y especialmente a los bodrios y camellitas por su alegría. A Javier Quintero, por el cuidado de lo cotidiano, a Wil, y al buen Nayo. A quienes se la rifaron apoyando en búsquedas, lecturas, transcripciones: Javis, Nicho Córdoba y Norma González. Su trabajo fue fundamental. A Ana Lorena Delgadillo, de quien me hice amiga reporteando estos temas, a la Fundación y sus integrantes en México y Centroamérica (también ex integrantes, como Samuel Kenny), por la pasión con la que buscan que las protagonistas de estas historias sean escuchadas, reconocidas y obtengan justicia. Mi admiración a Mimi Doretti y al EAAF, por mostrarme el poder sanador de la verdad que persiguen. A Ana Paula Hernández,

siempre, siempre. A quienes siempre me salvan y están pendientes; saben bien a qué me refiero: Ly, Clem, Alma, Lichis, Alice, Ema, Jele, Maca, Lore, Mariana, Ceci, Paul, Maye, Amandine, Mayra. A Alicia, Claudia, Emma, Cristi y Susana, por ayudarme a fluir para que tanto dolor no se me atore en el cuerpo. A las Aquelarras por siempre estar, por ser soporte y por las risas, a Mardonio, a Beris, a las Narvartas, a Ginette y Luly, por la amistad. A mis colegas de Quinto Elemento Lab y a quienes integran el equipo de *A dónde van los desaparecidos* por ese sueño en común de desenterrar la verdad, y de que las personas desaparecidas vuelvan a sus hogares. Al Logan Non Fiction Fellowship, porque me proporcionó el espacio mental para pensar en el libro, y al entrañable grupo de Loganistas. A la revista Proceso por haberme permitido seguir este tema; con mucho cariño a mi exjefe, Salvador Corro y a mis colegas-amigos. A quienes me llevaron por primera vez a San Fernando: Juan Alberto Cedillo y Melva Frutos, y especialmente a quienes desde adentro me siguieron acompañando, cuidando, contando. A ███████████████ ██ ████████████████, y a tantos que no puedo mencionar. A Michael Evans y Jesse Franzblau del equipo de National Security Archive que me compartió la información desclasificada en Estados Unidos. A Jacobo Dayán, por el apoyo. A mi querido paisa, Alfredo Corchado, que me ayudó a conseguir entrevistas, a Carrie Khan y a Jason Buch por los datos obtenidos. A mis hermanas en este camino de la escritura Paty Nieto y Maru Ludueña. A mis queridxs maestrxs Mónica González Mújica, Maríaté Ronderos y Gustavo Gorriti. A Óscar Martínez, por ser pionero en estas rutas migrantes, que junto con Edu Ponce y Marcela Zamora, nos mostraron por qué era importante recorrerlas. Al Padre Pantoja, que hace tanta falta, a la Hermana Letty, Alberto Xicoténcatl, los colectivos de buscadoras (en especial Cofamide y Cofamipro) por seguir dando la pelea contra la oscuridad. A quienes integraron el proyecto #Másde72 en sus distintas etapas. La primera con Periodistas de a Pie, la otra con lxs participantes del Taller de los Sábados en mi casa, porque cada dato que aportaron abrió un panorama, la siguiente con el equipo con el que íbamos a salvar el mundo "Turástegui Noticias". En esos diferentes tramos del proyecto #Másde72, germen de este libro, han participado y sido cómplices Mónica González Islas, Queso, Juan Carlos Solís (siempre, por cuidarnos a todas como el héroe que eras, por el trabajo aquí

materializado. Se te extraña y dedica también este libro, Juanito), Thalía Güido, Gaby de la Rosa Luna (para ella un doble agradecimiento de pie, con diez minutos seguidos de aplausos por el amorosa y paciente rastreo de los nombres contenidos en el memorial de las personas desaparecidas o asesinadas desde que pasaron por San Fernando), Sugeyry Romina Gándara, que no han soltado el proyecto. También a Daniela Rea, Mago Torres, Aranzazú Ayala, Gabriela Reyes Sánchez, Ana Ivonne Cedillo, Ginnette Riquelme, Érika Kuru Lozano, Elia Baltazar, Thelma Gómez, Daniela Pastrana, Alberto Nájar, Pepe Jiménez, Fernando Santillán, Alejandro Melgoza, Amín López, Arturo Contreras Camero, Juan Luis García Hernández, David Eads, Encarnación Pintado, Pablo Pérez, Alba Tobella, Mayela Sánchez, Wendy Soberanes, Cristi Muñoz, Jesús Ibarra, Éber Huitzil, Gustavo Solís Arroyo e Insomne Estudio. ¡Que viva el trabajo colectivo y colaborativo!

A Javier Valdez, el querido bato, hermano mayor de tantos periodistas que cubrimos estos temas, por haber abierto el camino. Para él, asesinado el 15 de mayo de 2017, seguimos exigiendo justicia. A Gris, Fran y Tania.

A las familias de las personas asesinadas o desaparecidas en San Fernando, y en todo México, espero que este libro apoye en su lucha. A todas las familias que buscan a sus amados tesoros y desentierran verdades. Gracias por ser luz.

In memoriam a las personas asesinadas
y desaparecidas en San Fernando
Y a todas las víctimas aún por identificar, que fueron desaparecidas
en esas rutas y todavía hoy siguen sin ser encontradas. Para
que nunca las olvidemos, para que sean buscadas y entregadas a sus
familias, y para que la operación
de encubrir sus muertes y su paradero no se repita.

Sus nombres son honrados en este memorial virtual: